KB058309

미국 영어
문화 수업

합하고 더한 책

본 도서는 『미국 영어 문화 수업』과 『미국 영어 문화 수업-심화편』의 통합 개정판입니다.

플로리다 아선생의

미국 영어
문화 수업

김아영 지음

합하고 더한 책

사람in
sarom
in.com

책을 여러 권 출간하다 보면, 그중에서도 특히나 더 애착이 가는 책
이 있다. 내게는 『미국 영어 문화 수업』이 바로 그런 책이다. 『미국 영
어 문화 수업』 1권과 2권(심화편)을 한창 집필할 당시, 나는 아침에 눈
을 뜨는 순간부터 빨리 글을 쓰고 싶다는 욕구만이 느껴졌던 기억이
있다. 미국 영어와 미국 문화를 서로 이어 주면서 함께 녹여내는 글을
쓴다는 것이 쉽지 않은 일일 거라고 생각했던 내 예상과는 달리, 글은
수월하게 써졌다. 매일 매일을 미국 문화 속에서 미국인들과 함께 영
어를 공부하고 가르치는 것을 업으로 삼는 나의 일상에는 이런 주제
의 글감이 여기저기 사방에 널려 있었기 때문이다. 그런 글의 재료들
을 그저 머릿속에 주워 담아서 정리만 하면 될 정도로, 내게 이 책을
쓰는 과정은 무척이나 자연스러운 일이었다. 다 쓴 글을 다듬고 또 다

듣는 과정 또한 신나고 즐거웠다. 그렇게 신명나게 20여 년간의 미국에서의 내 삶과 경험을 녹여 담은 이 두 권의 책을 통합한 개정판까지 내게 된 것은, 내게 더할 나위 없이 감사할 일이다. 이를 허락해 주신 사람in 출판사의 대표님과 김현 편집장님께도 이 자리를 빌려 감사의 인사를 전하고 싶다.

이번 통합 개정판에서는 1권과 2권의 모든 글을 다음과 같이 5부로 묶어서 정리했다.

1부 '미국 문화를 알면 영어가 들린다'에서는 영어 교육학계에서 말하는 문화의 정의와 영어를 이해하고 습득하기 위해 왜 미국 문화를 알아야 하는지 그 상관관계를 구체적인 사례를 통해 밝히려 했다.

2부 '미국인들이 말하는 방식'에서는 미국인들이 말하고 의사소통하는 방식을 큰 틀에서 패턴화해서 독자들이 미국 영어를 보다 쉽게 이해할 수 있도록 했다.

3부 '영어를 공부할 때 생각해 볼 것들'에서는 영어를 공부할 때 부딪힐 수 있는 이런저런 문제들을 함께 생각해 보는 글들로 묶어 봤다.

4부 '언어 교육학 이론으로 알아보는 영리한 영어 공부법'에서는 외국어 교육학 이론 중에서 독자들이 영어 공부하는 데 직접적으로 도움이 될 만한 이론들을 뽑아 알기 쉽게 정리해 봤다.

5부 '사회문화적 측면에서 본 미국의 이런저런 모습들'에서는 필자가 미국에서 살아가면서 깨닫게 된 것들 중, 독자들도 기본적으로 알아야 한다고 여기는 미국 사회의 이런저런 양상을 정리해 봤다. 더불어 이번 개정판에는 코로나 팬데믹 이후의 마스크와 백신 문제 등 가장 최신의 이슈까지 함께 담았다.

그러니 부디 독자들이 재미있게 읽으면서, 미국 영어와 미국 문화에 대한 이해도를 높이면서 동시에 진정한 영어 실력을 갖추기 위한 필수 요소인 Intercultural Competence(다른 문화권 사람들과도 능숙하게 소통할 수 있는 능력)*도 함께 향상시킬 수 있기를 소망한다.

플로리다에서

저자 김아영

---

* Intercultural Competence란 다른 문화권 사람을 대하는 상황에서 행동과 매너, 그리고 화법을 상대에게 적절하게 맞춰 줄 줄 아는 기술을 모두 포함하는 개념이다. 필자는 이것이 지금 같은 글로벌 시대에 외국어 실력과 더불어 반드시 갖춰져야 할 능력이라고 생각한다. 이 책에 나오는 다양한 예시들을 통해서 볼 수 있듯이, Intercultural Competence가 없이는 아무리 영어를 잘하더라도 미국인들에게 오해를 사는 일이 생길 수밖에 없기 때문이다.

말과 문화

굳이 영화 〈말모이〉를 보지 않더라도 말의 힘이 강하다는 것은 누구나 아는 사실이다. 특히 필자처럼 언어에 민감한 사람에겐 더더욱 그렇게 느껴지는데, 내 경우 내가 하는 생업의 방향을 결정하게 된 결정적인 계기 또한 누군가가 한 말 한마디로 인한 것이었다.

현재 한국의 베스트셀러 작가 중 한 사람인 유시민 작가는 아주 옛날 옛적에 했던 한 인터뷰에서 스스로를 "지식 소매상" 역할을 하는 사람이라고 칭했다. 지식 소매상. 이 말은 젊은 날의 나에게 그렇게 근사하게 들릴 수가 없었다. 내게 이 말은 "지식인"이라는 말보다 훨씬 더 사회에 긍정적인 역할을 하는 인물처럼 들렸다. "지식인"이란 단지 지식을 가진 사람일 뿐이지만, "지식 소매상"이란 말은 자신이 가지고 있는 지식을 되도록 많은 이들과 나누는 역할을 하는 사회의 빛과 소금과 같은 존재이기 때문이다. 이는 '소매상'이라는 단어가 '도매상'과는 달리 평범한 소비자들에게 접근하기가 훨씬 더 쉽게 느껴지기 때문이기도 하다.

실제로 많은 이들이 각자의 분야에서 크든 작든 "지식 소매상" 역할을 하며 밥벌어 먹고 살아가지만, 자신이 하고 있는 그런 역할을 "지식 소매상"이라는 멋진 단어로 표현한 사람은 유시민 작가가 처음이었던 것 같다. 그리고 유 작가의 이 말 한마디는 내가 하는 일에 대해서, 또 내가 살아가면서 이 사회에서 할 수 있는 역할에 대해서도 성찰해 보는 계기를 만들어 주었다. 그 결과 나 또한 비록 아주 많이 부족하지만, 내가 몸 담고 있는 분야에 대해서만이라도 "지식 소매상" 역할을 하는 사람이 되고 싶다는 욕심을 품게 했다. 결국 유시민 작가가 오래 전의 인터뷰에서 했던 말 한마디로 인해, 나는 내 전공인 언어 교육 분야에서 글을 쓰고 책까지 내게 되었다.

말의 힘을 논할 때 우리는 보통 이렇게 긍정정인 영향에 대해서만 이야기하지만, 실제로 말은 우리들의 삶에서 부정적인 작용을 하기도 한다. 말 한마디는 천 냥 빚을 갚기도 하지만, 또 말 한마디 때문에 십수 년간 사귀어온 소중했던 사람과의 인연이 끊기기도 한다. 그리고 말 한마디로 피를 나눈 가족에게 일평생 남는 상처를 주기도 하는 것이 우리 인간이다. 우리가 쓰는 말은 그리고 언어는, 우리의 정신만을 지배하는 것이 아니라 이렇게 우리가 맺는 인간 관계에까지 깊은 영향을 미친다.

이 책에 담긴 모든 칼럼은, 이렇게 언어가 우리 삶의 모든 것과 깊이 연결되어 있다는 명제를 매우 거시적인 관점에서 접근해 본 것들이다. 한국어를 쓰면서 한국어의 영향을 받는 우리 문화와 영어를 쓰면서 영어의 영향을 받는 미국 문화에 대한 필자의 글을 읽으면서, 독자들이 영어와 미국 문화와 더불어 우리 정체성의 근간이 되는 우리말과 우리 문화도 함께 생각해 보는 계기를 갖게 되었으면 한다.

플로리다에서
저자 김아영

● CONTENTS ●

2부　미국인들이 말하는 방식

3부   **영어를 공부할 때 생각해 볼 것들**

4부   언어 교육학 이론으로 알아보는 영리한 영어 공부법

5부   사회문화적 측면에서 본 미국의 이런저런 모습들

1부

미국 문화를 알면
영어가 들린다

01

한국어는 존댓말
영어는 Style-shifting

•

영어에도 격식은 있다

몇 년 전 한 TV 예능 프로그램 촬영장에서 선후배 사이인 두 연예인이 팽팽하게 서로 대립하는 모습의 동영상이 온라인을 뜨겁게 달궜다. 둘 중 누구의 잘못이냐에 대한 의견이 분분했지만, 대부분의 네티즌이 해당 동영상 속 대화에서 갈등을 촉발시킨 결정적인 원인으로 꼽은 건 선배의 다음 말이었다.

"너 어디서 반말이니?"

이는 후에 갖가지 유행어를 파생시킬 정도로 파급력이 큰 말이었다. 그만큼 한국 사회에서는 나이 차이가 많이 안 나도 아랫사람이 윗사람에게 반말을 하는 것에 거부감을 느끼는 것 같다. 한국어를 배우는 외국인들이 가장 우선적으로 익히려고 하는 것이 반말과 존댓말의 개념과 그에 따른 동사 활용인 것도 같은 이유에서일 것이다.

그렇다면 영어에도 반말과 존댓말이 존재할까? 이 질문에 대한 아我선생*의 대답은 'yes and no'다.

일단 no에 대한 설명부터 하자면 영어에서는 우리말 '갔어, 갔어요, 갔습니다' 같은 반말, 높임말에 따른 동사 변화나 '밥, 진지' 같은 명사 변화를 거의 찾아볼 수 없다.** 일례로, 영어의 세계에서는 "Do you know him?"이라는 문장을 친구에게도, 할머니에게도, 선생님에게도, 혹은 앞집 강아지에게도 똑같이 쓰는 것이 가능하다. 다시 말해, 한국어로 말할 때처럼 주어나 목적어 자리에 오는 사람과 듣는 사람에 따라서 "그 사람을 알아?" "그분을 아십니까?" "그분을 알아?" "그 사람을 아세요?"와 같이 동사를 활용하거나 명사를 바꾸지 않아도 큰 무리가 없는 경우가 대부분이다.

하지만 그렇다고 해서 영어에 존댓말이 아예 없다고 보기는 또 애매하다. 왜냐하면 명백하게 드러나는 반말/높임말에 따른 문법 활용이 없다고 해서 누구에게나 똑같은 방식으로 말을 해도 되는 것은 아니

---

* 한자로 필자 이름의 '아'는 실제 '산 높을 아峨' 자를 쓰지만, 여기서는 독자의 입장에서 이 책을 통해 독자 스스로를 가르친다는 의미에서 '나 아我'자를 쓰기로 한다.
** 존대를 하기 위한 특정 문법 사용의 예, 이를테면, 격식을 차리기 위해 현재가 아닌 과거 진행 시제를 쓴다거나 may와 같은 특정 조동사를 사용하는 것 등이 존재하긴 하지만, 그렇다고 이런 존대어가 한국어처럼 정형화된 문법 체계를 갖추고 있다고 볼 수는 없다.

<u>기 때문이다</u>. 다시 말해, 영어에는 한국어의 반말/높임말과 같은 명백한 문법적 차이가 존재하지 않기 때문에 미국인들은 말을 듣는 사람이나 상황에 따라서 말하는 스타일을 달리해 이를 구분 짓는다. 그리고 이것을 사회언어학에서는 Style-shifting 상황에 따라 스타일을 바꿔 말하기 이라고 부른다.

아니, 문법도 아니고 스따~일을 달리하라니 이게 무슨 귀신 씻나락 까먹는 소리인가? 혼란스러울 독자들의 이해를 돕기 위해 한국어에도 존재하는 Style-shifting의 쉬운 예를 하나 살펴보자. 2017년 미남부를 강타한 허리케인 어마는 말 그대로 어마어마한 최고 등급 상태로 플로리다주에 상륙했고, 지구 반대편 한국의 뉴스에서도 보도되며 떠들썩했다. 덕분에 한국에 사는 아선생 지인들이 이메일, 카톡 등으로 안부를 물었는데, 한 출판사 편집장은 다음의 이메일을 보냈다.

선생님, 안녕하세요.

어마 때문에 플로리다주 전체가 정말 초 비상사태라고 계속 뉴스에 나오는데, 선생님 계시는 쪽은 어떤가요? 걱정돼서 연락드립니다. 위의 조지아주까지 영향을 미친다고 들었는데 괜찮으신가요? 플로리다에 대피령이 떨어졌다고 하니까 선생님 생각이 퍼뜩 났어요.

멀리 떨어져 있는 제가 할 수 있는 건 없지만, 어마 때문에 큰 피해 입지 않으시고 무탈하시기를 바랍니다.

또 연락드릴게요. 안녕히 계세요.

그리고 같은 날, 거의 같은 시각, 25년지기 내 고등학교 친구는 본질적으로는 이 편집장의 이메일과 똑같은 내용의 메시지를 보냈다.

"니 우짜고 있노?"

독자들은 앞의 두 가지 예에서 존댓말과 반말 그 이상의 차이를 엿볼 수 있을 것이다. 이기주 작가의 말처럼 언어에도 온도가 있다면 둘 다 따스한 봄 햇살이 주는 포근함 같은, 비슷한 온도를 가진 메시지다. 하지만 동시에 이 둘은 전혀 다른 성격과 화법을 담고 있다.

우선 편집장의 이메일은 서로 출판일로 얽힌 관계인 만큼 최대한 격식을 갖추어서 나에 대한 걱정을 조심스럽게 표현하고 있다. 반면 친구의 카톡 메시지는 오랜 세월 쌓아 온 우정으로 인사말조차 생략되어 있다. 긴말 없어도 내가 네 맘 알고 네가 내 맘 안다는 전제 하에 쓰인 문장이어서 매우 짧은데도 불구하고 강렬한 메시지를 전한다. 사족을 붙이자면, 김영하 작가가 산문집 『보다』에서 드라마 〈응답하라 1997〉이 부산말'로만' 가능한 멜로의 세계를 보여주었다고 했다. 나는 친구의 이 카톡 메시지가 부산말'로만' 가능한 우정의 세계를 보여주는 것 같다.

각설하고, 어쨌든 편집장과 친구의 서로 다른 두 화법은 문맥에 따른 언어 스타일의 차이를 극명하게 보여주고 있다. 만일 앞의 이메일이 편집장이 아선생이 아닌 자신의 오랜 친구에게 보내는 것이었다면 완전히 다른 스타일의 화법이 탄생했을 것이다. 물론 이는 친구의 카톡 메시지도 마찬가지였을 것이다.

이렇게 어느 나라 말을 쓰든지 사람은 자연스럽게 문맥에 따른 각기 다른 스타일의 화법을 구사하게 되는데, 이것이 바로 사회언어학에서 말하는 Style-shifting이다. 여기서 영어 공부를 하는 당신이 반드시 알아야 하는 사실은, 특히 영어의 경우, 존대를 하기 위한 문법적인 동사 활용이 따로 존재하지 않기 때문에 격식을 갖춰야 하는 자리에서 이 Style-shifting이 더더욱 필수라는 점이다. 실제로 미국 대학에서 공부하는 한국인 유학생들이 이걸 잘 몰라서 실수를 저지르고, 미국인 교수들은 그것 때문에 우리 유학생들을 무례하다고 생각하는 경우가 자주 발생한다.

그런데 문법 공식처럼 정해진 어떤 법칙을 외우라는 것도 아니고 스타일의 차이를 알아야 한다고 하니 황당할 독자들의 심정, 아선생도 모르는 바는 아니다. 영어가 모국어가 아닌 입장에서 이 미묘한 스타일의 차이를 이해한다는 것이 어디 말처럼 쉽겠는가? 이럴 때는 해당 내용의 좋은 예와 나쁜 예를 각각 분석해서 감Intuition을 잡아갈 수밖에 없다. 그래서 아선생의 수업을 듣는 미국인 학생들에게서 받은 이메일 중 나쁜 예와 좋은 예를 한번 골라 봤다. 일단 나쁜 예부터 보자. 한 학생이 제출한 숙제에 아선생이 수업 시간에 가르친 주요 내용이 빠졌길래 피드백을 주면서 다시 제출하라고 했다. 그러자 그 학생이 이메일로 그에 관한 질문을 했던 내용이다.

Hello! In my lesson plan under 'rationale', you said I should cover both areas of rationale: skill and topic. Can you explain this please? This is what I put:

It is important to understand active and passive voice so you can understand who or what is completing the action in written or spoken word.

— L******

안녕하세요! 제 수업 계획서의 '근거' 부분에서, 교수님은 제가 기술과 주제를 포함한 근거의 두 가지 영역을 모두 제시해야 한다고 했습니다. 이 부분 설명 좀 해 주실래요?

저는 이렇게 적었습니다.

문어체나 구어체에서 누가 또는 무엇이 그 동작을 완성시키는지를 이해하려면 능동태와 수동태를 이해하는 것이 중요하다.

— L*****

이 이메일의 문제점은 첫째, 서두에 "Hello!"라는 가벼운 인사말만 있을 뿐, Dear Prof. Kim이나 Dear Ms. Kim 등 격식을 갖춘 호칭이나 인사말Proper Salutation이 없다. 둘째, 무슨 수업을 듣는 누구인지에 대한 자기소개가 없으며 왜 이메일을 쓰게 됐는지에 대한 설명조차 없

---

* 아무리 미국인이라지만, 뭐 좋은 일이라고 여기서 그 학생의 실명까지 밝히겠는가!

다. 이 경우, 간단한 자기소개와 함께 I'm writing about ~으로 이메일을 쓰게 된 이유도 적어 주는 것이 적절하다.

게다가 "Can you explain this please?"라는 문장을 보자. 아무리 please가 마법의 단어magic word라지만, 아무 데나 please만 붙인다고 능사는 아니다. 이런 이메일에서는 이렇게 직접적인 질문보다는 "I was wondering if you could explain this for me 교수님께서 설명을 좀 해 주실 수 있는지요"와 같은 간접 의문문의 형태가 훨씬 더 부드럽고 공손하게 들린다. 그런데 갑자기 이 학생한테 좀 미안해진다. 실제로는 예의 바르고 착한 학생이었는데 이메일을 쓸 때 Style-shifting을 못했다는 이유로 이 책의 나쁜 예에 등장시켜서 독자들의 오해를 사게 하다니, 내가 이러려고 선생이 됐나 하는 자괴감마저 든다. 그러니 어서 다음으로 넘어가서 이번에는 다른 학생이 보낸 좋은 이메일의 예를 살펴보자.

이 학생의 경우, 풀브라이트 장학금Fullbright Scholarship** 프로그램에 지원하면서 내게 추천서를 써 달라고 부탁했다. 그런데 그 학기에 내가 너무 바빠서 마감일이 코앞에 다가오도록 추천서를 쓰지 못하고 있었다. 그래서 학생이 불안한 마음에 마감일 이전에 추천서를 제출해야 한다는 내용의 사실상 독촉 이메일을 내게 보냈다.

***

** 미국 정부가 가지고 있는 잉여농산물을 외국에 공매한 돈을 그 국가와 미국의 교육 교환 계획에 충당할 수 있도록 제안한 풀브라이트법에 의거한 장학금 (두산백과)

Dear Prof. Kim,

How are you?

I hope you are well and had a wonderful Fourth of July. Thank you so much again for agreeing to serve as one of my Fulbright recommenders!

A friendly reminder, the application is due on Friday, July 14th, at 5 PM EST. For your convenience, I have resent the link containing the submission portal, as well as attached a link to the program description should you wish to see it: https://us.fulbrightonline.org/countries/selectedprogram/339

Please let me know if you have any questions about the form, grant, or my application. If there is any part of my application you wish to see, I would be happy to provide it.

Thank you once again, and it is an honor to have your support on this project.

Best,

Daniel Bell

교수님께

교수님, 잘 지내세요?

잘 지내시고, 또 멋진 7월 4일(미국의 독립기념일)을 보내셨길 바랍니다.

풀브라이트 장학금 프로그램에 추천인이 되어 주시겠다고 동의해 주신 점, 다시 한번 정말로 감사드립니다.

더불어 지원 마감이 미 동부 시간으로 7월 14일 금요일 오후 5시라는 점도 상기시켜 드리고 싶습니다. 교수님의 편의를 위해 여기 지원 서류 제출 포털과 교수님께서 원하시면 보실 수 있는 프로그램 관련 설명이 담긴 링크를 다시 보내드립니다.

https://us.fulbrightonline.org/countries/selectedprogram/339

서류 형식이나 장학금 혹은 지원서에 관해 궁금한 점 있으면 알려 주세요. 혹시 제 지원서의 어떤 부분이든 보시고 싶다면 기꺼이 보내드리겠습니다.

다시 한번 진심으로 감사드립니다. 교수님께서 이 프로젝트를 지원해 주셔서 영광으로 생각합니다.

안부를 전하며,

다니엘 벨 드림

이 이메일이 좋은 예인 이유는 첫째로 이 학생은 마감일이 다가와 급한 마음임에도 불구하고 내 안부부터 묻는다. 게다가 이메일 보내기 전날 있었던 미국 독립기념일 휴일을 잘 보냈길 바란다는 말까지 한다. 이 한 문장이 궁극적으로는 추천서를 마감일 이전에 제출해 달라는 독촉 내용의 이메일을 부드러운 톤으로 채색한다. 그리고 나서 이 학생은 내가 추천서를 써 주기로 약속했던 점에 굳이 다시 한번 감사를 표한다.

게다가 곧 마감일이 다가왔음을 알리는 문장에서는 friendly reminder라는 표현을 넣어서 독촉을 friendly다정히하게 하여 독촉받는 사람을 기분 나쁘지 않게 하려는 강력한 의지마저 보여준다. 마지막 문장은 내가 추천서를 써 주는 것을 영광으로 생각한다는 다소 닭살스런 멘트로 조심스럽게 마무리한다. 물론 Best와 성과 이름을 다 써서 편지의 끝맺음 또한 격식을 갖춘 것Proper form of closing은 말할 것도 없다. 앞의 두 이메일 속 화법의 차이점을 보면서 아선생은 비록 우리말과 똑같은 개념의 존댓말은 아닐지라도 영어에도 분명히 격식을 갖춰야 할 때 써야 하는 화법이 따로 있다고 생각한다.

구어체에서 격식을 갖추는 것에 대한 팁도 몇 가지 언급하자면, 직접의문문보다는 간접의문문을 쓰는 것, 현재보다는 과거시제가 더 공손하게 들린다는 것 등이 있겠다. 즉 "Can you help me with this please나 이거 하는 것 좀 도와줄래?"보다는 "I was wondering if you could help me with this제가 이거 하는 것 좀 도와주실 수 있는지요."가, "I hope you can ~ 당신이 ~할 수 있으면 좋겠어요."보다는 "I was hoping you could ~ 당신이 ~하실 수 있게 되기를 바랍니다"가 더 정중한 표현이다. 이런 작지만 큰 차이를 꼼꼼하게 공부해서, 격식을 갖춰야 하는 자리에서는 제대로 된 정중한 영어를 써 보자. 우리는 명색이 동방예의지국 출신이 아닌가?

02

미국인이면 누구나 아는 지식
Shared Knowledge

•

조지 워싱턴은 단순히 초대 대통령 이름일 뿐일까?

외국어를 잘하려면 그 나라의 문화도 함께 이해해야 한다고 하는데, 여기서는 이 말을 문화에 대한 이해도가 그 나라 말로 소통할 때 미치는 영향의 구체적인 사례와 함께 짚어 보고자 한다.

그렇다면 문화란 무엇일까? 미국 미시간 주립대에서 TESOL 석사, 인디애나 대학에서 동아시아 언어와 문화 연구로 박사 학위를 받고, 30여 년간 미국과 중국의 여러 대학에서 언어와 문화에 대해 강의를 해 온 돈 스노우Don Snow 박사는 문화를 다음과 같이 정의한다.

•   Snow, D. & Campbell, M. (2017). *More than a Native Speaker: An Introduction to Teaching English Abroad*. Alexandria, VA: TESOL International Association.

- Shared Knowledge: (그 나라 사람들 사이에서) 공유되는 지식
- Shared Views: (그 나라 사람들 사이에서) 공유되는 믿음이나 가치
- Shared Patterns: (그 나라 사람들 사이에서) 공유되는 행동이나 말하는 양식

자, 지금부터 이를 하나씩 짚어 보자.

Shared Knowledge란, Knowledge라는 단어가 무색하게도 교육 수준과는 전혀 관계없이 그 나라 사람이라면 누구나 알고 있는 지식 또는 정보를 말한다. 예를 들어, 한국인이라면 세종대왕이 한글을 창제했다는 사실이나 이순신 장군이 거북선을 만들었다는 것 정도는 코흘리개 아이라도 다 아는 상식이다. 즉, 한국 문화권에서의 Shared Knowledge라면 공부해서 알게 되는 지식이라기보다는 한국인이라면 자연스럽게 그냥 알고 있는 것들을 말한다.

그런데 이러한 것들이 한국에서는 누구나 알고 있는 상식이라 하지만, 한국어를 배우는 외국인들이 굳이 이런 사실들까지 다 알아야 하는 걸까? 이에 대한 내 대답은 '한국어로 기본적인 의사소통 정도만 하고 싶다면 몰라도 상관없지만, 한국어를 수준급으로 잘하려면 한국인들의 Shared Knowledge를 상당 부분 알아야 한다'이다. 왜 그럴까? 다음의 대화를 보자.

지원: 연습은 충분히 한 것 같아. 이제 요리 대회에 나갈 준비를 완전히 다했어!

미국인 폴: 정말로 준비를 다했다면 눈 감고도 만들 수 있어야 하니까, 이제 불을 끄고 요리를 한번 만들어 봐.

지원: 야! 내가 한석봉이냐?

미국인 폴: ???

미국인 폴이 아무리 한국어를 잘한다고 해도, 한석봉의 어머니가 아들을 교육하기 위해 불을 끄고 글쓰기와 떡 썰기 배틀을 벌였다는, 한국인들은 누구나 다 아는 그 일화를 모른다면 밑줄 친 지원의 말을 이해하지 못할 수밖에 없다. 그 나라의 Shared Knowledge에 대한 이해도가 그 나라 말로 소통할 때 미치는 영향을 적나라하게 보여주는 것이 바로 이 지점이다. 그리고 이러한 예는 우리 일상생활 속에서 비일비재하게 찾아볼 수 있다.

이제, 같은 경우를 영어에서도 찾아보자. 1970년대 후반 인기를 끌었던 영국의 시트콤 〈Mind Your Language말조심해!〉는 런던에서 영어를 배우는 세계 각국 학생들의 좌충우돌 이야기를 담았다. 이 시트콤에 파키스탄에서 온 '알리'가 영어 선생님인 브라운 씨를 본의 아니게 곤경에 빠뜨리는 에피소드가 있다. 브라운 선생님이 사소한 실수로 경찰서에 붙잡혀 있게 된 인도 학생을 5파운드의 뇌물을 주고 데려오려고 한다. 이 상황을 전혀 이해하지 못한 알리가 이 사실을 경찰에게 모두 이야기하면서 일이 꼬이게 된다. 결국 알리의 지나친 솔직함 때문에 일을 그르치게 된 브라운 선생님은 짜증이 가득한 목소리로 알리에게 말한다. "Thank you, George Washington정말 고맙군, 조지 워싱턴!" 여기서 잠깐! 이때 브라운 선생님이 알리를 알리라 부르지 않고, 미국의 초대 대통령인 조지 워싱턴George Washington이라고 부른 이유는 무엇일까?

그 이유를 알고 있다면 당신은 영미 문화를 상당히 깊이 이해하고 있는 사람이다. 영어권 사람들 사이에서 조지 워싱턴의 어린 시절과 관련된 가장 유명한 일화는 그가 벚나무를 잘랐는데, 그것 때문에 심하게 꾸중을 듣게 될 것임을 알았음에도 불구하고 자신이 그 나무를 잘랐다고 솔직하게 고백했다는 이야기다. 이게 사실인지는 며느리도 모르지만, 어쨌든 이 일화로 인해 George Washington이라는 고유명사는 생활 회화에서 때때로 정직함이나 솔직함의 대명사로 쓰이기도 한다. 이는 영미 문화권에서는 우리나라의 한석봉과 어머니의 떡 썰기 대 글쓰기 대결만큼이나 유명한 이야기이다. 따라서 이 상황에서 브라운 선생님의 대사인 "Thank you, George Washington!"은 변인지 된장인지도 모르고 초지일관 지나친 솔직함으로 상황을 그르친 알리를 비꼬는 말인 것이다.

영어를 잘해도 이런 문맥에서 George Washington이 의미하는 바를 알~리가 없는 알리는 브라운 선생님에게 이렇게 대답한다. "No, I'm Ali Nadeem아니요, 저는 (조지 워싱턴이 아니라) 알리 나딤입니다." 영미 문화권에

서는 Shared Knowledge인 George Washington의 벚나무 일화를
모르는 데다가, 영어에서 흔히 볼 수 있는 의사소통 방식 중 하나인
빈정댐Sarcasm에 익숙하지 않은 알리가 이런 엉뚱한 대답을 하는 것
은 당연지사! 이렇게 영어를 아무리 잘해도 영미 문화권의 기초적인
Shared Knowledge를 모르면 의사소통에 문제가 생길 수밖에 없다.

03

미국인들이 공유하는 믿음이나 가치
Shared Views

•

한국식 겸손이 미국에서 통하지 않는 이유

다음은 Shared Views! 다시 말해, 그 나라 사람들 사이에서 공유되는 믿음이나 가치이다.

우리나라 사람들 사이에서도 공유되는 수많은 가치가 있지만, 그중 미국과 두드러지게 다른 한 가지를 들라면, 아선생은 '겸손'이라는 가치를 들고 싶다. 물론 겸손은 어느 나라에서나 환영받는 미덕이지만, 아선생이 보기에 우리나라에서는 겸손하지 않으면 욕까지 먹는 경우가 있을 정도로, 마치 의무처럼 여겨지는 가치인 것 같다.

고 신해철 씨가 그의 라디오 프로그램 〈고스트 스테이션〉에서 한국 사람들은 타인에게 겸손을 강요한다고 지적했던 것도 아선생은 같은 맥락이라고 본다. 신해철 씨의 말대로 미덕은 지켰을 때 박수쳐

줄 일이지만, 지키지 않았다고 해서 손가락질 받을 일은 아니다. 어쨌든 옳고 그르고를 떠나서, 우리 문화권에서는 어떠한 경우에도 겸손해야 한다는 게 대체적인 Shared View인 건 사실인 듯하다. 그런데 한국어를 공부하는 외국인들이 이런 것들을 알아야 하는 이유는 이 Shared View가 우리들이 의사소통하는 방식Communication Patterns에 영향을 미치기 때문이다. 다음 대화를 보자.

> 남자: 따님께서 대학을 다니신다고요? 따님이 정말 예쁘네요.
> 여자: 아휴, 예쁘긴 뭐가 예뻐요. 별로 안 예뻐요. 오호호호호.

이 대화를 듣고 여자가 정말로 자신의 딸이 예쁘지 않다고 말하는 것으로 생각한다면, 당신은 한국인이 아니거나 한국어를 좀 더 공부해야 하는 외국인이다. 여기서 여자가 딸에 대한 남자의 칭찬을 극구 부정하는 것은 겸손을 보여주기 위한 하나의 제스처*로 해석될 수 있으며, 이런 소통 방식은 한국인인 우리가 보기에는 굉장히 자연스럽다. 하지만 이 대화가 미국인 영어 강사인 남자와 영어를 배우는 한국인 여성 사이에서 영어로 오갈 때에는 전혀 예상치 못한 방향으로 흘러간다. 영어 강사는 자신의 딸이 예쁘지 않다고 말하는 여자의 말에 너무나 황당해하면서, "Mrs. Kang, even if others don't think your

---

●　　제스처: 2. 마음에 없이 남에게 보이기 위한, 형식뿐인 태도. (네이버 국어 사전 참고)

daughter is beautiful, shouldn't you be the one who thinks she's beautiful아주머니, 아무리 다른 사람들이 그렇게 생각하지 않는다고 해도, 아주머니께서는 따님이 예쁘다고 생각하셔야 하는 것 아닙니까?"라고 한다. 이 웃지 못할 에피소드는 아선생이 1995년 한국에서 영어 학원에 다닐 때 실제로 있었던 일이다.

시간이 훌쩍 지나 플로리다 주립대에서 아선생의 수업 시간에 언어 교육에서 문화 이해도의 중요성을 다루다가 지금 예로 든 이 대화를 미국인 학생들에게 소개했을 때, 그들의 반응은 상상했던 것 이상이었다. 어떤 학생들은 수업을 더 이상 진행하기 어려울 정도로 박장대소했고, 또 어떤 학생들은 대화에서 그 엄마와 딸의 관계가 매우 좋지 않음을 짐작할 수 있다는 등 나름대로의 분석(?)을 발표하기도 했다. 한국 사람들이 겸손이라는 가치를 어떻게 받아들이고, 그에 따라 어떻게 행동하고 대화하는지를 모르는 미국 학생들이 이 문장에 담긴 진짜 속뜻을 알 턱이 없다. 그리고 그것은 또한, 영미 문화권에서는 우리와 다른 Shared View 때문에 똑같은 상황에서 대화가 전혀 다르게 전개된다는 것을 의미하기도 한다.

이를테면, 미국 영화 〈신부의 아버지〉에서 예비 신랑의 엄마가 예비 신부가 너무나 사랑스럽다고 말하자, 신부의 아버지인 조지가 예비 사돈에게 이렇게 답한다. "Isn't she great우리 딸 정말 멋지지 않아요?" 영화를 보았다면 알겠지만, 이때 조지가 절대로 웃으면서 농담으로 말하는 것이 아니라, 정색을 하고 말한다. 이 경우, 한국인 아버지였다면

"부족한 제 여식을 예쁘게 봐주셔서 감사합니다."라고 말했을 것이다. 이 또한 겸손해야 한다는 우리의 Shared View의 영향을 받은 표현이다. 이렇게 그 나라의 Shared Views는 대화가 흘러가는 방식, 즉 그 나라 사람들의 의사소통 방식에 커다란 영향을 미친다. 그러므로 영어로 영어답게 대화하고 싶다면 미국인들의 Shared Views는 필수적으로 알아야 하는 부분이다.

아선생의 경험을 바탕으로 미국인들 사이에서 두드러지게 나타나는 Shared Views의 한 예를 들자면, 대부분의 미국인들은 상대가 누구든 그를 존중해야 하며, 그래서 상대방의 기분을 상하지 않게 하면서 대화해야 한다는 생각을 거의 강박 관념처럼 가지고 있다는 점이다. 사회적으로도 어떤 발언을 할 때 그 어느 집단에도 차별 없는 표현을 사용해야 한다는 것을 기본으로 삼는 정치적 올바름Political Correctness 또한 같은 맥락에서 이해해야 하는 미국 사회의 Shared View다.

당연히 이런 가치 역시 그들의 의사소통 방식에 지대한 영향을 미친다. 그 대표적인 예가 누군가에게 어떤 제의나 초대를 받았을 때 거절 의사 표시를 하기 전에 반드시 쓰는 "I'd love to, but~정말 그러고는 싶지만~"이라는 표현이다. 이는 죽도록 보기 싫은 영화를 함께 보자고 하는 친구에게, 혹은 바빠 죽겠는데 점심을 같이 먹자고 하는 직장 동료에게 쓰는 말이다. 즉, 이것은 상대방의 기분을 상하지 않게 하면서 거절하려는 문화에서 비롯된 표현이다.

또 다른 예로는 마감일이 다가와 독촉을 해야 할 때 사용하는 표현인

"This is a friendly reminder that ~" 혹은 "Just a friendly reminder that ~그냥 말씀드리는 건데요"이 있다. 독촉을 할 때에도 상대방의 감정이 상하지 않도록 배려하며 메시지를 전달하려는 의도에서 friendly라는 단어를 굳이 집어넣는 미국인들의 센스를 보라.

사족으로, 미국의 한 인터넷 사전은 friendly reminder라는 말을 "이게 당신한테 보내는 마지막 경고야!"의 완곡한 표현이라며 익살스럽게 정의하기도 한다. 어쨌든 비록 어찌어찌하여 독촉을 당하는 위치에 있게 된 사람이라 하더라도 그의 기분을 상하지 않게 하면서 할 말을 전하려는 이 표현이 어떤 상대라도 존중해야 한다는 미국인들의 가치관을 담고 있다는 사실만큼은 부정할 수가 없다.

04

미국인들의 공통된 행동 양식
Shared Patterns

•

미국에선 I'm sorry 하면서 절대 웃지 마라

마지막으로 Shared Patterns다. 이는 한 문화를 공유하는 사람들이 공통적으로 가지고 있는 행동 양식을 말하는데, 언어적인 것과 비언어적인 것을 모두 포함한다.

우선 비언어적인 부분부터 말하자면, 한국인들은 나이 든 사람에게 인사할 때 상체를 숙이는 반면, 미국인들은 손을 흔든다부터 시작해서 수많은 예를 찾을 수 있다. 많은 사람들이 이런 것들은 한 번만 듣거나 보면 쉽게 알 수 있다고 생각한다. 하지만 문제는 이런 패턴 하나하나가 우리의 일상생활이나 행동 양식 속에 너무도 깊숙하게 자리 잡고 있어서 우리가 외국어로 말할 때조차도 무의식적으로 표출된다는 점이다. 우리와는 다른 Shared Patterns를 가진 나라 사람들에게 오해를 불러일으킬 소지를 듬뿍 안고서 말이다! 아선생은 이를 입증할 이야기를 수십 개 정도 가지고 있는 데, 그중 하나의 보따리만 풀어 보겠다.

아선생이 어렸을 때, 지금의 나보다도 나이가 어렸던 어머니가 운전을 하다가 교통법규를 위반하고 경찰에게 잡힌 적이 있다. 그때 어머니는 너무나 미안한 표정으로 멋쩍게 웃으면서 이렇게 말했다. "에이 아저씨, 한 번만 봐주세요." 계속 웃으면서, "미안합니다. 다시는 안 그럴게요."라고 하는 어머니에게, 마음이 약해진 경찰 아저씨도 웃으면서 "그럼 제일 싼 걸로 하나 끊어드릴 테니, 다시는 여기서 유턴하시면 안 됩니다."라고 하며 상황 종료. 그러나 교통법규를 어겨 경찰에게 잡힌 상황에서 미안하다며 웃는 어머니의 행동이 하나도 이상하지 않다고 느꼈던 내 생각은 미국에 와서 바뀌었다. 미국에서 똑같은 상황에 처했을 때 같은 행동을 하는 어느 한국인 유학생을 보고 미국인 경찰은 어이없어했다고 한다.

교통법규를 어기고는 "I'm sorry."라고 말하며 어색하게 웃는 한국인 여학생에게 미국 경찰은 너무나 황당해하면서, "Do you think I'm joking now당신은 지금 내가 농담하는 것으로 보입니까?"라고 했다. 미안해서 애써 겸연쩍은 웃음을 지은 여학생에게 경찰이 지금 내가 농담하는 것으로 보이냐고 따지듯 물은 것은, 같은 상황에서 이런 행동을 보이는 미국인이 거의 없기 때문이다. 즉 중국, 일본을 포함해 동북아 여성들은 미안하거나 무안할 때 잘 웃는 편인데, 우리의 이같은 Shared

Pattern은 미국에서는 좀처럼 찾아보기 힘들다.

이를 미국 드라마 〈섹스 앤 더 시티Sex and the City〉를 쓴 작가도 알고 있었던 듯하다. 이 드라마의 한 에피소드에 주인공 미란다가 자신이 중국집에 전화로 음식을 주문할 때마다 항상 쓸데없이 웃는 중국인 여자에 대해 캐리에게 다음과 같이 말하는 장면이 있다.

"She giggled at me! The takeout lady!"
그 여자가 낄낄거리며 날 비웃었다니까! 그 음식 주문 받는 여자 말이야!

그러고는 그 중국 여자가 전화로 음식 주문을 하던 미란다에게 또다시 그랬을 때, 미란다는 전화를 바로 끊어 버리고는 식당으로 직접 따지러 간다. 그런데 식당에 도착하자마자 주문 받는 그 여자가 다른 고객과 전화 통화하는 것을 듣고 미란다는 오해를 푼다.

"Okay, address please. 224 West 70⋯Oh, sorry, 73. Ahhahahaha!"
네, 주소 불러 주세요. 224 West 70⋯ 앗! 미안해요, 73이라고요. 아하하하하하하!

서로 다른 문화권 사람들이 가진 Shared Patterns의 차이는 이렇게 드라마 에피소드를 만들어 낼 만큼 극적인 요소를 품고 있다.

이제 Shared Patterns의 언어적인 부분도 함께 살펴보자. 앞서

Shared Views에 대해 이야기하면서 언급했던 것처럼, 대부분의 한국 사람은 칭찬이나 추켜세우는 말을 들으면 그저 "감사합니다." 하고 넘어가기보다는, 그에 대해 아니라고 부정하는 행동 양식을 보이는 편이다. 그래서 "홍길동 씨, 영어를 참 잘하세요."라고 했을 때, "과찬이십니다. 그렇게 잘하는 편은 아닙니다."라고 대답한다든가, 혹은 "대단한 아드님을 두셨습니다."라고 했을 때, "그렇지 않아요. 많이 부족합니다."라고 말하는 것이 우리에게는 무척 자연스럽게 들린다. 물론 이건 한국을 비롯한 동북아 문화권에서는 흔히 볼 수 있는 패턴이지만, 미국에서는 거의 들어볼 수 없는 대화 방식이다. 그래서 똑같은 상황에서 이런 문장들을 그대로 영어로 직역해서 사용하면 안타깝게도 문맥상 어색하기 짝이 없다. 어색하기만 하면 다행인데, 심지어 무례하게 들리는 경우까지 있다는 것이 더 큰 문제다.

한 예로, 아선생의 친구이자 동료인 미셸은 상대를 칭찬했을 때 상대가 그것을 부정하듯 이야기하면 매우 무례하게 들린다고 한다. 그러니 이러한 것들이 비단 앞서 등장했던 강 씨 아주머니만의 문제는 아닌 것이다. 이런 경우, 거의 99퍼센트의 미국인들은 "Thank you."라며 감사 인사와 함께 칭찬의 말을 일단 있는 그대로 받아들인다. 그런 다음, 답례로 상대방에게 칭찬의 말을 한마디쯤 해 주는 것이 미국에서 볼 수 있는 가장 일반적인 대화 패턴이다. 이를테면, 다음 대화처럼 말이다.

여자 1: I like your outfit! It's so beautiful!

여자 2: Thank you. I like yours too.

여자 1: 네 옷이 참 맘에 들어. 너무 예뻐!

여자 2: 고마워. 난 네 옷도 괜찮은데.

혹은

남자 1: Oh, my God! Your French is almost perfect!

남자 2: Thank you. I actually thought your Chinese was phenomenal!

남자 1: 세상에! 네 프랑스어는 완벽에 가까운데!

남자 2: 고마워. 사실 난 네 중국어가 완전 뛰어나다고 생각했어.

이렇게 한 문화권의 사람들이 공통적으로 가지고 있는 말하는 양식이나 대화하는 방식은 앞서 지적한 바와 같이 그 나라 사람들이 가지고 있는 Shared Views의 영향을 지대하게 받는다. 바로 이런 이유 때문에, 아무리 문법에 정통하고 고급 단어를 많이 알더라도, 그 나라 사람들의 문화를 깊이 있게 이해하지 못하면 네이티브 스피커들과는 전혀 다른 특이한 영어를 하게 되는 것이다. 그것이 꼭 나쁘다고만은 할 수 없지만, 내가 하고자 하는 말을 네이티브 스피커들이 이해하지 못해서 오해하는 경우가 종종 발생한다면 문제가 되지 않겠는가? 그러니 영어를 잘하고 싶다면 영미 문화권 사람들이 가지고 있는 Shared

Views와 함께 그에 따른 일반적인 대화 방식도 짚어 봐야 한다. 이런 당위성은 같은 언어를 쓰는 미국인과 스코틀랜드인 사이에서 있었던 다음의 일화를 봐도 알 수 있다.

한 미국인 학생이 스코틀랜드 글래스고 지방에 교환학생으로 갔는데, 홈스테이하며 머물렀던 집주인 가족들이 그가 너무 무례하다며 앞으로 더 이상 미국인 학생들은 받고 싶지 않다고 했다. 후에 알고 보니, 이는 서로 다른 대화 방식으로 인한 오해에서 비롯된 일이었다. 미국 영어에서는 누군가가 먹을 것이나 마실 것을 권할 때 먹기 싫으면, "No, but thanks아니에요, 됐습니다!"라고 말하는 것이 일반적이고 흔한 거절의 방식이다. 즉, 일단 "No"라는 말로 먹기 싫다는 의사 표시를 한 후에 "Thanks!"가 오는 순서다. 하지만 그 교환학생이 홈스테이하며 머물렀던 글래스고 지방 사람들은 그런 그의 대답을 상당히 무례하다고 받아들였다. 그 이유는 그 지방에서는 같은 경우에 "Thank you, no고맙지만 됐습니다."가 일반적인 대답이기 때문이었다. 다시 말해, 그곳에서는 미국 영어와는 정반대로 먹든 안 먹든 일단 "Thank you!"라고 말하며 감사의 표현부터 먼저 해야 하는 것이다. 똑같은 두 단어를 단지 순서만 바꿔 말했을 뿐인데도 그들에게는 그토록 무례하게 들렸다니, 이는 같은 말이라도 '아' 다르고 '어' 다른 것이 비단 한국어뿐만이 아니라는 사실을 증명한다.

이처럼 같은 언어를 사용하는 미국 사람들과 스코틀랜드 사람들 사이에서도 서로 다른 대화 패턴으로 인해 오해가 생긴다. 상황이 이럴진

대 완전히 다른 언어를 쓰는 우리들이 영어를 사용할 때 우리가 생각하는 것보다 훨씬 더 많은 오해의 소지가 생길 수 있는 건 당연한 일일 것이다. 그러니 정말로 영어를 잘하고 싶은 사람이라면, 지금부터라도 영미 문화권의 대화 방식을 하루에 하나씩 배워 보자. 영어를 좀 더 영어답게 할 수 있는 그날까지!

05

미국말 알아먹는 데 도움되는
미국인들의 Shared Knowledge

•

그는 10%의 사나이?

"맨날 무시하고 기나 죽이고! 다 지 마누라랑 살고 싶지 세종대왕이
랑 살고 싶은 사람이 어딨냐고!"

예전 드라마 〈동백꽃 필 무렵〉의 한 장면이다. 자신의 틀린 언어 사
용과 맞춤법을 단 한 번의 예외도 없이 언제나 지적하는 아내에게 남
편 노규태가 울분을 토하면서 하는 말이다. 미국인 학생들에게 이 장
면을 통역해 보여준 후, 이 남편이 아내의 어떤 점에 불만을 토로하는
건지 추측해 보라고 했다. 언어 교육에서 문화 이해도의 중요성을 깨
닫게 하기 위해서, 아선생은 학생들에게 때때로 이런 식의 엉뚱한 퀴
즈를 던져 주곤 한다. 다음은 그때 미국인 학생들이 한 대답이다.

"제 생각에는 세종대왕이 굉장히 권위적인 왕이 아니었나 싶어요. 그래서 부인의 그런 권위적인 성격 때문에 저 사람이 숨막혀 한다는 사실을 말하려는 것 같습니다."

"세종대왕이 굉장히 오만한 사람이었나요? 이 드라마 속 아내의 캐릭터가 잘난 척하고 남들을 무시하는 성향이 있는 게 아닐까 싶은데…."

모두들 자다가 봉창을 두드리고 있던 바로 그때, 이 질문에 제대로 답한 사람은 서울의 한 대학에서 한 학기 동안 한국 문화 수업을 듣고 온 크리스틴뿐이었다.

"혹시 남편의 언어 사용과 관련해 어떤 문제가 있었나요? 맞춤법이나 뭐 그런 거? 전 "세종대왕" 하면 떠오르는 게 한글 창제라서요."

이렇게 노규태의 말을 크리스틴만이 정확하게 이해한 이유는, 그 수업을 들은 학생들 중에서 세종대왕이 한글을 만든 사람이라는 사실을 알고 있는 사람이 그녀밖에 없었기 때문이다. 바꾸어 말하자면, 이 장면에서 노규태의 대사를 온전하게 이해하기 위해서 필수로 알아야 하는 것이 바로 한국인이라면 누구나 알고 있는 사실Shared Knowledge인 세종대왕의 한글 창제다. 외국어를 제대로 알아듣기 위해서는 그 나라의 문화, 정확히 말해 이 경우 Shared Knowledge를 이해하고 있어야 한다는 것을 보여주는 사례다.

Shared Knowledge란 '그 나라 사람들 사이에서 공유되는 지식'을 뜻한다. 여기서 말하는 '지식'이란 교육 수준과는 무관하게 그 나라 사람이라면 누구나 알고 있는 것들을 의미한다. 실제로 영어 실력이 무척 고급 수준인데도 화자의 의도나 유머 등을 이해하지 못하는 이유는, 단어나 문법 때문이 아니라 그 속에 내재된 미국인들의 Shared Knowledge를 알지 못해서인 경우가 대다수다. 예를 들어, 〈스티븐 콜베르 쇼The Late Show with Stephen Colbert〉의 한 장면을 보자. 낙태가 금지된 조지아주의 경우, 임신한 여성이 다른 주에 가서 낙태를 하고 돌아오더라도 징역 10년을 구형한다는 법을 설명하면서 그가 한 말이다.

> "If a Georgia resident plans to travel elsewhere to obtain an abortion, when she comes back, she could face 10 years' imprisonment. Now we know why she was taking a midnight train to Georgia. She was sneaking past the cops!"
>
> 만약 조지아주 주민이 다른 주에 가서 낙태를 할 계획이라면, 그녀가 조지아주로 돌아왔을 때는 징역 10년 형에 처할 수 있습니다. 이제야 우리는 왜 그녀가 조지아주로 가는 밤 12시 기차를 탔는지 알겠어요. 경찰을 피해서 몰래 가려고 그랬던 거죠!

스티븐 콜베르 씨가 밑줄 친 부분을 말할 때 청중들은 박장대소한다. 이 문장이 웃긴 이유는, 문장 자체에 어떤 의미가 있어서가 아니라,

이게 노래 제목Midnight Train to Georgia을 이용한 말장난이기 때문이다. 이해를 돕기 위해 비슷한 예를 한국 노래 가사/제목으로 만들어 보면 이렇다. 호남 지역에 대규모 재개발을 하게 돼서 호남 땅값이 갑자기 폭등한다는 뉴스가 나왔다고 가정해 보자. 그때 누군가 이런 농담을 할 수도 있을 것이다.

"아, 그래서 서울 부동산업자들이 비 내리는 호남선 남행열차를 탄 거군요."

김수희 씨의 〈남행열차〉 노래 가사를 모르는 사람은 이 말을 듣고도 유머인지조차 알지 못할 것이다. 마찬가지로 스티븐 콜베르 씨의 말장난을 온전히 이해하려면 Midnight Train to Georgia라는 노래를 알아야 한다. 다시 말해, 미국의 성인들이라면 대부분이 다 아는 이 노래 즉, 미국인들의 이 Shared Knowledge를 모르면 그의 말이 웃기지도 않을 뿐더러, 왜 웃긴지 온전하게 이해할 수도 없을 것이다. 물론 이런 사례는 비일비재하기 때문에 이 칼럼 하나에 모두 담아낸다는 것은 불가능하다. 그러나 미국인들의 기본적인 Shared Knowledge를 몇 가지라도 더 알아두면 미국 영어를 찰떡같이 알아듣는 순간순간들을 조금이라도 더 경험하게 될 것이다. "티끌 모아 태산"이라는 말은 이럴 때 적용되는 속담이라는 사실을 아선생은 오랜 영어 교육의 경험을 통해서 믿게 되었다. 그리하여, 여기서는 그 티끌 중에서도 미국에 살면서 가장 자주 접하게 되는 "왕건이"들 몇 가지를 소개할까 한다. 지금부터, 아선생이 플로리다 주립대 미국인 학생들에게 주었던 것과 똑같은 방식으로 미국 문화 관련 퀴즈를 내드리겠다.

> Amy: Did you see Jerry's bumper sticker? It's a Confederate flag!
> Sarah: Oh, my God! I'm so disappointed in him!
> 에이미: 너 제리가 자동차 범퍼에 붙이고 다니는 스티커 봤니? 남부 연합기더라니까!
> 새라: 세상에! 걔한테 진짜 실망이다!

〈퀴즈〉앞의 대화에서 새라가 제리에게 실망한 이유는?

이 대화에서 새라가 제리에게 실망한 이유를 알기 위해서는 일단 남부 연합기Confederate flag가 무엇인지부터 알아야 한다. 도대체 남부 연합기가 무엇이기에, 새라가 그것을 차에 붙이고 다니는 제리에게 그토록 실망한 것일까?

미국의 남북 전쟁(1861년~1865년)이 일어나게 된 요인에는 여러 가지가 있지만, 그중에서 가장 큰 원인은 흑인 노예 제도에 대한 남부와 북부의 견해 차이였다. 많은 경제학자들이 지적하듯이, 노예 제도는 그 당시 미국 남부 경제를 이끄는 중심이었다. 당연히 노예 제도 폐지를 원치 않았던 남부 주들은 대동단결하여 이를 폐지하려는 북부 주들에 맞섰다. 이때, 남부 주들이 연합해서 만든 깃발이 바로 남부 연합기 즉, Confederate flag이다. 그러니 이런 남부 연합기를 바라보는 외부인들 즉, 남부를 제외한 다른 주 출신 미국인들의 시선이 고울 리가 없다. 실제로 남부 백인들 중에도 남부 연합기를 더 이상 사용해서는 안 된다고 주장하는 사람들이 꽤 많다. 적어도 아선생이 아는 남부 출신 백인들은 모두 그렇다. 일례로, 월스트리트 저널이 남부 연합기를 보는 미국인들의 여러 가지 다른 관점을 다룬 적이 있는데, 그때 Ivy Rain이라는 흑인 여성이 이렇게 말했다.

> "···slavery, oppression, and K.K.K. terrorism. I think that's what their flag stands for."
> ···노예 제도, 탄압, 그리고 K.K.K.* 테러리즘. 저는 그들의 깃발(남부 연합기)이 상징하는 게 바로 이런 것들이라고 생각합니다.

이렇게 많은 미국인들에게 남부 연합기는 독일의 나치를 상징하는 깃발, 하켄크로이츠와 별반 다를 것 없는 혐오와 차별의 상징이다. 그럼에도 불구하고, 남부에서는 남부 연합기를 자동차 범퍼 스티커로 만

* Ku Klux Klan의 약자로, 흑인이 백인과 동등한 권리를 갖는 것에 반대하여 극단적인 폭력을 휘두르며 때때로 테러까지 감행하는 인종 차별주의 백인 단체. 이들은 남부 주들뿐만 아니라 북부의 뉴욕, 뉴저지, 펜실베니아주 등지에서도 활동했다. 실제로 뉴저지주에서 하와이로 이사한 아선생 남편의 친구는 뉴저지주에서 K.K.K. 회원을 만난 적이 있다면서 그곳에서 겪은 인종 차별 경험을 이야기해 준 적이 있다.

들어 붙이고 다니거나, 집 앞에 걸어두기까지 하는 사람들을 가끔 볼 수 있다. 물론 이들은 이 깃발이 그저 남부인으로서의 자긍심Southern Pride을 나타낼 뿐이라고 주장한다. 이들이 어떻게 생각하고 주장하든, 많은 남부 백인들을 포함한 대다수의 미국인들은 남부 연합기를 곱지 않은 시선으로 바라보는 것이 사실이다. 2015년 7월, 사우스캐롤라이나의 주청사에 걸려 있던 남부 연합기를 미국 내 부정적인 여론 때문에 내려야 했던 사건이 이를 증명한다. 바로 이런 연유로 남부 연합기를 차에 붙이고 다니는 제리를 새라는 인종 차별주의자라고 생각해서 실망했다고 말하는 것이다. 이렇게 지금 현재 미국인들의 대화 내용을 이해하기 위해서도 미국의 기본적인 역사를 알아야 할 때가 종종 있다. 우리가 500년도 훨씬 전에 있었던 세종대왕의 한글 창제 사실을 알아야 앞에 얘기했던 드라마 속 노규태의 대사를 온전히 이해할 수 있듯이 말이다.

> John: When I was traveling in Europe, I realized Europeans were kind of blunt and direct. I don't know why we Americans are so indirect.
> Eric: You know why? That's because of the second amendment!
> John: Come on!

존: 내가 유럽 여행을 할 때 보니까 유럽 사람들이 좀 무뚝뚝하고 직설적이더라고. 우리 미국인들은 왜 그렇게 간접적인 화법을 쓰는지 난 도무지 모르겠어.

에릭: 왜 그런 줄 아니? 수정 헌법 제2조 때문이지!

존: 설마!

〈퀴즈〉 앞의 대화에서 에릭이 하는 말은 무슨 뜻일까?

The second amendment란 직역하면 '수정 헌법 제2조'로 미국인들의 총기 소유의 자유를 보장하는 법이다. 그러니 에릭은 누구나 총을 사서 지닐 수 있는 미국에서 다른 사람 기분 생각 안 하고 말 함부로 했다가는 큰일 난다는 말을 농담처럼 하고 있는 것이다. 현재까지도 미국 사회에서 이 법안은 크게 논란이 되고 있기 때문에, 미국인들에게서 이에 대한 냉소적인 농담을 아주 흔하게 들을 수 있다.

Sam: Another hurricane is headed here, and it's a category 5!

Jessica: I guess we should tape up all the windows again.

샘: 여기 허리케인이 또 오고 있는데, 카테고리 5라고 하네!

제시카: 또 창문 전부 다 테이프로 붙여야겠네.

〈퀴즈〉 제시카가 창문에 테이프를 붙이자고 하는 이유는 뭘까?

플로리다주를 포함한 미국 남부 주에는 일 년에 여러 차례 허리케인이 온다. 특히 최근 들어서는 한 번 올 때마다 피해가 극심해져서, 허리케인 시즌이 되면 미국에서는 이에 대한 대화를 자주 들을 수 있게 된다. 허리케인 카테고리는 1에서 5까지 있는데, 숫자가 높을수록 강하다. 그러니 샘은 카테고리 5인 가장 강력한 허리케인이 온다고 경고하는 것이다. 남부에 사는 미국인들은 강한 허리케인이 온다는 예보를 들으면 창문에 테이프를 여기저기 붙이는데, 그렇게 하면 창문이 깨져서 산산조각 나는 것은 방지할 수 있다고 한다. 2005년 허리케인 카트리나가 휩쓸고 간 후 폐허가 된 뉴올리언스의 사진을 뉴스에서 봤는데, 여기저기 테이프가 붙여져 있는 창문들이 상당히 인상적이었던 기억이 있다.

(At a restaurant)

Michelle: Gosh, his service is horrible.

Laura: Yeah, I can say <u>he's a 10% kind of guy.</u>

(식당에서)

미셸: 어휴, 저 사람 서비스가 진짜 엉망이네.

로라: 그러게. 저 사람은 10%에 해당하는 남자겠는걸.

〈퀴즈〉 대화에서 로라의 밑줄 친 대사는 무슨 말일까?

이것이 식당에서 일어난 대화라는 걸 감안할 때, 우리는 이 두 여인이 말하는 "저 사람"이 웨이터라는 건 쉽게 짐작할 수 있다. 그런데 서비스가 형편없는 그를 10%의 남자라고 말하는 이유가 뭘까? 그리고 이 문맥 속에서 10%는 정확히 무엇을 의미할까?

이를 이해하기 위해서는 미국의 팁 문화, 정확히는 일반적으로 미국인들이 식당에서 팁을 얼마 정도 남기는지를 알아야 한다. 사실 이것은 Shared Knowledge이기도 하지만, 동시에 Shared View라고도 볼 수 있다. 대부분의 미국인들은 식당에서 남겨야 하는 최소한의 팁이 세금sales tax 포함, 총 금액의 15~20% 정도라고 생각한다. 물론 굉장히 훌륭한 서비스를 받았을 경우에는 훨씬 더 많이 남기기도 한다. 그러나 가장 최소한으로 남겨야 하는 팁이 15~20% 정도라는 것은 현재 미국인들이 가진 대체적인 관점Shared View이다. 이 사실을 토대로, 우리는 로라의 "He's a 10% kind of guy."라는 말을 '팁을 최소한인 15%보다도 더 적은 10%만 남겨도 될 정도로 형편없는 서비스를 하는 남자'라는 뜻으로 해석할 수 있다. 물론 팁 문화가 없는 한국인의 입장에서는 형편없는 서비스를 하는 사람에게 왜 10%라도 팁을 남겨야 하느냐고 반문할 수도 있다. 그러나 대부분의 미국인들은 어떠한 경우에도 식당에서는 팁을 남기는 걸 일종의 의무라고 생각한다. 그러니 팁을 아주 조금만 남김으로써 당신의 서비스가 나빴다는 의사 표시를 충분히 할 수 있다고 말하는 것이다.

다음은 코로나바이러스 사태로 미국 50개 주 전역에서 확진자가 나오자, Late Night Show의 호스트 스티븐 콜베르 씨가 한 말이다.

"Now we're all in this together. <u>No red states or blue states. Just 50 anxious pale states!</u> This is a crisis that we have to face together."
우리 모두 지금 이 상황에 함께 놓여 있습니다. <u>붉은 주나 푸른 주가 따로 없습니다.</u> 그저 불안에 떠는 창백한 50개 주가 있을 뿐이죠! 이건 우리 모두 함께 직면한 위기이거든요.

〈퀴즈〉 여기서 밑줄 친 문장의 의미는 무엇일까?

미국의 주요 정당은 트럼프 전 대통령이 속한 공화당The Republican Party 과 바이든 대통령을 배출한 민주당The Democratic Party이다. 미국인들은 각 당을 상징하는 색에 따라서 공화당 지지 주를 "붉은 주Red State", 민주당 지지 주를 "푸른 주Blue State"라고 부른다. 플로리다처럼 공화당 지지자와 민주당 지지자가 반반씩 섞여 있어서 선거 때마다 왔다 갔다 하는 주는 "보라색 주Purple State" 또는 "왔다 갔다 하는 주Swing State"라고 부른다. 그러니, 스티븐 콜베르 씨가 전국적으로 코로나바이러스 확진자가 나오고 있는 지금은 정치색을 떠나서 모두가 함께 이 국난을 극복해 가야 한다는 말을 하고 있는 것이다. 코로나 사태 관련 이야기가 나온 김에, 마스크를 쓰는 문제에 대해 마이애미 헤럴드에서 다룬 다음의 기사도 한번 보자.

Now that even the Centers for Disease Control and Prevention recommends wearing some kind of homemade face mask – like a bandanna or other cloth covering you can make – we're seeing more people doing so at grocery stores and out walking their dogs. But, not surprisingly, there remains trepidation as to whether or not you should wear a mask into a bank – lest you be mistaken for <u>Bonnie or Clyde.</u>

<u>질병통제예방 센터</u>에서조차 집에서 만든 마스크, 그러니까 머리나 목에 두르는 천이나 집에서 만들 수 있는 얼굴 가리는 천이라도 쓰고 다니라고 해서, 우리는 더 많은 사람들이 슈퍼마켓에서나 개를 산책시킬 때 그런 류의 마스크를 쓰고 다니는 것을 볼 수 있다. 그러나, 별로 놀랍지는 않지만, 은행에 갈 때 마스크를 써야 할지 말아야 할지에 대해서는 여전히 두려움이 남아 있다. <u>보니나 클라이드</u>로 오해받지 않도록 말이다.

〈퀴즈〉 왜 마스크를 쓰고 은행에 가면 "보니" 또는 "클라이드"로 오해받을 수 있다는 걸까? "보니와 클라이드"가 누구이기에?

보니 파커_{Bonnie Parker}와 클라이드 배로우_{Clyde Barrow}는 1930년대에 유

---

* 2020년 4월 7일자 Miami Herald의 기사 〈Can you wear a mask to go into a bank in South Florida? We get your trepidation〉에서 발췌

명했던 은행 강도 커플이다. 이 사건은 미국에서 가장 악명 높은 범죄 사건으로, 1967년에는 이들에 관한 영화까지 만들어졌다. 한국에서는 〈우리에게 내일은 없다〉라는 사뭇 비장한 제목으로 개봉됐다. 우리나라에서 악명 높은 범죄자 이름으로 빠지지 않고 등장하는 "신창원"이 있듯이, 보니와 클라이드도 미국인들 사이에서 20대부터 90대까지 모두에게 잘 알려진 인물들이다. 그러다 보니, 이들의 이름은 범죄자 커플의 대명사가 되어 "They're such a Bonnie and Clyde duo그들은 완전히 보니와 클라이드네!"와 같이 쓰이기도 한다. 앞의 신문 기사에서는 이들의 이름이 '은행 강도'라는 의미로 쓰였다고 보면 된다.

Sam: Are you gonna accept their job offer? It sounds like a great opportunity for you!

Paul: I've decided not to because it's the rival to the company I work for now. I don't wanna appear to be a Benedict Arnold.

샘: 그 일자리 제의는 수락할 거야? 너한테 정말 좋은 기회 같은데!

폴: 수락 안 하기로 했어. 왜냐하면 그 회사가 지금 내가 일하고 있는 회사의 경쟁사거든. 난 베네딕트 아놀드로 보이기는 싫어.

〈퀴즈〉 폴의 마지막 문장은 무슨 의미일까? 미국 영어에서 베네딕트 아놀드Benedict Arnold처럼 보이기 싫다는 건 대체 무슨 말일까?

우리 역사 속에 배신자 하면 신숙주가 있듯이, 미국 역사 속에는 베네 딕트 아놀드가 있다. 신숙주는 단종과 사육신을 배신하고 수양대군의 편에 서면서, 모두에게 배신의 아이콘이 되었다. 그래서 쉽게 변한 신 숙주를 꼬집기 위해, 쉽게 상하는 녹두나물을 "숙주나물"이라고 이름 붙였다는 설도 있다. 베네딕트 아놀드 역시 미국 독립전쟁 당시 처음 에는 미국쪽 군인이었으나, 후에 미국을 배반하고 영국군이 되어 영 국군 부대를 지휘하며 미국과 싸웠다. 그러니 미국인들의 입장에서 그는 당연히 배신자다. 물론 그가 왜 미국을 배신할 수밖에 없었는지 나름의 구구절절한 사연이 여기저기서 회자되고 있긴 하다. 하지만 이미 많은 미국인들이 그의 이름을 "배신자"의 대명사처럼 쓰고 있어 서 네이버 영영사전에 Benedict Arnold를 치면 첫 번째 뜻이 다음과 같이 나온다.

[Noun] US A traitor (명사)(미국 영어) 배신자/반역자

지금까지 미국인들의 아주 기초적인 Shared Knowledge 몇 가지와 그를 내포한 대화를 살펴보았다. 눈치챘겠지만, 이런 것들은 하루아 침에 책 한 권으로 마스터할 수 있는 종류의 지식이 아니다. 미국 드 라마나 영화를 보다가 단어와 문법을 알아도 이해할 수 없는 말들이 나올 때마다 찾아보고 공부하면서 그렇게 하나씩 둘씩 알아가는 방법 이 최선이 아닐까 싶다. 그렇게 다 알고 난 후 다시 한번 같은 드라마

나 영화를 보면 작은 디테일 하나하나를 모두 만끽하면서 느끼는 재미가 쏠쏠할 것이다. 그것은 마치 이미 본 명감독의 영화를 평론가의 리뷰를 꼼꼼하게 읽고서 또 다시 볼 때 느끼는 희열과도 같은 경험이 아닐까 싶다. 한마디로 신세계가 열린다!

06

같은 것을 보는
서로 다른 시선

•

'호의'와 '우울함'의 예상치 못한 반전

플로리다 주립대 CIES Center for Intensive English Studies (이하 CIES) 초급반 듣기 수업 시간에 B. J. 토마스 B. J. Thomas의 〈Raindrops keep falling on my head 비가 내 머리 위로 계속 떨어져요〉 노래를 가르친 적이 있다.

"Raindrops keep falling on my head, but that doesn't mean my eyes will soon be turning red. Crying's not for me 'cause I'm never gonna stop the rain by complaining..."

빗방울이 계속 내 머리로 떨어지고 있지만, 그게 내 눈시울을 붉게 하지는 못할 거야. 난 울지 않을 거니까. 왜냐하면 내가 아무리 불평을 한다고 해도 그게 결코 이 비를 멈추게 하지는 않을 테니까….

이 노래 가사에 나타나 있듯이 미국 문화에서 비는 주로 우울함이나 삶에서 극복해야 할 힘든 일 등을 은유한다. 그렇다면 우리 문화는 어떤가? 김현식의 〈비처럼 음악처럼〉의 가사를 잠깐 음미해 보자.

비가 내리고 음악이 흐르면 난 당신을 생각해요.
당신이 떠나시던 그 밤에 이렇게 비가 왔어요.
난 오늘도 이 비를 맞으며 하루를 그냥 보내요.
(중략)
우리의 사랑의 이야기들은 흐르는 비처럼 너무 아프기 때문이죠.

이렇게 미국과 마찬가지로 한국의 노래나 시에서도 비는 우울함, 이별, 아픔, 상처 등을 상징할 때가 많다. 즉, 비나 흐린 날씨에 대해서만큼은 우리 한국인도 미국인과 매우 유사한 정서를 지니고 있다는 말이다. 그래서 B. J. 토마스의 이 노래에 한국인인 나는 쉽게 공감해서, 별 생각 없이 듣기 전 배경지식 쌓기Schema Building Activity* 과정조차 생략한 채, 학생들에게 노래를 듣게 하고는 바로 가사 내용을 가르치기 시작했다. 그런데 내 설명을 한참 듣고 있던 사우디아라비아 출신의 학생 마타르가 미심쩍은 표정으로 질문했다.

---

* 이를테면, 이 경우에는 노래를 듣기 전에 비를 바라보는 미국인들의 관점에 대한 논의 정도를 할 수 있겠다.

"선생님, 미국에서는 비가 나쁜 건가요? 도대체 왜요?"

전혀 예상치 못했던 이 학생의 말에 나는 왜 그런 질문을 하는지 이유를 알 수는 없었지만, 일단 대답부터 했다. "그래, 맞아. 대부분의 노래에서 비는 부정적인 이미지로 그려지고 태양은 긍정적인 이미지로 그려진단다." 그리고 그런 예를 보여주는 또 다른 미국 노래도 소개했다.

When you're laughing,

Oh, when you're laughing

The sun keeps shining through

But when you're crying, you bring on the rain

So stop your sighing

Be happy again

— Louis Armstrong, 'When You're Smiling'

당신이 웃을 때면,

오 당신이 웃을 때면,

햇빛이 비쳐요.

하지만 당신이 울 때면, 비가 와요.

그러니 제발 한숨 그만 짓고

다시 행복해져요.

— 루이 암스트롱, 〈당신이 미소 지을 때〉

그러고는 왜 그런 질문을 하느냐고 묻자, 마타르가 대답했다.

"우리나라(사우디아라비아)에서는 비가 오는 게 아주 좋은 일이거든요. 그러니까 비는 삶에서 행운이나 복과 같은 것들을 상징하죠. 제 이름 '마타르'도 비를 뜻하는 아랍어예요."

그렇다! 끝없는 사막이 펼쳐지는 매우 건조한 나라 사우디아라비아에서는 비가 오는 게 경사스러운 일이면서 동시에 행운의 상징인 것이 실로 당연한 일일 것이다. 이런 그들의 Shared View는 언어 사용에도 영향을 미친다. 실제로 사우디아라비아인들은 사랑을 고백할 때, "당신은 비와 같아요!"라는 표현을 자주 쓴다고 한다. 그러니 마타르가 비를 우울이나 눈물로 표현한 미국 팝송 가사를 쉽게 이해할 수 없었던 것이다. 한 문화권 내의 Shared Views는 이렇게 노래 가사처럼 작은 것 하나하나에까지 영향을 미칠 정도로 우리의 사고를 지배한다.

문화에 따라서 같은 것을 보는 서로 다른 시선은 비단 날씨뿐만이 아니다. 색깔은 또 어떤가? 1990년대를 풍미했던 인기 밴드 미스터 빅 Mr. Big의 노래, 〈To be with you 당신과 함께 있기 위해〉의 가사를 보자. 이 노래는 좋아하는 여자가 다른 남자와 사귀다가 헤어지자, 지금까지 힘들게 너를 기다려 왔다면서 자신과 사귀자고 구애하는 한 남자의 이야기를 담고 있다. 그는 이렇게 말한다.

I'm the one who wants to be with you

Deep inside I hope you feel it too

Waited on a line of greens and blues

Just to be the next to be with you

내가 바로 너와 함께하고 싶은 사람이야.

너 또한 그렇게 느끼면 정말 좋겠어.

난 지금까지 우울하고 질투로 가득한 나날의 일상에서 널 기다렸어.

네 옆에 있고 싶다는 단지 그 이유 때문에.

여기서 '우울하고 질투로 가득한'으로 번역되는 밑줄 친 부분에 주목해 보자. blue의 경우, '블루스'라고 불리는 음악 장르처럼 우울함을 나타내는 색이라는 것을 많은 사람이 이미 알고 있다. 그래서 "I feel blue나 우울해." 같은 문장은 초급반 영어 시간에도 다루어지는 표현이다. 하지만 웬 green? 이런 문맥에서 녹색은 질투를 상징하는 색깔이다. 같은 맥락으로 영어에는 green-eyed질투에 눈먼라는 말도 있다. 이는 녹색이 전혀 다른 의미를 함축하고 있는 우리 정서에서는 다소 이질감이 느껴지는 표현이다.

그런데 아선생은 다문화 국가인 미국에 살다 보니, 앞에 설명한 예와 같은 경우를 일상생활 속에서 비일비재하게 보게 된다. 왜냐하면 문화적 차이라는 것이 커다란 틀에서 볼 수 있는 그런 큰 그림들뿐만 아니라, 일상생활 속에 산재해 있는 세세하고 자잘한 것들 하나하나에도 깊게 스며 있기 때문이다. 그리고 자연스럽게 이런 것들은 때로 사소한 일로 깊은 갈등을 일으키게도 한다. 한 가지 사례만 살펴보자.

플로리다 주립대의 CIES는 미국으로 영어를 공부하러 온 세계 각국의 대학생들, 미국 대학교에서 석·박사 과정을 시작하는 국제 유학생들, 플로리다 주립대에서 조교TA: Teaching Assistant*를 하려는 석·박사 과정의 국제 대학원생들, 그리고 외국인들에게 영어를 가르치는 영어교사가 되려는 미국 학생들이 수업을 듣는 곳이다. 당연히 여러 나라의 문화가 뒤섞여 공존할 수밖에 없는 공간이다. 그러다 보니 똑같은 행동을 두고도 서로 전혀 다른 해석이 나오기도 하는 곳이 바로 이곳이다.

경북대를 다니다가 플로리다 주립대로 어학 연수를 온 동석이는 무척이나 깍듯하고 예의 바른 학생이었다. '스승의 그림자도 밟지 마라'는 것이 이젠 고릿적 이야기가 되었지만, 동석이는 여전히 스승의 그림자조차 밟지 않는 그런 학생이었다. 그런 동석이는 매 수업이 끝날 때마다 CIES 선생님들이 사용한 칠판을 지워 주고 강의실 뒷정리를

---

* 석·박사 과정에 있는 조교들은 Teaching이란 단어 뜻 그대로, 실제 학부생들을 가르친다. 문제는 미국 내 이공계 대학의 석·박사 과정에 국제 유학생들이 많아 조교들 또한 외국인인 경우가 다반사다. 그런데 이들의 수업을 듣는 미국인 학부생들이 조교들의 정확하지 않은 발음이나 틀린 문법 사용 때문에 수업을 이해하는 것이 힘들다는 항의를 하곤 했다. 그래서 플로리다 주립대는 이를 개선하기 위한 해결책으로 2003년부터 CIES에 이들을 위한 영어 프로그램을 개설했다. 그래서 이곳의 국제 유학생이 조교가 되기 위해서는 영어가 일정 수준 이상이 될 때까지 영어 발음과 문법 사용을 교정하기 위한 수업을 CIES에서 들어야 한다.

돕는 것으로 감사를 표시했다. 아선생은 이런 동석이의 호의에 항상 "Oh, thanks!" 하고 간단한 인사로 답례를 했다. 하지만 이에 대한 미국인 동료 강사의 반응은 전혀 달랐다.

어느 날 교수진 회의 시간에 동료 강사가 고민이 있다면서 동석이가 수업 후 칠판을 지우고 뒷정리를 해 주는 것이 대체 무엇을 의미하는지를 내게 진지하게 물었다. 나는 어이가 없기도 했지만, 동시에 그녀가 왜 그런 질문을 하는지 궁금하기도 했다. 그래서 일단 동료 강사에게 동석이의 그런 행동을 어떻게 해석하느냐고 되물었다. 그러자 그녀가 말하길, 자기는 언제나 수업 후 칠판을 깔끔하게 지우고 강의실 뒷정리도 잘하면서 프로답게 행동하는데(이때 그녀는 professional이라는 단어를 사용했다), 동석이는 자신이 깔끔하지 않다고 생각하는 것 같다고 했다. 그래서 직접 칠판을 지우고 자신이 해야 하는 일을 대신해 주는 것이 아니냐고 내게 되물었다. 한마디로 동석이가 칠칠치 못한 자신의 뒤치다꺼리를 하려 한다는 인상을 받아서 별로 유쾌하지가 않다는 말이었다.

학생이라는 이유만으로 선생님이 해야 할 일까지 도와야 할 의무가 전혀 없는 개인주의적인 미국 사회에서는 학생의 선한 호의가 이렇게도 받아들여질 수 있구나 하고 머리로는 이해할 수 있었다. 하지만 착한 동석이의 선의를 그렇게밖에 해석하지 못하는 미국인 동료의 모습이 안타까운 건 어쩔 수 없었다. 결국 아선생은 그녀에게 스승을 대하는 두 문화의 차이를 설명하면서 동석이의 행동에 대한 문화적 배경을 상세하게 설명해 주었다. 물론 그때부터 동석이의 그런 선의에 그녀는 터무니없는 오해 대신 다음과 같이 진심 어린 답례를 했다.

"Thank you so much! It's very nice of you!"
정말 고마워요. 참 친절하시네요.

미국으로 유학을 오는 대부분의 한국인 학생들은 겉으로 보이는 커다란 틀에서의 문화적 차이를 중심으로 모든 것에 접근하려는 경향이 있는 듯하다. 하지만 실제로 이곳에서 생활하며 겪는 문화 차이로 인한 갈등은, 겉으로 두드러지게 보이는 그런 차이에서 오는 것들보다는 오히려 동석이 일처럼 작은 일에 대한 사소한 관점 차이에서 기인하는 것일 때가 훨씬 더 많다. 그리고 외국 생활을 하면서 이런 작은 갈등 하나하나가 사람을 힘 빠지게 하고 자신감을 상실하게 하는 것 또한 사실이다.

하지만 구더기가 무서워서 장 못 담그는 사람은 완성된 장의 깊은 맛을 절대로 볼 수가 없다. 마찬가지로 살아가면서 이런 저런 것들이 두려워 중요한 변화를 시도하지 못하는 사람은 인생에서 그러한 변화가 우리에게 가져다줄지 모르는 원숙함에는 결코 이르지 못할 것이다.

어쨌거나 아선생이 하고 싶은 말은 내 호의를 외국인인 상대방이 알아주지 않거나 혹은 내 생각대로 받아들여 주지 않을 때, 서운해하거나 기부터 죽기보다는 그 문제가 혹시 문화적 차이에서 기인한 것은 아닌지를 먼저 생각해 보라는 것이다. 그리고 아선생이 20년 가까이 미국 사회에 동화되어 살면서 배운 사실이 하나 있다면, 그런 종류의 '다름'은 실제로 충분히 대화로 풀어갈 수 있는 문제라는 것이다. 더불어 우리가 너무도 당연시 여기는 많은 것이 다른 문화권의 사람들에게는 당연하지 않을 수도 있다는 사실 또한 항상 염두에 두어야 한다. 즉, 다른 문화권의 사람들을 상대할 때는 열린 사고를 해야 한다는 말이다.

그렇다면 이제 한국인과 미국인이 가진 시선과 관점의 차이 때문에 우리말에는 비슷한 표현을 찾기 힘들지만, 미국인들은 자주 쓰는 영어 표현을 한번 살펴보자. 사실 이러한 예는 서울의 미세먼지 양만큼이나 많지만, 그중 딱 한 가지 예만 들라면 아선생은 "Don't take it personally!"라는 말을 꼽고 싶다.

이건 정확하게 한국어로 번역하기에는 애매하고, 또 어떻게 번역해도 깔끔한 느낌이 들지 않는 영어 표현이다. 아선생은 이 말을 "어떤 일을 개인적, 혹은 감정적으로 받아들여서 상처받지 말라." 정도로 설명하곤 한다. 주로 일터나 공적인 장소에서 기분 상하는 일을 겪고 속상해하는 사람에게 미국인들이 하는 말이다. 아선생을 포함해서 우리 한국인들은 공적이든 사적이든 어떤 사안을 지적할 때 이를 보통의 미국인들에 비해 다소 감정적으로 받아들이는 경향이 있는 것 같다. 이를테면, 객관적인 사실을 언급했을 뿐인데도 "당신 지금 내가 대학 안 나왔다고 무시하는 거야?" 혹은 "내가 대기업 말고 중소기업에 다닌다고 날 우습게 아는 거야, 뭐야?" 등의 말을 하는 것이 그러한 예이다. 아선생 또한 평범한 한국인인 관계로 미국에 살면서도 이러한 감정의 늪에 빠지게 될 때가 있다. 그럴 때마다 미국인 동료와 친구들이 늘 하는 말이 "Don't take it personally!"다. 하지만 토종 한국인인 아선생에게 이 말이 진심으로 와 닿기까지는 거짓말 안 보태고 거의 7년 정도 걸린 것 같다.

외국어 교육학 석사 과정을 마치고 동기들과 함께 플로리다 주립대 CIES에 강사로 지원했을 때, 다른 미국인 동기들은 힘들지 않게 시간 강사, 전임 강사로 자리를 잡았다. 하지만 당시 유일한 외국인이었던 아선생에게는 그 기회를 잡는 것이 쉽지가 않았다. 아선생은 강사로 지원하기 전에 먼저 CIES의 문법 교과서 제작 작업을 성공적으로 마쳐서 이미 실력을 검증받았다고 생각했다. 하지만 당시 외국어 교육학과 교수이자 CIES 센터장이었던 케널Kennell 박사는 유독 아선생에게만 더 까다로운 잣대를 들이댔다. 시간 강사들은 보통 하루 두 시간 정도의 강의로 일을 시작하는데, 내게는 첫 학기 동안 직접 쓴 교과서로 가르치는 문법 강의 한 시간만 주어졌다. 그리고 내 책상은 케널 박사의 연구실 바로 옆에 놓여져, 내가 말하고 쓰는 영어를 케널 박사는 수시로 모니터했다. 사실 원어민도 아닌 외국인인 나를 영어 강사로 채용하는 것이기에 한편으로는 이해되기도 했다.

그럼에도 불구하고 학생들과의 관계나 학교 생활에서 다른 미국인 강사들도 충분히 할 법한 사소한 실수도 나만 지적당하는 일이 반복되자, 나는 슬슬 뿔이 나기 시작했다. 그러다가 결국 짜증나게 무더웠던 한여름의 어느 날, 케널 박사에게 이에 대한 솔직한 내 생각을 이야기하기로 결심했다. 그리고 그 대화의 끝은 역시나 "Don't take it personally!"였다. 케널 박사는 자신이 했던 모든 말이나 행동은 결코 내게 편견이나 개인적인 감정이 있어서가 아니라, 센터장으로서 좋은 강사를 채용하기 위해 자신에게 주어진 일을 했을 뿐이라는 것이었다. 하지만 아선생이 보기에는 당시 케널 박사가 내게만 유독 더 까다롭게 대하는 것이 외국인 혹은 한국인에 대한 그의 편견과 무관하지 않은 것 같았다. 그럼에도 이런 내 마음은 전혀 몰라주고, 미국인 친구들과 동료들 역시 내게 "Don't take it personally!"라는 말만 앵무새처럼 반복하니 미치고 팔짝 뛸 노릇이었다.

그렇지만 몇 년 후 내가 초보 강사들을 트레이닝하는 위치가 되었을 때, 케널 박사와 동료들의 말을 이해할 수 있는 계기가 되는 일을 겪게 됐다. 당시 내 주요 업무 중 하나는 새로 온 문법 강사들을 트레이닝하고 그들의 수업을 참관하면서 조언하는 것이었다. 그런데 한 흑인 강사가 표준 문법이 아닌 흑인 고유의 영어African-American Vernacular로 강의하면서, 현재완료형에서 have 뒤에 오는 동사를 과거분사 대신 단순과거형을 쓰는 실수를 하는 것이었다. have came처럼 말이다. 수업 후 아선생은 아무 생각 없이 그 흑인 강사에게 그 부분을 조심하라고 지적했는데, 그 말이 떨어지기가 무섭게 그녀가 울기 시작했다. 그런 일은 처음이라, 아선생이 기분 상하게 할 의도는 없었다며 그녀에게 당장 사과를 했다. 하지만 그녀는 자신이 흑인이라서 자기가 쓰는 영어에 내가 편견을 갖고 있다고 생각하는 듯했다.

아선생의 직설적인 화법이 그녀의 기분을 상하게 했다는 사실은 인정하지만, 그녀에게 했던 조언들은 그녀가 흑인이라는 사실과는 정말로 아무 상관이 없는 일이었다. 즉, 그것을 영어식 표현으로 말하자면, "It was nothing personal 사적인 감정이나 개인적인 편견과는 아무 상관이 없다고!" 그저 초보 강사들의 수업을 참관하고 그들에게 필요한 조언을 하는 것이 내 주요 업무 중 하나였기 때문에 한 말일 뿐이었다.

이후에 알게 된 사실이지만, 아선생이 한 말 때문에 속상해하며 우는 그녀를 달래 주면서 내 동료들이 아선생의 스타일이 초보 강사들을 훈련할 때 흑인이든 백인이든 라티노든, 누구든 상관없이 원래 그렇게 엄격하고 직설적이라고 이야기해 줬다고 한다. 물론 "Don't take it personally!"라는 말과 함께 말이다. 어렵사리 그녀와 오해를 풀었는데, 그 사건은 그동안 케널 박사님을 오해했던 나 자신을 되돌아보는 계기가 되었다.

물론 케널 박사님이나 아선생의 경우와 달리, 어떤 경우는 정말로 사적인 감정이나 편견 때문에 당하는 일이 발생하는 것 또한 사실이다. 그리고 그런 일을 당하면 누구든 억울하고 화가 난다. 하지만 문제는 누군가 그런 경우를 당했을 때조차도 내 미국인 동료들은 똑같은 말을 한다. "Even if it's personal, you should not take it personally because that's not professional 설사 상대방이 사적인 감정으로 대한다고 하더라도 그렇게 받아 들여서는/반응해서는 안 돼. 왜냐하면 그건 프로답지 못하니까."

이렇듯 이 표현에는 일로 만나는 사람들과의 관계에서 일어나는 그 어떤 일에 대해서도 감정적으로 받아들이는 건 프로답지 못하다고 생각하는 미국인들의 관점이 담겨 있다. 사족을 붙이면, 아선생은 미국인들에게 이 말을 들을 때마다 언젠가 즉문즉설에서 법륜 스님이 한 얘기가 떠오른다. "그 사람은 그냥 지 성질대로 했을 뿐인데, 왜 그것에 대해 당신이 화를 내나?"

법륜 스님의 이 말씀은 "Don't take it personally!"의 한국 불교 버전이라고 볼 수 있는데, 더불어 미국인들이 이 표현을 통해 지향하는 태도도 보여준다.

그러니 우리도 이 영어 표현을 사용할 때만큼은 이러한 미국인들의 시선으로 사안을 바라보자. 비단 이 표현뿐만 아니라, 영어를 할 때 미국인들과 같은 곳을 같은 방식으로 바라보는 시선을 가지게 되면 많은 이디엄*과 표현들이 머리뿐만 아니라 가슴으로도 이해될 날이 올 것이다. 만일 그럴 준비가 되지 않았다면, 당신은 영어 공부할 자격이 없는 사람이다. 오우, 혹시 기분이 나쁘셨다면, Please don't take it personally!

* 둘 이상의 단어가 연결되어 그 단어들이 가지는 제 뜻 이외의 특별한 의미를 지니는 말

07

고맥락 문화와
저맥락 문화

•

개떡같이 말해도 찰떡같이 알아들어라

"상사가 개떡같이 말해도 찰떡같이 알아들어야 한다는 사람들이 있다. 아니, 처음부터 찰떡같이 말하면 될 것을 굳이 개떡같이 말해 놓고 찰떡같이 알아들으라니 이 무슨 개떡같은 소리란 말인가."

문유석 판사의 칼럼 「일상 유감」 '전국의 부장님들께 감히 드리는 글'의 일부다. 문유석 판사의 말처럼 개떡같이 말해도 찰떡같이 알아들으라는 억지를 쓰는 상사들을 특히 한국 사회에서 자주 보게 되는 이유는 바로 우리나라가 고맥락 문화High-context culture 권이기 때문이다. 고맥락 문화란, 사람들이 의사소통을 할 때 직접적으로 오가는 말보다 문맥과 맥락이 상대적으로 더 큰 역할을 하는 문화를 말한다. 문맥과 맥락의 구체적인 예를 들자면, 화자와 청자의 사회적 지위나 역할, 성, 나이 그리고 어떤 상황이나 사건의 배경에 대한 정보 또는 비언어적인 단서 등이 있다. 이러니 소통이 안 돼서 문제가 생길 때 상사가 한 '개떡같은 말'을 문제 삼기보다는, 그 말이 오고 간 전체적인 문맥/상황을 이해하지 못한 부하 직원을 탓하는 일이 가능한 것이다. 참고로, 문화교육학 분야에 종사하는 대부분의 연구자들은 중국, 한국, 일본을 포함한 여러 아시아 국가와 아랍 국가가 고맥락 문화를 가지고 있다고 주장한다. 그렇다면 우리 사회가 고맥락 문화를 가지고 있다는 사실을 잘 보여주는 언어 표현을 몇 가지 살펴보자.

"○○○ 씨, 그런 건 눈치껏 하세요."
"야, 넌 눈치도 없냐?"
"○○○ 씨는 그런 걸 일일이 말해 줘야 압니까? 그런 건 말 안 해도 ○○○ 씨가 알아서 해야죠."
"야, 넌 그걸 꼭 말로 해야 아니?"
"에이, 그런 건 말 안 해도 알잖아."

아, 고맥락 문화권에서 쓰이는 언어 표현의 예만 몇 가지 들었을 뿐인

- 인류학자 Edward T. Hall이 1976년 그의 저서 『문화를 넘어서Beyond Culture』에서 소개한 개념으로, 한 문화권 내 사람들의 의사소통 방식을 크게 고맥락 문화High-context culture와 저맥락 문화Low-context culture로 분류했다.

데도 아선생의 머릿속에 피로가 확 몰려오는 걸 보면, 아선생도 문유석 판사처럼 한국인임에도 불구하고 고맥락 문화가 체질적으로 맞지 않는 사람인 것 같다. 역시 한 나라의 문화에 대한 이론적인 설명은 그 나라의 전체적인 분위기를 파악할 수 있는 지표일 뿐, 그 나라 국민 개개인의 성향까지 담보해 주지는 못하는 듯하다.

어쨌든 앞의 예문들이 속한 문맥들을 모두 관통하는 개념을 한마디로 표현하자면, '눈치'라고 할 수 있을 것이다. 월간 「굿모닝팝스」 2019년 3월호 질문 코너에서 '눈치가 빠른 사람'을 영어로 뭐라고 하느냐고 묻는 독자에게, 「굿모닝팝스」 편집자는 "'눈치'는 굉장히 한국적인 개념입니다"라며 설명을 시작한다. 이처럼 '눈치'라는 단어가 영어로 명쾌하게 번역이 안 되는 이유는 미국은 한국과 달리 저맥락 문화Low-context culture권이기 때문이다.

저맥락 문화에서는 정황이나 문맥보다는 직접적으로 오가는 말Explicit Verbal Messages이 훨씬 더 중요하게 여겨진다. 때문에 이런 문화에서는 의사소통할 때 화자에게 명확하고 논리적이며 설득력 있게 자신의 메시지를 전달하라고 요구한다. 그러니 저맥락 문화권에서 개떡같이 말한 사람은 자신의 그 '개떡같은 말'에 반드시 책임을 져야 한다.

이 분야 연구자들 대부분이 저맥락 문화권 국가로 개인주의적인 문화가 있는 독일, 스웨덴, 캐나다, 미국 등을 꼽는다. 아선생은 미국에서 직장 생활을 하면서, 또 미국인들을 가르치면서 이 저맥락 문화의 실례를 자주 경험했다. 이를테면 이런 식이다. 지난 학기 초에 한 학생이 중요한 할 말이 있다며 약속을 잡고 찾아와서는 이렇게 말했다.

"교수님, 제가 원래 편두통이 좀 있는데, 봄이면 알레르기와 더불어 좀 더 심해지는 편이에요. 혹시 수업 시간에 제가 인상을 찌푸린다면, 편두통 때문에 그런 것이고, 절대로 수업 내용이나 다른 것 때문에 그런 게 아니니까 오해하지 마세요."

아선생이 보기에는 수업을 듣는 학생이 굳이 이런 세세한 이야기까지 교수에게 할 필요가 없는 것 같은데, 경험상 많은 미국인 학생들이 이렇게 처신한다. 이 밖에도 남자친구와 헤어져서 현재 힘든데 그게 자신의 학업에 영향을 미치는 것 같다거나, 할머니께서 돌아가신 후 감정 정리가 안 돼서 수업 시간에 집중이 잘 안 되는 것 같다는 등의 일로 아선생을 찾아온 학생들이 많이 있었다. 그런 사정 때문에 중요한 페이퍼를 늦게 제출해야 하는 경우라면 아선생도 충분히 이해하겠는데, 멀쩡하게 공부 잘하던 학생들이 찾아와서 그런 이야기들을 한다. 이런 학생들은 그런 일들로 인해서 혹시나 일어날지 모르는 만일의 사태에 대비해 미리 이야기해 두는 거라고 한다. 그리고 대부분의 미국인 교수들은 이를 당연하게 생각하는 듯한 분위기이다. 그래서 그들이 학기 초에 학생들에게 자주 하는 말이 "Please communicate with me."이다. 이는 수업을 듣는 중에는 작은 것 하나하나까지도 교수와 소통하라는 말이다.

또 다른 예로 아선생은 미국에서 처음 직장 생활을 시작했을 때, 전임자가 인수인계를 해 주면서 정말 사소한 것 하나까지도 다 가르쳐 줘서 비교적 쉽게 일을 시작했던 경험이 있다. 그리고 어떤 문제가 생겼을 때 언제나 내게 주어진 첫 번째 질문은 전임자, 혹은 상사가 내게 그 업무에 대해 가르쳐 줬는지 혹은 정확한 지시사항을 알려줬는지의 여부였다. 이는 이곳이 그 어떤 상황에서든 실제로 오고 간 메시지 Explicit Verbal Messages를 가장 중요하게 여기는 저맥락 문화권이기 때문이다. 아선생은 이에 한술 더 떠서, 실제로 자신이 해야 할 일을 하지 않아 문제를 일으켜 놓고는, "I was not told beforehand아무도 그런 말을 미리 제게 해 주지 않았습니다."라고 말하는 신입사원도 본 적이 있다. 어찌 보면 실수한 입장에서 무책임한 말을 하는 것으로 볼 수도 있겠지만, 아선생의 미국인 동료들의 생각은 그렇지 않았다. 신입이 전임자나 상사가 가르쳐 주지 않은 일을 어떻게 척척 알아서 처리할 수가 있겠는가? 그러니 미국에는 '눈치'라는 단어 자체도 존재하지 않지만, "그런 건 내가 말 안 해도 알아서 해야 하지 않아요? ○○○ 씨는 눈치도 없어요?"라는 식의 말을 하는 사람을 아선생은 본 적이 없다.

그렇다면 고맥락 문화권에서 성장한 우리 한국인들이 미국 같은 저맥락 문화권인 나라에 갔을 때 겪을 수 있는 문화 충돌에는 어떤 것들이 있을까? H. 네드 실리H. Ned Seelye는 그의 저서 『문화교육론: 서로 다른 문화 간 커뮤니케이션 전략Teaching Culture: Strategies for Intercultural Communication』에서 고맥락 문화권 사람들이 저맥락 문화권으로 여행을 하거나 잠깐 거주하게 됐을 때, 아무도 의도하지 않았음에도 불구하고 모욕과 무시를 당했다고 착각하는 경우가 자주 발생한다고 말한다.° 이런 예는 다문화 국가인 미국에 살다 보면 수도 없이 목격하게 되는데, 영화 〈The Joy Luck Club조이 럭 클럽(1993)〉의 한 장면이 이런 관점에서 분석될 수 있다.

중국 이민자 가정의 딸과 사귀는 미국인 리처드. 우여곡절 끝에 여자 친구 어머니의 초대를 받아 함께 식사를 하게 된다. 식사 자리에서 중국인 여자 친구의 엄마가 "요리가 싱겁게 됐네요. 맛은 없지만, 한번 드셔 보세요."라고 하는 말을 그대로 이해하고 리처드는 "아니에요. 음식에 간장만 좀 뿌리면 맛있겠는데요."라고 말하며 요리에 간장을 붓는다. 자, 여기서 잠깐! 이 대화가 벌어진 상황과 맥락은 모두 무시하고 두 사람 사이에 오고간 말에만 집중해 보자. 두 사람 사이에 직접적으로 오고간 말만 살펴본다면, 사실 이는 크게 문제 될 게 없는 대화 내용이라고 볼 수도 있다. 아선생은 이 장면을 보면서 리처드가 살짝 얄밉기는 했다. 하지만 의사소통을 할 때 전체적인 맥락보다는 직접적으로 오가는 말 자체가 더 중요하게 작용하는 저맥락 문화권에서 자란 리처드의 입장이 이해는 되었다.

이 장면에 대한 미국인들의 생각이 궁금했던 아선생은 이 장면의 유튜브 영상에 미국인들이 남긴 댓글들을 죽 읽어 봤는데, 놀랍게도 미

•   Seelye, H. N. (1993). *Teaching Culture: Strategies for Intercultural Communication*. Chicago: NTC.

국인들 중에서도 리처드의 행동이 매너 없다고 생각하는 사람들이 꽤 있었다. 반면, 리처드가 크게 잘못한 것이 없다고 생각하는 미국인들도 많았는데, 이들의 주장은 모두 저맥락 문화권 내에서 성립되는 논리를 중심으로 펼쳐졌다. 커뮤니케이션에서 오가는 대화의 내용이 가장 중요하다는 명제를 중심으로 이 장면을 보면, 이들이 하는 말 또한 꽤 설득력이 있다. 다음은 그런 댓글 중 하나이다.

"That's what the woman gets for insulting her own dish. What did she expect? A car dealer doesn't insult the cars on his lot and expect people to buy from him! At least not in the modern progressive America I live in! We mean what we say, and we're careful about how we say it... Let your yes mean yes and no mean no."

저게 바로 자기가 만든 음식을 모욕하면 받는 대가라고! 도대체 저 여자는 뭘 기대한 거지? 자동차 영업사원은 자기가 파는 자동차를 나쁘게 얘기하고서 사람들이 그 차를 살 것이라고 기대하지 않아. 적어도 내가 살고 있는 진보적인 미국 사회에서는 말이야! 우리는 우리가 의도하는 대로 말하기 때문에 말을 어떻게 해야 하는지 항상 조심해야 한다고…. 너의 예스는 예스고, 너의 노는 노라는 걸 의미하도록 말해.

물론 모든 미국인이 이 댓글을 쓴 사람처럼 생각하지는 않는다. 하지만 이 댓글을 쓴 사람의 논리가 철저하게 저맥락 문화권의 문법에 따라 쓰였기 때문에 인용해 봤다. 그렇지만 고맥락 문화권인 우리 입장에서 같은 장면을 다시 돌려보면 이야기가 180도 달라진다. 장차 아내가 될지도 모를 여자 친구의 집, 다시 말해 예비 처갓집에 처음 인사를 하러 갔는데, 예비 장모님께서 음식을 대접하신다. 그 음식이 맛이 있건 없건, 그 음식에 누가 뭐라고 품평하든, 그때 음식 맛에 대해 오가는 대화의 내용은 크게 중요하지 않다. 그보다 더 중요한 것은 예비 장모님께 결혼 허락을 받기 위해 그 상황에서 어떻게 말하고, 어떻게 처신해야 하는지를 똑바로 이해하는 일일 것이다. 물론 대부분의 한국인과 중국인들은 이를 잘 알고 잘 처신한다. 바꾸어 말하면, 이때 음식에 대해서 직접적으로 오가는 말은 사실 큰 틀에서 볼 때 우리가 그 상황에서 의사소통하는 방식에 별다른 영향을 미치지 않는다는 뜻이다. 오히려 그런 자리에서는 어떻게 처신해야 하는지, 그 상황과 맥락에 대한 이해가 의사소통하는 방식에 훨씬 더 큰 영향을 미친다. 그래서 평범한 한국 남자나 중국 남자라면, 그 상황에서 누군가 음식이 맛이 있다고 하든 없다고 하든 그 음식에 실제적인 평가를 하려는 시도는 감히 하지 않을 것이다. 대신 일단 주는 음식을 맛있게 먹고 어떻게든 예비 장모님의 인정을 받으려고 노력할 것이다.

이렇게 고맥락, 저맥락 문화는 그 문화권에 속한 사람들이 의사소통하는 방식에 지대한 영향을 미친다. 때문에 외국어를 공부하는 사람이라면 꼭 한번 짚고 넘어가야 하는 개념이다.

08

언어 해석에 개입하는
비언어적인 요소들

•

똑같은 말을 서로 다르게 해석하는 이유

고려대학교 노어노문학과 석영중 교수는 공저로 쓴 『어떻게 살 것인가』에서 톨스토이는 인간의 삶에서 소통의 중요성을 역설했다고 했다. 톨스토이가 의미 있는 삶을 살기 위해 사람과 사람 사이의 소통을 무엇보다 중요하게 생각했다는 것이 꽤 인상적이었다. 그렇지만 솔직히 아선생의 이목을 끈 것은 이 책의 바로 그 다음 대목이다.

"그러나 톨스토이는 아무리 생각해도 언어는 소통의 적절한 도구가 아니라는 결론에 도달합니다. 그는 "언어는 많은 경우에 거짓"이라는 말까지 서슴지 않습니다. 그래서 그는 90권이나 되는 소설을 썼음에도 불구하고 언어의 한계를 절감합니다."•

『어떻게 살 것인가: 세상이 묻고 인문학이 답하다』 중에서

석영중 교수의 말대로 90권이나 되는 책을 집필한 톨스토이가 사람과 사람이 소통하는 데 있어 언어의 한계를 절감했다고 하니, 이는 언어 공부하는 걸 업으로 삼고 있는 아선생에게 커다란 화두를 던져 주었다.

내가 사유하는 언어로 나의 정체성을 규정하며, 언어로 인한 모든 것을 업으로 삼고 살아가는 아선생에게, 이런 톨스토이의 주장이 솔직히 금세 이해되지는 않았다. 더군다나 나는 의사소통 시 직접적으로 오가는 말Explicit Verbal Messages을 가장 중시하는 저맥락 문화권**인 미국 사회에서 살고 있지 않은가! 그렇지만 대문호 톨스토이가 세상에 던진 이 화두는, 아선생에게 사람과 사람이 소통할 때 언어의 한계가 존재할 수밖에 없는 구체적인 이유가 무엇인지를 살펴보게 되는 계기를 만들어 주었다. 그 결과, 언어 교육자의 관점에서 생각해 본 의사소통 시 언어의 한계를 만들어 내는 요인은 다음과 같다.

같은 언어를 사용하는 사람들끼리라도 서로 경험이 다르고 가치관이

* 　고은, 김상근, 석영중 외 (2015) 「어떻게 살 것인가-세상이 묻고 인문학이 답하다」 21세기북스
** 　저맥락 문화Low-context culture권에서는 정황이나 문맥보다는 직접적으로 오고 가는 말explicit verbal messages을 훨씬 더 중요하게 여기기 때문에, 의사소통할 때 화자에게 명확하고 논리적이며 설득력 있게 자신의 메시지를 전달할 것이 요구된다. 직접적으로 오가는 말보다 주변 문맥과 맥락이 상대적으로 더 큰 역할을 하는 고맥락 문화High-context culture와 대비되는 개념이다.

다르면 똑같은 말(문장)을 전혀 다르게 해석할 수 있다. 즉, 화자와 청자가 서로 다른 성장 배경과 교육으로 인해 각자의 배경지식과 관점에 공통분모가 별로 없다면, 같은 문장을 달리 해석해서 오해하는 일은 얼마든지 일어날 수 있다는 말이다. 이를 보여주는 사례로 아선생이 겪은 일화를 하나 소개할까 한다.

아선생은 한국에 갈 때마다 만나는 친구들 중에 남사친(남자 사람 친구)이 두 명 있다. 둘 다 고등학교 때 같은 반이었던, 성별은 다르지만 그야말로 허물없는 소중한 친구들이다. 그런데 한 몇 해 전쯤 한국에 갔을 때, 이 녀석들이 갑자기 전과는 달리 다소 가부장적인 태도를 보여서 내심 실망스러웠던 적이 있다. 그토록 생각이 잘 통하던 학창 시절 친구들이 세월이 흐르면서 서서히 변해 간다는 사실에 조금 서글퍼졌고, 그해 다시 미국으로 돌아와서, 또래의 어느 한국인 박사 과정 유학생과 이런저런 담소를 나누다 그냥 지나가는 말처럼 이야기했다. "그 친구들이 변한 것 같아서 좀 씁쓸했어요." 그런데 그런 아선생 말에 그녀가 대뜸 한 말이 이렇다.

"왜요? 치근덕거리던가요?"

너무나 황당해서 말이 안 나오는 순간이었다! 내 오랜 친구들에 대해 "그 친구들이 변한 것 같아서 좀 씁쓸했어요."라고 말한 문장을 그녀가 그런 식으로 해석했다는 사실에 그야말로 어이가 없었다. 그러나 곰곰이 생각해 보니 그 사람이 이 간단한 문장을 화자인 아선생의 의도와는 너무도 다르게 해석한 이유를 알 수 있었다. 그녀는 아선생과는 성장 배경과 경험이 사뭇 달랐고 그로 인해 전혀 다른 가치관을 가진 사람이기 때문이었다. 후에 알게 된 사실이지만, 그녀에게는 남사친이 단 한 사람도 없다고 한다. 그런 자신의 경험으로, 40이 넘도록 남자와 여자는 절대로 친구가 될 수 없다고 믿는 자신의 가치관 때문에 그 사람은 아선생이 오랜 남사친들에 대해 말한 "친구들이 변한 것 같다"라는 문장을 그런 식으로 해석하게 된 것이다.

이런 사태가 벌어진 또 다른 이유는 그녀는 아선생의 친구들이 어떤 사람들인지 전혀 모른다는 점에도 있다. 그 녀석들이 학창 시절부터 지금까지 어떤 삶을 살아왔는지를 너무도 잘 알고 있는 나와는 달리 말이다. 그들은 사회에서는 다른 이들을 존중할 줄 아는 선량한 사람들이며, 집에서는 좋은 남편이자 훌륭한 아빠다. 그렇지만, 내 친구들이 어떤 사람들인지 그녀로서는 알 방법이 없었을 것이다. 그러니 이 화제 즉, 아선생의 친구들에 대해 그녀가 알고 있는 배경지식은 거의 전무하다.

이런 분석을 통해서 우리가 깨닫게 되는 것은, <u>언어로 이루어진 문장을 이해하는 과정에서 비언어적인 요소들이 이토록 크게 개입할 수도 있다</u>는 사실이다. 그러나 우리 대부분은 일상생활에서 이를 인지하지 못한 채 살아가고 있다. 때문에 서로 오해를 하고도 어떻게 풀어야 할지 모른다. 그래서 아선생은 다른 사람의 말을 이해하지 못하거나 오해하는 사건을 일으키는 주된 원인이 단어나 문장 같은 언어 그 자체보다는 이런 비언어적인 요소일 때가 더 많다고 생각한다. 좌우지간 아선생이 겪은 이 일화를 요약하자면, 개인의 경험치와 그로 인한 가치관, 그리고 이야기 소재에 대해 화자와 청자가 가진 배경지식 차이가 내 말에 대한 상대방의 오해를 불러일으킨 주요 요인이라고 볼 수 있다. 같은 문화권에 속해 같은 언어를 쓰는 사람들끼리도 종종 이런 상황이 벌어지는데, 하물며 다른 나라에서 다른 언어를 쓰며 자란 사람들과 소통할 때는 어떻겠는가? 그러니 이는 영어를 포함한 외국어를 공부하는 모든 사람들이 반드시 깊게 성찰해 봐야 할 문제다.

그렇기 때문에 외국어로 의사소통할 때 이런 오해를 방지하기 위한 해결책은, 결국 그 나라의 문화를 깊이 있게 공부해서 이해하는 것이다. 왜냐하면 한 사람이 가진 배경지식과 경험치, 그 결과로 갖게 되는 가치관 등은 모두 그가 속해 있는 문화권 내에서 형성되기 때문이다. 이를 염두에 두고, 지금부터는 미국인과 한국인 사이에서 같은 말을 다르게 해석하고 받아들여 오해한 사례도 짚어 보자.

10년 전쯤, 플로리다 주립대 영어 교육센터CIES에 박사 과정 공부하는 아내를 뒷바라지하려고 아내를 따라 미국에 온 한국 남자가 있었다. 그는 학문에는 별 뜻이 없어 어학원에서 영어를 공부하고 아이를 돌보면서 박사 과정 공부하는 아내를 도우러 왔다고 했다. 아선생 또래 한국인 부부 중에서 그 반대의 경우는 많이 봐 왔지만, 사실 이런 경우는 굉장히 드물다. 그래서 아선생은 이 사실 하나만으로도 그가 얼마나 자기 아내를 아끼고 존중하는 사람인지 짐작할 수 있었다.

그런데 문제는 그가 CIES의 수업 시간에 자기 아내에 대한 이런저런 사소한 불만을 농담의 소재로 사용했다는 점이다. 사실 그 수업을 들은 한국인 학생들과 아선생은 그가 하는 그런 말이 100% 농담이라는 걸 잘 알고 있었다. 지금 생각해 보니, 그때 우리가 그 사람 말을 곧이 곧대로 받아들이지 않았던 이유는 다음과 같다.

첫째, 우리는 그가 아내의 학업을 돕기 위해 미국에 왔다는 사실. 즉, 그가 자기 아내에게 기본적으로 어떤 태도를 가지고 있는 사람인지 배경지식이 있었다. 그런 배경지식으로 인해 그가 말은 그렇게 해도, 진심은 아내를 사랑하는 것이라고 생각했던 것이다.

둘째, 우리는 아내나 자식 자랑하는 사람을 "팔불출"로 여기는 한국의 문화 패턴에 매우 익숙한 사람들이었다. 그런 한국 사회의 분위기 또한 그가 아내 이야기를 할 때 자랑보다는 그런 식의 다소 불평 섞인 농담을 하도록 유도했을 가능성이 크다. 요약하자면, 우리가 그의 농담을 해석할 때, 그가 직접적으로 말한 문장의 내용이나 단어 선택보다는, 그의 가정사에 관한 우리의 배경지식과 한국 문화권 내의 공통된 관점Shared View과 공통된 소통 방식Shared Patterns—Communication Patterns이 더 크게 작용했던 것이다. 우리들의 이런 해석에는 한국이 언어보다는 상황과 맥락이 의사소통에 더 중요한 역할을 하는 고맥락 문화권이라는 사실 또한 작용했을 테다.

그러나 똑같은 농담을 들었던 미국인 동료 강사 두 사람은 우리와는 전혀 다르게 해석하여 혼란스러워했다. 그들은 그 사람의 결혼 생활에 심각한 문제가 있는 것이 아니냐면서 걱정하기까지 했다. 이 두 미국인들은 모두 일단 그의 가정사에 대한 배경지식이 없었다. 다시 말해, 그가 아내가 공부하는 걸 도와주러 미국까지 따라 온 남자라는 사실을 모르고 있었다. 게다가 아내 자랑하는 사람을 "팔불출"로 여기는 한국 문화와는 달리, 미국에서는 아내 험담을 하는 것보다는 자신을 낮추면서 아내 자랑을 하는 것이 훨씬 더 일반적인 대화 패턴이다. 속으로는 어떻게 생각하든 말이다! 물론 아주 친한 친구들끼리 어떤 특수한 상황에서는 충분히 솔직하게 말할 수도 있는 일일 테다. 그러나 수업을 듣는 강의실과 같은 공적인 자리에서 아내에 대해 부정적인 말을 지속적으로 하는 사람은 거의 없다. 이혼 직전의 부부라면 또 모를까! 어쨌든 미국에서 이런 커뮤니케이션 패턴은 매우 드물다는 말이다. 게다가 결정적으로 미국은 의사소통 시 정황이나 맥락보다는 직접적으로 오가는 말에 훨씬 더 무게가 실리는 저맥락 문화권이 아닌가! 이런 사람들에게 개떡같이 말해 놓고 찰떡같이 알아들을 거라고 기대하는 것은 무리다.

이렇게 똑같은 말이나 문장을 화자의 의도와는 완전히 다른 방식으로 받아들이는 사례는 반대로 미국인이 한국어를 배울 때도 목격할 수 있다. 몇 년 전 아선생이 미국인들에게 한국어를 가르칠 때 있었던 일이다. 그때 아선생에게 한국어를 배우는 미국인 학생의 엄마가 한국인이었는데, 자기 엄마가 좋아하는 노래라며 이용 씨의 〈잊혀진 계절〉가사를 가르쳐 달라고 했다. 그런데 이 노래의 첫 소절, '지금도 기억하고 있어요. 시월의 마지막 밤을'을 가르치기 시작하자마자 나머지 학생들이 키득거리며 웃어서 더 이상 수업을 진행할 수 없는 상태가 되었다. 이 곡이 가진 쓸쓸하고도 서정적인 느낌을 살려 가면서 가사의 문법과 어순을 차근차근 분석해서 열심히 설명하고 있던 아선생은, 학생들의 진지하지 못한 태도에 약간 짜증이 나서 이렇게 말했다.

"What are you guys giggling about?"
대체 뭣 때문에 그렇게들 키득거리는 거니?

하지만 학생들의 설명을 듣고 나니 그들이 웃은 이유를 충분히 납득할 수 있었다. 미국에서 해마다 시월의 마지막 밤에 무슨 일이 벌어지는가? 바로 핼러윈 파티다. 때문에 "지금도 기억하고 있어요. 시월의 마지막 밤을."이라는 가사는 그 학생들에게 엄청나게 우스꽝스러운 분장을 하고 핼로윈 파티에 왔던 그들의 친구를 떠올리게 했던 것이다. 매년 "시월의 마지막 밤"마다 이런 경험을 반복해서 했던 그 미국인 학생들에게 이 노래 속 "시월의 마지막 밤"이라는 표현이 지닌 쓸쓸하고도 서정적인 정서가 고스란히 와 닿기는 쉽지 않았던 모양이다. 이렇게 특정 단어나 문장과 관련된 우리의 경험은 그 단어에 가지는 우리의 정서를 형성하기도 한다.
우리들 각자에게 있는 배경지식과 경험치에 따라 어떤 단어나 표현과 관련해 우리가 갖게 되는 정서가 형성된다는 사실은 문화와 관련된 또 다른 생각할 거리를 던져 준다. 그것은 같은 경험을 공유한 국가나 집단의 구성원들이 특정 단어와 관련해 어떤 특정 정서를 가질 수도 있음을 의미하기 때문이다. 쉬운 예로, "친일파"라는 단어를 떠올려 보자. 이 단어는 사전적으로는 '일본과 친하게 지내는 무리'라는 뜻이 있을 뿐이다. 그러나 대부분의 평범한 한국인들이 이 단어에 가지고 있는 정서는 어떤가? 많은 이들은 이 단어를 들으면 울컥하기도 하고 분노하기도 한다. 그래서 실제로 친일파의 후손인 사람들조차도 자신의 조부모가 친일파였다는 사실을 부정하는 것이다. 이렇게 "친일파"라는 단어가 대부분의 한국인들에게 부정적인 감정을 불러일으키는 이유는 이 단어가 가진 사전적인 의미 때문이 아니다. 그것은 우리 역사에서 "친일파"라고 불렸던 사람들로 인해 많은 한국인들이 함께 겪었던 끔찍한 일들과 그로 인해 갖게 된 이들 집단에 대한 공통된 관점에서 비롯되었다고 볼 수 있다.

비단 우리뿐만 아니라, 세계 어느 나라든 역사 속에서 그들이 겪은 비극이 있고, 이런 사례는 미국에서도 찾을 수 있다. 아선생은 미국 영어에서 이런 단어의 예로 Plantation을 들고 싶다. Plantation은 사전적인 의미로만 보면 '대규모 농장'을 뜻하는 말이다. 일례로 하와이의 Pineapple Plantation파인애플 농장은 아주 유명한 관광지다. 하지만 미국 역사 속으로 들어가 보면 이야기는 달라진다. 1700년대와 1800년대 미국 남부의 Plantation에서 어떤 일들이 벌어졌는가? 바로 흑인 노예 착취이다. 그 당시 Plantation에서 흑인들에게 가해진 무자비한 인권 유린! 미국 흑인들과 진보적인 백인들은 이 단어를 들으면 미국의 이런 흑역사와 그 속에서 벌어진 끔찍한 인종 차별의 장면 장면들을 떠올린다. 언젠가 시애틀 출신인 미국인 친구가 "그래도 플로리다 주는 다른 남부 주들과는 달리 노예 제도가 없었다지?"라고 묻자, 플로리다 출신인 내 친구가 대답했다.

"이 일대가 Plantation이었다는 사실을 넌 몰랐니?"

이렇게 Plantation은 미국 역사 속 흑인 노예 제도와 아주 밀접하게 연결된 단어다. 그러니 미국 흑인들이 이 단어에 가지고 있는 정서가 어떨지 우리는 쉽게 짐작해 볼 수 있다.

그런데 문제는 미국 남부 시골 출신의 보수적인 백인들은 이 단어에 흑인들과는 완전히 다른 정서를 가지고 있다는 사실이다. 따사로운 미국 남부의 햇살 아래 무엇이든 대량으로 생산해 내는 풍요로운 들판, 순박한 농부들의 해맑은 웃음, 그리고 그 속에서 뛰놀던 행복했던 어린 시절. 미국 남부의 시골 출신 백인들에게 Plantation이란 이런 따스함과 포근함을 간직한 단어다. 이들이 Plantation 안팎에서 경험한 삶은 당시 흑인들의 그것과는 완전히 달랐을 테니 말이다. 그러니 이 단어에 이들이 가지고 있는 정서는 흑인들의 그것과 당연히 같을 수가 없다. 바로 이런 이유로 돈 많은 백인들이 남부에 지은 아파트 이름 중에는 "Plantation 아파트"가 꽤 있다. 아선생이 살고 있는 이 작은 도시에만 Plantation 이름이 붙은 아파트가 3개나 된다. 물론 이런 백인들은 이 단어를 끔찍한 노예 제도와 연관 지어 생각하지 않으니까 아파트 이름으로까지 지었을 것이다. 하지만 흑인들과 북부나 서부 출신 백인들의 생각은 그렇지가 않다. 아선생의 동료이자 캘리포니아주 출신 백인인 데보라 씨는 이런 아파트 이름을 짓는 남부 백인들이 제정신이 아니라며 매우 강도 높게 비판, 아니 비난했다. 진보적인 방송사로 알려진 CNN의 한 앵커 또한 이에 대해 다음과 같이 언급한 적이 있다.

"대체 Plantation이라는 이름의 아파트에 사는 아프리카계 미국인들은 매일 어떤 기분으로 집에 들어가는지 정말 궁금하네요."

아선생의 수업 시간에도 이것을 놓고 토론한 적이 있는데, 필라델피아 출신의 흑인 남학생 토마스는 그것이 충격적이며 불쾌하다고까지 말했다. 하지만 온화한 성격의 흑인 여학생 마리사는 그 단어를 노예 제도와 연관 지어 생각하면서 괜스레 분노하고 싶지는 않다고 했다. 아선생은 그것이 그녀의 진심인지 궁금하여 다소 짓궂게 물었다.

"Really? You don't mind living there?"
정말 그래요? 그럼 그 아파트에서 사는 것도 괜찮아요?

그제야 마리사는 냉큼 자신의 솔직한 생각을 드러냈다.

"Of course, I don't wanna live there!"
물론 거기서 살긴 싫죠!

정말로 마리사가 그 이름을 노예 제도와 연관 지어 생각하지 않는다면, 당연히 그 아파트에 살기는 싫다며 그토록 즉각적으로 반응하지는 않았을 테다. 그러니 흑인들이나 진보적인 백인들의 이런 정서는 전혀 고려하지 않고 순전히 자신의 경험과 관점만으로 지은 이 아파트 이름 때문에, 그 회사 사장은 다양한 고객들을 유치하는 데 실패했을 가능성이 크다. 혹자는 흑인들에게는 세를 안 주려고 그 아파트 주인이 의도적으로 그런 이름을 지은 건 아닌지 의문을 품을 수도 있을 것이다. 그러나 그건 지금의 미국 사회를 전혀 모르고 하는 소리다. 뉴욕 같은 대도시를 제외하고, 미국 중산층 이상의 백인들은 아파트보다 뜰이 있는 주택을 선호한다. 때문에 물가가 싼 중소 도시에 아파트를 지어 임대업을 하게 되면 저소득층 흑인들이 주요 고객이 될 수밖에 없다. 그러니 그런 사업을 하면서 흑인 고객은 받기 싫다는 것은 채소를 팔면서 채식주의자 손님은 안 받고 싶다는 것과 같은 발상이라고 볼 수 있다. 게다가 지금 미국 사회에서 자주 들을 수 있는 이디엄이 "Money is green 돈은 녹색이다."인데, 이 말은 흑인이든 백인이든 동양인이든 돈만 벌 수 있다면 피부색과 인종을 가리지 않겠다는 현대 미국인들의 비즈니스 마인드를 잘 보여준다. 결론은, 다른 문화권 사람들과 비즈니스를 할 때는 그들의 기초적인 역사를 포함한 문화를 이해하는 것이 때로 큰 도움이 된다는 사실이다. 최소한 단어 하나 잘못 써서 그들 정서 속 민감한 부분을 건드리는 실수는 피해야 할 것이 아닌가? 이를 2002년 한일 월드컵 당시 한국 국가대표 팀을 맡았던 거스 히딩크 감독도 잘 알고 있었던 듯하다. 그가 한국에 와서 가장 먼저 한 일이 한국 역사책을 읽은 것이라는 사실은 매우 잘 알려진 일화다. 결국 한국 사람과든 미국 사람과든 의사소통을 시도할 때 언어가 가진 한계를 극복하는 방법은, 상대의 경험치, 배경지식, 그로 인한 가치관을 깊이 이해하고 공감하려는 태도에서부터 시작될 것이다.

09

유행어로 알아보는
미국 사회의 차별 유형 1

•

흑인인 상태로 운전하기Driving While Black

한동안 어느 개그 프로그램에서 〈나를 술-푸게 하는 세상〉이라는 코너가 인기였다. 그때 탄생한 유행어가 바로 "1등만 기억하는 더~러운 세상!"이다. 언젠가 한국을 방문했을 때 고등학교 친구들과 술을 마시다가 이 유행어를 듣고서 한참을 웃었던 기억이 난다. 그저 웃기기만 한 것이 아니라 너무 공감이 돼서, 아선생도 그 개그맨의 억양을 그대로 흉내 내면서 똑같이 말해 보곤 했다. 이 말이 후에 어느 책 제목*으로까지 쓰였다는 사실은, 이 유행어가 시사하는 한국 사회의 문제점에 아선생처럼 공감하는 이들이 적지 않다는 것을 보여준다. 이

•   노회찬, 앤디 비클바움 외 (2010) 「1등만 기억하는 더러운 세상」 한겨레출판

유행어가 말해 주듯이, 모든 이들에게 서열을 매겨야만 직성이 풀리는 사람, 그리고 최고가 아니면 절대로 인정하거나 존중해 주지 않겠다는 태도를 지닌 사람을 아선생은 한국 사회에서 꽤나 자주 겪었던 것 같다. 그렇지만 동시에 이런 말이 유행어가 되었다는 사실은, 우리 중 이런 현상에 문제의식을 느끼거나, 혹은 적어도 이런 분위기에 피로감을 느끼는 이들 또한 다수 존재한다는 뜻일 테다. 아선생 역시 이 유행어를 들었을 때 깔깔거리며 웃었지만 그 뒤에 쓴 여운이 남았던 이유는, 이 유행어를 들으면 아무것도 가진 게 없었던 20대의 내가 미국 유학을 준비하던 시절이 떠오르기 때문이다.

20대 후반, 누구 표현대로라면 "멀쩡하게" 잘 다니던 회사에 사표를 던지고 미국 유학을 준비하기 시작했다. 그때 친구들에게서 따뜻한 격려를 받기도 했지만, 몇몇 친척들은 내 유학 결정을 매우 못마땅해하셨다. 그들에게 유학 결정에 대한 이런저런 부정적이고도 냉소적인 코멘트를 직간접적으로 들으면서, 때로는 피가 섞인 이들이 남보다 못할 수도 있다는 사실을 깨닫는 계기가 되기도 했다. 그렇지만 어차피 그들이 내 삶을 대신 살아 줄 것도 아닐 테니, 나는 개의치 않고 강남 학원가에서 시간 강사 일을 하면서 차근차근 유학 준비를 해나갔다. 다행히 토플과 미국 대학원 입학시험인 GRE Graduate Record Examination는 단번에 통과했지만, 당시 집안 상황이 좋지 않아 경제적으로 넉넉지 못한 가운데 힘들게 유학 생활을 시작했다. 동생과 어머니의 아낌없는 지원과 무한한 지지가 없었다면 그것은 내 인생에서 결코 일어날 수 없는 일이었을 것이다. 그렇게 힘겹게 준비해서 한국을 떠난 후, 어느 친척 분께서 이런 말씀을 하셨다고 한다.

"아영이는 그냥 시집이나 가지, 뭐 한다고 유학을 갔노?"

그러자 언제나 내 편이던 이모께서 그분에게 말씀하셨다.

"지금 즈그 아빠 사업도 자꾸 더 힘들어지는데, 지도 공부해서 빨리 좋은 직장을 잡아야 안 되겠나?"

이렇게 온전하게 내 편이 되어 말씀해 주신 이모에게 그분이 하신 말씀은 이랬다.

"말도 안 되는 소리 집어 치워라! 서울대 영문과니 연대 영문과니 날고 기는 애들이 천지인데, 지가 무슨 수가 있어서 좋은 직장을 잡는단 말이고?"

이 부분에서 흥미로운 점은, 영어 분야에서 내가 좋은 직장을 못 잡을 거라고 말씀하신 그 친척은 내가 영어하는 것을 단 한 번도 들어본 적이 없다는 사실이다. 다시 말해, 좋은 직장을 구하지 못할 거라고 100% 단정 지었던 그분의 결론을 이끈 데이터는 단 하나, 내 학벌이었다. 그렇다. 난 소위 "SKY"라고 불리는 일류 대학을 나오지 못했다. 그렇게 일류 대학을 졸업하지 못한 평범한 사람에게는 미국 유학에 드는 시간과 비용이 모두 낭비라는 것이 그분의 논리였다. 한마디로, 그분에게 나는 그런 투자를 할 만한 가치가 없는 인간이었던 것이다. 지금 생각하면 아무 해도 입히지 않은 이들에게 그런 대접을 묵묵히 받아 냈던 20대의 내가 어리석게까지 느껴진다. 전과자인 주제에 책은 봐서 뭐 하냐고 비아냥거리는 사람에게 "내 가치를 니가 정하지 마! 내 인생 이제 시작이고 난 원하는 거 다 이루면서 살 거야!"라고 소리치는 〈이태원 클라쓰〉의 박새로이에게 있던 패기가 그때의 내겐 없었다. 딸의 가치를 함부로 후려쳐서 말하는 그분의 태도에 큰 상처를 받은 어머니께서는 플로리다로 전화하셔서 "보란 듯이" 성공해야 한다고 당부하셨다. 20대의 나는 이 모든 일에 화가 나서 견딜 수가 없었다.

나는 그런 식으로 서열을 매기기 좋아하는 사람들이 말하는 "좋은" 직장을 얻으려고 유학을 온 것이 아니었다. 크게 성공하고 싶어서 유학을 결정한 것도 아니었다. 그저 평범한 내가 가지고 있던 작은 재능들 중에서 가장 잠재력 있는 것을 골라 갈고 닦아서, 재미나게 밥벌이를 하면서 30대 이후의 내 삶을 꾸려 가고 싶었을 뿐이었다. 어릴 때부터 영어를 좋아하고 잘하는 편이었고, 또 글쓰기 재능이 있던 내게 실용적인 외국어 교육학 공부는 당시 가장 합리적인 선택이었다. 그것은 실제로 나를 가르쳐서 잠재력을 보신 우리 대학의 영문과 교수님께서 내게 최적화된 프로그램이라며 적극 추천해 주신 길이기도 했다. 그래서 그때 내가 가진 모든 것을 다 걸고 미국 유학이라는 과감한 도전을 하게 되었던 것이다. 하지만 내게 그런 식의 부정적인 말을 앞에서, 그리고 뒤에서 무심하게 던졌던 친척들 중 그 누구도 내게 왜 유학을 가겠다는 결정을 내렸는지, 또는 스스로의 삶에 가지고 있는 청사진이 무엇인지 진지하게 물어보는 이는 없었다. 그들에게 중요한 것은 내가 일류 대학을 나오지 않았다는 그 사실뿐이었다. 그리고 일류 대학을 나오지 않은 사람이 유학을 간다는 것이 얼마나 돈 낭비, 시간 낭비인지를 내게 직접적으로 "일깨워" 주는 사람까지 있었다. 1등이 아닌 사람이 자신이 가진 것을 전부 다 걸고 꿈에 도전한다고 냉소와 험담까지 들어야 하는 이유가 대체 뭘까? 이렇게 20대의 내가 겪은 한국 사회는, 1등이 아닌 사람에게는 단지 "기억"만 하지 않는 것이 아니라, 불친절하며 때로는 잔인한 곳이었다.

그렇지만 대부분의 우리들은 1등이 아닌 사람들이다. 1등에게만 친절한 사회에서 행복하게 살아갈 수 있는 사람은 오직 1등뿐이다. 아니, 솔직히 나는 그런 사회에서는 1등조차도 진정으로 행복한 삶을 누릴 수 없다고 생각한다. 모든 것에 서열이 매겨지고 그에 따라 서로가 서로에게 등급을 매기는 사회에서 2등, 3등, 4등을 하는 이들이 어떻게 1등을 진정한 친구나 이웃으로 여길 수 있겠는가? 실제로 내가 "일류 대학 출신도 아닌 주제에" 비싼 돈 들여 미국 유학길에 오른다며 돈 낭비라고 했던 사람들 몇 명은, 후에 내가 플로리다 주립대의 교수진이 되었을 때, 그리고 내가 쓴 책이 베스트셀러가 되었을 때는 시기하고 질투했다. 이런 분위기 속에서 설사 1등이 된다고 한들, 진정한 행복을 느낄 수가 있을까? 나는 그런 사회에서 1등으로 살아가느니, 차라리 1등이 아닌 채로 그렇지 않은 사회에서의 삶을 택하고 싶다. 사람에게 서열과 등급을 매기는 수직적인 가치관으로 인해 나를 경쟁 상대로만 보는 이들보다는, 세상을 수평적인 가치관으로 바라보기에 나를 더불어 살아가는 이웃으로 대하는 이들과 함께 살아가고 싶기 때문이다. 이 두 부류의 사람들 중에서 어느 쪽이 진심으로 나를 위해 주는 친구가 될 가능성이 큰지는 굳이 생각해 보지 않아도 쉽게 알 수 있다. 한국 사회의 이런 수직적인 가치관이 한국인들을 '더' 불행하게 만든다는 사실은, 한국 최고의 학부인 서울대 법대를 졸업한 문유석 판사도 지적한다.

"수직적 가치관이란 사회 구성원들이 추구하는 가치가 획일화되어 있고, 한 줄로 서열화되어 있다는 뜻이다. 학벌, 직장, 직위, 사는 동네, 차종, 애들 성적… 삶의 거의 모든 국면에서 남들 눈에 띄는 외관적 지표로 일렬 줄 세우기를 하는 수직적 가치관이 지배하는 사회에서 완전히 행복할 수 있는 사람은 논리상 한 명도 있을 수 없다. 그 모든 경쟁에서 모두 전국 일등을 하기 전까지는 히딩크 감독 말처럼 늘 '아직 배가 고플' 테니 말이다. 모두가 상대적 박탈감과 초조함, 낙오에 대한 공포 속에 사는 사회다."*

— 문유석 『개인주의자 선언』 중에서

문유석 판사나 나 같은 사람들이 하는 이런 생각들을 사회학적 관점에서 체계적으로 연구한 학자도 있다. 김찬호 사회학 박사는 우리 사회의 수직적 가치관과 그로 인해 모든 면에서 일상화된 경쟁 심리의 부작용을 "한국인의 일상을 지배하는 감정" 속에서 찾는다. 그것이 "모멸감"이라고 주장하는 그의 말을 좀 더 들어보자.

"한국인들은 사소한 차이들에 집착하면서 위세 경쟁에 신경을 곤두세운다. 그러다 보니 여러 가지 이유로 모멸을 주고받기 일쑤다. 못생겼다고, 뚱뚱하다고, 키가 작다고, 너무 어리다고, 나이가 많다고, 결혼을 안 했다고, 이혼했다고, 심신에 장애가 있다고, 가난하다고, 학벌이 후지다고, 비정규직이라고, 직업이 별로라고, 영어를 못한다고….
모멸을 주는 것은 사람만이 아니다. 여러 가지 기준으로 열등한 집단을 범주화하고 멸시하는 통념이나 문화의 위력도 만만치 않다. 일부 소수의 '잘난' 사람들만을 환대하는 분위기 속에서 대다수 사람들은 박대 또는 천대를 받는 듯 느낀다."**
— 김찬호 『모멸감』 중에서

• 문유석 (2015) 「개인주의자 선언」 문학동네
•• 김찬호 (2014) 「모멸감」 문학과 지성사

세상을 수직적으로 보는 이들은 우월감 또는 열등감을 바탕에 깔고 다른 사람을 대한다. 우월감으로 인해 마트 고객센터 직원에게 소리를 지르고, 열등감으로 인해 타인이 이룬 성공을 시기하고 깎아내린다. 이런 사람들이 많은 사회에서는 비상식적인 갑질이 난무한다. 그러니 자연스럽게 수직적이기보다는 수평적인 세계관을 가진 이들이 대다수인 사회에서 살아가는 사람들의 행복지수가 월등히 높다.

어떤 이는 문유석 판사나 김찬호 박사, 혹은 나 같은 사람들이 지나치게 이상주의자라고 비판할지도 모를 일이다. 자본주의 사회에서 그 어떤 식으로든 서열이 존재하는 것은 불가피한 일이 아니냐며 반문하는 이들도 있을 것이다. 그러나 사회 구성원들이 대체적으로 그런 식의 서열에 무감한 문화를 가진 나라는 이 지구상에 얼마든지 존재한다. 그런 문화권 안에서는 모두가 각자 다른 재능을 가지고 각기 다른 모습과 다른 방식으로 사회에 기여한다는 사실을 인정하는 분위기가 대세를 이룬다. 때문에 자연스럽게 구성원 모두가 똑같이 존중받아야 한다는 사회적 공감대가 형성돼 있다. 나는 그런 곳이야말로 진정한 의미의 다양성을 인정하는 사회라고 생각한다. 불행히도 20대의 내가 겪었던 한국은 그런 분위기와는 거리가 먼 나라였다. 그래서 "1등만 기억하는 더러운 세상"이라는 유행어를 들을 때면, 나는 한국에서 겪은 쓰디쓴 기억들이 떠올라서 씁쓸해진다. 이렇게 유행어는 종종 그 사회가 가지고 있는 병폐를 적나라하게 드러내기도 한다.

당연한 말이겠지만, 한국뿐만 아니라 미국에도 이 사회가 가진 문제점을 여과 없이 드러내는 유행어가 있다. 아선생은 그 대표적인 예로 Driving While Black이라는 표현을 들고 싶다. 한국의 계층 차별, 학력 차별과 대비되는 미국 사회 속 인간에 대한 차별 형태가 있다면 아마도 인종 차별일 것이다. 미국의 경우, 일부 한국인들처럼 대놓고 갑질을 하거나 직접적인 모욕을 주는 사람들이 아주 없지는 않지만, 그런 사람을 일상생활에서 만나는 건 실제로 굉장히 드문 일이다. 하지만 그 대신 요상한 방식의 은근하고도 뭉근한 차별이 존재한다. 이를테면, 흑인에게 대놓고 무시하는 언사를 하는 백인을 만나는 건 흔치 않지만, 어떤 법이나 규칙을 집행할 때 흑인들에게만 좀 더 엄격한 잣대를 들이대는 경찰을 만나는 건 다소 흔한 일이다. Driving While Black은 바로 이런 미국 경찰들의 흑인에 대한 은근한 차별을 꼬집는 유행어다.

약자로 DWB로도 쓰이는 Driving While Black은, 직역하자면 "흑인이면서 운전하기"다. 미국에서 흑인이 운전하는 것이 불법이 아니기 때문에 이 표현은 논리적으로는 말이 안 된다. 그럼에도 불구하고 왜 이런 표현이 생겨났을까? 사실 이 말은, 많은 유행어가 그렇듯이, 운전과 관련해 흔히 쓰이는 Driving While Intoxicated라는 표현에 운율을 맞춰 탄생했다. Intoxicated란 '술이나 마약에 취한 상태에 있는'을 말한다. 이런 상태에서 운전하는 것은 당연히 불법이며 경찰에게 잡히는 범법 행위이다. 그런데 이 표현에서 Driving과 While은 그대로 가지고 와서 흑인을 뜻하는 Black만 갖다 붙인 이유가 뭘까? 쉽게 유추할 수 있듯이, 이는 경찰들이 똑같은 운전자 중에서 유독 흑인을 타깃으로 삼고, 흑인들에게는 무엇이든 꼬투리를 잡아서 교통 위반 딱지를 주려고 한다는 데서 생긴 말이다. 이 말이 크게 유행하면서 한 신문의 시사만평 만화에는 이런 문장까지 등장했다.

"Sir, do you have any idea how black you were driving?"[*]
선생님, 선생님께서 운전하실 때 얼마나 흑인이셨는지 아세요?

"얼마나 흑인이셨는지"라는 게 얼마나 말이 안 되는 말인가! 그러니 이는 Driving While Black이라는 유행어를 이용해서 미국 경찰들의 흑인에 대한 차별적인 단속을 재치 있게 풍자한 만평인 셈이다. 우리나라에서 "1등만 기억하는 더러운 세상"이 책 제목으로 쓰인 것처럼, Driving While Black은 미국에서 영화 제목으로도 쓰였다. 2015년에 개봉된 이 영화의 줄거리를 영화 전문 웹사이트 IMDb는 이렇게 소개한다.

The film explores the reasons why so many black men have concerns of unfair treatment, especially while driving. We get to see the psychology behind Dimitri's attitude towards the police,

---

[*] https://www.theodysseyonline.com/driving-black-app

through piercing flashbacks to his prior experiences with the cops
– from childhood to present day, the cops have always had their
eye on him.

영화는 왜 그렇게 많은 흑인들이, 특히 운전할 때 불공정한 대우를 받을까 봐 우려하는지 그 이유를 탐사한다. 과거에 디미트리가 경찰과 있었던 일을 보여주는 날카로운 회상 장면들을 통해서, 우리는 경찰을 대할 때 그가 보이는 태도 이면에 있는 그의 심리를 보게 된다. 어린 시절부터 현재까지, 경찰은 항상 그를 주시했다.

그렇다면 이 표현대로 미국 경찰의 흑인 차별적인 교통 단속은 실제로 존재하는 현상일까, 아니면 그저 흑인들의 피해 의식인 것뿐일까? 사실 이에 대한 생각은 사람마다 다르기 때문에 아선생이 절대적인 진실이 무엇인지 입증할 방법은 없다. 실제로 이 주제를 놓고 수업 시간에 미국인 학생들과 토론했을 때도 명확한 결론은 나지 않았던 기억이 있다. 그렇지만 현재 미국 사회에서 살아가고 있는 평범한 흑인들에게 이에 대한 생각을 들어볼 수는 있을 것이다. 그래서 아선생 주변의 평범한 흑인 남녀에게 이 유행어와 관련된 개인적인 경험과 의견을 물어봤다.**

••   참고로, 이 칼럼은 2020년 3월 조지 플로이드George Floyd 사망 사건으로 인한 미국 내 Black Lives Matter (BLM) 항의 시위가 시작되기 전에 쓰였다. 그러니 흑인들이 BLM 시위를 하게 된 배경 중 하나로 이해하면 도움이 될 것이다.

Yes, I do think it is an actual thing to Driving While Black. It is something that I have experienced and something that my friends have experienced as well. As far as me, there was one instance that I remember vividly. I was traveling from the university back home with my girlfriend at the time. I was coming off the highway to a stop light, and I noticed that a police officer had literally crossed over a median and got behind my car. I was in complete shock at what the police officer did that I missed my light. By the time I looked up, the light turned yellow. I could have tried to rush through the light, but I would have run a red light which would have been a cause for the police officer to pull me over, so I stayed. However, the police officer still pulled me over.

He asked me why I didn't make my turn. I told him because I saw him cross over the median to which he replied that it was not my business, and then he began to berate me and talk down to me. Instead of fear I was angry because I knew all too well why he was pulling me over. He didn't need to say it. I was a Black man with a target on my back. My girlfriend told me to calm down, but I couldn't.

It wasn't until I asked for his badge number and the fact that I mentioned that I was a college student coming from Florida State

University and mentioning some buildings on campus did he allow me to go because he also attended the university. I will never forget this moment. This is what it is like to not only drive while Black but to be Black in America. You never know what you will get. You can literally not be a criminal or a bad person but somehow fear that the police will come for you because they will think you are doing something wrong even if you have not and are not.

— Derrick Pollock

네, 저는 Driving While Black이 실제로 존재한다고 생각합니다. 제가 경험했고, 제 친구들도 경험했으니까요. 제 경험에 관한 한, 지금도 생생하게 기억나는 일이 하나 있었죠. 그때 저는 여자 친구와 함께 우리 대학에서 집으로 가고 있었어요. 고속도로에서 나와서 신호 대기 중이었지요. 바로 그 순간 어느 경찰차가 말 그대로 중앙선을 확 넘어서 바로 제 차 뒤에 따라붙었다는 걸 알아차렸습니다. 그 경찰관의 행동에 너무 놀라서 저는 신호를 놓쳤습니다. 정신 차리고 봤을 때는 이미 노란 불로 바뀌었고요. 그때 재빨리 갈 수도 있었겠지만, 괜히 빨간불로 바뀔 때 달려서 그 경찰에게 잡힐 수도 있었기 때문에 저는 그냥 멈춰서 있었습니다. 그런데도 그 경찰은 저를 불러 세우더군요.

경찰은 왜 제가 파란불일 때 가지 않았냐고 물어봤습니다. 저는 그 경찰이 중앙선을 넘어서 오는 걸 봤기 때문이라고 했어요. 그러자 경찰이 그건 제가 상관할 바가 아니라고 하더군요. 그러고서 저를 질책하기 시작하더니, 그것도 모자라 얕보는 듯한 투로 말했습니다. 저는 두려움보다 화가 치밀어 올랐습니다. 사실 경찰이 왜 저를 그렇게 잡아 세워 두고 있는지 너무도 잘 알고 있었거든요. 말이 필요 없었습니다. 저는 항상 그들의 타깃인 흑인이니까요. 제 여자 친구가 저한테 진정하라고 했지만 저는 그럴 수가 없었습니다.

저는 그의 배지 넘버(경찰 ID 번호)가 뭔지 물어봤습니다. 그리고 제가 플로리다 주립대에서 오는 길인 학생이라는 사실을 언급하면서 학교 건물 이름을 몇 개 말하고 난 후에야 그 경찰은 저를 보내 줬습니다. 그 경찰 또한 우리 대학을 다녔기 때문에 그렇게 증명할 수가 있었던 거예요. 저는 그 순간을 결코 잊지 못할 겁니다. 바로 그 일이 미국에서 흑인으로 운전하는 것뿐만 아니라 흑인으로 살아간다는 것이 어떤 의미인지를 보여주니까요. 어떤 일을 당할지 도무지 알 수가 없거든요. 말 그대로 우리는 범죄자나 나쁜 사람이 아닌데도 왠지 경찰이 잡으러 올 거라는 두려움을 갖게 돼요. 왜냐하면 내가 뭔가 나쁜 일을 하지도 않았고, 나쁜 사람이 아닌 데도 경찰들은 내가 뭔가 나쁜 짓을 저지르고 있다고 생각할 테니까요.

— 데릭 폴락

Is DWB a real thing? Yes! And I have experienced it tons of times since becoming a licensed driver at age sixteen. Unfortunately, these personal DWB experiences, combined with national stories of police aggression and violence towards black people, if not countered by equally positive experiences with law enforcement would have given me the idea that all cops in America are homicidal racists.

Thankfully, I have had a personal positive experience with a police officer while driving! Two years ago, when police shootings of unarmed black people were extremely prevalent, I was driving on a back road headed to visit my sister and take my nieces home. At the time, I had a small car, and it was packed. I was taking stuff to my sister, and the girls were in the back seat. Every spot in the car was taken, including the front passenger seat, which was so crammed with stuff, I could not even access the glove box.

I had been driving for an hour. It was a 2-lane road, and the other lane was clear, and I was in a passing zone, so I signaled and moved out into the other lane to pass. Once I was out in the lane, I saw that there were more cars than I had noticed. Up ahead, I could see there was oncoming traffic approaching, and I was now in their lane. My only good option was to speed up and go even faster to pass the other cars in the other lane. Then, I noticed that the first car coming towards me head-on was a cop. The cop had turned on his lights and was pulling me over.

At the time, my trust for cops was nonexistent, so I did three things; I spoke to my nieces very calmly to tell them what was happening, kept my head up and kept my hands visible on the steering wheel. When the cop approached my window, he already had his hand on the holster of his gun and with the other hand, he motioned for me to let my window down. We were positioned very close to the road, so I asked if, for safety reasons, we could pull up and off the road a bit. He agreed and got back into his car to follow me. When he got back to my window again, my hands were again on the steering wheel, and I could tell that he was annoyed. He said, "Why haven't you gotten your license and registration out, yet? I know you know what to do." I simply said, "I am afraid of being the next unarmed black person to be shot by law enforcement." I could tell that my reply shocked him.

After he got over his initial shock, he told me that he was not going to shoot me and that I had permission to get my license. When I told him that my registration was in the glove box but I would have to exit the car and go around to move the luggage blocking the glove box, he escorted me around to the other side of the car to retrieve it. After I handed it over, I got back into my car to wait for him to run my information and, presumably, write my ticket. He surprised me by coming back and asking me to exit the vehicle. He did not have a ticket in his hands only my license and registration. He said that he was not going to give me a ticket, but that he wanted to have a conversation with me out of earshot of the girls.

Reluctantly, I walked with him to the back of the car. What he said to me was not what I was expecting. He asked me where I was going and why. He asked me to "SLOW DOWN". He said that he thought I was a good person. He said that I was taking time out of a seemingly busy schedule to take care of other people's children. More poignantly, he apologized for all his colleagues throughout the nation. He apologized for the past and current state of race relations. He said that not all people are bad and not all cops are bad or racists. He lamented that people like me live in fear of law enforcement, and he stated that there was fear on both sides. He said that he felt that a lot of the shootings (not all) were related to fear. He said that some officers were scared and just trying to make it home after each shift to see their families.

Regretfully, I don't remember his words verbatim, but I do remember our shared experience. I remember his earnestness and his sincerity. I remember mine. I remember that I apologized to him for speeding and not initially trusting him. I remember that, in the end, I asked if I could hug him and then just did it before he could confirm. I got back in my car and sat for a minute before continuing my journey home. In retrospect, I like to think that was a positive and unforgettable encounter for us both. It doesn't take away all the bad experiences I've had, but it does give me hope for improved law enforcement/black relations; it is a seed of respect that was planted with both of us, that we can each personally water, grow, and share with those close to us.

— Diana Roshell-Brooks

DWB가 정말로 존재하냐고요? 그럼요, 존재해요! 저는 16살 때 운전 면허증을 딴 후부터 DWB를 엄청 많이 경험했어요. 불행히도, 제 개인 적인 DWB 경험들과 또 이 나라 전체에 퍼져 있는 흑인에게 가해지는 경찰의 공격과 폭력에 관한 이야기까지 합쳐져서, 저는 미국 경찰은 모 두 살인하는 인종 차별주의자들이라고 생각할 수도 있었을 거예요. 제 가 경찰들과 좋은 경험도 똑같이 겪지 않았더라면 말이죠.

감사하게도, 저는 운전하다 만난 어느 경찰과 개인적으로 긍정적인 경 험을 한 적이 있습니다. 2년 전, 무장하지 않은 흑인을 경찰이 총격하 는 사건이 극도로 자주 일어나고 있을 때, 저는 제 조카를 동생 집으로 데려다주기 위해 시골길을 운전하고 있었습니다. 그때 제 차가 작은 데 다, 짐들로 꽉 차 있었어요. 동생에게 가져다 줄 짐이 많았고, 아이들이 뒷자리에 앉아 있었죠. 앞자리 조수석까지 포함해서 차의 모든 곳이 꽉 차 버려서, 앞좌석의 사물함조차 열 수 없는 지경이었어요.

한 시간 정도 운전한 후였습니다. 2차선 도로였는데 반대편 도로는 차가 없었고 저는 추월 구간에 있었기 때문에 신호를 넣고 반대편 도로에 진입해서 앞의 차를 추월하려고 했습니다. 그런데 반대편 도로에 들어서자마자 제가 생각했던 것보다 많은 차들이 오는 거예요. 앞쪽에 오고 있는 차들이 있는데 제가 그들의 길을 막고 있었죠. 그 상황에서 제가 할 수 있는 일은, 더 빨리 운전해서 다른 쪽 차선의 차들을 추월해 들어가는 것뿐이었습니다. 바로 그때, 제 쪽을 향해 정면으로 오고 있는 첫 번째 차가 경찰차라는 걸 알았어요. 그 경찰은 청색 불을 켜고 저를 잡아 세웠습니다.

그 당시, 제게 경찰에 대한 신뢰 따위는 전혀 없었죠. 그래서 저는 다음 세 가지를 했습니다. 우선 제 조카들에게 무슨 일이 일어나고 있는지 설명하려고 아주 조용히 말했고, 계속해서 머리를 들고 있으면서 손을 경찰이 볼 수 있도록 운전대 위에 놓았습니다. 경찰이 제 차 창문 쪽으로 왔을 때, 그의 손은 이미 권총집을 잡고 있었고, 다른 손으로는 제게 창문을 내리라는 동작을 했어요. 우리는 도로에 지나치게 가까이 있어서 제가 안전을 위해서 도로에서 조금 떨어진 곳으로 차를 옮겨도 되겠냐고 물어봤습니다. 그는 동의했고 자기 차로 돌아가서 저를 따라왔습니다. 경찰이 다시 제 창문으로 왔을 때 저는 다시 손을 운전대 위에 두고 있었는데, 그때 경찰이 짜증이 났다는 사실을 알 수 있었습니다.

그는 "왜 아직까지도 면허증과 등록증을 꺼내 놓지 않고 있습니까? 이럴 때 어떻게 해야 하는지 잘 알지 않습니까?"라고 말했어요. 저는 아무렇지 않게 대답했습니다. "저도 경찰 총에 맞아 죽는 비무장 흑인이 될까 봐 두려워서요." 그 순간, 제 대답에 그 경찰이 충격을 받았다는 사실을 알 수 있었습니다.

일단 충격을 진정시킨 후, 그는 나를 쏘려고 하지 않았다면서, 제가 면허증을 꺼낼 수 있게 허락해 줬습니다. 제가 자동차 등록증은 앞 좌석 사물함에 있는데, 그걸 꺼내려면 일단 차에서 내려 돌아가서 사물함을 막고 있는 짐을 다 옮겨야 한다고 했습니다. 경찰은 제가 차 반대편으로 가서 등록증을 꺼낼 때까지 저를 에스코트해 줬습니다. 등록증을 주고 난 후, 저는 차로 돌아와서 그가 제 신상을 확인할 때까지, 그리고 아마도 교통 법규 위반 딱지를 끊으려고 할 때까지 기다렸습니다. 놀랍게도 그는 돌아와서 저한테 차에서 내리라고 했습니다. 그의 손에 딱지는 없었고 제 면허증과 등록증만 있었습니다. 그는 제게 딱지를 부과하지 않겠다고 말했지만, 아이들이 들을 수 없는 곳에서 저와 이야기를 좀 하고 싶다고 했습니다. 솔직히 꺼려졌지만, 저는 차 뒤쪽으로 그와 함께 걸어갔습니다. 그 다음에 그가 한 말은 제가 예상했던 게 아니었습니다. 그는 제가 어디에 무엇 때문에 가는지 물어봤습니다. "제발 좀 천천히 운전하라"고도 했습니다. 그러고는 제가 좋은 사람인 것 같다고 했어요. 바빠 보이는데도 다른 사람의 아이들을 돌봐준다면서요. 이보다 더 감동적이었던 것은, 그가 이 나라에 있는 모든 동료 경찰들을 대신해서 사과를 했다는 점입니다. 그는 과거와 현재의 인종 간 갈등에 대해 사과했습니다. 그는 모든 사람들이 다 나쁘지 않듯이, 모든 경찰들이 다 나쁘거나 인종 차별주의자는 아니라고 했습니다. 그는 저 같은 사람들이 경찰을 두려워하며 살아간다는 사실이 통탄스럽다고 했어요. 그는 경찰과 흑인들 양쪽 모두에게 두려움이 존재한다고 했습니다. 그는 다는 아니지만 많은 총격 사건이 두려움에서 기인한다고 생각한다고 말했어요. 어떤 경찰관들은 두려워서, 그저 자기 근무가 끝나고 가족들을 보러 집으로 돌아가기 위해서 그랬다는 말도 했습니다.

유감스럽게도, 저는 그가 한 말을 모두 그대로 기억하지는 못하지만, 우리가 그날 함께 나눴던 경험은 뚜렷하게 기억합니다. 저는 그의 진지함과 진심을 기억합니다. 저의 진심도 기억해요. 저도 속도를 낸 것과 처음에 그를 신뢰하지 않은 것에 사과했습니다. 마지막에는 그를 안아 줘도 되느냐고 물어봤고, 그가 대답하기 전에 그냥 안아 준 게 기억납니다. 저는 제 차로 돌아와서 집으로 가기 전에 잠시 동안 가만히 앉아 있었습니다. 그 일을 회상하면, 저는 그 경험이 우리 두 사람 모두에게 긍정적이며 잊을 수 없는 만남이었다고 생각하고 싶습니다. 물론 그 일이 제가 겪은 모든 나쁜 경험을 없애 주지는 않겠지만, 그 일은 제게 경찰과 흑인들의 관계가 좀 더 좋아질 수도 있을 거라는 희망을 줍니다. 그것은 우리 둘 다에게 심어진 존중의 씨앗이거든요. 우리 각자가 물을 주고 키워서 가까운 사람들과도 나눌 수 있는 그런 씨앗이에요.

— 다이애나 로셸-브룩스

다이애나 로셸-브룩스 씨와의 인터뷰에서 볼 수 있듯이, 미국 경찰들 모두가 그런 것도 아니고, 또 미국 경찰 측 말을 직접 들어본 것도 아니기 때문에, 무엇이 진실이라고 단정 짓기는 사실 매우 힘든 일이다. 그러나 Driving While Black이라는 유행어를 통해서 미국에서 현재를 살아가고 있는 흑인들이 미국 경찰의 법 집행 과정에 대체적으로 어떤 정서를 가지고 있는지를 우리는 엿볼 수 있다.

그럼에도 불구하고 아선생은 미국에서 이런 종류의 제도적 인종 차별institutional racism을 논할 때마다 감정보다는 이성적으로 보다 조심스럽게 접근해야 할 필요가 있다는 생각도 든다. 일례로, 한때 미국 사회를 떠들썩하게 했던, 일명 "미국판 스카이캐슬 사건"을 한번 보자. 드라마 〈위기의 주부들Desperate Housewives〉에서 르넷 역의 펠리시티 허프먼Felicity Huffman은, 뒷돈을 주고 부정한 방법으로 딸의 수능SAT 성적을 조작한 혐의로 기소됐다. 재판 결과 그에게 2주 간의 구금과 벌금 15,000 달러, 그리고 사회봉사 명령이 부과됐다. 그런데 이 사건과 함께 회자되는 케이스 중에 타니아 맥도웰Tanya McDowell이라는 가난한 흑인 여성이 저지른 비슷한 사건이 있다. 집이 없는 맥도웰은 자신의 6살 난 아이를 좋은 학교에 보내기 위해서 살지도 않는 학군에 산다고 거짓말을 해서 기소됐는데, 징역 5년을 살게 됐다는 것이다. 이 두 사건을 비교하는 글들이 인터넷에 쏟아져 나오면서, 많은 미국인들이 가난한 흑인과 부유한 백인에게 서로 다르게 적용되는 미국의 사법 시스템을 비판하며 비분강개했다. 실제로 한국의 주요 신문들조차도 이 두 사건을 함께 비교해 보도하면서 미국 사법 제도의 불공정성을 지적했다. 그런데 그런 기사들을 읽으며 친구들과 함께 분통을 터뜨리던 아선생이 이 사건에 대해 좀 더 깊이 다룬 칼럼을 읽고 난 후에는 생각이 조금 달라졌다. 아선생이 이 두 사건을 비교한다는 것 자체가 적절하지 않다고 판단한 이유는, 맥도웰이 징역 5년이라는 판결을 받은 원인이 학군에 대한 거짓말 때문만이 아니었기 때문이다. 그녀는 그 외에도 수많은 범죄를 저질렀는데, 그중에는 중범죄에 속하는 절도죄도 있었다. 그러니 그녀가 받은 징역 5년이라는 형량은 그녀가 저지른 다른 중범죄들까지 모두 포함된 결과였던 것이다. 그러나 많은 사람들은 이를 알지 못한 채, 이 사건을 다룰 때 그저 미국의 사법 제도 속에 존재하는 인종 차별만을 강조하고 또 강조했다. 다음은 이 두 사건을 집중해서 깊이 있게 다룬 어느 칼럼의 일부다.

It's true that McDowell and Huffman faced drastically different punishments for their crimes, and it is also true that inequity in the criminal-justice system continues to be a pressing social issue. However, the two criminal cases serve as poor comparisons because they involve different types of crimes, circumstances, and jurisdictions.[*]

[*] https://www.snopes.com/fact-check/tanya-mcdowell-felicity-huffman

— 〈Did Tanya McDowell Get 5 Years for Sending Her Son to a Better School While Felicity Huffman Got 14 Days?〉 중에서

맥도웰과 허프만이 그들이 저지른 죄에 대해 극단적으로 다른 처벌을 받은 것은 사실이다. 그리고 우리의 형사 사법 제도의 불공정함이 계속해서 초미의 사회적인 이슈가 되고 있다는 것 또한 사실이다. 그럼에도 불구하고, 이 두 가지 형사 사건은 비교 대상으로는 매우 적절하지 못하다. 왜냐하면, 이 두 사건에는 각각 여러 건의 다른 범죄와 다른 환경, 그리고 서로 다른 관할 구역이 연루되어 있기 때문이다.

— 〈펠리시티 허프만이 징역 14일을 받을 때, 타니아 맥도웰은 아들을 좋은 학교에 보낸 죄로 징역 5년을 선고 받았는가?〉 중에서

이걸 보면서 표면에 드러나 보이는 것이 전부는 아니라는 걸, 머릿속으로는 이미 잘 알고 있었지만, 다시 한 번 생각해 보게 되는 계기가 되었다. 남들이 뭐라 하든 간에 이 책을 읽는 독자님들은 어떤 사회 현상이나 사건을 비판하려면, 군중심리에 휩쓸리기보다는 일단 좀 더 깊이 알아보시길 바란다.

10

유행어로 알아보는
미국 사회의 차별 유형 2

•

자고로 설명은 남자가 해야지 Mansplaining

미국에서 인종 차별 이야기가 나올 때마다 언제나 함께 거론되는 것이 성차별이니, 이번에는 성차별에 관련된 유행어도 살펴보자. 첫 번째로 Mansplain! 이는 man과 explain의 합성어로 남자가 자신이 여자보다 더 똑똑하다는 생각으로 여자를 가르치려 드는 행위를 말한다. 미국 작가, 레베카 솔닛Rebecca Solnit이 쓴 『Men Explain Things to Me』라는 책에서 탄생한 이 말은, explain처럼 동사로 기능하는 단어이기 때문에 쓰임새가 다음과 같다.

"Are you mansplaining me?"
지금 남자라고 나를 가르치려 드는 건가요?

"He's such a mansplainer!"

그 남자는 여자들은 무조건 뭘 모른다고 생각하고 가르치려 든다니까!

이 말을 유행어로 만든 사건의 전말은 대략 이렇다. 어느 모임에서 레베카 솔닛은 나이 든 남자로부터 자신이 어떤 책을 썼는지 질문을 받았다. 그래서 자기 책의 주제에 대해 설명하고 있는데, 그 남자가 레베카 솔닛의 말을 잘랐다. 같은 주제에 관해 아주 중요한 책이 나온 사실을 아느냐고 하면서, 그 중요한 책을 설명하기 시작했다. 정작 자기가 질문했던 "그녀가 썼다는 책"에 대해서는 들으려고 하지도 않고 말이다. "그 중요한 책"에 대해서 거만하게 떠들어대던 그 남자는, 솔닛의 친구가 "그게 바로 이 친구가 쓴 책이라고요!"라는 말을 세 번 이상 한 뒤에서야 비로소 사태 파악을 했다고 한다. 같은 주제의 다른 책이 출판되었을 가능성을 기꺼이 받아들이고 그의 말을 경청했던 레베카 솔닛의 태도와는 사뭇 달랐던 그 남자의 태도!* 어떤 주제에 관해서건 남자인 내가 여자인 너보다는 당연히 더 잘 알고 있기 때문에 너는 입 다물고 내 설명만 들으라는 그 남자의 근거 없는 자신감으로 인해 벌어진 이 일화는 미국 사회에서 mansplain이라는 단어를 폭발적으로 유행시키는 기폭제가 된다.

흥미롭게도 내 친구 제니가 노트북이 고장 나서 컴퓨터 수리점에 갔

---

* Solnit, R. (2015). *Men Explain Things to Me*. Chicago: Haymarket Books.

다가 이 유행어를 듣게 되는 일이 있었다. 제니의 노트북은 일반적인 고장이 아니라 좀 요상한 형태로 작동되었기 때문에, 이를 정확하게 이해하려면 수리 기사가 제니의 설명을 집중해서 잘 들어야 했다. 그런데 제니의 말을 좀 듣고 있던 수리점 직원은 그녀의 말을 중간중간 끊으면서 자꾸만 그건 고장이 아니라며, 제니가 뭘 모르고 하는 말이라는 식으로 빈정대기 시작했다. 바로 그 순간 실제로 일어나고 있었던 일은, 그 남자가 제니의 설명을 이해하지 못한다는 사실이었다. 인내심 많은 제니가 여러 번 설명을 시도했지만, 그는 오히려 컴퓨터의 기본 속성 운운하며 제니를 가르치려 들었다. 둘 다 같은 미국말을 쓰는 미국인들인데 그가 제니의 말을 반복해서 듣고도 그런 반응을 보이는 이유는 간단했다. 그것은 여자인 제니가 컴퓨터에 대해 자기보다 모를 거라고 확신하는 그의 편견 때문이었다. 바로 그때 재미있는 일이 벌어졌다. 제니가 아니라 그 수리점의 다른 남자 직원이 그 남자에게 "Are you mansplaining her 너 지금 네가 잘 안다고 저 분을 가르치려고 드는 거야?"라고 쏘아 줬다는 사실이다. 다행히 요즘은 이렇게 일상적으로 행해지는 성차별에 문제의식을 느끼는 남자들도 많다. 그럼에도 불구하고 여전히 여자를 자기보다 못하다고 생각하는 남자들이 미국에도 존재하기에 이런 말이 폭발적인 유행어가 됐겠지만….

나 역시도 직장 내에서 한 남자 강사가 은근히 성차별적인 행동을 해서 화가 난 적이 있다. 플로리다 주립대 영어 교육센터CIES에는 교수 진급의 베테랑 강사들이 문법, 작문, 독해, 말하기, 듣기를 포함한 각

과목에서 멘토 역할을 하면서 신입 강사들을 지도하는 제도가 있다. 그런데 한 신입 남자 강사가 남자 멘토들의 말은 지극히 존중하면서, 여자 멘토들에게는 사사건건 따지고 들었고, 어떤 때는 지적을 받고는 화를 내기까지 했다. 실제로 그의 여성 멘토들이 남성 멘토들보다 강의 평가를 훨씬 더 잘 받는 실력자들이었는데도 말이다. 좌우지간 누가 봐도 남성 멘토와 여성 멘토를 180도 다르게 대하는 그의 태도에 내 동료 여자 강사들은 슬슬 화가 나기 시작했다. 결국 우리는 단체로 센터장인 케널 박사에게 가서 이 사실을 보고했고, 그런 그의 태도와 행동에 정식으로 항의했다. 우리 이야기를 들은 케널 박사는 그날 바로 그 남자 강사에게 주의를 줬다. 그때 케널 박사가 그에게 성차별주의자라고 낙인을 찍는 대신, "계속해서 그런 식으로 행동한다면 사람들이 당신을 성차별주의자라고 생각할 겁니다."라고 표현했던 점이 인상적이었다. 케널 박사는 화가 난 우리에게도 20대 초반 의 그가 아직 어리고 철이 없어 그런 것이니, 딱 한 번만 더 기회를 주자고 했다. 케널 박사의 설득으로 우리는 그 사안을 학교 인사과에까지 보고하지는 않았다. 그 남자 강사가 진심으로 반성했는지 우리로서는 알 수가 없다. 그러나 그 사건 이후 우리를 대하는 그의 태도는 굉장히 달라졌다.

말이 나온 김에, Mansplaining에서 파생한 Whitesplaining도 짚고 넘어가자. 쉽게 짐작할 수 있듯이, 백인이 흑인이나 다른 유색 인종에게 우월적인 태도로 사사건건 가르치려 드는 행위를 칭하는 표현이다. 나는 Whitesplaining이라는 단어만 들으면 내게 뭐든 가르치려 들었던 밉살스러운 50대 후반의 어느 백인 남자가 떠오른다.

50대지만 다른 분야에서 오래 일하다 온 사람이라, 나와는 비교도 안 되게 강사 경력도 짧고, 영어 교육 분야의 지식 또한 깊지 않았다. 이 를테면, 영문법을 공부해서 가르치는 것이 아니라, 그냥 원어민으로 서 자신의 직감에만 의존해서 강의하는 그런 사람이었다. 그가 문법 질문에 정확히 대답하지 못하는 일이 반복되자 그의 문법 수업에 배 정된 학생들이 내 수업을 듣겠다며 찾아온 경우도 있었다. 그런 그 가, 틀린 문법 내용을 아선생에게 가르치며 지적질한 적이 있었다. 영국 영어와 달리, 미국 영어에서는 단수형 집합명사Collective Nouns 뒤에 언제나 단수형 동사를 쓴다. 그렇지만 family의 경우, 드물긴 해 도 단·복수형 동사가 모두 쓰이는 지역이 미국에도 있다. 미네소타주 와 일리노이주의 몇몇 지역 방언이 그렇다. 하지만 그런 내 설명을 듣 던 그 남자는 내가 잘못 알고 있다고 주장했다. 한마디로 딱 잘라서 미국에서는 "절대로" 그렇게 쓰지 않는다고 말했다. 실제로 플로리다 주에는 그렇게 말하는 사람이 없기 때문에 플로리다주 출신인 그가 그리 생각했을 수는 있다. 그러나 그는 너무나도 자신만만했고, 나를 지적하는 그의 태도는 거만하기 짝이 없었다. 자기보다 나이가 한참 어린 외국인 여자가 자신보다 영문법을 많이 알고 있을 거라고는 상 상조차 할 수 없다는 그의 편견을, 말할 때 그의 표정에서 쉽게 읽어 낼 수 있었다. 자신이 가르치고 있는 문법 수업의 교재를 내가 썼다는 사실도, 내가 자기보다 문법을 가르친 경력이 훨씬 더 많다는 사실도, 나를 두고 쌓은 그의 편견에는 아무런 작용도 하지 않았다.

속이 상했던 나는 자리로 돌아와서 〈즉문즉설〉을 들으며 마음을 달래보려 했다. 그러나 동료들 앞에서 나를 덜떨어진 사람 취급한 그의 행동이 곱씹을수록 분하고 불쾌했다. 게다가 모든 화는 내 마음이 일으키는 것이라며 진리를 가르쳐 주시는 법륜 스님은 멀리 한국에 계셨고, 내게 선빵을 날리고도 미안한 줄조차 모르는 그 남자는 나와 같은 건물에 있었다. 나는 〈즉문즉설〉을 꺼 버리고 두껍고도 무거운 문법책 두 권을 가지고 그에게 갔고, 집합명사 관련 동사 활용법이 나오는 페이지를 보여주면서 그의 말이 완전히 틀렸다는 사실을 명명백백하게 입증해 줬다. 그러나 준비를 단단히 하고 간 것에 비해, 그 일은 너무나도 싱겁게 마무리됐다. 그는 내가 보여준 책의 내용을 쓱 한번 보더니, 작은 소리로 "Okay."라고 말했다. 정말 허무하게도 이게 그 이야기의 끝이다. 그는 자기가 잘못 알고 있어서 사람들 앞에서 내게 지적질한 것에 대해서는 사과 한마디가 없었다. 바로 이런 일을 미국인 여성 레베카 솔닛도 수없이 겪었다고 자신의 책에서 말한다.

"Men explain things to me, still. And no man has ever apologized for explaining, wrongly, things that I know and they don't."[*]

Solnit, R. (2015). *Men Explain Things to Me*, Chicago: Haymarket Books.

여전히 남자들은 저에게 뭔가를 설명하고 가르치려 합니다. 그리고 그 어떤 남자도 나는 알고 자기들은 모르는 무언가를 내게 잘못 가르친 것을 사과한 적은 없습니다.

그 50대 백인 남자 강사가 다음에 또 다시 그런 행동을 한다면 아선생은 주저 없이 말할 것이다.

"Do you realize what you're doing is whitesplaining?"
지금 댁이 하는 행동이 whitesplaining이라는 거 아세요?

혼자 씩씩거리면서, 다음에 이런 일이 또 생기면 그의 행동을 whitesplaining이라고 해야 할지 mansplaining이라고 해야 할지 묻는 내게 캔디스가 씁쓸하게 대답했다.

"그 사람이라면 둘 다 겠지, 뭐."

그렇지만 나에게 한 그의 지적질이 완전히 틀렸다는 사실을 내가 증명해 낸 바로 그날 이후, 그는 내게 늘 말조심을 했다. 그러니 나의 그런 시도가 전혀 시간 낭비는 아니었던 셈이다.
성차별을 풍자하는 유행어에는 Mansplain과 더불어 Male muter라는 표현도 있다. Male muter란 남자인 자기가 아무리 설명해 봐야 똑똑하지 못한 여자가 이해 못할 것이기 때문에 여자에게는 설명할 필요조차 못 느끼는 부류의 남자들을 말한다. 이쯤 되면 어떤 남자들은 이렇게 말할 것이다. "도대체 설명을 하라는 거야, 말라는 거야? 여자들을 도무지 이해할 수가 없네!"

그런 남성 분들에게 드리고 싶은 말씀은, 솔직히 설명을 하고 안 하고는 별로 중요한 사안이 아니라는 점이다. 상대가 누구든 진심으로 존중하는 태도로 대한다면, 설명을 해야 할지 말아야 할지로 고민할 일은 없을 것이다. 평소에 상대를 존중하는 태도로 대하면, 어느 날 설사 어떤 말실수 때문에 오해가 생기더라도 쉽게 풀릴 가능성이 크다. 아선생의 경험으로 볼 때 큰 문제를 일으키는 사건의 근본적인 원인은 말실수 그 자체보다는, 언제나 평소 그 사람을 대하는 태도에 있었다.

지금까지 미국 영어에 존재하는 유행어 몇 가지를 통해서 현재 미국인들 사이에서 자주 거론되는 주요 쟁점들을 살펴보았다. 더불어 이 칼럼에 소개된 일화들을 통해 독자들이 가공되지 않은 미국인들의 일상적인 이야기와 문화를 접해 보는 계기가 되었기를 바란다.

11

문화 차이 때문에 처하는
위태로운 상황 Critical Incident

•

그 나라의 문화를 모른다는 건 지뢰밭을 걷는다는 것

2002년 한일 월드컵이 개최되던 날, 아선생은 혼자서 홍콩의 거리를 걷고 있었다. 왜냐고 묻지는 마시라. 한국에서 직장 생활을 하던 20대의 아선생은 미치지 않기 위해서 그렇게 한 번씩 한국을 벗어나 기분 전환을 해줘야 했다. 어쨌든 무더운 홍콩 거리를 3~4시간 정도 걷고 나니 갑자기 목이 말랐다. 편의점에서 물을 살까 생각하다가, 때마침 점심시간이었기에 그냥 식당으로 들어가서 끼니를 때우기로 결정했다. 식당에서 물은 공짜로 주니까! 그런데 홍콩의 무더운 5월의 날씨에도 불구하고 목이 말라 죽겠는 아선생에게 식당 종업원이 뜨거운 물을 한 컵 갖다주는 것이었다. 목구멍은 타들어 가고 인내심은 1도 없는 아선생은 혼란스러운 마음을 진정시키기도 전에 그 뜨거운 물을 죽 들이켜서 전부 다 마셔 버렸다. 그런데 바로 그 순간, 식당 안의 모든 사람이 아선생을 쳐다보는 것이 아닌가! 단언컨대, 그것은 필시 광녀를 보는 눈빛이었다.

'이건 뭐지?'라고 생각하며 조심스레 둘러보다 비로소 그 눈빛의 의미를 알 수 있었다. 아선생이 시원스럽게 원샷해 버린 그 뜨거운 물이 담긴 컵에 홍콩 사람들은 숟가락과 젓가락을 야무지게 헹구고서 밥을 먹는 것이었다. 같은 아시아권이 아닌 미국으로 이민 와서도 그때 같은 망신은 당한 적이 없다! 이럴 때는 아무리 우아하게 대처해도 창피함이 배꼽부터 쑤욱 하고 올라와서 얼굴 가득 화력을 뿜어낸다. 아선생이 홍콩의 식당에서 겪은 이 해괴한 사건을 문화교육학에서는 Critical Incident라고 부른다.

Critical Incident란 그 나라의 문화나 언어를 잘 몰라서 저지르게 되는 갖가지 실수 중에서도 최악의 상황을 말한다. 그리고 그 차이로 인해 같은 언어를 쓰는 영국인과 미국인들 사이에서도 Critical Incident는 종종 일어난다.

런던에 교환학생으로 간 한 미국인 여학생이 식당에 가서 계속 냅킨 napkin을 달라고 했는데, 그럴 때마다 영국인 종업원이 묘한 표정을 짓더니 나중에는 킥킥거리며 웃기까지 하더란다. 이 미국인 여학생은 영국인 종업원이 보여준 기묘한 리액션의 정체를 외국인 교환학생을 위한 오리엔테이션에 가서야 알게 됐다고 한다.

영국에서 냅킨이란 단어는 주로 여성들이 사용하는 생리대sanitary

napkin라는 의미로 쓰인다. 물론 사전적으로는 식사할 때 쓰는 냅킨이라는 의미도 있다. 하지만 이 단어가 가지고 있는 또 다른 의미(생리대) 때문에 밥 먹을 때 사용하기에는 어감이 다소 거시기하여 절대 다수의 영국인은 냅킨을 말할 때 '서비에트serviette'라는 단어를 사용한다. 그러니 그 영국인 종업원의 입장에서 보자면, 이 미국인 여학생이 멀쩡하게 밥을 잘 먹다가 몇 번이고 자신에게 "생리대 하나 주세요." "생리대 하나 더 주세요." "저기, 생리대 하나 더 주세요."라고 한 셈이 된다. 가엾은 이 여학생이 다시 그 식당에 갔을지 안 갔을지, 아선생은 그것이 알고 싶다!

아선생이 홍콩에서 한 실수나 이 미국인 여학생이 영국에서 한 실수는 잠시 망신만 당하고 끝낼 수 있는 성질의 것이다. 하지만 어떤 경우에 Critical Incident는 훨씬 더 심각한 상황을 초래할 수도 있다. 그리고 이런 일은 명색이 '글로벌 시대'라고 불리는 지금도 생각보다 자주 일어난다. 예전에 한국의 한 TV 프로그램에서 출연자들이 태국에 가서 대왕조개를 무단 채취해서 먹는 장면을 방영한 것도 Critical Incident의 한 예다. 왜냐하면 태국에서 그 조개는 멸종 위기종인 천연기념물이기 때문이다. 이 프로그램 출연진들이 아무 생각 없이 한 일이 태국에서는 국립공원법과 야생동물보호법 위반으로 징역 5년형까지 받을 수 있는 범죄라고 한다. 이 프로그램 팀은 현지 규정을 사전에 충분히 숙지하지 못하고 촬영한 점에 사과했지만, 태국 국민들의 공분을 사게 한 이 사건의 여파는 꽤 오래 간 듯하다.

그렇지만, 아선생이 이 프로그램 팀을 남들마냥 신랄하게 비난하지 못하는 이유는, 아선생 또한 이런 비슷한 종류의 실수를 한 적이 있기 때문이다. 미국에 온 첫해에 미국인 친구가 운전하는 차를 타고 여럿이 가다가 경찰에 잡힌 적이 있다. 규정대로만 가는 착한 내 친구가 교통법규를 어기지 않았는데도 경찰이 자꾸만 속도를 위반했다고 억지를 부리는 바람에, 아선생은 본격적으로 경찰에게 항의하려고 차에서 내리기 위해 문을 열었다. 바로 그 순간, 두 사람이 동시에 날카롭게 소리를 질렀다. 평소 온순하고 침착한 내 친구는 그 순간 그야말로 히스테리컬하게 나한테 차에서 내리지 말라고 고함을 질렀다. 그와 동시에 주차된 경찰차 안에 있던 또 다른 경찰이 내게 총을 겨누며 차에서 내리면 쏘겠다고 했다. 아선생이 그때 "Yes, ma'am."이라고 말하고 경찰의 지시대로 얌전히 차 문을 다시 닫았기에 지금 살아서 이렇게 글을 쓰고 있는 것이다.

그날 친구는 그 경찰이 다소 오버한 것이기는 하지만, 미국에서는 경찰의 지시를 따르지 않으면 현장에서 사살될 수도 있다고 주의를 줬다. 미국에서는 누구나 총을 가지고 다닐 수 있기 때문에 경찰들도 스스로를 지키기 위해 과잉 진압을 할 수밖에 없다고 했다. 그러면서 내가 그 순간, 경찰이 한 말을 알아듣고 즉시 차 문을 닫은 것이 천만다행이라고 말했다. Critical Incident가 그저 문화 차이로 인한 별나고 재미있는 에피소드들뿐만이 아니라, 말 그대로 내 인생을 위태롭게 critical 할 수 있는 끔찍한 사건incident이 될 수 있다는 사실을 나는 그때서야 알게 됐다. 그러니 그 나라 문화에 무지한 채로 여행하거나 체류한다는 것은 때로는 곳곳에 크고 작은 폭탄이 숨어 있는 지뢰밭을 거니는 것과도 같다고 볼 수 있다.

2부

미국인들이
말하는 방식

01

미국 문화 속 두드러진 대화 패턴,
스몰 토크

•

작지만 큰 변화를 가져오는 스몰 토크Small Talk

자식을 나눠갖는 사이라고 미화되기도 하기만, 한국 사회에서 사돈 지간은 편하기보다는 참 어색한 사이다. 아선생은 몇십 년 전 어느 드라마에서 본, 서로 사돈지간인 두 노인이 대화하는 장면이 지금도 잊히지 않는다. 수박을 함께 먹으면서, 속으로는 수박 씨를 뱉을까 말까 고민하는 두 사돈. 그렇게 어색한 기류가 흐르는 가운데, 한 노인이 난데없이 씨 없는 수박에 관한 이야기를 한다. 씨를 뱉어내면서 수박을 먹는 것이 번거롭다는 이야기에서 출발하더니, "그래서 요즘은 씨 없는 수박이 나오나 봐요."라고 한다. 그러자 다른 쪽이 "그래도 씨 없는 수박은 왠지 맛이 덜한 것 같지 않나요?"라고 답한다. 그렇게 영양가도 없는 씨 없는 수박에 관한 대화는 꽤 오래도록 지속된다. 우장춘 박사 연구팀에 들어갈 것도 아니면서 이들은 왜 씨 없는 수박에 관한 이야기를 계속해서 이어간 것일까? 그것은 별로 친하지도 않은 사돈 끼리 단둘이 마주앉아 있는 그 상황의 어색함을 무마하기 위해서다. 미국인들은 이런 류의 대화를 "스몰 토크small talk"라고 부른다. 그렇다면 미국인들은 스몰 토크를 어떻게 정의할까? 인터넷 영어사전, Oxford Languages는 "small talk"를 다음과 같이 정의한다.

> Polite conversation about unimportant or uncontroversial matters, especially as engaged in on social occasions.
> 주로 사교적으로 행해지는, 중요하지 않거나 논란의 여지가 없는 사안에 관한 예의 바른 대화.

여기서 주목할 것은 스몰 토크의 주제가 "별로 중요하지 않거나, 논란의 여지가 없는 사안"이어야 한다는 점이다. 그러니 정치나 종교에 관한 소신 발언은 당연히 스몰 토크의 적절한 주제가 아니다. 그렇다면 미국인들은 어떤 스몰 토크를 할까? 아선생이 미국에서 일상적으로 겪은 스몰 토크의 예를 들어보면 이렇다. 길에서 함께 신호등이 바뀌기를 기다리던 모르는 남자가 뜬금없이 아선생에게 말을 건다. "Nice weather, isn't it좋은 날씨네요, 안 그래요?" 개미 새끼 한 마리 없는 플로리다 소도시의 어느 거리에서 모르는 여자와 단둘이 서서 신호등이 바뀌기를 기다리며 서 있자니 좀 어색했던 모양이다. 그리고 그가 한

"Nice weather, isn't it?"이라는 한마디로 시작된 날씨에 관한 짧은 대화는 그 어색함을 깨기에 충분했다. 또 코비드 백신을 맞으러 갔을 때는, 간호사가 주사를 주기 전에 내 생년월일을 확인하더니, 이렇게 말했다. "I was born in 1976 too. That's the year of the Dragon, right 저도 1976년생이에요. 그게 용띠 해 맞죠?" 아마도 내가 동아시아인이라서 그런 스몰 토크를 시도한 듯하다. 그러면서, "우리" 용띠 사람들은 강하기 때문에 백신을 맞고도 하나도 아프지 않을 거라는 간호사의 농담 섞인 스몰 토크를 들으면서 긴장이 풀린 나는 편안하게 주사를 맞을 수 있었다. 또 다른 예로, 다음은 아선생이 월마트에서 아이의 장난감을 사면서 계산원과 나눈 스몰 토크다.

계산원: (장난감을 계산하면서) I guess you have a toddler?

아선생: Yes, I don't usually buy him this type of plastic toys, but I'm buying this one because it's made in the States.

계산원: Oh, really? ("made in the USA" 라벨을 확인 후) So somebody is making something in this country!

계산원: (장난감을 계산하면서) 걸음마쟁이 아이가 있으신가 봐요?

아선생: 네, 보통 저는 아이에게 이런 류의 플라스틱 장난감을 안 사 주는 편인데, 이건 미국에서 만든 거라서 사는 거예요.

계산원: 오, 정말요? ("made in the USA" 라벨을 확인 후) 그러니까 누군가는 이 나라에서 뭘 만들고 있군요!

아마도 월마트에서 파는 공산품이 거의 중국산Made in China이라서, 미국에서 그런 제품을 여전히 만들고 있다는 사실에 계산원도 놀란 눈치였다. 아선생의 어머니는 아선생과 이런 식의 대화를 나누는 계산원들을 굉장히 흥미로워하신다. 어떤 때는 대체 무슨 이야기를 그렇게 나누냐면서 별 것 아닌 대화 내용을 궁금해하기도 하신다. 어머니께서 늘 가시는 한국의 대형마트에서는 볼 수 없는 일이기 때문이다. 그렇다면 미국인들이 늘상 이런 스몰 토크를 하는 이유는 뭘까? 『Small Talk』의 저자 저스틴 코플랜드Justine Coupland는 스몰 토크의 기능을 다음과 같이 말한다.

> Small talk typically serves to establish, maintain, or renew social relationships.[*]
>
> 스몰 토크는 일반적으로 사회적 관계를 맺거나, 유지하거나, 또는 새롭게 하는 기능을 한다.

그래서 많은 미국인들은 스몰 토크를 대인관계를 잘 이끌어가기 위한 전략으로 보기도 한다. 사실 이는 한국인들에게도 마찬가지일 수 있다. 그러나 아선생이 보기에 두 나라의 가장 큰 차이점은, 한국인이 스몰 토크를 잘 안 하는 상황에서도 미국인들은 스몰 토크를 필

---

[*] Coupland, J. (2014). *Small Talk*. New York: Routledge.

수적으로 한다는 사실이다. 말하자면, 우리는 다소 싱겁고 하찮게 여기는 스몰 토크를, 미국인들은 격식을 갖춰야 하는 자리에서조차 필수적으로 해야 한다고 생각한다. 여기서 영어를 배우는 우리가 알아야 하는 것은, 대체 미국에서 스몰 토크가 어떨 때 필수인가 하는 점이다. 코플랜드는 같은 책에서 어떤 사람과 그날 대화를 처음 시작할 때the first contact of the day, 대개 스몰 토크가 필수적이라고 말한다. 이는 어떤 상황에서건 미국인과 첫 대화를 시도할 때는 스몰 토크로 시작하는 것이 안전하다는 의미다. 그래서 스몰 토크를 대화를 여는 포문Conversation Starter으로 보는 미국인들이 많다. 그리고 아선생의 경험상, 이런 미국인들의 대화 패턴을 따르지 않으면 무례하게 비춰지는 경우도 많다.

일례로, 아선생이 만난 몇몇 미국인 교수들은 한국인 학생들이 무례하다는 인상을 받을 때가 종종 있다고 고백한다. 그들의 이야기를 좀 더 들어보니, 한국 학생들은 미국인 교수 연구실에 찾아가서는, 스몰 토크 따위는 가볍게 무시해 버리고, 딱 자신들이 필요한 용건만 해결하고는 바로 가버린다는 것이다. 그러나 한국인인 나는 안다. 그 학생들은 결코 교수님에게 무례를 범하려고 그런 게 아니라는 사실을! 그런데 왜 이런 현상이 벌어지는 것일까? 대부분의 한국 학생들은 교수님을 찾아가면 최대한 교수님의 시간을 뺏지 않는 것이 오히려 교수님에 대한 예의라고 생각한다. 그래서 스몰 토크와 같은 쓸데없는 잡담으로 바쁘신 교수님의 시간을 허비하게 하지 말고, 인사 후에 곧바로 필요한 질문을 하고 답을 들은 후에는 정중하게 인사를 하고는 가 버리는 것이다. 문제는 미국 문화권에서는 한국 학생들의 이런 행동이 스몰 토크도 없이 인사만 하고 곧바로 자기 필요한 용건만 해결하려는 차갑고 예의 없는 사람으로 비칠 수 있다는 점에 있다.

여기서 알 수 있는 것은 스몰 토크를 바라보는 두 나라 사람들의 관점의 차이다. 한국인들은 스몰 토크를 "교수님의 시간을 빼앗는 잡담"으로 보는 반면, 미국인들에게 스몰 토크는 앞서 코플랜드가 정의내린 바와 같이 "교수님과 사회적 관계를 맺는 행위"인 것이다. 바로 이런 점 때문에, 미국 대학의 카운슬러들은 교수님을 찾아가면 언제나 가벼운 스몰 토크로 대화를 시작하라고 학생들에게 충고한다. 미국인들은 교수님뿐만 아니라 직장 상사와도 스몰 토크를 전략적으로 활용해서 적절한 관계를 맺고 유지하려 한다. 반면, 우리 한국인들은 교수님뿐만 아니라 직장 상사, 특히 직급이 아주 높으신 분들과는 특별한 경우를 제외하고는 스몰 토크를 되도록 자제하려는 문화인 듯하다. 그리고 미국인들은 한국인들이 왜 이러는지 이해를 못하는 눈치다. 실제로 아선생이 가르쳤던 어느 미국인 인턴 학생이 미국식 스몰 토크 패턴을 가르치는 수업을 한 적이 있다. 그가 수업 시간에 30대의 어느 한국인 남학생에게 한국에서는 직장 상사와 보통 어떤 주제의 스몰 토크를 나눴냐고 물었더니, 그 학생이 한 대답이다.

"저는 직장 상사와 일 외에 사적인 대화를 해 본 적이 없습니다."

이에 미국인 인턴은 굉장히 놀라서, 수업 후 아선생에게 많은 질문을 했다. 아선생의 구구절절한 설명을 듣기 전까지, 미국인 학생은 그의 말을 온전하게 이해하지 못하는 눈치였다. 물론 한국의 직장 문화도 많이 변했다지만, 그럼에도 불구하고 직급이 높은 상사와 미국식 스몰 토크를 나누는 것이 다소 껄끄럽게 느껴지는 경직된 문화는 여전히 존재한다. 특히 상대가 아버지뻘의 남성이라면 더더욱 그렇다. 그러나 미국에서 한국식으로 예의를 갖춰서 깎듯이 대한답시고 말을 지나치게 아끼면, 다정하지 않거나 심지어 무례한 사람으로까지 비칠 수 있다. 그러니 미국인들과 영어로 대화를 나눌 때는 상대가 누구든지 힘을 살짝 빼고 가벼운 스몰 토크를 적절히 활용해 보자.

그렇다면 이제 남은 과제는 스몰 토크시 어떤 주제를 선택하느냐일 것이다. 사회 불안 장애Social Anxiety Disorder에 관한 다수의 책을 낸 저자 알린 쿤식Arlin Cuncic은 자신의 칼럼, 〈10 Best and Worst Small Talk Topics〉*에서 최고의 스몰 토크 주제로 다음을 꼽는다.

Weather 날씨

Lovely day, don't you think?

정말 좋은 날씨예요, 안 그래요?

---

*   Cuncic, A. (2021) *10 Best and Worst Small Talk Topics*. Very Well Mind. About Inc.

Arts and Entertainment 예술과 오락

Have you tried any new apps lately that you really liked?

최근에 사용해 본 새로운 앱 중 좋은 것이 있었어요?

Sports 스포츠

Did you catch that golf tournament on the weekend?

주말에 골프 토너먼트 보셨어요?

Family 가족

Do you have any brothers or sisters?

형제나 자매가 있으세요?

Food 음식

Have you tried any new restaurants lately?

최근에 새로운 식당 가 보신 곳 있으세요?

Work 일

What do you enjoy most about your job?

직장에서 하시는 일 중 뭐가 가장 좋으세요?

Hometown 고향

How different is where you grew up from where you live now?

고향과 지금 사시는 곳이 어떻게 달라요?"

Travel 여행

Where do you want to travel this summer?

이번 여름에 어디로 여행 가고 싶으세요?

Hobbies 취미

What do you do for fun?

취미가 어떻게 되세요?

Celebrity gossip 유명인 가십

(이 주제는 일로 인한 만남이 아니라 편안한 자리에서만)

더불어 쿤식은 같은 칼럼에서 최악의 스몰 토크 주제는 다음과 같이 언급하고 있다.

Finances 돈 문제
Politics and Religion 정치와 종교

Sex 성

Death 죽음

Appearance 외모 – 상대방의 나이를 묻거나, 살이 찌거나 혹은 빠진 것
같다는 등의 코멘트는 삼가하라

Personal Gossip 아는 사람 험담

Narrow Topics 지나치게 전문 분야의 주제

Past Relationships 과거의 연인

Health 건강

사실 아선생이 보기에 이런 것들은 굳이 알린 쿤식과 같은 심리 전문
가의 도움을 받지 않더라도 상식적으로 알 수 있는 내용이 아닐까 싶
다. 그러니 이제는 자신있게 미국인과의 스몰 토크를 시도해 보자. 이
작은small 대화talk가 당신에게 커다란 변화를 가져다줄 것이다.

02

미국인들의
의사소통 방식

•

곧이곧대로 들으면 낭패 보는 그들만의 말하기 스킬

아선생은 외국어로 대화할 때 맥락과 관련해 이해하는 화용적 능력 Pragmatic Competence에 가장 큰 영향을 미치는 결정적인 요소 중 하나가 네이티브 스피커들이 가지고 있는 고유의 의사소통 방식에 대한 이해 유무라고 생각한다. 이를 잘 보여주는 사례로, JTBC에서 방영했던 예능 프로그램 〈비정상회담〉에서 미국 대표 타일러는 본인이 종종 영국 유머를 '알아먹지' 못하는 이유에 대해서 이렇게 말한다.

"(영국에서는) 굉장히 사람들이 농담을 안 할 상황에서 농담을 하니까…, 안 칠 것에 대해서 농담을 치니까… 농담하는 건 줄도 몰랐는데, 나중에 '엇, 이게 농담인가 농담이라는 건가' 하게 돼요."

이는 영국인들이 농담을 하는 상황이나 방식이 미국인들이 농담을 하는 상황이나 방식과 서로 다른 패턴을 가지고 있기 때문에 벌어지는 현상이다. 이렇게 같은 언어를 쓰는 사람들끼리조차도 서로 다른 의사소통 방식으로 인해 화용적 능력이 떨어질 수도 있다.

서로 다른 문화권의 사람들이 서로 다른 의사소통 방식을 가지는 이유는 「미국인들이 공유하는 믿음이나 가치 Shared Views」에서도 언급했듯이, 한 문화권 내의 사람들이 가지는 의사소통 방식은 해당 문화권 사람들 사이에서 공유되는 믿음이나 가치Shared Views의 영향을 받기 때문이다. 그러므로 Shared Views가 다른 두 나라 사람들이 대화할 때에는 서로 오해가 생기는 일이 잦을 수밖에 없다.

앞서 고맥락 문화와 저맥락 문화를 다루면서 언급했던, 중국계 미국인들의 삶을 다룬 영화 〈The Joy Luck Club 조이럭 클럽(1993)〉의 그 장면을 다시 한번 살펴보자. 백인 남자 친구를 데리고 온 딸이 가뜩이나 못마땅한 중국인 엄마가 딸의 남자 친구에게 요리를 대접하면서 이렇게 말한다.

"요리가 싱겁게 됐네요. 맛은 없지만 한번 드셔 보세요."•

이 중국인 엄마가 말하고자 하는 바를 우리가 쉽게 이해할 수 있는 이

•　이 대사는 이 역할을 맡은 배우가 중국식 엉터리 영어Broken English로 말했기 때문에 원래 대사를 한국어로 번역한 부분만 사용하기로 한다.

유는, 한국 사람들도 이런 패턴으로 의사소통할 때가 많기 때문이다. 우리도 사람을 초대해서 도대체 뭐부터 먹어야 할지 모르게 상다리가 부러질 정도로 음식을 차려 놓고는 "차린 건 별로 없지만, 많이 드세요."라고 속마음과는 다르게 말하는 경우가 많지 않은가? 우리 한국 인들도 이런 의사소통 방식에 익숙하기 때문에 이 중국인 엄마가 쑥 덕같이 말해도 찰떡같이 알아듣는 것이다. 그리고 이것이 바로 앞에서 언급한 화용적 능력이다.

하지만 한국인도 중국인도 아닌 딸의 백인 남자친구는 이 말을 액면 그대로 해석하고는 "오, 아니에요. 간장만 조금 뿌리면 괜찮겠는데요."라고 말하면서 음식에 간장을 확 끼얹는다. 오우, 노~우! 이런 상황에서 여자 친구의 엄마가 음식이 정말로 싱겁고 맛이 없다는 뜻으로 말했다고 생각하는 한국 남자나 중국 남자는 아마 없을 것이다. 다시 말해, 한국과 중국을 포함한 동북아 문화권에서는 이런 유의 대화방식이 상당히 흔한 패턴이다.

이를 반복해서 경험한 우리는 그녀의 말이 의미하는 바가 실은 '겸손'이며, 실제 음식 맛에 대한 진술이 아니라는 사실을 잘 안다. 이에반해, 미국 백인 가정에서 자라서 이런 식의 대화 방식에 전혀 익숙하지 않은 백인 남자 친구는 이 중국인 엄마가 하는 말의 진정한 의미를 모르고 음식에 간장을 뿌리는 우를 범하게 되는 것이다. 그러니 그가 이 상황에서 화용적 능력이 없는 것은 어찌 보면 충분히 이해되는 일이다.

그렇다면 미국인들은 어떠한 경우에도 겸손을 모르는 오만한 족속들일까? 천만에! 너무도 당연한 말이지만, 그들도 우리처럼 겸손할 땐 겸손할 줄 아는 사람들이다. 단지 그들이 겸손한 태도를 보일 때 우리와는 조금 다른 대화 방식을 취할 뿐이다. 예를 들어 이런 식이다.

여자 1: Is the food okay?

여자 2: OMG! This is the best Lasagna I've ever had! How did you make it?

여자 1: Well, I'd like to take the credit, but I got the recipe from my grandma!

여자 1: 음식이 괜찮아요?

여자 2: 어머나, 세상에! 제가 먹어 본 최고의 라자냐네요. 어떻게 만드신 거예요?

여자 1: 실은 칭찬을 받아들이고는 싶지만, 그게 저희 할머니께 받은 레시피로 만든 거예요.

보통의 미국 사람들은 이렇게 칭찬을 받아들이기는 하되, 그 공은 타인에게 돌리는 방식으로 자신을 낮춘다. 이것이 바로 아선생이 경험한 미국식 겸손함의 전형이다.

미국인 사이에서 자주 볼 수 있는 의사소통 방식의 또 다른 예를 보자. 상대가 나와 완전히 다른 의견을 말하거나, 내 말에 동의할 낌새가 전혀 보이지 않을 때 "Interesting!"이라며 대화를 마무리 짓는 미국인들을 아선생은 좀 과장해서 일주일에 두 명은 보는 것 같다. 이를테면 이런 식이다.

Tom: I heard the 〈No Child Left Behind Act〉* is under review. What do you think about the act?

Paul: To be very honest with you, I think it's dumbing down the whole education system in America. What's more, when all children are held to the same achievement standard, it's almost impossible to meet their individual needs. It is essential that every child have a chance to reach their own potential in school.

Tom: That's what a lot of people say, but I see it in a different way.

Paul: Really? How?

Tom: It is very important that every child have the same educational opportunities regardless of their ability level or socioeconomic status. I strongly believe equality starts in school.

Paul: Hmm… Interesting!

---

* 〈No Child Left Behind; NCLB〉는 2001년 미국 의회에서 통과시킨 교육 법안으로, 모든 아이가 똑같은 시험을 쳐서 그 시험에 통과해야 다음 과정으로 진학할 수 있는 시스템이다. 이 법안으로 흑인과 히스패닉 등 소수민족 학생들과 백인 학생들의 성적 격차는 다소 줄었지만, 교사들이 너무 이 시험을 중심으로 수업하게 되는 바람에 미국 교육의 최대 장점이었던 창의력을 키워 주는 커리큘럼이 많이 줄어들게 된 단점도 있다고 한다.

톰: 〈No Child Left Behind〉 법안이 재검토되고 있다고 들었어. 이 법안에 대해서 어떻게 생각해?

폴: 정말로 솔직히 말해서, 난 이 법안이 미국 내 전체 교육 시스템을 지나치게 쉽고 단순하게 만든다고 생각해. 게다가 모든 아이에게 똑같은 기준이 적용되면, 아이들 개개인의 요구를 충족시키는 게 거의 불가능하다고! 학교에서 모든 아이가 각각 자신이 가진 잠재력을 발휘할 수 있는 기회를 갖는 게 매우 중요하잖아.

톰: 그게 많은 사람들이 하는 말이긴 하지만, 난 다르게 생각해.

폴: 정말? 어떻게?

톰: 능력이나 사회·경제적 신분을 떠나서 모든 아이가 동일한 교육의 기회를 갖는 건 정말 중요해. 난 평등은 학교에서부터 시작된다고 굳게 믿고 있어.

폴: 흠, 흥미롭네!

딱 봐도 톰과 폴 두 사람은 교육 정책에 관해서 서로 다른 관점을 가지고 있다. 하지만 폴은 "말도 안 돼!" 혹은 "네 말이 난 도무지 이해가 안 가."라는 식으로 말하지 않는다. 오히려 "Interesting!"이라는 흥미로운 단어로 대화를 마무리 짓는다. 이렇게 폴이 톰의 의견에 동의하지 않는다는 사실을 간접적으로 표현하는 이유는 직설화법을 무례하다고 여기는 미국 문화 때문인데, 미국인들 사이에서는 아주 흔히 볼 수 있는 대화 방식이다. 그런데 이 경우, 톰이 "정말? 네가 흥미롭다고 하니까, 내 의견에 대해서 조금 더 이야기해 볼게. 그러니까 말이야…."라고 대화를 이어간다면 화용적 능력이 없는 사람, 다시 말해 말귀를 못 알아먹는 눈치 없는 인간이 되는 거다.[•]

자, 그러니 화용적 능력을 가지고 싶다면, 영어 대화를 많이 들어보면서 미국인들의 대화 패턴을 분석하고 익히는 것부터 시작해 보자. 당장 오늘부터!

•   정말로 그 주제에 흥미가 있어서 이 단어를 쓸 경우에는 대부분의 미국 사람들이 Interesting 단어 뒤에 "Tell me more about it더 얘기해 주세요!" 혹은 "Could you please elaborate더 자세히 설명해 줄래요?"이라고 직접적으로 요청한다. 그러니 부디 헷갈리지 마시길.

03

미국식
빈정거림Sarcasm에 대하여

•

빈정대기 좋아하는 미국인들

한국인들과 뚜렷한 차이를 보이는 미국인들의 커뮤니케이션 패턴으로 여러 가지가 있지만 아선생은 그중 가장 확연한 것으로 빈정댐, 비꼼Sarcasm을 꼽고 싶다. 다음은 아선생 아들의 친구 엄마(아친엄)와 한 통화 내용이다. 참고로 돌아오는 토요일에 저녁 식사를 같이 하기로 약속돼 있었다.

> 아친엄: Hey, I just found out our soccer game is rescheduled on Saturday for 4:30 pm. Is it possible to come over for lunch instead at 11:30? Sorry about this.
>
> 아선생: Not a problem! Then, we'll be there at 11:30.

아친엄: Thanks for your flexibility, and sorry again. You know, that's the joy of playing soccer!

아친엄: 우리 아들 축구 경기 시간이 토요일 오후 4시 30분으로 바뀌었거든. 11시 30분에 점심 먹으러 올 수 있어? 미안하게 됐어.

아선생: 문제없어! 그럼, 우리가 11시 30분에 갈게.

아친엄: 약속 시간 쉽게 바꿔 줘서 고마워. 그리고 다시 한번 미안하고. 이런 게 바로 축구부에 있는 즐거움이지!

갑작스럽게 축구 경기 시간이 변경돼서 저녁 약속을 점심 약속으로 바꿔야 하는 것이 미치지 않고서야 어찌 기쁨joy일 수가 있겠는가? 하지만 짜증나는 일을 도리어 '기쁨이나 즐거움'이라고 표현하는 이런 식의 빈정댐Sarcasm은 미국인들이 불평을 할 때 사용하는 전형적인 표현 방식이다. 그래서인지 미국에서 나고 자란 아선생의 아들도 11살 무렵부터 이런 식으로 자신의 기분을 표현하곤 한다.

아선생: 너 작문 숙제는 다 했니?

아들: 아직 안 했어.

아선생: 아니, 그게 언제적 숙제인데 아직도 다 안 했어? 넌 왜 그렇게 게으르니?

아들: Thank you, Mom 감사합니다, 엄마!

이 경우 좋은 엄마라면 아이가 게으르다고 단정 짓지 말고 아이의 행동이 '게으른 것'임을 강조해야 한다고 전문가들은 말한다. 하지만 안타깝게도 아선생은 아들에게 이 말을 하고서 1년 후에 그 얘기를 들었다. 좌우지간 게으르다는 말을 듣고 고맙다고 말하는 것은 전형적인 미국식 빈정댐이다.

하지만 이런 패턴은 오랜 시간 수많은 대화로 축적되는 경험을 통해 자연스럽게 터득하는 것이라서, 아주 어린 아이들까지 이런 식의 빈정댐을 모두 소화할 수 있는 것은 아니다. 미국 중산층 가족을 그린 시트콤 〈The Middle더 미들〉에 이런 장면이 있다. 수학에서 D를 받은 초등학생 아들 브릭의 숙제를 도와주던 엄마와 아빠는 그 과정에서 짜증 게이지가 점점 상승한다. 그러다 브릭의 아빠가 혹시 선생님이 숙제에 도움이 될 만한 지시 사항이나 해답이 적힌 프린트물 같은 걸 준 건 아닌지 그의 아내를 다그치자, 아내가 신경질적으로 이렇게 대꾸한다.

"Oh, yeah! You know what? There is! There's a big old pack of instructions with all the answers to everything we'd ever want to know, and I've been hiding it from you."

오우, 그래요! 말해 줄게요. 사실 있어요! 우리가 알고 싶은 모든 것에 대한 정답이 담긴 큰 지시 사항 묶음이 있는데, 내가 지금까지 그걸 당신한테서 숨겨 왔네요.

물론 아내는 그 상황에서 말도 안 되는 소리를 하는 남편에게 짜증이 나서 빈정대는 것이다. 애초에 그런 해답지가 있었다면 이 부부가 아이 숙제 때문에 몇 시간 동안 그토록 고생할 이유가 없지 않았겠는가? 하지만 이런 어른들의 대화 패턴에 익숙하지 않은 어린 브릭은 엄마가 빈정대는 줄도 모르고 이렇게 반응한다.

"Then go get'em!"
그럼 빨리 가지고 오지 뭐 하세요!

아무리 미국인이라도 브릭같은 어린 아이에게 이런 식의 빈정댐은 익숙한 표현 방식이 아니다. 왜냐하면 한 문화권에 내재해 있는 대화 패턴을 자연스럽게 몸에 배도록 하는 데는 오랜 시간이 걸리기 때문이다. 그러니 한국인인 우리가 영어를 공부할 때 이런 패턴을 하나하나 익히지 않으면 미국인이 하는 말의 참뜻을 못 알아듣는 경우가 생길 수밖에 없다.

그렇다면 미국인들은 왜 이런 식의 빈정댐을 즐겨 쓰는 것일까? 아선생은 이런 현상이 부정적인 것을 직접적으로 언급하는 걸 무례하게 여기는 미국인들의 공통된 관점Shared View에서 비롯됐다고 생각한다. 물론 부정적인 것을 직접적으로 언급하는 것은 어느 문화에서나 환영받는 화법은 아닐 것이다. 그렇지만 아선생의 경험상, 우리 한국 문화의 경우 이런 식의 직설화법이 어느 정도 용인되는 것 같다. 예를 들어, 일명 '외모 지적질'이라고 불리는 다른 사람의 외모나 패션에 대한 직설적인 코멘트를 아선생은 한국에 갈 때마다 여기저기서 듣게 된다. 한번 나열해 보겠다.

"야, 살이 왜 이렇게 빠졌냐? 살 빠지니까 나이 들어 보인다."
"넌 살 빠지니까 여성미가 없어 보여."
"어머, 얘. 그 옷 입으니까 살쪄 보여."
"좀 화사한 색의 옷을 입어. 그런 색 옷만 입으니까 더 나이 들어 보여."
"좀 꾸미고 다녀. 어쨌든 여자는 꾸며야 해."

그런데 한국에서 여자들만 이런 일을 겪는 것은 아닌 듯하다. 외모 지적질에 관한 글에 달린 어느 남성 네티즌의 다음 이야기를 읽어 보자.

"하아, 완전 동감임.
정말 만날 때마다 살이 왜 이렇게 빠졌냐, 남자가 볼품없어 보인다, 살 좀 쪄야겠다고 말하는 사람들 때문에 돌아버리겠음.
아니, 누군 이렇게 비쩍 마르고 싶어서 말랐나. 살 안 빠져서 고민인 사람들처럼 마른 사람들도 콤플렉스인 경우 많은데."

아선생은 예전에 인터넷에서 네티즌들이 이에 대해 토론하는 것을 흥미롭게 읽었다. 대부분의 네티즌은 이런 현상을 한국 사회의 '외모지

상주의' 때문이라고 분석했다. 그러나 아선생의 생각은 조금 다르다. 미국 사회에도 외모에 집착하는 사람들이 꽤 있는 편이다. 그러나 한국과 다른 점이라면, 절대 다수의 미국인은 다른 사람의 외모에 대해서 부정적인 코멘트를 솔직하게 날리지 않는다. 왜냐하면 미국 문화에서는 아무리 친한 친구 사이라도 이런 식의 직설화법을 사용했다가는 엄청나게 무례한 사람으로 취급받기 때문이다. 다시 말해, 미국인들이 다른 사람의 외모에 전혀 관심이 없어서가 아니라, 다른 사람의 외모에 대한 직설적인 평가와 발언을 굉장히 무례하게 여기기 때문에 그런 화법을 사용하지 않는 것이다. 비단 외모에 관한 내용뿐만 아니라, 자신의 불쾌한 기분을 직접적으로 언급하며 불평하는 것조차도 대부분의 사람이 꺼리는 분위기다.

직설화법을 무례하게 여기는 미국의 문화 때문에, 미국 사람들이 부정적인 생각이나 불만을 표출할 때 빈정대는 형식의 반어법Irony을 사용하는 것은 어찌 보면 지극히 자연스러운 현상인 것 같다. 물론 아무리 반어법이라 해도 부정적인 의미가 담겼다면 무례하게 여겨지기는 마찬가지다. 하지만 아무리 그렇다고 하더라도, 직설화법보다는 덜 무례하게 느껴지지 않겠는가? 어쨌든 미국에 살게 되면 흔히 들을 수 있는 대화 방식인 이런 미국식 빈정댐을 이해하는 것은 화용적 능력을 향상시켜 주기도 하지만, 더 나아가 우리에게 좀 더 미국식 영어를 구사할 수 있는 열쇠를 제공해 줄 것이다.

04

미국의 지역색과
영어의 차이

•

북부에서는 여성에게 ma'am이라고 하지 마라

한 신문사 칼럼에서 충청인의 기질을 보여준다는 다음의 대화를 읽던 아선생은 너무 웃어서, 급기야 폼 잡으며 마시고 있던 모닝커피가 왼쪽 콧구멍으로 뿜어져 나오는 사태까지 발생했다.

손님: 이거 팔 거유?

채소 파는 할머니: 그럼 구경시키러 갖고 나왔겠슈?

(그냥 "예." 하면 될 것을 이렇게 표현한다.)

손님: 월매래유?

채소 파는 할머니: 알아서 주세유. (절대로 얼마라고 먼저 말하지 않는다.)

손님: 1,000원 드리쥬.

채소 파는 할머니: (여기서부터가 중요하다. 만일 값이 마음에 들지 않으면 휙 돌아앉으며) 갖다 돼지나 멕일래유.

이 기사를 쓴 조남준 씨는 이 대화가 군이 팔리려고 애쓸 것 없다는 느긋한 태도와 함께 속내를 쉽게 드러내 보이지 않는 충청도 사람들의 기질을 잘 나타내고 있다고 지적했는데, 아선생은 이 말에 100퍼센트 수긍이 갔다. 아마 충청도 사람들의 이러한 기질 때문에 감정을 드러내지 않는 것을 미덕으로 삼았던 우리 부모님 세대에는 '충청도 양반'이라는 표현까지 있었던 것이리라. 그런데 아선생은 이 대화가 부산의 한 장터에서 일어난다는 재미있는 상상을 한번 해 봤다. 부산말 네이티브 스피커로서 이 대화를 그대로 부산 스타일의 화법으로 옮겨 보면 이렇다.

손님: 이거 파는 건교?
할머니: 그라마요. 내 싸게 해 주꾸마. 마이 사 가이소.
손님: 얼만교?
할머니: 2,000원에 다 가 가이소.
손님: 아지매, 뭐시 그래 비싼교? 1,000원에 다 주이소, 마.
할머니: 하~이고~, 그래 주고 나는 머가 남노? 마 됐심더.

• 2015년 2월 27일자 조선 Media 「조남준 칼럼」에서 발췌.

이 대화는 앞서 봤던 충청도 사람들의 대화에 비하면 바주카포급 직격탄이라고 볼 수 있을 정도로 문장 하나하나가 화자가 하고 싶은 말을 직접적으로 가감 없이 다 담아서 바로 쏴 버리는 특성을 가지고 있다. 이런 스타일의 직설화법으로 대화하는 것이 아무렇지도 않은 경상도, 특히 부산의 분위기 때문인지, 아선생의 대학 친구들은 부산으로 놀러 왔다가 멀쩡하게 대화하는 사람들을 보고 저 사람들 싸우는 거냐고 물은 적이 있을 정도다. 충청도 사람들과 경상도 사람들의 이런 문화적 성향의 차이 때문에 혹자는 누군가에게 맞았을 때 반응하는 방식에서도 이 두 지역이 서로 다른 언어적 패턴을 보인다고 한다.

경상도 사람: (즉각적으로 화를 내며) 와 때리노?
충청도 사람: (때린 당사자 말고 옆의 다른 누군가에게) 시방 야가 나를 때린 겨?

이렇게 특정 지역 사람들이 쓰는 언어가 그 지역의 문화적 특성을 오롯이 담아내는 것은 매우 자연스러운 현상인데, 이는 물론 영어에서도 마찬가지다. 미국의 지역색에 따른 언어적 특성을 다소 단정적으로 언급하자면, 북부 사람들은 대체적으로 자유분방한 성향을 가지고 있기 때문에 직설적이고 솔직한 화법을 구사한다. 남부 사람들은 보수적인 성향 때문에 격식을 갖추는 것을 좋아하며, 동시에 자신의 속내를 드러내지 않는 걸 미덕으로 삼는 문화로 인해 매우 간접적인 화법을 쓰는 편이다. 그러나 미국 문화가 전체적으로 직설화법을 무례하다고 여기는 경향이 있기 때문에, 이는 그런 미국 문화 내에서 서로 상대적인 것이라고 봐야 할 것이다. 그런 이유로 남부인들은 북부 '양키'들을 무례하다고 평가하는 반면, 북부인들은 남부 '레드넥'들이 겉과 속이 달라 가식적이라는 표현을 쓰곤 한다. 그럼, 이런 문화적 차이를 바탕으로 하는, 남·북부 사람들의 언어 사용 차이를 보여주는 구체적인 예를 몇 가지만 살펴보자.

일단 남부인들은 보수적인 성향으로 인해서 격식을 차린 영어Formal English를 북부 사람들보다 자주 쓰는 편이다. 이런 남부 사람들의 언어 사용 특성을 가장 잘 보여주는 예가 바로 sir와 ma'am을 일상 대화에서 흔하게 사용한다는 사실이다. 아선생이 사는 도시도 크게 보면 미국 남부에 속하는데, 동네 슈퍼마켓에서 계산할 때 보면 나이에 관계없이 여자 손님들에게 항상 ma'am이라는 단어를 쓰며 깍듯하게 대하는 직원들이 많다. 수업 시간에 내가 한 질문에 대답을 할 때에도 "Yes, ma'am."이라고 꼬박꼬박 ma'am을 붙이는 학생들을 자주 볼 수 있다.

그러나 북부에서는 이 ma'am이라는 단어를 거의 쓰지 않는다. 아선생이 단골로 찾는 북부 뉴저지주 출신의 미용사는 남부에 이사 온 지 그렇게 오래 되었음에도 불구하고 ma'am이라는 단어에는 여전히 적응이 안 된다고 한다. 그 이유로 그녀는 "It makes me feel old Ma'am이라는 말을 들으면 내가 나이 든 것처럼 느껴져서요."라고 말했다. 40대 후반인 그녀는 자기가 그렇게 늙지 않았기 때문에 아직은 ma'am 소리가 듣기 싫다고 하면서, 고향 뉴저지주에 사는 친구는 ma'am이라고 부르는 사람에게 "Don't yes-ma'am me 나한테 예스 맴이라고 하지 마세요!"라고 말한다고 한다.

나의 경우, 수업 시간에 질문이나 대화를 할 때 말끝마다 "Yes, ma'am."이라고 하는 학생들을 보면, 스승으로서 혹은 같은 분야의 선배로서 존중받는다는 생각이 들어서 그 단어가 주는 느낌이 딱히 싫었던 적은 없었다. 하지만 남부 출신 학생 빅토리아가 뉴욕 출신 교수에게 계속 ma'am이라고 했다가, 성적을 잘 받으려는 욕심은 알겠지만 아부는 좀 그만하라는 핀잔을 듣고 속상해했다는 이야기를 들은 적이 있다. 빅토리아가 얼마나 착한 아이인지 잘 아는 아선생은 솔직히 그 교수가 오버했다고 생각한다. 하지만 그래도 북부 출신 여성에게는 되도록 ma'am이라는 단어를 사용하지 않는 편이 더 나을 것 같다는 교훈을 얻게 됐다.

2인칭 복수형 대명사의 사용 또한 남·북부 영어의 이런 특성을 잘 보여준다. 영어에서 2인칭 대명사인 you는 단·복수형으로 모두 사용할 수 있는 단어이다. 하지만 복수형일 때 그 의미를 좀 더 명확하게 하기 위해서 you guys라는 말이 자주 쓰인다. 그러나 you guys나 동북부 지역에서만 들을 수 있다는 youse guys라는 말이 편안한 표현이기는 하지만, 결코 정중한 표현은 아니다. 이건 guy라는 단어가 가진 가볍고 캐주얼한 느낌 때문인 것 같다. 반면, 남부에서 잘 쓰는 y'all you all의 줄임말은 남부 사투리임에도 불구하고 you guys보다는 아주 조금 더 정중한 느낌을 갖는다. 말이 나온 김에 영어의 2인칭 복수형 표현을 정중한 순서대로 정리해 보면 다음과 같다.

가장 정중한 표현 ──────────▶ 가장 편안한 표현
all of you 〉 you all 〉 y'all 〉 you guys/youse guys

남부인들의 보수적이면서 격식을 중시하는 성향은 조동사 사용에서도 찾아볼 수 있다. 요즘은 많은 미국인이 허락을 구하는 표현으로 Can I ~?를 May I ~? 대용으로 쓰긴 하지만, 이때 May I ~?가 좀 더 정중하고 격식을 갖춘 표현임은 영어를 제대로 공부한 사람이라면 누구나 다 아는 사실이다. 그리고 남부의 학교에는 아이들이 어릴 때부터 이 can과 may의 차이를 명확하게 가르치는 교사들이 많다. 예를 들어, 아선생이 아는 이곳의 공립학교 교사들은 수업 시간에 학생이 "Can I go to the bathroom 화장실에 가도 되나요?"이라고 물어보면, "I don't know. Can you 난 모르겠는데. 갈 수 있을까?"라고 대답한다고 한다. 이런 식으로 학생을 당황하게 하는 충격 요법을 써서라도 "May I go to the bathroom 화장실에 가도 되겠어요?"이라는 문장, 즉 학생들에게 제대로 격식을 갖춘 영어를 쓰도록 유도하는 것이다.

마지막으로 발음과 억양의 경우, 대부분의 남부 사람들은 북부 사람들에 비해 느릿느릿하게, 사실 어떻게 들으면 질질 끌면서 발음하는

경향이 강하다. 즉, 모음을 길게 빼면서 천천히 발음한다는 뜻이다. 그래서 미국인들은 남부 사투리를 Southern Drawl이라고 부른다. 단어 drawl은 모음을 길게 끌면서 천천히 말한다는 의미를 가지고 있다. 그래서인지 아선생은 미국의 남부 사투리를 들으면서 한국의 충청도 사투리를 종종 떠올리곤 한다. 비록 국적은 다르지만 두 지역 사람들 모두 느긋하고 여유로운 성향과 문화가 그들의 억양과 발음에도 녹아 있는 듯하다.

지금까지 북부인들의 자유분방한 성향과 남부인들의 여유로우면서도 격식을 중시하는 보수적인 성향을 담아내는 언어적 특성을 몇 가지 살펴봤다. 한국 사람인 우리가 미국 각 지역에 따라 서로 다른 악센트와 발음을 구사하기는 사실 힘들 것이다. 그렇지만 단어 선택이나 문장 구조의 경우, 상대하는 네이티브 스피커에 따라 조금만 신경써서 적절하게 맞춤형 영어를 해 본다는 건 왠지 근사한 일처럼 느껴지지 않는가?

05

미국 북부인들은 못 알아듣는
남부 영어 표현

•

Bless your heart!

아선생은 드라마를 좋아한다. 미치도록 빠져들었던 드라마에 〈베토벤 바이러스〉, 〈학교 2013〉, 〈송곳〉, 〈천리마마트〉, 〈스토브리그〉 등이 있다. 그런데 멜로드라마는 진심 아선생 취향이 아니다. 그래서 한국에서 직장 생활할 때, 불치병에 걸린 송혜교에게 원빈이 "얼마면 되니? 얼마면 돼?"라고 하는 장면을 보며 가슴이 시렸다던 동료들에게 아선생은 도무지 공감할 수가 없었다. 그런 아선생이 〈사랑의 불시착〉이라는 드라마를 악착같이 챙겨 본 이유는 절대로 이 드라마의 장르나 서사 방식 때문이 아니었다. 주인공과 그의 주변 인물들이 하는 북한말이 너무도 흥미로웠기 때문이다. 그런 사람이 아선생뿐만은 아니었던지, 이 드라마 관련 기사 댓글을 보면 늘 어느 배우의 북한말이 더 오리지널에 가까운지, 또는 어느 배우의 북한 말투가 어설픈지를 놓고 설전을 벌이는 이들이 있었다. 극 중 배우들의 자연스러운 북한 말 구사는 분명 이 드라마가 성공을 거두는 데 커다란 역할을 했을 것이다.

아니나 다를까, 유튜브를 통해 탈북자들이 하는 이야기를 들어보면, 이 드라마에서 대부분의 배우들이 북한말을 완벽하게 소화해 냈다고 한다. 그런데 그들의 이야기를 통해, 아선생은 현대의 북한 젊은이들은 "에미나이"라는 말을 거의 안 쓴다는 사실 또한 알게 되었다. 이 드라마를 제작할 때 실제 탈북자들의 고증을 거쳤으며, 보조작가 또한 북한 출신이었다는 사실을 감안할 때, 작가가 이를 몰랐을 리 없다. 그럼에도 불구하고 "에미나이"라는 말을 극 중 표치수의 대사 속에 자주 집어넣은 것은, 어느 탈북자의 지적처럼 이 단어가 남한 사람들에게 북한말을 대표하는 어떤 트레이드마크와도 같은 역할을 하기 때문일 것이다. 이런 단어에는 남한을 뜻하는 "남조선"도 있다. 그래서 우리는 "남조선 에미나이"라는 말을 듣는 순간, 억양에 관계없이 자동적으로 그것이 북한말이라는 사실을 인지하게 된다. 이렇게 각 지방의 방언에는 그들만이 색다르게 쓰는 어휘가 있다. 예를 들면, 경상도의 "가시나"(여자아이), 전라도의 "거시기"(하려는 말이 얼른 생각나지 않거나 바로 말하기가 거북할 때 쓰는 군소리*), 충청도의 "시방"(지금), 서울의

---

* 네이버 국어사전

"기집애"(여자아이[**]) 등이 있다. 캘리포니아주보다 작은 한반도에서, 그것도 반만 차지하는 대한민국의 실정이 이러니, 넓디넓은 미국 영어에는 이런 현상이 더욱 두드러지게 나타난다. 그러니 미국의 각 지역 방언을 대표하는 어휘나 표현을 몇 가지 살펴보는 것도 미국 영어, 나아가 미국 문화를 좀 더 깊이 이해하는 데 도움이 될 것이다.

미국 영어에는 땅이 넓은 만큼 북부, 남부, 서부, 하와이, 알래스카 등 다양한 방언이 있고, 각 지역마다 문법과 단어 사용이 조금씩 다르다. 그렇지만 전문가들은 미국 영어를 크게 남부 영어와 북부 영어, 이렇게 두 가지 방언으로 나눈다.

Broadly considered, there are only two general dialects in the United States, northern and southern, each with numerous variations. The general northern dialect is spoken in all areas of the country outside the Old South of the Confederacy. Greatly influenced by the language of New England, further dialects of the general northern dialect developed with westward expansion.[***]

넓게 봐서, 미국에는 두 개의 방언이 존재하는데, 북부 영어와 남부 영어이며, 이 둘은 각기 다양하게 변형된 형태를 포함합니다. 일반적인

[**] 이 말은 서울 지역의 사투리로 표준어는 "계집애"다.

[***] Shearer, F. B. (2007) *Culture and Customs of the United States*. Santa Barbara, CA: ABC-CLIO, LLC.

북부 영어는 미국에서 구 남부 연합 바깥의 모든 지역에서 쓰입니다. 뉴잉글랜드 지역 영어의 영향을 많이 받은 북부 영어는 서부로 확장되면서 더 많은 방언들로 발전하게 됩니다.

참고로, 구 남부 연합The Old South of the Confederacy에 속하는 주는 앨라배마, 아칸소, 플로리다, 조지아, 루이지애나, 미시시피, 사우스캐롤라이나, 텍사스, 버지니아, 테네시, 노스캐롤라이나이다. 그러나 플로리다주의 경우, 북부 플로리다를 제외한 중부와 남부 플로리다는 남부 영어가 아닌 북부 영어를 쓰는 사람이 대부분이다. 추운 북부 날씨가 싫어서 따뜻한 플로리다주로 이사 온 뉴욕 등 북부 출신 사람들이 너무나 많이 살고 있기 때문이다. 실제로 포트 로더데일Fort Lauderdale 등의 플로리다 남부 지방에서 이사 온 아선생의 친구들은 전부 다 부모님들이 뉴욕, 필라델피아, 보스턴 등 북부 지역 출신이다. 좌우지간 요약하면, 결국 미국 영어는 크게 남부 영어와 북부 영어 이렇게 두 가지 방언으로 나뉜다는 것이 영어학자들의 대체적인 견해다.

이런 방언의 차이로 재미있는 에피소드들이 생기는데, 아선생은 이런 에피소드를 만들어 내는 주요 요소가 주로 이디엄에 있다고 본다. 사전에 따르면, 이디엄이란 둘 이상의 단어들이 연결되어 그 단어들이 원래 가지고 있는 제 뜻 이외의 특별한 의미를 지니는 말*이다. 그래

---

* 네이버 국어사전

미국 영어 문화 수업

서 그 지역 사람이 아니면 그 표현이 지닌 특별한 의미를 몰라서 문장을 그냥 문자 그대로 해석하게 되는데, 바로 그때 재미난 일들이 벌어지게 된다. 예를 들어, 북한말에 "일없다"라는 표현이 있는데, 그게 '괜찮다'라는 의미라고 한다. 그렇지만 북한 출신 사람이 사업하는 남한 출신 사람에게 "요즘 일없습니까?"라고 물으면, 상대방은 "네. 일이 없어서 정말 큰일이에요."라고 대답할 것이다. 그 사람은 북한말로 그저 안부를 물었을 것인데, 이 이디엄을 모르는 우리는 이 문장을 문자 그대로 해석해서 '일거리가 없느냐'라는 뜻으로 받아들일 소지가 크기 때문이다. 우리말과 마찬가지로 미국에서도 북부 영어와 남부 영어가 가진 이디엄의 차이 때문에 벌어지는 재밌는 일들이 많다.

아선생의 대학원 지도 교수님 중 한 분으로, 지금은 고인이 되신 젱크스 교수님은 뉴욕주 출신이었다. 언젠가 수업 시간에 그분이 뉴욕주에서 남부로 처음 이사 와서 주유소에서 기름을 넣던 날 이야기를 해 주신 적이 있다. 지금 살아 계신다면 80대였을 그분이 대학을 다니던 시절에는 주유소에서 직원이 손님 차에 기름을 넣어 줬다고 한다. 참고로, 지금 미국은 운전자가 직접 차에 기름을 넣어야 한다. 그런데 기름을 다 넣고 돈을 지불하고 떠나는 교수님과 친구 분에게 주유소 직원이 큰 소리로 이렇게 말했다.

"Y'all (= You all) come back!"

이 말은 직역하면 "모두들 돌아오세요!"다. 그러나 미국 남부에서 이 말은 "우리 가게에 또 오세요!"를 뜻하는, 한마디로 "안녕히 가세요!"를 대신하는 인사말이다. 하지만 뉴욕 출신인 젱크스 교수님은 그 말을 문자 그대로 받아들이고는, 당장 차를 돌려 그 주유소로 다시 들어갔다. 그러고서는 이렇게 말씀하셨다고 한다. "What do you want무슨 일이죠?"

교수님께서 이 이야기를 하셨을 때 남부 출신 학생들은 박장 대소했지만, 교수님과 같은 뉴욕 출신인 어느 미국인 학생과 나만 왜 웃는지를 몰라 서로 멀뚱하게 쳐다본 기억이 난다.

이 외에도 미국 남부인들만 사용하는 대표적인 표현으로 Bless someone's heart가 있다. 이때 someone's 자리에 아무 소유격이나 다 올 수 있어서 "Bless your heart!", "Bless his heart!", 또는 "Bless their hearts!" 등의 표현이 모두 가능하다. 그런데 이 이디엄의 정의를 한마디로 설명하라고 하면 사실 좀 곤란해진다. 일단 미국의 한 인터넷 사전은 이 말을 이렇게 정의한다.

Bless someone's heart:

Used to express fondness or sympathy for something[*]

뭔가에 대한 자애와 연민을 나타낼 때 쓰이는 표현

---

[*]   https://www.lexico.com/en/definition/bless

사실 이런 정의도 틀린 말은 아니나, 아선생은 이 사전을 만든 사람이 미국 남부 출신이 아니라는 건 확신한다. 왜냐하면, Bless라는 단어가 들어가서 축복을 빌어 주는 것만 같은 느낌의 이 이디엄은, 미국 남부에서 오히려 부정적인 의미로 더 많이 쓰이기 때문이다. 물론 이 사전적 정의처럼 긍정적이고 따뜻한 느낌으로 쓰일 때가 있는 것도 사실이긴 하다. 그러나 남부에서는 이 말이 너무나 다양한 뜻으로 다양한 상황에서 쓰이기 때문에, 이 말을 들을 때는 특히나 문맥을 더 잘 살펴봐야 한다. 그리고 이것은 단어나 이디엄을 문맥과 함께 공부해야하는 또 다른 이유이기도 하다.

아선생이 살고 있는 탈라하시는 남부 영어의 영향권 아래에 있는 북부 플로리다에 속하는데, 플로리다 주립대학에서 함께 일하는 동료와 친구들은 거의 미국 북부와 서부, 또는 플로리다 남부 출신이다. 그런 이유 때문인지, 아선생이 이 표현을 실제로 직접 들은 것은 불과 2년 전이다. 쇼핑을 끝내고 계산대에 물건을 가지고 와서 기다리는데, 평소와는 달리 줄이 아주 길었다. 보니까 계산원은 한 사람뿐인데, 이 사람이 너무나 느릿느릿하고 여유롭게 계산을 하고 있는 것이었다. 미국인들의 그런 지나치게 여유 있는 태도에 지나치게 익숙해져 버린 아선생은, 미국식 가짜 미소fake smile를 지으며 그저 느긋하게 기다리고 있었다. 그런데 늑장을 부리는 계산원의 태도에 짜증이 난 사람은 오히려 어느 남부 출신 백인 할머니였다.

"Only 1 cashier? Bless our hearts!"

심각하게 불평하던 그 할머니께는 대단히 죄송했지만, 그 상황에서 "Bless our hearts!"라는 표현이 너무너무 웃겨서 아선생은 쿡쿡 새어 나오는 웃음을 참을 수가 없었다. 아선생 바로 뒤에 서 있던 다른 미국인도 그 할머니 말씀에 겨우 웃음을 참으며 내게 윙크하는 것을 보니, 아마도 남부가 아니라 북부 출신 미국인인 눈치였다. 어쨌든 그 할머니께서 "Bless our hearts!"라고 크게 외치자마자, 그 계산원은 재빨리 계산대로 직원을 한 명 더 보내달라는 방송을 했다. 물론 그때 부터는 그렇게 느리던 손이 갑자기 빠르게 움직이기 시작했다. 그러니 이 상황에서 앞의 문장은 "손님이 이렇게 많은데 계산원이 한 명밖에 없습니까? 지금 우리 인내심을 시험하는 겁니까!" 정도로 해석할 수 있을 것이다.

"Bless someone's heart!"라는 표현이 얼마나 다양한 상황에서 다양한 의미로 쓰이는 말인지는 유튜브에서 〈What "Bless Your Heart" Really Means〉라는 동영상을 보면 알 수 있다. 길 가다가 부주의로 문에 부딪힌 남자를 옆에서 지켜보고 있던 할머니가 "Bless his heart!"라고 말한다. 동시에 뜨는 자막은 "What an idiot저런 멍간이 녀석!" 일단 결혼만 하고 나면 남자 친구가 달라질 거라고 친구에게 전화로 말하는 젊은 여자를 보고 있던 그 할머니는 또 말한다. "Bless her heart!" 동시에 뜨는 자막은 "Poor naïve child아무것도 모르는 순진한 것!" 길에서 처음 본 지나가는 여자를 꼬시려는 바람둥이 남자를 보더니, 그 할머니는 또 말한다. "Bless his heart!" 자막은 "I hate that guy저 자식 대체 왜 저래!" 핸드폰으로 우스꽝스러운 사진을 만들어 보며 어린 아이처럼 장난치는 할머니들을 보던 어느 여자가 말한다. "Bless their hearts!" 자막은 "They're so cute 할머니들이 정말 귀여우시네!"*

이 비디오에서 볼 수 있듯이 Bless someone's heart는 이토록 다양한 용례로 쓰일 수 있는 표현이다. 그러니 남부 사람이 아니면 도대체 이게 어떤 의미로 쓰이는 이디엄인지 헷갈릴 만도 하다. 실제로 남부 출신 할머니를 둔 어느 북부 출신 미국인이 이 비디오 아래에 다음과 같이 댓글을 남겼다.

> "My grandma used to bless your heart all the time. Now, I'm wondering what she meant, probably something different every single time."
>
> 우리 할머니는 "Bless your heart!"라는 말씀을 늘 하셨거든. 그런데 이제 보니 할머니께서 그걸 무슨 뜻으로 하신 말씀인지 궁금하네. 아마도 매번 다른 뜻으로 말씀하신 것 같긴 한데.

* https://www.youtube.com/watch?v=w4nRIw_ATJA

그런데 이 표현과 관련해 남부 출신 미국인들이 인터넷에 남긴 글들을 보니, 남부인들은 이를 부정적인 의미로 쓰는 경우가 훨씬 더 많은 듯하다.

> "Bless your heart is a southern belle's way of politely insulting you."
> "Bless your heart!"는 남부 여인들이 무례하지 않게 당신을 모욕하는 말이랍니다.

> "In many cases, it's a polite way of telling someone that they're an idiot (my preferred usage)."
> 많은 경우, 이 말은 누군가에게 멍청이라는 말을 예의 바르게 하는 방식이지요. (저는 주로 그렇게 씁니다.)

그럼에도 불구하고 이 말이 언제나 부정적인 의미로만 쓰인다고 생각했다가는 큰 오산이다. 현재 앨라배마주에 살고 있다는 미국 북서부 워싱턴주 출신의 해나 놀링Hannah Norling의 말을 들어보자.

> …I told my co-worker the long-winded story about why I missed her going away party. She put a hand to her chest and said, "Oh, bless your heart!" Confusion overtook my brain. She was saying it

so nicely, but everything I had ever heard about "bless your heart"
was negative.

I asked my Southern co-worker if she had just insulted me. She
laughed and explained that depending on the person, "bless your
heart" is also used to express sympathy or genuine concern. Mind.
Blown. My coworker was now the National Treasurer of Southern
sayings. I was like … the Indiana Jones of deciphering Southern
slang…

나는 동료에게 내가 왜 그녀의 환송회에 참석하지 못했는지 길게 설
명했다. 그러자 그녀는 자기 가슴에 한 손을 얹더니, "Oh, bless your
heart!"라고 말했다. 내 머릿속은 혼란으로 가득 찼다. 그녀는 너무나
상냥하게 그 말을 했지만, 그때까지 내가 "bless your heart"에 대해서
들었던 모든 말은 부정적인 것이었기 때문이다.

나는 남부 출신 동료에게 그녀가 나를 모욕한 것인지 물어봤다. 그러
자 내 동료는 막 웃더니, 그건 사람에 따라 다르다면서, "bless your
heart"는 연민이나 진심 어린 걱정을 표현하는 말이기도 하다고 설명
해 줬다. 이.럴.수.가! 내 동료는 남부 말 지킴이 최고 자리에 있는 사
람이었다. 그리고 나는 마치 남부 슬랭을 판독하는 인디애나 존스 같
았다.

• 잡지 〈Southern Living〉의 칼럼 "The Northern Southerner: Bless My Heart?" 중에서
  발췌

워싱턴주 출신 미국인 해나 놀링의 고백과도 같은 이 글을 읽으면서, 언어 공부의 그 끝은 어디일까라는 생각이 들었다. 그리고 이에 대해 아선생이 내린 결론은 "끝이 없다!"이다. 특히, 그것이 외국어라면 더 더욱 그렇다! 그렇지만 끝이 없다는 것이 우리를 지치게 한다는 의미는 아니다. 새로운 표현 하나하나를 알아가는 과정을 즐길 수 있게 되면, 자신이 서 있는 자리가 어디인지 관계없이 재미를 느끼면서 공부할 수 있다. 그리고 몰랐던 것을 새로이 배우는 즐거움에 흠뻑 젖은 상태에서는, 끝이 보이지 않는 상황 때문에 우울해질 감정의 틈이 생기지 않는다. 무엇보다 중요한 것은, 어차피 인생은 과정으로 이루어져 있다는 사실이다. 과정이 즐거운 사람들은 목표를 언제 이루느냐와는 상관없이 오래 지속되는 행복감을 느끼면서 살아갈 수 있다. 그러니 영어 공부도 이런 표현 하나하나를 알아가는 재미를 느끼면서 최대한 그 과정을 즐기면서 해 보면 어떨까? 그러다 보면, 아무리 기나긴 여정이라 할지라도 지칠 일은 없을 테니 말이다.

06

미국 영어의 일상회화 속
구어체 스타일Colloquial Style

•

네이티브라고 문법대로만 말하지 않는다

아선생의 책을 읽은 어느 독자 분이 출판사를 통해 다음과 같이 질문을 보내온 적이 있다.

000페이지에 있는 "Don't yes-ma'am me."라는 문장이 있는데, 얼핏 이 문장이 이해가 안 가서요. 제 생각엔 "Don't say yes ma'am to me." 또는 "Don't yes-ma'am to me." 아니면, 적어도 "Don't yes-ma'am at me."가 되어야 할 것 같아서요.

이 독자뿐만 아니라 플로리다 주립대에 다니는 어느 유학생에게도 이와 비슷한 질문을 받은 적이 있기에 한번 다뤄야겠다는 생각은 들었다. 이 문장 Don't yes-ma'am me나한테 yes-ma'am이라고 좀 하지 말아요.는 그 자체가 규범문법Prescriptive Grammar의 관점에서 보면 문법적으로 정확한 문장이라고 보기 어렵기 때문에 이를 문법적으로 분석해서 따지는 경우가 미국에서는 거의 없다. 하지만 이번 기회에 한번 제대로 파헤쳐 보도록 하자.

Don't yes-ma'am me.는 "Yes, ma'am."이라는 표현을 타동사화해서 쓴 문장이다. 그러니까 뒤에 목적어가 바로 온다는 말이다. 이렇게 미국인들은 이런 문맥에서 yes-ma'am을 동사로 활용할 때 언제나 타동사처럼 사용하기 때문에 이를 자동사화해서 전치사를 함께 쓴 "Don't yes-ma'am to me."와 "Don't yes-ma'am at me."는 모두 굉장히 어색하게 들리는 문장이다. 이런 문맥에서는 미국인들이 yes-ma'am을 자동사로 안 쓰기 때문이다. 여기서 yes-ma'am을 왜 자동사로 쓰면 안 되고 꼭 타동사로만 써야 하냐고 물으신다면, 송구스럽게도 드릴 말씀이 없다. 문법적으로 답이 없는 질문이기 때문이다. 언급했듯이, 이 문장은 애초에 제대로 문법성을 갖추어서 탄생한 문장이 아니라는 것이 그 이유다. 그저 미국 영어의 구어체 일상회화 스타일Colloquial Style이 그렇다라는 대답밖에는 드릴 수가 없다. 그렇다면 도대체 왜 이 문장의 문법성을 따지는 것이 문법적으로 큰 의미가 없는지 여전히 이해가 안 되는 분들을 위해서 아선생이 우리말에서 비슷한 사례를 찾아드리겠다.

전 세계를 공포로 몰아넣은 코로나바이러스. 중국 우한에서 시작하여 세계 보건 기구who에서 팬데믹을 선포하여 너 나 할 것 없이 모두가 패닉 상태에 빠져 있던 그때, 코로나 사태로 전 세계적으로 피해가 걷잡을 수 없이 커지자, 중국 외교부는 미군이 중국 우한에 코로나를 전염시킨 것 같다며 코로나 발원지가 중국이 아닐 수도 있다는 발표를 했다. 한국의 포털 사이트에서 이 기사 관련 댓글을 보니 많은 한국인들이 중국 정부의 이런 발표를 비상식적인 행태로 보고 비난했다. 다음은 그 기사 아래에 달린 네티즌들의 댓글이다.

"중국이 또 중국하네!"
"뭘 그리 놀라나요? 중국이 중국하는 건데…˙"

자, 여기서 한국어를 공부하는 어느 외국인이 이 댓글을 보고 이런 질문을 했다고 가정해 보자.

"이 문장에서 동사로 쓰인 "중국하다"는 자동사입니까, 타동사입니까? 이 문맥에서는 자동사로 쓰였는데, 타동사로는 쓸 수 없는 건가요? 예를 들어, 여기서는 중국 정부가 미국을 공격하는 내용이니, "중국이 미국을 중국하네."라고 타동사화해서 쓰면 안 될까요? 만약 안 된다면, 왜 "중국하다"는 타동사로 쓸 수가 없는 겁니까?"

*   여기서 "중국"은 정확히 "중국 정부"를 말하며, 모든 중국 사람들을 뜻하는 것이 아님을 밝힌다.

이거 참, "대략난감!"이라는 인터넷 채팅 용어가 떠오르는 질문이다. 한국 사람 입장에서 이 문법 질문에 답하기가 난감한 이유는, 일단 우리말 사전에 '중국하다'라는 동사 자체가 존재하지 않기 때문이다. 이는 사전에 존재하는 표준어가 아니라, '중국'이라는 명사에 동사를 만드는 접미사 '-하다'를 붙여서 어느 한국인 네티즌이 장난삼아 만든 단어다. 그게 유행어처럼 퍼지면서 이제 많은 사람들이 사용하긴 하지만, 그래도 이는 비표준어다. 다시 말해, 현재 아무리 많은 네티즌들이 인터넷에서 재미삼아 이 단어를 쓰고 있다 하더라도, 애초에 사전에 존재하지 않는 이 단어를 문법적으로 올바르다고 볼 수는 없다. 그러니 격식을 갖춰야 하는 자리에서나 공식적인 문서를 작성할 때 이 단어를 사용하는 한국인은 당연히 없다. 이를테면, 텔레비전 뉴스 앵커가 "오늘 중국이 중국했다고 합니다!"라고 말하는 일은 없다는 말이다. 이런 상황에서 "중국하다"가 자동사인지 타동사인지를 문법적으로 따져 보는 것이 무슨 의미가 있을까?

아선생이 하고 싶은 말은, "Don't yes-ma'am me."에서 yes-ma'am이 왜 자동사로 쓰이지 않고 타동사로 쓰이는지를 묻는 것은, "중국하다"라는 동사가 왜 타동사로 쓰이면 안 되는지를 따져 묻는 것과 비슷한 질문이라는 것이다. 이렇게 한국어든 영어든, 그 나라 언어의 구어체 일상회화 스타일을 공부할 때는 문장의 문법성을 따지는 접근으로는 힘들 때가 많다. 예를 들어, 독자의 질문에 있는 문장, "Don't say yes-ma'am to me."를 보자. 이 문장이 사실 문법적으로는 "Don't yes-ma'am me."보다도 훨씬 더 좋은 문장이긴 하지만, 미국인들에게는 매우 어색하다 못해 이상하게까지 들린다. 그 이유는 이 문장이 문법적으로 틀려서가 아니라 미국인들의 구어체 일상회화 스타일이 아니기 때문이다. 말하자면, 이는 아메리칸 스타일이 아니라 강남 스타일의 영어다.

그렇다면 구어체 일상회화 스타일은 대체 어떻게 접근해야 할까? 문장이나 표현의 문법성을 따지기보다 그런 표현들이 어떻게 쓰이는지 그 흐름을 잘 관찰해서 패턴을 파악하는 것이 훨씬 더 현명한 접근 방식이다. 예를 들어, "중국하다"라는 말을 통해, 우리는 한국인들이 명사에 '-하다'를 붙여 다양한 표현을 만들어 낸다는 사실을 알 수 있다. 그러니 똑같은 패턴으로 만든 "일본하다" 또는 "미국하다" 같은 단어들도 비표준어지만 어떤 의미인지 쉽게 파악할 수 있다. 한국어의 이 같은 패턴은 고유명사에도 적용돼서, 어떤 경우 사람 이름에 '-하다'를 붙이기도 한다. "트럼프가 트럼프하는 거지, 뭐!" 이런 식으로 말이다.

그럼 이제 우리가 공부하는 미국 영어 속 구어체 스타일의 패턴을 살펴보자. "Don't yes-ma'am me."에서는 "Yes, ma'am"이라는 표현 자체가 하나의 동사로 쓰였다. 이런 식으로 문법을 사용하는 비슷한 용례로 "Don't but-mom me 나한테 "하지만, 엄마"라고 하지 마!"도 있다. 엄마가 말할 때마다 "But mom, 하지만 엄마, 그건 ~ "이라고 토를 다는 아이들에게 미국 엄마들이 하는 말이다. 또 다른 예로 이런 문장도 있다.

"Ching chong-ing, this virus is gonna get Americans killed, jack-asses!"

미국에 코로나바이러스가 퍼지기 시작하면서 아시아인을 향한 인종 차별이 심해지자, 한국계 미국인 영화배우 존 조John Cho가 그의 트위터에 남긴 말이다. Ching chong은 미국인들이 아시아인들을 조롱할 때 쓰는 말이다. 일례로, 어느 아시아계 미국인은 자신의 칼럼에서 뉴욕의 한 슈퍼마켓 직원에게 "Are you Ching chong당신은 칭총입니까?"이라는 말을 들었다고 고백하기도 했다. 이런 이유 때문에 존 조가 이 Ching chong을 그대로 동사화해서 -ing를 붙인 현재분사형으로 만들어 이 문장을 썼다고 본다. 해석하자면, "당신들이 칭총거리면서 아시아인들을 조롱하고 있을 동안, 이 바이러스는 미국인들을 죽게 할 거다. 이 멍청이 **들아!" 이 트윗을 읽는 순간, 아선생은 존 조의 팬이 되었다!

각설하고, 여기서 우리는 어떤 일정한 패턴을 볼 수 있다. 미국 구어체 영어는 한국어가 명사를 동사화할 때 '-하다'라는 접미사를 붙이는 것과는 다른 양상을 보인다는 점이다. 그것은 미국 영어에서는 어떤 하나의 표현 자체가 아무런 형태 변화 없이 그대~로 동사화되어 쓰인다는 사실이다. 이런 패턴은 고유명사에도 똑같이 적용된다. 일례로 구글Google 검색 엔진 회사 이름을 보자. 한국어에서는 "구글해봐."처럼 이를 동사로 만들기 위해서 "구글" 뒤에 '-하다'라는 접미사가 붙는다. 반면, 영어에서는 그냥 "Google it!"이라고 해 버린다. 즉, 아무런 어형 변화 없이 그 단어가 명사로도 쓰였다가 동사로도 쓰인다는 말이다. 이는 영어 단어의 대부분이 하나의 품사로만 기능하는 것이 아니라, 여러 품사로 기능한다는 언어적 특성 때문이다. 이와 관련된 몇 가지 예를 살펴보자.

Lecture:

That was a really wonderful lecture! (명사: 강의)

정말 훌륭한 강의였습니다.

Don't lecture me! (동사: 강의하다, 가르치다)

나한테 가르치려 들지 마!

Milk:

Skim milk has fewer calories than whole milk. (명사: 우유)

탈지 우유는 일반 우유보다 칼로리가 적습니다.

I've never milked the cow. (동사: 우유를 짜다)

저는 젖소의 젖을 짜 본 적이 한 번도 없습니다.

Sandwich:

My mom makes the best club sandwich. (명사: 샌드위치)

우리 엄마가 가장 맛있는 클럽 샌드위치를 만드신다니까.

I have a 30-minute lunch meeting sandwiched between the two meetings. (동사: 둘 사이에 끼워 넣다)

두 회의 사이에 30분짜리 점심 회의(점심 먹으면서 하는 회의)가 끼어 있어.

Mistake:

Dating my boss was the biggest mistake I've ever made! (명사: 실수)

직장 상사와 데이트한 건 내가 저지른 가장 큰 실수였어!

Sorry! I mistook you for my teacher. (동사: ~를 다른 사람으로 착각하다)

죄송합니다. 저희 선생님이신 줄 알았어요.

Spread:

The best way to prevent the spread of the novel coronavirus is to stay home and keep your distance from others. (명사: 확산)

신종 코로나바이러스의 확산을 막는 가장 좋은 방법은 집에 머물면서 다른 사람들과 거리를 유지하는 것입니다.

Could you please explain why the novel coronavirus is spreading so fast? (동사: 확산되다, 퍼지다)

신종 코로나바이러스가 왜 이렇게 빨리 퍼지는지 설명해 주시겠어요?

Show off:

It looks like he's showing off because he wants Jenny's attention. (자
동사: 으스대다)

저 남자가 제니의 관심을 끌려고 으스대는 것처럼 보여.

She wants to show off her dancing skills whenever she has a

chance. (타동사: ~을 자랑하다)

그녀는 기회가 있을 때마다 자신의 춤 실력을 뽐내고 싶어 해.

He's such a show-off! (명사: 잘난 척하는 사람)

걔는 정말 잘난 척 대마왕이라니까!

Frequent:

We need to discuss how to reward our frequent customers. (형용사:
잦은/빈번한)

우리는 자주 오시는 고객 분들께 보답할 방법을 상의해야 해요.

I saw that guy at the bar I frequent. (동사: ~에 자주 가다)

저 남자를 내가 자주 가는 바에서 봤어.

Slow:

I was a slow learner when I was in elementary school. (형용사: 느린)

저는 초등학교 때 학습이 느린 학생이었습니다.

Could you drive slower please? (부사: 천천히)

제발 좀 더 천천히 운전해 주실래요?

You need to slow down here. (동사: 속도를 줄이다)

여기서는 속도를 줄이셔야 합니다.

Better:

This is a better book. (형용사: 더 좋은)

이게 더 좋은 책입니다.

I know I'm doing an okay job now, but I want to do it better. (부사: 더 잘)

내가 지금 괜찮게 하고 있다는 건 알지만, 난 더 잘하고 싶어.

I'd like to better my cooking skills. (동사: 더 잘하다, 더 좋게 만들다)

난 내 요리 실력을 향상시키고 싶어.

보다시피 이렇게 영어라는 언어는 똑같은 단어가 명사도 되었다가 동사도 되었다가 형용사도 되었다가 심지어 부사까지 되는 경우도 있다. 아무런 어형 변화 없이 말이다! 영어가 가진 바로 이런 특성 때문에 야후나 구글 등의 고유명사가 동사화되어 "Do you Yahoo 야후하세요?" 또는 "Why don't you Google it 구글에서 찾아보지 그래요?" 등의 문장이 탄생하는 것이다. 이렇게 미국 영어는 정말 미국인들만큼이나 자유분방하다. 그렇기 때문에 교과서에서 배운 문법에 얽매여 미국인들이 사용하는 구어체 스타일의 영어를 공부하는 것은 효과적인 접근 방식이 아니다. 그러니 이제는 영어의 이런 자유분방한 언어적 특성을 이해하면서 좀 더 유연하게 접근하도록 하자.

07

뼛속까지 자본주의적인
미국 영어 브랜드명의 보통명사화

•

He broke up with me on a post-it!

아선생에게는 해마다 추수감사절 저녁 식사Thanksgiving dinner에 우리 가족을 초대해 주는 미국인 친구들이 있다. 그분들이 재작년 추수감사절에도 어김없이 우리 가족 모두를 초대해 줘서 갔는데, 그해 칠면조 고기와 함께 먹은 그레이비소스가 특히 더 맛있었다. 미국 소스 특유의 느끼함을 잡아 주는 뭔가 깊은 맛이 있었는데, 그땐 그게 뭔지 몰랐지만 굉장히 맛있었던 기억이 난다. 그래서 친구 어머니인 린다 아주머니께 미국식 호들갑을 떨면서 정말 놀랍도록 맛있다고 말씀드렸더니, 그분께서 그날의 그레이비소스 맛이 조금 다른 이유를 이렇게 설명하셨다.

"I used Kikkoman this year."

올해는 키코만을 썼거든.

나는 린다 아주머니가 그분 특유의 억양과 발음으로 말씀하신 Kik-
koman이 당연히 어떤 향신료의 일종일 거라고 생각해서 좀 보여달라
고 부탁드렸다. 그런데 그분이 보여주신 건 다름 아닌 키코만 브랜드의
일본 간장이었다. 세상에, 그걸 못 알아들었다니! 나 자신에게 어이가
없어서 헛웃음이 났지만, 동시에 간장을 soy sauce라고 하는 대신 일
본 간장 브랜드 이름으로 표현한 것이 흥미로우면서도 조금은 섭섭했
다. 만약 우리가 일본보다 먼저 미국에 간장을 수출했더라면 그분께서 "I
used Sampyo this year올해는 샘표를 썼거든."이라고 했을 테니 말이다.
이렇게 미국인들은 일상회화에서 물건 이름 대신 그 물건을 만드는
대표적인 회사 브랜드 이름을 사용하는 경우가 굉장히 흔하다. 물론
이런 문맥에서 브랜드 이름은 고유명사라기보다는 그 물건 자체를 나
타내는 보통명사처럼 기능할 때가 더 많다. 이를테면, 〈섹스 앤 더 시
티〉에서 주인공 캐리가 말한 다음 문장을 보자.

"He broke up with me on a post-it!"

그 사람이 포스트잇에다 헤어지자는 말을 남기고는 날 떠났어요!

헤어지자는 말을 포스트잇에다 남기고 떠나 버린 찌질한 남자 친구

에 대해 캐리가 말하는 장면이다. 이때 보통명사처럼 관사 a와 함께 쓰인 post-it은 원래 고유명사인 어떤 제품의 브랜드 이름이다. 사실, 쉽게 붙였다 떼었다 할 수 있는 이런 종류의 메모지를 영어로 sticky note라고 한다. 즉, sticky note가 이런 메모지를 통칭하는 보통명사 이며, post-it은 sticky note의 브랜드 이름으로 고유명사라는 말이다. 실제로 극 중 캐리의 남자 친구가 이별할 때 사용한 메모지가 3M 사에서 만든 Post-it 브랜드인지, 오피스디포Office Depot 사에서 만든 것 인지 캐리가 확인했을 리는 없다. 그러나 이 문맥에서 이 메모지가 어느 회사 제품인지는 전혀 중요하지가 않다. 왜냐하면 이때 post-it은 브랜드 이름이 아니라 그런 메모지 자체를 말하기 때문이다. 이렇게 미국 영어에서는 브랜드명이 보통명사처럼 쓰이는 경우가 굉장히 많은데, 비슷한 사례를 몇 가지 더 살펴보자.

이런 사례 중 가장 많이 들을 수 있는 단어가 Xerox제록스다. 다들 알다시피 Xerox는 복사기와 프린터를 만드는 회사의 상호명으로, 원래는 고유명사다. 그런데 이 단어는 현재 미국에서 '복사기', 또는 '복사본'이라는 뜻의 보통명사로 쓰일 때가 더 많고, '복사본'의 의미로 가장 흔하게 쓰인다. 이때는 다음과 같이 '셀 수 있는 보통명사'로 쓰이므로 관사 사용에 주의하자.

Do you need a xerox of this handout?
이 인쇄물의 복사본이 필요합니까?

더 명확히 하기 위해 다음과 같이 xerox copy라고도 쓴다.

I made a xerox copy of this document.
이 문서의 복사본도 만들었습니다.

대부분의 영어 단어가 그렇듯이, 이 단어는 '복사하다'라는 뜻의 동사로도 쓰인다. 과거형과 과거분사형은 규칙 변화로 -ed만 붙인 xeroxed가 된다. 왜 하나의 단어가 이렇게 명사, 동사, 심지어 형용사 역할까지 할 수 있는지에 관해서는 앞서 「미국 영어의 일상회화 속 구어체 스타일」 편에서 다뤘으니 참고하시기 바란다.

Why don't you just xerox the handout and distribute it to your students?
그냥 그 인쇄물을 복사해서 학생들에게 나눠 주는 게 어때요?
I'm gonna have to have this xeroxed and give one copy to my boss.
이 문서를 복사해서 저희 사장님께도 한 부 드려야겠습니다.

흥미로운 사실은, 이 동사에 '-하는 사람'이라는 뜻의 접미사 'er'이 붙어서 xeroxer가 되면 '복사해 주는 사람'이라는 뜻이 된다. 그런데 이 단어가 드물기는 하지만, 다른 사람의 아이디어나 스타일 등을 따라 하는 '따라쟁이copycat'라는 의미로도 쓰인다고 한다. 하, 아선생은 이럴 때 언어 공부의 참맛을 느낀다!

다음은 Band-Aid! 일회용 반창고 브랜드 이름이다. 이 단어 역시 명사로는 '일회용 반창고', 동사로는 '반창고를 붙이다'라는 의미로 쓰인다. 비슷한 예로, 현재 40대인 아선생이 어릴 적에는 이런 종류의 반창고를 통틀어 "대일밴드"라고 불렀다. 그래서 넘어져서 무릎이 까지면 "엄마, 대일밴드 붙여 주세요!"라고 말했던 기억이 난다. 시간이 지나면서 대일밴드를 만드는 대일화학공업 외에도 많은 제약 회사들이 이런 종류의 반창고를 만들기 시작했다. 하지만 우리 가족을 비롯한 대부분의 사람들이 그 모든 일회용 반창고를 브랜드에 관계없이 그저 "대일밴드"라고만 불렀는데, 이 또한 브랜드명이 보통명사화된 사례다. 아까 설명했듯이 Band-Aid는 보통명사처럼 쓰이며, 드물게는 동사로도 쓰인다.

It's a minor injury. Just put on a band-aid.
가벼운 상처네. 그냥 일회용 반창고 하나만 붙여.

xeroxer가 때로 '남의 아이디어나 스타일 등을 따라 하는 사람'이라는 의미로 쓰일 때가 있는 것처럼, Band-Aid 역시 '임시방편(미봉책)'의 의미로도 쓰인다. 왜 그런지는 일회용 반창고의 특성을 떠올려 보면 쉽게 이해된다. 이런 문맥 속에서 Band-Aid는 부정적인 뉘앙스를 듬뿍 담고 있는 단어로 봐야 한다. 이거 참 재미나지 아니한가?

I'm sorry, but it sounds like a band-aid solution to this problem.

죄송하지만, 그건 이 문제 해결의 임시방편책으로밖에 들리지 않습니다.

그저 브랜드 이름으로 시작한 고유명사들이 보통명사나 동사, 심지어 형용사로 쓰이다가, 종국에는 이런 재미난 표현으로까지 변형되다니! 아선생은 이런 현상이 언어를 사용하는 인간 개개인의 창의성이 더해진 결과가 아닐까 생각한다. 마지막으로 미국인들이 일상생활에서 굉장히 자주 사용하는 보통명사화된 브랜드 이름을 몇 가지 더 정리해 보면 다음과 같다.

Scotch tape

우리에게도 잘 알려진 접착용 테이프 브랜드명이다. 이런 종류의 테이프를 통틀어 말하는 보통명사는 cellophane tape 또는 adhesive tape 이지만, 아선생은 이 두 단어를 쓰는 미국 사람을 본 적이 없다. 미국에서는 이 단어들보다 Scotch tape가 오히려 보통명사처럼 쓰이기 때문이다. 꼭 Scotch tape 브랜드 제품이 아니더라도 말이다!

Why don't you use scotch tape instead of the glue?

풀 말고 스카치테이프를 쓰지 그래요?

Popsicle

막대기에 얼린 아이스바의 브랜드 이름으로, 보통명사인 ice candy보다 압도적으로 많이 쓰이는 단어다. 우리나라에서 이런 종류의 아이스바나 아이스크림바를 통틀어 "하드"라고 부르는 것처럼, 미국에서는 popsicle이라고 부른다.

Are popsicle sticks recyclable?
하드 막대도 재활용이 되나요?

Jacuzzi

거품이 나오는 넓은 욕조hot tub의 브랜드 이름인데, 많은 미국인들이 이 jacuzzi를 '거품이 나오는 넓은 욕조'를 뜻하는 보통명사처럼 사용한다.

My grandma has two jacuzzis in her house.
우리 할머니 댁에는 거품 나오는 넓은 욕조가 두 개 있어.

Kleenex

우리나라에도 널리 알려진 화장지 브랜드로, 보통명사인 tissue만큼이나 흔하게 보통명사처럼 쓰인다.

Could you please pass me the kleenex?

거기 화장지 좀 주실래요?

Tupperware

지금은 '음식을 담는 플라스틱 용기'라는 뜻의 보통명사로 쓰이는데,
원래는 그런 제품의 브랜드 이름이었다.

You can keep the tupperware. I've got so many of them.

그 플라스틱 용기는 너 가져도 돼. 난 너무 많거든.

Ping Pong

원래는 어느 회사가 만든 탁구 테이블의 브랜드 이름이었는데, 지금은
'탁구'라는 뜻으로 쓰인다. 원래 탁구를 뜻하는 단어인 table tennis보
다 오히려 더 많이 쓰인다.

My favorite hobby is playing ping pong.

내가 좋아하는 취미는 탁구 치는 거야.

Roomba

iRobot사에서 나온 납작하면서 동그랗게 생긴 로봇 청소기 브랜드 이
름이다. 현재는 Deebot, Shark 등 미국의 다른 회사에서도 이런 로봇

청소기가 많이 나온다. 심지어 우리나라의 LG와 삼성도 이 제품을 만들어 낸다. 그럼에도 불구하고, 많은 미국인들이 여전히 이런 종류의 로봇 청소기를 말할 때 Roomba라는 단어를 쓴다.

Our living room is huge, and it's so hard to clean the floor even once a week! We really need a roomba.
우리 집 거실은 엄청 넓어서 일주일에 한 번 바닥 청소하는 것도 너무 힘들어! 우린 정말 로봇 청소기가 있어야 해.

지금까지 미국 영어에서 브랜드 이름이 보통명사처럼 쓰이는 사례들을 짚어 보았다. 물론 이 회사들이 스코틀랜드 스타일의 테이프Scotch tape까지 포함해서 거의 미국 회사이기 때문에 영국 영어에서도 이렇게 쓰이는지는 하나하나 확인해 봐야 할 것이다. 그런데 아선생이 이런 사례들을 정리하면서 놀란 것은, 미국 영어에서 생각보다 많은 보통명사가 실제로는 브랜드 이름에서 출발했다는 점이다. 탁구를 뜻하는 영어 단어 ping pong이 탁구 테이블의 브랜드 이름에서 출발했다는 사실을 그 누가 알았겠는가! 미국 사회가 뼛속까지 자본주의적이라는 것을 그들의 언어 사용에서도 확인할 수 있는 대목이다. 역시 언어는 그 나라 사람들의 정신과 문화를 담아낸다는 사실을 다시금 깨닫게 된다.

08

발화 목적에 따라 달라지는
언어 사용 패턴

·

Now open과 Open now는 다르다!

아선생은 화용론Pragmatics을 이해하고 잘 활용하면 듣기 이해 능력과 더불어 말하기 실력까지 향상시킬 수 있다고 주장한다. 그런데 화용론이란 단어를 처음 들어본 분도 있을 터라서 먼저 화용론이 무엇을 다루는 학문인지를 보여주는 재미있는 예로 시작해 볼까 한다. 그런 다음 그 주요 이론인 발화 이론Speech Acts을 중심으로 조금 더 깊이 들어가 보도록 하겠다. 다음 문장이 의미하는 바는 무엇일까?

Joseph saw the man with a magnifying glass.

이 문장은 다음과 같이 두 가지 해석이 가능하다.

1. 조셉은 그 남자를 돋보기로 보았다.

2. 조셉은 돋보기를 들고 있는 남자를 보았다.

너무 쉬운 것 같은가? 이제 좀 더 복잡한 예를 한번 보자. 세계인의 백과사전 인터넷 위키피디아Wikipedia 영문판을 보면 화용론을 다음 예문을 이용해 설명한다.*

You have a green light.

이 문장은 여러 가지 의미로 해석될 수 있는데, 위키피디아는 그 몇 가지 예를 다음과 같이 제시한다.

1. 당신 주변이 녹색 조명이네요.

2. 당신은 녹색 신호를 통과하며 운전 중입니다.

3. (운전 중에)신호등이 녹색불이니 가셔도 됩니다.

4. (운전하는 상황이 아닐 경우) 계획된 일을 계속 진행하시면 됩니다.

5. 당신 몸에서 녹색 불빛이 나오네요.

6. 당신에게 녹색 빛을 내는 전구가 있네요.

* https://en.wikipedia.org/wiki/Pragmatics#Ambiguity

그렇기 때문에 이렇게 다양한 의미로 해석될 수 있는 문장은 문맥을 알고 화자의 의도를 이해해야 비로소 해석이 가능하다. 이런 예를 통해서 우리가 깨닫게 되는 것은 언어, 이 경우에는 문장을 정확히 알아들으려면 단어와 문법뿐만 아니라 문맥에 대한 이해가 수반돼야 한다는 사실이다. 바로 이러한 점에 초점을 맞춰서 언어를 문맥과 함께 다루는 학문이 화용론이다. 화용론을 공부하면 원어민들이 하는 말을 정확하게 알아듣는 데 큰 도움이 되기 때문에 언어 교육학에서는 매우 중요하게 다루는 분야이다. 특히 우리나라처럼 "개떡같이 말해도 찰떡같이 알아들어야" 사회생활을 해 나갈 수 있는 고맥락 문화권의 언어를 공부할 때, 화용론은 더더욱 필수가 아닐까 싶다.

언어 교육학에서 화용론을 다룰 때 가장 중요하게 여기는 개념은 발화 행위 이론이다. 존 설은 그의 저서 『Speech Act Theory & Pragmatics』에서 발화 행위 이론의 기본 명제를 다음과 같이 정리한다.[●●]

"The theory of speech acts starts with the assumption that the minimal unit of human communication is not a sentence or other expression, but rather the performance of certain kind of acts, such as making statements, asking questions, giving orders, describing, explaining, apologizing, thanking, congratulating⋯

●● Searle, J., Kiefer, F. & Bierwisch, M. (2012). *Speech Act Theory & Pragmatics*. Dordrecht, Netherlands: D. Reidel Publishing Company.

중략 ... a speaker performs one or more of these acts by uttering a sentence or sentences."

발화 행위 이론은 인간 의사소통의 최소 단위를 문장이나 표현이 아니라, 어떤 하나의 행위로 가정하는 데서 출발합니다. 이런 행위의 예로는 진술하기, 질문하기, 명령 내리기, 묘사하기, 설명하기, 사과하기, 감사하기, 축하하기 등이 있습니다. …중략… 화자는 이런 행위를 하나 혹은 여러 개의 문장을 말함으로써 행합니다.

한마디로 이 이론에 따르면, 인간이 말을 한다는 것은 어떤 목적을 가진 하나의 행위로 봐야 한다는 것이다. "발화 행위"의 예로는 사과하기, 칭찬하기, 칭찬에 답하기, 인사하기, 감사하기, 초대하기, 거절하기, 협상하기, 다투기, 모욕하기, 불평하기, 정보를 주기, 유혹하기 등이 있다. 그렇기 때문에 화자가 자신이 하려는 행위를 성공적으로 수행하기 위해서는 상황과 문맥을 고려해서 그에 따른 적절한 문법, 단어, 그리고 어법을 선택해야 한다. 아름다운 여성을 유혹하려는 목적의 발화 행위를 하면서 그녀를 모욕하는 어법을 사용하면, 목적 달성은커녕 뺨을 맞게 될 테니 말이다.

바로 이런 이유 때문에 영국 더럼 대학Durham University에서 화용론과 언어 교육학을 가르치는 피터 그런디Peter Grundy 교수는 우리가 말을 할 때는 언어적인 요소 외에 문맥까지 고려해야 한다고 주장한다. 그 이유는 우리가 말을 할 때는 문장 자체가 가지고 있는 글자 그대로의 뜻Literal sentence meanings보다 훨씬 더 많은 것을 전달하기 때문이라고 한다.* 이때 글자 그대로의 뜻에 다른 의미를 더하게 되는 요소에는 말을 하고 있는 시간과 장소, 혹은 억양, 단어 강세, 어순 같은 말을 하는 방식 등이 있다. 이는 청자의 입장에서도 마찬가지로, 이러한 것들을 모두 고려하면서 들어야 화자가 하려는 말의 의도를 정확하게 파악할 수 있다. 우리가 한국어로 말할 때와 마찬가지로, 미국인들 역시 같은 문장이라도 발화 행위의 목적에 따라서 다르게 말하기 때문이다. 예를 돕기 위해 아선생이 한국어 사례를 하나 들어보겠다.

아버지: 방이 완전히 돼지우리네. 너 방 청소 언제 했니?
아들: 알았어요. 청소하면 되잖아요!

문법적으로만 보자면 아버지가 한 말은 진술 하나와 질문 하나로 이루어져 있다. 그러나 이 아버지가 하고자 하는 발화 행위는 질문도 아니고 진술도 아니며, 오히려 청소를 하라는 "명령"에 가깝다고 볼 수 있다. 실제로 많은 사람들이 "청소해!"라고 직접적으로 명령문을 사용하는 대신 이런 간접적인 방식으로 명령한다. 아들의 대답을 보면, 아버지의 발화 행위 목적을 정확하게 이해했다는 걸 알 수 있다. 이때 아버지가 한 말의 마지막 문장이 의문문이라는 이유로 이를 "질문하

* Grundy, P. (2013). *Doing Pragmatics (3rd Edition)*. London and New York: Routledge.

는 행위"로 이해하고 "청소를 정확히 2주일 전에 했습니다."라고 답하는 한국인은 아마 많지 않을 것이다. 이렇게 문맥 속에서 화자가 하려는 발화 행위를 정확하게 이해하는 것은 의사소통에서 매우 중요한 기술이다.

흥미로운 사실은, 발화 행위에 따라 언어 사용이 조금씩 달라지는데, 그렇게 달라지는 언어 사용 속에서 일정한 패턴을 찾아볼 수가 있다는 것이다. 그런디 교수는 자신의 저서 『Doing Pragmatics』 전반에 걸쳐 영어 속 이런 패턴의 예를 다수 제시한다. 그중 아선생의 이목을 끈 것 몇 가지를 골라서 다음과 같이 정리해 봤다.

발화 목적이 "예의를 갖추면서 정중하게 하는 부탁"일 때, 사람들은 이런저런 단어와 표현을 장황하게 붙여 길게 말하는 의문문의 형태를 선호한다.

Could I just borrow a tiny bit of paper?[*]
아주 작은 종이 한 장만 빌릴 수 있을까요?

그런디 교수의 말처럼, 이런 발화 행위에는 언어의 경제성이 적용되지 않는다. 즉, 같은 내용을 전달할 때 불필요한 말은 빼고 되도록 짧

Grundy, P. (2013). *Doing Pragmatics (3rd Edition)*. London and New York: Routledge.

고 간결하게 전달하려는 언어 사용 습성이 이 경우에는 나타나지 않는다는 말이다. 왜냐하면, 이런 경우는 경제나 효율성보다는 예의나 에티켓을 보여주겠다는 목적을 지닌 발화 행위이기 때문이다. 반면, 궁극적으로는 같은 의미이지만, 예의를 차리겠다는 목적은 전혀 없는 발화 행위의 예를 그런디 교수는 다음과 같이 보여준다.

Give me a sheet of paper.[*]

종이 한 장만 줘.

군더더기를 뺀 간결한 이 문장은 앞의 문장보다 훨씬 더 경제적이고 효율적이며, 그런디 교수의 말처럼 "생산적_{productive}"이기까지 하다. 실제로 격식을 갖추기보다 효율성이 극대화되어야 하는 환경에서는 이런 문장이 선호된다. 그러나 우리 인간은 빵만으로는 살 수 없다. 살다 보면 경제나 효율성보다 격식과 예의를 갖춰야 하는 상황에 놓일 때도 많다. 그럴 때는 발화 목적에 맞는 정확한 발화 행위를 해야 사회생활을 문제없이 영위해 갈 수가 있다. 자신의 발화 목적에 어긋나는 발화 행위로 인해 곤란에 처하게 된 사례를 아선생은 바로 얼마 전에도 목격했다. 플로리다 주립대 영어 교육센터_{CIES}의 어느 학생이 센터장인 케널 박사에게 자신의 학업 계획서를 봐 달라고 부탁하면서 다음과 같이 말했다.

"I wrote my statement of purpose to apply to FSU, and I want you to look at it and give me your feedback if possible."

플로리다 주립대에 지원하려고 제가 학업 계획서를 썼는데, 가능하면 교수님이 보고 나한테 피드백을 주기 원합니다.

군더더기 없이 깔끔하고 경제적이며 문법적으로도 완벽한 문장이다. 그러나 자기 교수님에게 개인적인 일을 부탁하는 발화 행위의 목적에는 "부탁하기"와 동시에 "격식 갖추기"도 포함되어 있다. 그런 점을 감안하고 다시 보면, 앞의 글은 무례하기 짝이 없는 문장이다. 미국인 학생이 이렇게 말했다면 불쾌했겠지만, 평생을 국제 유학생들을 지도해 온 케널 박사는 그의 문장에서 어떤 점이 잘못되었는지를 찬찬히 지적하면서 다음과 같이 고쳐 주었다.

"I know that you are very busy, but I wanted to know if you could do me a favor. Could you please look over my Statement of Purpose that I have written for my application to the Master's program in computer science here at FSU? I would really appreciate your feedback, and I know it would make my SOP stronger. If you do not have time to review it, that is ok!"

교수님께서 매우 바쁘시다는 건 알지만, 저를 좀 도와주실 수 있는지 여쭙고 싶습니다. 제가 플로리다 주립대학교 컴퓨터 공학 석사 과정에 지원하려고 작성한 학업 계획서를 좀 봐 주시겠어요? 교수님께서 보시고 피드백을 주신다면 정말로 감사하겠습니다. 교수님께서 피드백을 주시면 제 학업 계획서가 더 멋지게 될 거라는 것을 아니까요. 혹시 봐 주실 시간이 없으시더라도 괜찮습니다.

언어의 경제성과는 거리가 멀어도 한참 멀지만, 부탁받는 교수님 기분 상하지 않게 예의를 갖추고 부탁을 하려는 목적에 충분히 부합하는 발화 행위다. 왜냐하면, "명령"을 하는 행위가 아니라 "정중한 부탁"을 하는 행위라는 것을 명확하게 보여주는 표현으로 가득 차 있기 때문이다.

더불어 그런디 교수는 영미인들이 대체적으로 단도직입적이고 직설적인 진술의 발화 행위를 하는 걸 꺼려한다는 점도 지적한다. 그가 제시하는 단도직입적이고 직설적인 문장의 예는 다음과 같다.

"Cigarettes are bad for you."[*]
담배는 너한테 나빠.

이렇게 당연한 사실조차도 영미인들은 상대방 기분을 상하지 않게 하려는 목적과 함께 전달하려고 하는데, 그때 사용할 수 있는 언어적 도

[*]   Grundy, P. (2013). *Doing Pragmatics (3rd Edition)*. London and New York: Routledge.

구가 바로 헤지Hedge다. 이는 '울타리'라는 뜻의 단어인데, 화자가 여러 가지 이유로 100% 확신에 찬 단언을 하기 꺼려질 때 사용하는 언어적 장치를 말한다. 단언하는 메시지 주변에 살짝 울타리를 쳐서 문장을 좀 더 부드럽게 만든다고 생각하면 이해하기 쉽다. 그런디 교수는 앞의 문장에 헤지를 사용한 예를 다음과 같이 보여준다.

All I know is, cigarettes are bad for you.

내가 아는 거라곤 담배가 건강에 해롭다는 거야.

They say cigarettes are bad for you.[*]

사람들이 담배가 건강에 해롭다고들 하잖아.

이 또한 언어의 경제성보다는 상대방의 기분을 배려한 화법이다. 물론 상대가 무례하고 안하무인으로 나올 경우에는 이런 언어적 장치를 쓸 필요가 전혀 없다. 어느 영화 제목처럼, 예의 없는 것들에게는 무례할 목적을 충분히 달성할 수 있는 발화 행위를 수행하면 된다. 그렇지만 하고자 하는 말을 충분히 전달하면서도 상대를 배려하려는 목적의 발화 행위를 하려면 이런 종류의 헤지를 적극 활용할 필요가 있다. 그런디 교수는 발화 목적에 따라 어순이 달라지는 패턴도 있다고 한다. 그 예가 now open과 open now[*]이다. 가게가 새로 개업하면서

[*]   Grundy, P. (2013). *Doing Pragmatics (3rd Edition)*. London and New York: Routledge.

이제 장사하기 시작한다는 의미로 말할 때, 원어민들은 now open의 어순으로 말하는 경향이 강하다고 한다. 이 경우, 발화의 목적은 "광고"라고 볼 수 있다. 반면, 이미 있는 가게가 지금 문을 열었는지, 다시 말해 현재 영업 시간인지에 대한 "정보"를 주는 발화 목적을 띨 때는 open now의 어순이 선호된다고 한다. 이와 더불어 그런디 교수는 문장이 가진 문자 그대로의 의미와 발화 목적이 달라 보이는 사례도 다수 소개한다. 그는 이런 현상을 간접적인 발화 행위Indirect Speech Acts로 분류한다.

"Who cares?"*

문자 그대로는 의문문으로, 누군가 신경을 쓰는데care, 그게 누구인지를 묻는 문장으로 해석될 수 있다. 그러나 원어민들은 주로 "아무도 신경 쓰지 않아!"라고 단언하는 발화 행위를 할 때 이 의문문을 쓴다.

"Who likes fish?"*

이 문장의 경우도, 말 그대로 누군가 생선을 좋아하는 이가 있는데 그게 누구인지 묻는 발화 행위를 할 때 쓰일 수도 있다. 그러나 "Who cares?"와 마찬가지로 "아무도 생선을 좋아하지 않아No one likes fish!"라고 단정 짓는 발화 행위를 할 때도 많은 이들이 이 의문문을 사용한다.

이렇기 때문에 외국어를 공부할 때 사과하기, 칭찬하기, 예의 바르게 부탁하기 등 그 나라 사람들의 여러 가지 발화 행위에 따른 언어 사용 패턴을 익혀 두면, 듣기와 더불어 말할 때 정확한 의사 전달을 하는 데 상당한 도움이 된다. 반대로 이런 것들을 전혀 고려하지 않고 아무렇게나 말하게 되면, 미국인들에게 내 의도와는 다르게 전달될 수 있는 요인들이 여기저기 지뢰처럼 숨어 있게 된다. 아무리 문법과 발음이 정확한 문장이라 하더라도 말이다. 즉, 우리가 영어로 말할 때 미국인들 고유의 언어 사용 패턴과 다르게 말하면, 우리가 하고자 하는 발화 행위의 목적을 성공적으로 달성하지 못할 가능성이 항시 도사리고 있다는 말이다. 그러니 영어로 문맥과 상황에 맞는 적절한 문장을 말하기 위해서, 이제는 각 발화 행위에 따른 미국인들의 언어 사용 패턴을 세심하게 살펴보면서 하나씩 알아가도록 하자. 이런 것들은 미국인들의 대화를 들어보면서 직접 찾아내야 진정한 자기 것이 된다. 그러니 앞으로는 미국 영화나 드라마를 볼 때 앞에서 언급한 각각의 발화 행위를 미국인들이 어떻게 수행해 내는지에도 주목해 보자. 그렇게 한국인의 발화 행위 패턴과 다른 점을 구체적으로 하나하나 알아내서 인지하게 될 때마다, 좀 더 원어민에 가까운 영어를 구사할 수 있게 될 것이다.

09

미국인들이 영어를 발음하는 방식과 패턴

•

전략적으로 공부하면 개떡같은 소리도 찰떡같이 알아듣는다

아주 오래 전에 〈맛있는 청혼〉이라는, 요리사가 되고 싶어 하는 주인공 청년의 이야기를 그려 낸 드라마가 있었다. 그는 한번 먹어 본 맛은 절대로 잊어버리지 않는, 이른바 "절대 미각"을 가진 사람이었다. 그래서 그의 스승이 만들어 내는 요리를 모두 그 맛 그대로 만들어 내면서, 후에 중화요리 셰프로 대성하게 된다. 드라마에서 그의 훌륭한 미각은 스승이 만들어 낸 음식과 똑같은 맛이 나는 요리를 만들어 내는 데 절대적으로 필요한 요소이자 토대로 그려진다. 그런데 그 드라마를 보면서 아선생은 문득 궁금해졌다. 꼭 절대 미각을 타고 나야만 훌륭한 요리사가 될 수 있는 것일까? 솔직히 아선생은 세상의 유명한 요리사들이 모두 처음부터 이 드라마의 주인공처럼 절대 미각을 가지고 태어난 사람들이라고는 생각하지 않는다. 그럼에도 불구하고 좋은 요리를 만들어 내는 데 뛰어난 미각이 필수 요소라는 사실에는 동의한다. 하지만 아선생이 생각하기에 이보다 더 중요한 것은, 그런 뛰어난 미각 역시 끊임없는 노력으로 어느 정도 만들어 갈 수 있다는 점에 있다. 그리고 이런 이치는 우리가 언어를 습득할 때에도 똑같이 적용된다.

분명 우리들 중 어떤 이들은 한번 들은 영어 발음은 절대로 잊지 않고 연습해서 그대로 재현해 내는 절대 미각 아니, 절대 청각을 가진 이들도 있을 테다. 그럼에도 불구하고 아선생이 아는 영어 잘하는 모든 사람들이 그런 절대 청각을 가지고 태어난 것 같지는 않다. 그래도 좋은 요리를 만들어 내는 데 뛰어난 미각이 필수 요소이듯이, 외국어 발음을 정확히 해내려면 일단 소리를 정확히 들을 수 있는 뛰어난 청각이 있어야 한다는 사실에는 대부분 동의할 것이다. 그렇다면 뛰어난 청각을 가지지 않은 사람들은 듣기와 발음 공부를 어떻게 해야 할까? 이런 경우, 아선생은 전략적인 접근 방식을 통해 연습하고 또 연습해서 영어 학습에 필요한 청각을 차근차근 만들어 가면 된다고 생각한다. 그리고 학계에서 검증된 전략적인 접근 방식을 이용해 학생들이 듣기 실력을 쉽게 향상시킬 수 있도록 독려하는 게 언어 교육자의 역할이기도 하다.

많은 외국어 교육학자들은 듣기 실력을 향상시키는 전략적인 접근 방식의 하나로 해당 언어의 음성 텍스트spoken text가 지닌 특징을 분석하는 것이라고 말한다. 독해 실력을 향상시키기 위해 문자 텍스트 written text를 분석해서 그 패턴을 파악하는 것과 마찬가지로, 듣기의 주 재료인 음성 텍스트의 패턴과 특성을 이해하면, 보다 쉽고 빠르게 듣기 실력을 향상시킬 수 있다. 그렇다면 음성 텍스트를 문자 텍스트와 굳이 구분 지어 따로 살펴봐야 하는 이유는 무엇일까? 그것은 사람들이 말할 때 모든 것을 문자 그대로 발음하지 않기 때문이다. 어느 나라 말이든, 사람들은 자기 모국어로 대화할 때는 발음을 용이하게 하기 위해 단어가 지닌 고유의 소리를 조금씩 변형해서 말한다. 예로, 다음 한국어 단어들을 발음해 보자.

신바람 / 눈동자 / 국밥 / 발바닥 / 갈증

보통의 한국인들은 위의 단어들을 글자 그대로 발음하지 않고, '신빠람 / 눈똥자 / 국빱 / 발빠닥 / 갈쯩'과 같이 말한다. 그 이유는 어떤 대단한 법칙이 있어서가 아니라 이렇게 발음하는 것이 더 쉽고 편하기 때문이다. 아선생 말을 못 믿으시겠다면, 위의 단어들을 모두 글자 그대로 한번 발음해 보시라! 한국어학자들은 이런 현상들을 모조리 분석해서 패턴화했는데, 이를테면 아선생이 앞에서 예로 든 단어들은 "경음화(된소리되기) 현상"으로 분류된다.

바로 이런 현상들 때문에 외국어를 공부할 때 듣기 실력이 읽기 실력보다 훨씬 더디게 향상되는 것이다. 그렇지만 우리가 해당 언어의 음성 텍스트가 가진 특징과 그 패턴을 알고 들으면, 이야기는 달라진다. 그렇게 되면, 누군가가 개떡같이 발음해도 나는 찰떡같이 알아듣는 능력까지 덩달아 생기게 된다. 아선생이 "전략적으로" 영어를 공부하자는 말을 반복해서 하는 이유가 바로 여기에 있다. 그러니 지금부터는 영어가 가진 음성 텍스트의 특징을 몇 가지 살펴보자.

외국어 듣기 교육 분야에서 다수의 책을 출간한 게리 벅Gary Buck 박사는 영어의 음성 텍스트가 가진 특징을 다음과 같이 정리했다.

첫째, 동화Assimilation 현상이다.* 두 개의 소리가 인접해 있을 때, 서로 비슷한 소리가 되도록 발음을 바꾸어 말하는 것을 뜻한다. 이는 우리나라의 자음 동화 현상과 같은 맥락으로 이해하면 쉽다. 예를 들어, 한국어의 "입니다"를 우리는 왜 "임니다"로 발음하는지 생각해 보자. "입니다"라고 하는 것보다 "임니다"라고 발음하는 것이 훨씬 더 수월하고 편하기 때문이다. 그 이유는 [ㅂ]은 무성음이면서 예사소리인데 반해, [ㄴ]은 유성음이면서 비음이기 때문이다. 그러니 완전히 다른 이 두 가지 소리를 함께 발음하는 것이 힘들고 거슬릴 수밖에 없다. 반면, [ㅁ]은 [ㄴ]과 똑같이 유성음이면서 비음이기 때문에, 이 둘을 함께 발음하는 것이 훨씬 더 쉽고 편하다. 이런 편함의 차이가 발음의 차이를 만든다. 그래서 한국인들은 [ㅂ]을 다음 소리인 [ㄴ]과 비

---

*   Buck, G. (2010). *Assessing Listening*. UK: Cambridge University Press.

슷한 [ㅁ]으로 바꿔서 [임니다]라고 말하는데, 이것이 그 유명한 자음 동화 현상이다. 그리고 이와 비슷한 현상은 우리가 공부하고 있는 영어의 세계에서도 흔하게 벌어진다.

한 예로, '10달러'를 의미하는 ten bucks를 많은 미국인들이 [tem-bucks]처럼 발음한다. 그 이유는 n이 치경음(혀끝과 잇몸이 닿아서 나는 소리)인데 반해, 그 다음 소리인 b는 양순음(양 입술을 이용해서 내는 소리)이라서 함께 발음하기가 다소 힘들기 때문이다. 그래서 이 n 소리를 b와 같은 양순음인 m으로 바꿔서 [tembucks]라고 하는 것이 네이티브 스피커들에게 훨씬 더 수월한 발음이 된다. 동화 현상의 다른 예로, his는 독자적으로 발음될 때는 [hiz]가 된다. 하지만 그 다음 소리가 s로 시작하는 경우에는 z를 이와 똑같은 s 소리로 바꿔서 발음한다. 그래서 his daughter에서는 [hiz]로 발음되는 반면, his son에서는 [his]로 발음되는 것이다.

둘째, 음의 탈락 현상Elision이다.* 미국인들은 빠르게 말할 때 t와 d 음은 대부분 생략한다. 예를 들어, next day는 [nexday], sandwich는 [sanwich], grandmother는 [granmother]처럼 말이다. 구어체에서 자주 쓰이는 표현들은 빠르게 말하면서 아예 없어져 버리는 소리도 있다. kind of가 [kinda], sort of가 [sorta]로 발음되는 게 그 예다.

셋째, 영어에는 발음해야 하는 두 소리 사이에 다른 새로운 소리가 끼어드는 현상Intrusion도 있다.* 벅은 영국 영어에서 이런 예로 far away를 든다. 표준 영국 영어에서는 마지막 r이 발음되지 않기에 far는 독자적으로 [fa] 같이 발음된다. 그러나 영국인들이 far away를 말할 때는 이 r을 또 정확하게 발음한다. 이때 r 소리가 중간에 끼어들어야지 이 두 단어를 함께 발음하는 것이 수월하기 때문이다. 미국 영어의 경우, go on을 [gowon]처럼 발음하는 것이 그 대표적인 예다. 이때 w 소리가 끼어들면서 go와 on을 함께 발음하는 게 훨씬 수월해지기 때문에 이런 현상이 생기는 것이다.

벅은 이 밖에도 단어 강세나 억양 등의 운율적 특성Prosodic features 또한 의사 전달 시 상당한 의미를 내포하고 있다고 한다.* 같은 문장이라도 어느 단어에 강세를 주는지에 따라서 어떻게 의미가 달라지는가에 관해서는 아선생이 이 책 「단어 강세가 중요한 이유」 편에서 자세하게 다뤘으니 참고하시기 바란다.

그런데 벅이 소개한 영어 음성 텍스트의 특징에는 아선생이 중요하게 생각하는 특성이 한 가지 빠져 있다. 일단 그 특성을 잘 보여주는 일화로 이야기를 시작할까 한다. 아선생이 미국에 와서 처음으로 패스트푸드점이 아닌 제대로 된 레스토랑에 갔을 때 있었던 일이다. 한껏 차려입은 채 우아하게 스테이크를 칼질하는 상상을 하면서 음식 주문을 하고 있었다. 그때 스테이크와 함께 먹을 곁들임 요리side dish가 뭐냐고 묻는 아선생에게 웨이터가 말했다. "Super salad." 뭔놈의 샐러드가 얼마나 크면 그 이름이 super salad일까 싶었지만, 일단 샐러드도 좀 먹어야 하니, "Okay, thanks!"라고 했다. 그런데 웨이터가 또 다시 말했다. "Super salad." 뭔가 석연치 않아서 메뉴판을 다시 보니, 스테이크를 시키면 "Soup or salad 수프 또는 샐러드" 중에서 하나가 함께 나온다는 내용이 있었다. 그러니까 웨이터가 "Soup or salad?"라며 선택의문문으로 물어봤는데, 그게 아선생에게는 "Super salad."로 들렸던 것이다. 이유는 그가 빠르게 말하면서 soup과 or을 마치 한 단어처럼 붙여서 같이 발음했기 때문이다. 아차차! 그로부터 한참이 지나 응용언어학 시간에 배운 내용에 따르면, 언어 교육학계에서는 이를 연결되는 발음 Linking sound으로 분류한다. 아선생은 이 연결되는 발음 또한 듣기를 독해보다 어렵게 하는 주요 요소 중 하나라고 생각한다. 그래서 어떤 미국 영어 강사들은 듣기 시간에 이 부분을 중점적으로 다루기도 하는데, 이때 그들이 자주 사용하는 예문이 이것이다.

Is that mist or fog?
저게 박무니, 아니면 짙은 안개니?

위의 문장은 mist와 or가 연결되는 지점의 발음으로 인해 영어를 배우는 많은 학생들에게 다음과 같이 들린다고 한다.

Is that Mr. Fogg?
저 분이 포그 씨입니까?

두 단어 사이의 연결되는 발음으로 인해 듣기 이해도가 떨어질 수 있는 또 다른 예를 살펴보자. 아선생이 플로리다 주립대 영어 교육센터 CIES에서 초급 듣기 수업을 할 때 학생들에게 영화의 한 장면을 보여 주면서 받아쓰기dictation를 시킨 적이 있다. 그때 아주 쉬운 문장을 많은 학생들이 못 알아들어서 난감했었는데, 바로 이 문장이다.

"Hold everything!"

아무리 초급반이라지만, 그래도 미국에서 생활하고 있는 학생들이 도대체 이 쉬운 문장을 왜 이해하지 못할까라고 생각하던 차에 어느 학생의 노트 필기가 보였다.

"Hole⋯deverything?"

이 역시 연결되는 부분의 발음이 살짝 달라지는 현상 때문에 쉬운 문장을 학생들이 알아듣지 못한 예다. 이걸 본 다음에 영화 장면을 다시 들어보니, 그 장면에서 해당 배우는 이 문장을 그 학생이 쓴 것처럼 정확히 "Hol-deverything!"처럼 발음했다. 사정이 이러하니, 어떤 문장이 들리지 않을 때에는 혹시 단어와 단어 사이의 연결되는 발음 중에서 잘못 들은 것이 없는지도 확인해 볼 필요가 있다.

지금까지 음성 텍스트의 특징이라는 다소 현학적인 느낌의 어휘를 사용했지만, 결국 이는 모두 원어민들이 영어를 발음하는 방식과 그 패턴에 관한 이야기였다. 이를 제대로 살피게 되면, 독해는 잘하면서 듣기 실력이 좀처럼 늘지 않는 이들의 귀를 시원하게 뚫어 주면서, 동시에 발음까지 향상시킬 수 있을 것이다.

10

원어민처럼 말하기 위한
최소 대립쌍Minimal Pair 발음 훈련

•

flied lice(머릿니)가 아니라 fried rice(볶음밥)를 주문해라

옛날에 어느 대학교 총장이 orange를 [아린쥐](절대로 오린쥐가 아니다!)로 발음해야 한다고 했는데, 이 말은 반쪽짜리 진실에 불과하다. 왜냐하면 미국 영어에서는 그것이 사실일지 모르지만, 영국 영어에서는 모음 철자 'O'가 한국어의 '오'에 좀 더 가까운 소리로 발음되기 때문이다. 그러니 영국인들은 orange를 말할 때 맨 첫 음절을 '아'보다는 '오'처럼 발음한다. 이것은 spotlight을 미국인들은 [스팟라잍]이라고 발음하지만, 영국인들은 [스폿라잍]이라고 발음하는 것과 같은 이치다. 이런 예들을 통해 아선생이 하고 싶은 말은 이런 것들은 단지 미국 영어와 영국 영어의 차이일 뿐이지, 하나가 맞고 하나가 틀린 발음은 아니라는 사실이다. 즉, [아린쥐]도 맞고 [오린쥐]도 다 맞다.

미국 내에서만 봐도 네이티브 스피커라고 불리는 이들이 같은 단어를 조금씩 다르게 발음하는 경우는 허다하다. 캘리포니아주 사람이 쓰는 영어가 뉴욕 사람이 쓰는 영어와 똑같지 않으며, 또 미국에는 사우스 캐롤라이나주처럼 정말 특이한 발음과 억양 체계를 가지고 있는 곳도 존재하기 때문이다. 그렇기 때문에 우리가 네이티브 스피커처럼 발음하고자 할 때, 대체 어떤 네이티브 스피커를 말하는지 그 기준을 정하기도 사실상 애매하다. 바로 이런 이유로 영어를 모국어로 사용하지 않는 사람들을 위한 교육 시스템인 미국의 ESLEnglish as a Second Language 과정 시간에는 학습자가 고유하게 가지고 있는 악센트를 전혀 문제삼지 않는 분위기다. 실제로 아선생은 대학원 수업 시간에 외국어를 가르칠 때 학생들이 네이티브 스피커와 똑같이 발음하게 할 필요는 없다고 배웠다. 그렇다면 영어를 가르치는 입장에서는 과연 어떤 경우에 학생의 발음을 고쳐 줘야 할까?

그것은 학생의 발음이 단어의 뜻을 바꿔 버려서 그 의미가 명확하게 전달되지 않는 경우이다. 예를 들어, 아선생이 플로리다 주립대 영어교육센터CIES의 초급 영어 회화 시간에 각 나라의 음식에 대해 학생들과 이야기한 적이 있는데, 사우디아라비아에서 온 학생이 "We eat bears."라고 하는 것이었다. 사우디아라비아에 곰이 산다는 것도 놀라웠지만, 그 고기를 먹는다니 경악을 금치 못했다. 그러나 아선생은 최대한 표정 관리를 하면서 대체 곰을 어떻게 요리해서 먹느냐고 물었다. 그러자 학생이 웃으면서 대답했다.

"Of course, we don't cook them. We just eat them."

물론 요리 안 하고 그냥 먹지요.

나중에 알게 된 건, 그 학생이 pears 배를 bears 곰로 잘못 발음했다
는 사실이었다. 그러면 그렇지! 사우디 사람들이 곰을 생으로 먹는다
는 건 아무리 생각해 보아도 희한한 일이었다. 이렇게 아랍인 학생이
pears 배를 bears 곰이라고 말한 이유는 아랍어에는 P와 B 발음이 없고,
그 두 음의 중간 정도의 소리를 내는 어떤 자음이 있을 뿐이기 때문이
다. 그래서 아랍계 학생들은 영어로 말할 때 P와 B 발음을 종종 바꿔
치기하는 실수를 저지른다.

그리고 이는 한국과 일본을 포함한 아시아인들이 자주 R과 L 을 바꿔
치기하면서 발음하는 것과 똑같은 이치에서 벌어지는 실수다. 이 또
한 우리말의 'ㄹ'이 R 발음도 아니고 L 발음도 아니면서, 이 두 발음
과 비슷하긴 하지만 살짝 다른 소리를 가지고 있는 또 다른 발음이기
때문에 벌어지는 현상이다. 대표적인 예로, 미국의 중국 식당에 가면
볶음밥을 주문하면서 fried rice를 flied lice 머릿니처럼 발음하는 아시
아인들을 흔히 볼 수 있다. 또 다른 예로, 아선생이 가르치는 듣기 시
간에 R. 켈리 R. Kelly의 가슴이 시리도록 아름다운 그 노래 〈I believe I
can fly~난 날 수 있다고 믿어요〉를 함께 부르던 한 일본인 학생이 'I believe
I can fry~♬'라고 발음해서 모두가 박장대소했던 일도 있었다. 아선
생이 "그대는 셰프가 되고 싶은가?"라고 했더니, 눈치 빠른 그 학생은

자신의 실수를 깨닫고 재빨리 fly로 고쳐서 다시 발음했다.

다행히도 앞의 모든 사례는 발음 교육에서 잘 이용하는 최소 대립쌍, 즉 미니멀 페어Minimal Pair라는 것을 만들어 충분히 연습하면 고칠 수가 있다. 미니멀 페어란, 배우고자 하는 두 가지 발음을 제외한 나머지 소리는 모두 똑같은 두 단어를 선정해서 반복하여 연습하면서, 두 발음의 차이를 깨닫게 하고 훈련시키는 발음 교육법이다. 지금까지 이야기한 사례에서 본 fry와 fly, rice와 lice, 그리고 bear와 pear가 모두 미니멀 페어의 좋은 예다. 참고로 아선생이 미국인들에게 한국어를 가르칠 때 자주 사용하는 미니멀 페어는 다음과 같다.

개 / 깨, 살 / 쌀, 불 / 뿔, 자다 / 짜다 / 차다

영어는 자음 두 개로 이루어진 된소리가 존재하지 않는 언어이다. 그러니 이런 영어가 모국어인 미국인 학생들이 개와 깨, 불과 뿔을 구분하지 못하는 것은 당연하다. 하지만 이 미니멀 페어를 녹음해 하루에 20번씩 일주일간 듣고 오라고 하면, 대부분의 미국인은 이 두 소리를 구분할 줄 알게 된다. 일단 그렇게 두 소리의 차이를 명확하게 들을 수 있어야 발음을 가르치는 것이 가능해진다. 생각해 보라. 들어서 모르는 소리를 어떻게 발음할 수가 있겠는가? 이렇게 미니멀 페어는 비단 발음 교육에서뿐만 아니라 듣기 교육에서도 자주 쓰이는데, 이를 이용해서 독일 사람들은 배꼽 빠지는 영어 학원 광고까지 만들었다.

광고의 첫 장면에서 처음 일을 시작한 것 같은 어눌한 말투의 한 독일인 해안 경비대원에게 위태로운 상황에 처한 미국 배의 선장이 무전으로 구조를 요청한다.

미국인 선장: Mayday, mayday! Can you hear us? Can you hear us? We're sinking. We are sinking!

독일인 해안 경비대원: (어눌한 독일어 악센트로 관사는 빼먹고) Ye~s, this i~s German coa~st guard.

미국인 선장: We're sinking! We are sinking!

미국인 선장: 메이데이, 메이데이!* 들립니까? 우리가 하는 말이 들려요? 우리 배가 가라앉고 있어요. 가라앉고 있다고요!

독일인 해안 경비대원: 네-에, 저는 독일 해안 경비대원입니다.

미국인 선장: 우리 배가 가라앉고 있다니까요! 가라앉고 있다고요!

일촉즉발의 숨 가쁘게 위급한 이 상황에서 독일인은 이렇게 대답한다.

"What are you sinking(그는 thinking을 이렇게 발음한다.) about?"
무슨 생각을 그렇게 하시나요?

• 선박·항공기의 국제 조난 무선 신호

극적인 음악과 함께 광고는 이렇게 마무리된다.

"Improve your English!"
영어 실력 좀 향상시키세요!

독일어에는 무성음 th 발음이 없다. 그래서 많은 독일인이 이 발음을
듣기도 말하기도 힘들어하는데, 이걸 살짝 비틀어 영어 학원 광고를
코믹하게 만든 사람의 재치와 언어적 감각이 인상적이다. 만약 이 독
일인이 아선생에게 영어를 배운다면, 물론 sink와 think, 이 두 단어
로 듣기와 발음하기 연습을 충분히 시킬 것이다. 이런 식의 미니멀 페
어를 통한 영어 수업은 듣기와 말하기 실력을 함께 향상시켜 주는 효
과적인 발음 교수법이다.

11

단어 강세|Word Stress가
중요한 이유

•

가가 가가?

아선생은 부산 출신이다. 그러다 보니 인터넷에서 경상도 사투리에 관한 익살스러운 게시글을 보면 자연스럽게 눈이 가는데, 가장 흥미로웠던 것 중 하나가 다음의 문장이다.

1. 가가 가가?
2. 가가 가가가?
3. 가가가 가가?

타 지역 사람들이 보면 '이게 뭔 말인가?'라고 생각하겠지만, 믿거나 말거나 위의 문장들은 모두 다 엄연한 한국말이다. 그리고 이를 표준 한국어로 번역(?)해 보면 다음과 같다.

1. 그 애가 그 애니?
2. 그 애가 가 씨니?
3. 가 씨 성을 가진 아이가 그 애니?

그런데 부산말 네이티브 스피커의 입장에서 아선생은 이 인터넷 게시글에 빠진 중요한 포인트를 한 가지 짚고 넘어가고자 한다. 그것은 이 세 문장이 모두 부산말 특유의 억양, 더 정확히 말하자면, 억양Intonation의 주요 구성 요소인 단어 강세Word Stress: 문장 안에서 특정 단어를 강조해서 말하는 것*가 들어 있지 않으면 부산 사람들조차도 못 알아듣는 국적불명의 말이 되어 버린다는 사실이다. 그것이 아니라면, 화자의 의도와 전혀 다르게 해석될 소지도 있다. 다시 말해, 이 세 문장은 다음과 같이 밑줄 친 음절(이 경우, 각각의 음절이 실은 하나의 단어이다)에 부산 스타일의 힘찬 강세를 주면서 읽어야만 비로소 부산말 네이티브 스피커들이 이해할 수 있는 의미가 부여된다는 말이다.

1. <u>가</u>가 <u>가</u>가?
2. <u>가</u>가 가<u>가</u>가?

* Intonation의 주요 구성 요소로 문장에서 어느 단어에 강세를 주어 말하는 지에 관한 것

3. 가가가 가가?

그러니까 아선생이 하는 말의 요지는 앞의 문장에 정확한 억양을 입히지 않고 말하면, 각각의 단어를 아무리 정확하게 발음해도 말하고자 하는 바가 잘못 전달될 수 있다는 것이다. 예를 들어, 2번과 3번 문장의 의미가 서로 반대로 전달되거나 그 누구와도 소통이 안 되는, 언어적으로 전혀 의미 없는 발화發話[•]가 되어 버릴 수도 있다.

그리고 이런 사례는 굳이 부산 사투리 같은 방언의 예를 들지 않더라도, 표준 한국어에서도 쉽게 찾아볼 수 있는 현상이다. 물론, 이는 영어에서도 마찬가지여서 발음 교육에서 또렷한 발음과 더불어 정확한 억양은 미국의 ESL 말하기 시간에 자주 강조된다. 왜냐하면 똑같은 문장도 화자의 의도에 따라서 다르게 말해질 수 있는데, 이때 '다름'이란 바로 단어 강세를 포함하는 억양의 차이를 말하기 때문이다.

발음을 정확하게 하는 것도 중요하지만, 결국 우리가 쓰는 언어에 맛과 멋을 더하는 것은 이렇게 상황에 따른 정확한 억양의 구사다. 아니, 그저 맛과 멋을 더하는 것을 넘어서 잘못된 억양의 구사는 앞의 예에서 볼 수 있듯이 화자가 전달하려는 의미까지도 바꾸어 버릴 수 있다.

이를 보여주는 한 사례로, 플로리다 주립대 ESL 강사들이 학생들에

• 언어학에서 발화發話란 '소리를 내어 말을 하는 현실적인 언어 행위, 또는 그에 의해 산출된 일정한 음의 연쇄체'를 말한다.(네이버 국어 사전 참고)

게 억양을 가르칠 때 자주 사용하는 문장을 들 수 있다. 앞서 "가가 가가?"를 연습했던 것과 똑같은 방식으로 밑줄 친 단어에 강세를 주면서 읽어 보자. 그리고 똑같은 문장도 억양이 달라질 때 어떻게 그 의미가 달라지는지 각 문장 아래의 해석도 함께 이해해 보자.

I didn't say you stole my red hat.

네가 내 빨간 모자를 훔쳤다고 말한 건 '내'가 아니야.

(다른 사람이 말했단 말이야!)

I didn't say you stole my red hat.

난 '네'가 내 빨간 모자를 훔쳤다고 말하지 않았어.

(다른 사람이 훔쳤다고 말했다고!)

I didn't say you stole my red hat.

난 네가 내 빨간 모자를 '훔쳤다'라고 말하지 않았어.

(훔친 건 아니지만, 빌려 가서 안 돌려줬잖아!)

I didn't say you stole my red hat.

난 네가 '내' 빨간 모자를 훔쳤다고 말 안 했어.

(내 것 말고 우리 언니 것 훔쳐 갔잖아!)

I didn't say you stole my red hat.

난 네가 내 '빨간색' 모자를 훔쳤다고 말하지 않았어.

(내 노란색 모자 네가 가져갔지?)

I didn't say you stole my red hat.

난 네가 내 빨간색 '모자'를 훔쳤다고 말하지 않았어.

(내 빨간색 코트 네가 가져갔지?)

똑같은 방식으로 다음 문장도 한번 연습해 보자.

Did you read the book?

너 정말로 그 책 읽은 것 맞아?

(말하는 사람은 듣는 이가 실제로 책을 읽었는지를 의심하고 있다.)

Did you read the book?

다른 사람 말고 너 말이야. 너 그 책 읽었어?

(말하는 사람은 어떤 그룹 안에서 특정인에게 책을 읽었는지 묻고 있다.)

Did you read the book?

너 그 책 읽은 거지?

(그 책으로 다른 짓 한 거 아니지?)

Did you read the book?

너 다른 책 말고 그 책 읽은 거 맞아?

위의 예도 재미있지만, 사실 다음의 예는 단어 강세로 인해 그 의미가
훨씬 더 극적으로 변한다.

A panda eats shoots and leaves.

판다는 새싹과 잎을 먹는다.

A panda eats, shoots, and leaves.[*]

판다가 식사를 하더니 총을 쏘고는 떠나다.

이 문장의 경우 거의 "아버지 가방에 들어가신다("아버지가 방에 들어가신다"를 잘못된 구두법으로 쓴 문장)"급으로 의미를 바꿔 버리지 않는가? 이러한 예에서 볼 수 있듯이, 영어에서도 단어 강세에 대한 올바른 이해는 말하기 능력뿐만 아니라, 화용적 능력Pragmatic Competence을 포함한 듣기 능력에까지 영향을 미친다. 때문에 이는 매우 중요한 언어적 요소다. 게다가 단어 강세의 차이로 인해 전달하려는 의미가 달라질 수 있는 건 비단 문장뿐만이 아니라, 짧은 구phrase에서도 자주 볼 수 있을 만큼 빈번하게 일어나는 언어적 현상이다. 빅토리아 프롬킨Victoria Fromkin과 로버트 로드맨Robert Rodman은 그들의 저서 『언어학 개론An Introduction to Language』에서 그러한 사례를 다음과 같이 제시한다.[**]

---

[*]   Lynne Truss가 쓴 책 제목, 『먹고 쏘고 떠나다Eats, Shoots & Leaves』에서 따온 유머다. 사실 이 책은 잘못된 구두법punctuation이 문장의 의미를 바꿀 수 있음을 가르치기 위해 이 제목을 썼지만, 본문의 내용처럼 잘못된 억양 또한 그 의미를 바꿀 수 있다.

[**] Fromkin, V., Rodman, R., & Hyams, N. M. (2003). *An Introduction to Language*. Boston: Thomson/Heinle.

hotdog ⇨ 먹는 핫도그

hot dog ⇨ 더운 개

White House ⇨ 미국 대통령이 사는 백악관

white house ⇨ 흰색 집

그러니까 내 친구가 말하는 "와잇* 하우스"가 현재 미국 대통령이 살고 있는 그 집을 말하는지, 아니면 우리 집 앞집을 말하는지 구분할 수 있도록 해 주는 언어적 요소가 바로 단어 강세인 것이다. 이런 것들이 글로 읽어서는 쉬울 것 같지만, 실제로 대화 중에 미국인이 말하는 걸 들으면서 바로바로 이해하는 것, 그리고 이런 부분까지 세세하게 신경 써서 억양을 제대로 입혀 가며 발음하는 것 등은 사실 깊은 내공을 필요로 하는 말하기 기술이다. 그러니 앞으로 영어로 듣고 말할 때에는 단어 강세를 포함한 억양에도 세심한 관심을 기울이면서 연습해 보자.

• 미국에서는 절대로 '화이트'라고 발음하지 않는다.

3부

영어를 공부할 때
생각해 볼 것들

01

문맥상 뜻하는 바를
이해하는 능력Pragmatic Competence

•

Is plastic okay?

아선생은 미국에 와서 처음으로 간 슈퍼마켓에서 있었던 일을 아직까지 잊을 수가 없다. 들어가자마자 우유 한 통을 집어들고 계산대로 가서 우윳값을 지불할 준비를 단단히 하고 있었다. 그런 아선생에게 계산원이 한 말은 우유의 가격이 아니라 다음 문장이었다.

"Is plastic okay?"

순간 나는 내 귀를 의심했다. 우유를 사려는 손님에게 플라스틱에 관한 질문은 대체 왜 하는 거지? 공교롭게도 그때 내가 사려는 우유가 종이가 아닌 플라스틱 재질의 통에 담겨 있었는데, 그런 통에 담긴 우유를 마시는 게 넌 괜찮냐는 말인가? 아니면 영어에서 때때로 플라스틱이 신용카드를 의미하기도 하니까, 우유 한 통 사면서 현금 결제를 하지 말고 카드를 사용하라는 말인가? 이게 대체 뭐 하자는 말인지 도무지 알 수가 없었다. 당황하면서 머릿속으로 plastic의 갖가지 사전적 의미를 재빠르게 더듬어 보던 아선생에게 계산원은 다시 말했다.

"If you don't like plastic bags, we can give you paper bags, ma'am."
손님, 비닐 봉투가 싫으시면 종이 봉투도 있습니다.

오호라! 그러니까 여기서 플라스틱은 내가 머릿속에 그리던 그 플라스틱이 아니라 plastic bag, 즉 비닐 봉투를 말하는 것이었다! 그럼 거기 있는 멀쩡한 단어인 bag은 치사하게 왜 빼고 말해? 하지만 나는 당황한 기색을 애써 감추며 최대한 우아하게 답했다.

"Oh, if that's the case, paper bag, please. Let's protect the environment. Hahaha."
오우, 그러면 종이 봉투로 주세요. 환경을 보호해야죠, 오호호호.

외국어를 하다 보면, 이렇게 단어의 사전적인 의미만으로는 해석이 힘든 경우가 종종 있다. 언어학에서 이런 부분을 공부하는 분야가 바로 앞에서 언급한 적 있는 화용론Pragmatics*이다. 다시 말해, 화용론이란 단어가 가진 사전적인 의미보다는 화자가 문맥상 뜻하는 의미를 탐구하는 언어학 분야다. 전前 루이지애나 주립대 언어학과 조지 율George Yule 교수는 그의 저서에서 화용론을 '화자가 의미하는 바를 공부하는 학문the study of speaker meaning'이자, '문맥상의 의미를 공부하는 학문the study of contextual meaning'이라고 정의한다.** 그렇다면 똑같은 문장이 문맥에 따라 그 뜻이 어떻게 달라지는지 구체적인 사례를 한번 살펴보자.

> 예원: 지원 씨, 말씀드린 대로 지난 주말에 이사를 마치고, 이번 토요일에 우리 집에서 집들이를 할까 하는데, 오실래요?
> 지원: 초대해 주셔서 감사합니다. 당연히 가야죠. 그런데 집들이 선물을 하나 해드리고 싶은데, 혹시 시계 있으세요?
> 예원: 저희가 거실에 달 시계를 아직 안 사긴 했지만, 그래도 그런 부담은 갖지 말고 그냥 오세요. 호호호.

앞의 대화에서는 사전적인 의미만으로도 해석이 가능한 밑줄 친 문장이 다음 대화에서는 전혀 다른 의미를 가진다.

---

* 말하는 이, 듣는 이, 시간, 장소 따위로 구성되는 맥락과 관련하여 문장의 의미를 체계적으로 분석하려는 의미론의 한 분야
** Yule, G. (2008). *Pragmatics*. New York: Oxford University Press.

(기차역에서 서로 모르는 두 사람이 함께 기차를 기다리던 중)

사람 1: 혹시 시계 있으세요?

사람 2: 네, 7시 19분이네요.

사람 1: 감사합니다.

이 경우, 밑줄 친 질문에 사람 2가 "제가 손목시계는 하나도 없지만, 우리 집에 가면 명품 벽시계가 두 개나 있답니다."라거나, "제가 시계가 있든 말든 그쪽이 무슨 상관이세요?"라고 대답하지 않는 이유는 정황상 이 질문이 "지금 시간이 몇 시입니까?"를 의미한다는 사실을 알고 있기 때문이다. 다시 말해, 사람 2는 화자가 문맥상 의미하는 바를 이해하는 능력Pragmatic Competence이 있는 사람이다. 따라서 우리가 영어로 미국인과 대화할 때 이 Pragmatic Competence가 없으면 동문서답을 하거나 헤매는 일이 일어나게 된다.

문맥에 따라 의미가 달라지는 이 현상은 비단 문장 안에서만 발생하는 게 아니다. 이는 개별 단어 단위에서도 비일비재하게 일어나는 일이다. 전前 일리노이 주립대 언어학과 교수 김진우 박사는 그의 저서 『언어』에서 동일한 단어가 문맥에 따라 서로 다른 의미를 가지는 예로 다음의 문장을 제시했다.

• 　　김진우, 『언어』 (2007), 탑출판사

He **took** the bus to the zoo.

그는 동물원에 버스를 타고 갔다.

He **took** the boy to the zoo.

그는 동물원에 소년을 (구경시켜 주려고) 데리고 갔다.

He **took** the bear to the zoo.

그는 동물원에 곰을 (구경거리가 될 동물로) 데리고 갔다.

김진우 박사가 지적하듯, 단지 동사 took의 목적어만 다르고 다른 것들은 모두 똑같은 이 세 문장의 의미 차이는 목적어의 차이에만 있지 않다. 그 차이를 만들어 내는 것은 언어적인 것이 아니라, 동물원zoo과 버스bus의 결합, 소년boy과 동물원zoo의 결합, 그리고 곰bear과 동물원zoo의 결합에 대해 우리가 가지고 있는 배경지식이다. 바로 이러한 이유로 김진우 박사는 언어의 의미는 어휘든 문장이든 그것이 쓰이는 문맥과 화자/청자가 가지고 있는 세계에 대한 지식을 떠나서는 기술할 수 없다는 결론을 내린다.

그런데 나는 외국어를 공부하는 입장에서는 이런 김진우 박사의 결론을 '화자/청자의 문화'라는 요소까지 접목해서 이해해야 한다고 생각한다. 왜냐하면 '화자/청자가 가지고 있는 세계에 대한 지식'에는 그들의 문화가 상당 부분 관여하고 있기 때문이다. 예를 들어, 앞서 「미국인이면 누구나 아는 지식Shared Knowledge」에서 언급했던 한국어에서의 '한석봉'과 영어에서의 '조지 워싱턴George Washington'과 같은 고

유명사들이 지니는 특수한 의미는 그 나라 문화를 깊이 있게 이해하지 못하면 절대로 알 수 없는 것들이라는 사실을 배웠다. 그리고 굳이 한석봉과 조지 워싱턴의 경우처럼 깊은 사연이 담긴 일화가 아닐지라도, 그 나라 사람들의 생활 속 간단한 상식의 유무 또한 Pragmatic Competence의 역량을 결정짓는다. 조지 율 교수는 이와 관련해 그의 저서에서 다음과 같은 예를 들어 설명한다.*

    1. Plant Sale
    2. Garage Sale

율 교수가 지적하듯, 동일한 문법 구조를 가진 이 두 개의 어구는 각각의 표현에서 의미가 다른 Sale을 활용하고 있다. Plant Sale은 한국어로 '식물 판매'로 해석되는 반면, Garage Sale은 '차고 판매'라는 말이 아니다. Garage Sale은 미국에서 주말마다 아주 흔하게 볼 수 있는 풍경으로, 사람들이 쓰던 물건들을 자기네 집 차고에서 파는 행위를 말한다. Garage Sale이 한국어로 딱 한두 단어로 명쾌하게 해석이 안 되는 이유는, 이런 행위가 한국인들에게서는 좀처럼 볼 수 없는 행동 양식이기 때문이다. 한국에서는 자신이 쓰던 집안의 각종 중고 물품을 내놓고 파는 일도 드물지만, 대부분의 사람들이 아파트에 살

•   Yule, G. (2008). *Pragmatics*. New York: Oxford University Press.

기 때문에 그것을 내놓고 팔 차고가 있는 집을 찾기도 쉽지 않다. 즉, 이는 미국인들만이 가지고 있는 독특한 문화를 모르고서는 이해하기 어려운 단어인 것이다. 다시 말해, 미국 문화를 잘 아는 사람만이 Garage Sale을 Plant Sale과 다른 방식으로 해석할 수 있다는 말이다. 그러니 미국 문화를 모르고서 Pragmatic Competence를 기르겠다는 것은 배추 없이 배추김치를 담그겠다는 것과 같은 발상이다.

문화에 대한 이해 이외에도 Pragmatic Competence를 키울 수 있는 방법은 바로 단어를 문맥과 함께 공부하는 것이다. 미국 대학의 영어 강사들이 항상 강조하는 단어 공부 방법이 사전 없이 문맥에 따라 단어의 뜻을 유추해 보는 연습을 하는 것associating words with context인데, 이 또한 같은 맥락에서다. 그리고 다행히도 이는 오늘부터 당장 쉽게 실천할 수 있는 부분이기도 하다.

모르는 단어가 나오면 사전부터 집어드는 습관은 이제 청산해 버리자. 그리고 일단 문맥을 이용해서 그 의미를 나름대로 유추해 보자. 그런 후에 사전에서 단어를 찾아 내가 유추한 뜻과 같은지 확인해도 늦지 않다. 새로운 단어가 나올 때마다 1~2분만 투자하면 되는 이 습관이 당신의 Pragmatic Competence를 무럭무럭 자라게 할 것이다. 그리고 잘 키운 Pragmatic Competence는 열 사전 가진 친구가 부럽지 않은 배짱을 만들어 줄 것이다.

02

문법을 바라보는
두 가지 관점

•

자장면은 짜장면의 느낌이 안 난다

영화 〈말모이〉에서 조선어 사전을 만드는 사람들이 팔도 사투리를 모두 포함하면서 작업이 더욱 더뎌지자, 어떤 이는 사투리는 빼고 작업하자고 주장한다. 그러자 학회의 리더인 조 선생은 이렇게 말한다.

"안 되지! 사투리도 엄연한 조선의 말이고 자산인데."

조 선생 같은 사람들을 언어학계에서는 기술문법Descriptive Grammar 신봉자라고 부른다. 기술문법이란, 말 그대로 언어를 보통 사람들이 사용하는 그 상태 그대로 기술하는 문법이다. 그래서 영어로도 '있는 그대로 묘사하는'이라는 의미를 가진 단어 descriptive가 들어간다. 당연히 이들은 사투리를 포함한 지역 방언 역시 모두 제대로 된 언어로 인정하고 연구한다.

반면, 사투리는 빼고 표준어로만 사전을 만들어도 된다고 말하는 사람을 언어학계에서는 규범문법Prescriptive Grammar 신봉자라고 부른다. 이들은 한 언어에는 올바른 용법이 존재하기 때문에 모든 사람이 그 용법에 따라 해당 언어를 사용해야 한다고 주장한다. prescriptive를 사전에서 찾으면 첫 번째 뜻이 '지시하는'과 '권위적인'*이다. 이걸 보면 이들의 관점을 쉽게 이해할 수 있다. 이런 사람들은 미국에도 많이 있는데, 이들은 Standard American EnglishSAE/StAmE라는 용어를 사용하며 모두가 표준 영어를 써야 한다고 믿는다. 물론 미국의 기술문법 신봉자들은 이들에게 "What's standard English표준 영어가 대체 뭔데?"라고 되묻는다. 그러면서 남부 방언Southern Dialects, 미국 흑인 방언African-American Vernacular English, 하와이주 특유의 영어Hawaiian Pidgin English 까지 포함해 미국인들이 사용하는 모든 종류의 영어가 전부 다 미국 말이기 때문에 연구해야 할 가치가 있다고 믿는다. 한마디로 이들은 미국판 조 선생들인 셈이다.

그럼 이 두 관점의 차이를 보여주는 구체적인 사례를 미국 영어**에서 몇 가지 짚어 보자. 영어의 가정법 과거 문장을 만들 때 우리는 다

---

* 　네이버 영한사전 참고
** 　여기서 군이 '미국 영어'라고 칭한 이유는 영국 영어와 미국 영어가 문법적으로도 세부적인 부분에서 차이를 보이기 때문이다.

음과 같이 be동사는 무조건 was가 아닌 were를 쓰라고 배웠다.

(1) "If I <u>were</u> you, I wouldn't trust him."
    내가 너라면, 나는 그를 믿지 않을 거야.
(2) "I wish it <u>were</u> that easy."
    그게 그렇게 쉬운 일이면 좋을 텐데.

이 두 경우 모두 was를 쓰지 않고 were를 쓰는 이유는 이 문장이 단순과거형이 아니라 가정법 문장이기 때문인데, 이는 규범문법 신봉자들이 주장하는 내용이다. 하지만 실제 미국인들이 일상생활에서 가정법 문장으로 말할 때는 이 두 경우 모두 were 말고 was를 쓰는 때가 아주 많다. 특히 2번 문장과 같은 'I wish ~ 가정법'의 경우, 단언컨대 was를 쓰는 미국인들이 압도적으로 더 많다.

나는 직업상 올바른 영어를 사용하려고 항상 노력하는데 처음 미국에 와서는 이 부분이 상당히 귀에 거슬렸다. 그런데 신기하게도 미국인들 사이에서 매일 그들과 부대끼며 살다 보니, 어느 날 나도 모르게 가정법 문장에 was를 쓰고 있는 나 자신을 발견하고는 '내가 왜 이러지?' 했던 적도 있다. 역시 무의식적으로 일어나는 언어 습득 현상을 무시할 수가 없는 것 같다.

어쨌든 규범문법 신봉자들은 많은 미국인이 그렇게 쓴다고 해서 틀린 문법이 맞는 문법이 될 수는 없다고 본다. 때문에 여전히 이 문맥에서

was는 틀렸다고 주장한다. 그러나 기술 문법 신봉자들은 점점 더 많은 사람이 그렇게 쓴다면, 해당 문법의 법칙 자체를 바꿔야 한다고 말한다.

그렇다면 미국의 문법책들은 이 가정법 과거 문장을 어떻게 다룰까? 2000년대 초반까지만 하더라도 많은 문법책이 were만 맞다고 다뤘는데, 이는 우리에게도 잘 알려진 시트콤 〈Friends프렌즈〉의 한 에피소드에도 등장하는 내용이다. 어느 외국인 미녀에게 반해서 그녀의 ESL 교실까지 따라가 함께 영어를 배우던 조이는 가정법 동사 활용을 해 보라는 선생님에게 "If I was"라고 말한다. 이에 ESL 선생님은 "I'm sorry. That's not correct미안하지만 틀렸습니다."라고 답한다. 바로 그때, 조이처럼 그 외국인 미녀에게 반해 도둑 강의를 듣고 있던 또 다른 미국인이 자랑스럽게 답한다. "That's...'If I were'." 그때까지 조이만 바라보던 그 미녀는 정답을 말한 다른 미국인 남학생에게 즉시 눈길을 돌려 버린다. 그렇지만 2000년대 후반부터 출간된 많은 미국 문법책에는 격식 없는 미국 영어Informal/Casual Speech에서는 If I was가 용인되는acceptable 표현이라고 기술되어 있다.

또 다른 예는, 미국인들이 일상생활 회화에서 다음과 같이 부사를 써야 하는 자리에 형용사를 쓴다는 점이다.

(1) She looked at me real strange.

그녀는 나를 정말로 이상하게 쳐다봤어.

(2) Can I use your computer real quick?

네 컴퓨터를 아주 잠깐만 써도 될까?

규범문법을 따르면, (1)의 strange는 동사 looked를 꾸미기 때문에 부사형 strangely를 써야 한다. real 역시 또 다른 부사인 strangely를 꾸미기 때문에 부사형인 really가 돼야 맞다. 같은 이유로 (2)도 real quick이 아니라, really quickly가 돼야 한다. 참고로, 영국 영어에서는 일상회화에서도 이 모든 단어를 정확하게 부사형으로 쓰기 때문에 이는 미국 영어에서만 나타나는 현상이다. 언젠가 〈비정상회담〉 프로그램의 한 한국인 진행자가 "Think positive 긍정적으로 생각하세요."라는 영어 표현을 쓰는 것을 보면서, 아선생은 우리 세대 한국인들은 미국 영어를 공부하고 사용하려는 경향이 강하다는 사실을 다시 한번 깨닫게 되었다.

한번은 퇴직한 한 미국인 영어과 교수가 내 수업을 들은 적이 있는데, 이 부사 부분을 다룰 때, 그분은 농담처럼 스스로를 문법 나치Grammar Nazi*라 칭하면서, 부사가 와야 할 자리에 형용사를 쓴 앞의 두 문장은 모두 다 틀렸다고 말했다. 하지만 학부생인 나머지 학생들은 앞의 예문이 틀린 문법인 것은 알지만, 다들 그렇게 말하기 때문에 이 두 문장이 큰 문제가 없다고 판단한다고 했다.

* 극단적으로 정확한 문법 사용을 주장하는 규범문법학자를 익살스럽게 표현한 말

이런 경험을 통해서, 아선생은 대부분의 미국 젊은이들이 일상회화에서 형용사를 부사로 쓰는 경우도 많다는 사실을 알게 됐다. 동시에 내가 속한 대학 사회에서는 나이 든 사람들이 좀 더 규범문법을 따르려하는 반면, 젊은 세대는 기술문법대로 말하려 한다는 사실 또한 엿볼수 있었다.

그런데 또 한 가지 흥미로운 사실은 앞의 사안에 대해 또 다른 새로운 문법 이론을 주장하는 사람들이 나타났다는 것이다. 그것은 이 형용사들은 현대 미국인들이 부사로 사용하는 경우가 너무나 많기 때문에 단순형 부사Flat Adverb: 원래 형용사형이지만 부사로 기능하는 품사로 봐야 한다는 것이다. 독자들은 이 무슨 귀에 걸면 귀걸이 코에 걸면 코걸이 같은 문법 이론인가 생각할 것이다. 하지만 실제로 많은 미국인들이 이문법 이론이 설득력 있다고 받아들이는 분위기다.

영문법을 포함해서 언어를 대하는 이런 두 가지 관점이 존재한다는 사실을 가르치면 학생들은 언제나 나에게 어느 쪽이냐고 묻는데, 나는사실 둘 다이다. 문맥과 상황에 따라 다른 관점을 취한다는 말이다.

나는 학업에 필요한 영어academic/professional English를 가르칠 때에는 철저하게 규범문법 신봉자가 되려고 한다. 이를테면, 작문 시간에 리서치 페이퍼를 작성하는 방법을 가르치거나 수업 시간에 발표하는 법을 가르치면서는 학생들이 규범문법과 구두법을 엄격히 따르게 한다. 특히 플로리다 주립대 영어 교육센터CIES에서 영어 수업을 할 때에는 상급반 문법 시간 강의에서 사소한 관사나 전치사 실수도 모두 지적해

고쳐 주려고 했다. 하지만 친구들과 이야기할 때에는 친구들의 언어 사용에 대해 판단하지 않는다. 그리고 상황에 따른 적절한 영어 표현은 비록 그것이 틀린 문법이라 할지라도 살짝 사용하기도 한다. 그중 하나가 "That don't fly with me 나한테 그런 건 안 통해!"라는 슬랭 표현이다. 3인칭 단수형인 that 뒤에 don't가 아니라 doesn't가 와야 한다는 사실은 한국의 초등학생들도 아는 문법 내용이다. 하지만 언젠가 화가 났을 때 이 말을 정확한 문법과 분명한 발음으로 "That does not fly with me anymore!"라고 말하는 아선생을 보고, 친구 에이비스와 라민은 웃음을 터뜨렸다. 누군가 나를 얕잡아보는 식의 농담을 해서 나는 분한 마음에 빈정대며 이 슬랭을 사용했던 거다. 사실 이는 이 상황에서 딱 맞는 매우 적절한 표현이었다. 문제는 이런 문맥 속에서 내가 너무나도 정확한 문법과 또박또박한 발음으로, 마치 수업을 하고 있는 영어 선생님처럼 말을 한 것이다. 두 사람은 그 상황과 내 언어 사용이 어울리지 않아서 웃었다고 했다. 그럼 이 표현을 어떻게 사용하느냐고 에이비스에게 물어보니, 평소에 흑인 악센트가 전혀 없는 에이비스가 갑자기 흑인들 고유의 진한 억양과 몸짓을 취하며 "Uh-uh, that don't fly with me."라고 말하는 것이다. 그 모습이 너무나 우스워서 라민과 나는 다시 한번 깔깔대며 웃었다. 그리고 동시에 나는 이 표현을 사용할 때 담아내야 하는 뉘앙스도 완벽하게 이해할 수 있었다.

사실 이런 비슷한 일을 아선생은 한국어로도 경험한 적이 있다. 예전에 한국말을 기막히게 잘하는 내 중국인 친구 홍매와 자취방에서 뒹굴거리며 수다를 떨고 있을 때였다. 갑자기 이 친구가 "우리 자장면 먹으러 갈까?"라고 하는 것이다. 나는 그 상황에서 홍매가 표준어로 정확하게 발음한 '자장면'이라는 단어가 다소 어색하면서도 웃기다는 생각이 들었다. 홍매는 '정거장'과 '정류장'의 차이까지 알고 정확하게 쓸 정도로 한국어를 완벽하게 구사하려고 노력하는 중국인이다. 이 일이 있던 2003년 당시에는 '짜장면'이 표준어가 아니었기 때문에, 그런 그녀가 정확하게 한 자 한 자 또박또박 '자-장면'이라고 발음하는 건, 생각해 보면 무척 자연스러운 일이었다. 하지만 친구와 따뜻한 방바닥에 배를 깔고 뒹굴거리다 먹고 싶은 건 '짜장면'이지 '자장면'이 아니다. 내가 "That don't fly with me."라는 슬랭 표현을 표준 영어로 정확하게 말했을 때 에이비스가 느꼈던 감정이 아마 그때 홍매의 '자장면'에 대한 내 느낌과 비슷하지 않았을까?

그러니 당신이 아무리 똑똑한 규범문법 신봉자라 하더라도, 네이티브 스피커들에게 제대로 된 영어의 맛을 구현하고 싶다면 때와 장소를 가려서 사용해야 할 것이다.

03

미국 영어와
영국 영어

•

영국 사람은 못 알아듣는 미국말

다른 나라에서도 유학생들이 많이 오지만 영국에서도 꽤 많은 학생들이 미국으로 유학을 온다. 아선생도 영국 학생을 가르친 적이 있는데, 우리에게 박지성 선수가 뛰었던 맨체스터 유나이티드 구단으로 유명한 맨체스터에서 온 잭이라는 학생이었다. 잭은 플로리다 주립대에서 중국어를 전공했는데, 중국에 가서 영어를 가르치며 중국어를 더 공부하기 위해 영어 교사 자격증 수업을 들었다.

세계사를 공부하면서, 또 아시아인에 대한 영국의 끔찍한 인종 차별 사건 뉴스를 몇 가지 접하고서, 솔직히 아선생은 '영국 신사'라는 말을 믿지 않게 되었다. 그것은 아선생이 영국인들에게 편견이 있어서라기보다는, 국적으로 한 사람의 됨됨이를 알 수 있다는 전제를 깔고

미국 영어 문화 수업   246

있는 이 표현이 논리적이지 않다고 생각하기 때문이다.

하지만 잭은 영국인이라서가 아니라 정말로 신사였다. 그런 잭이 다른 학생들과 함께 나를 초대했을 때, 공교롭게도 그날 다른 계획이 있어서 못 가게 된 나는 미안하다며, "Can I take a raincheck 오늘은 사정이 있어서 못 가지만 다음에는 꼭 갈 테니, 이런 기회가 있으면 또 초대해 줄 거죠?"라고 말했다. 그런데 잭이 내 말에 대답이 없었다. 내 말을 못 알아들었나 싶어서 다시 한번 말해도 여전히 무슨 말인지 모르는 눈치였다. 분명히 영어로 말했는데 영국 사람이 못 알아들으니 황당할 따름이었다. 잭을 이해시키기 위해서 옆에 있던 미국인 학생이 잭에게 "Can I take a raincheck?"이라는 문장의 의미를 설명해 주자 비로소 잭이 웃으면서 대답했다. "물론이죠!" 순간의 어색함이 그렇게 깨진 후, 아선생은 잭에게 영국 말English만 공부하지 말고 미국 말American도 공부하라고 농담으로 말했는데, 착한 잭은 심각하게 정말로 그래야겠다고 대답했다.

이 일로 아선생은 이 문장이 영국 영어에는 존재하지 않는 영어 표현이라는 사실을 알게 되었는데, 곰곰이 생각해 보니 너무나도 당연한 일이었다. Raincheck이란 날을 잡고 야외 놀이 공원에 갔는데 하필 비가 올 경우, 비 때문에 제대로 즐기지 못한 고객들을 위해서 다음에 날씨가 좋을 때 다시 한번 더 올 수 있도록 주는 무료 입장권이다. 여기서 유래한 이 표현은 누군가에게 초대를 받았는데 못 가게 되면 "오늘은 사정이 있어서 못 가지만, 다음번에 초대해 주면 꼭 갈 테니, 또 초대해 줄 거죠?"라는 의미로 미국인들이 일상 회화에서 흔하게 사용한다. 그렇지만 아선생이 살고 있는 플로리다의 날씨와는 완전히 다른 영국의 날씨를 한번 생각해 보자. 연중, 아니 하루 중 그 어느 때라도 비가 올 수 있는 그곳에서 미치지 않고서 누가 raincheck을 발행하겠는가? 그러니 영국에 이런 표현이 있을 턱이 있나!

좌우지간, 아무리 영국 영어와 미국 영어가 다르다고는 해도 이렇게 서로 못 알아듣는 사태까지 발생할 것이라고는 생각하지 못했다. 그래서 아선생은 그날부터 영어 교사 자격증 과정 수업 시간에 영국 영어와 미국 영어의 차이에 대해서도 조금씩 다루기로 했다. 재미있는 프로젝트라며 잭까지 합세해서 우리는 발표용으로 근사한 파워포인트를 하나 만들었는데, 그중 몇 가지만 언급하자면 다음과 같다.

일단 표면적으로 쉽게 알 수 있는 발음의 차이부터 몇 가지 살펴보자. 스완 Swan이 그의 저서에서도 언급하듯이,* 영국 영어에는 미국 영어보다 모음 소리가 하나 더 존재하는데, 바로 짧은 'O' 소리다. 이 소리는 한글 모음의 '오' 소리와도 상당히 유사하다. 하지만 미국 영어에는 이 소리가 존재하지 않기 때문에, 대부분의 경우 알파벳 'O'를 한글 모음의 '아' 소리에 가깝게 발음한다. 이 차이 때문에 미국인들은 '샤핑'을 하고, 영국인들은 '쇼핑'을 하는 사태가 벌어지는 것이다.

'A'는 또 어떤가? 이는 영국 영어에서는 '아'에 가깝게, 미국 영어에서

•   Swan, M. (2009). *Practical English Usage*. New York: Oxford University Press.

는 '애'에 가깝게 발음된다. 그래서 fast나 after 같은 단어들이 미국에서는 [패스트], [애프터]로 영국에서는 [파스트], [아프터]로 발음된다.

스완은 이와 더불어 두 영어가 가진 가장 큰 차이로, 표준 영국 영어에서는 R이 발음되는 경우보다 발음이 안 되는 경우가 더 많다는 점을 지적한다.ˆ 다시 말해서, 영국에서 R은 모음 앞에 올 때만 발음되는데, 그래서 turn 같은 단어는 R 발음은 살짝 빼고 그냥 '턴'이라고 발음한다. 마찬가지로 car나 offer에서처럼 단어 마지막 R은 발음하지 않는다. 이 같은 현상은 R 발음 때문에 애먹는 우리 한국인이나 일본인에게는 희소식이 아닐 수 없다!

반면, 미국 영어에서는 R이 그 어느 위치에 와도 정확하게 발음되기 때문에, 우리가 듣기에 미국 영어가 영국 영어보다 더 혀를 굴리는 것처럼 느껴지는 것이다. 하지만 D와 T 소리의 경우는 R과 반대로 영국인들은 언제나 정확하게 발음하지만, 미국인들은 이 두 발음이 거기 존재한다는 표시 정도만 살짝 해 주고 넘어간다. 그래서 미국인들이 water를 [워-러], Manhattan을 [맨-햍-은], Atlanta를 [앨-을-래나]처럼 발음하는 것이다. 이런 이유로, 미국 영어와 달리 영국 영어는 한국인들이 혓바닥에 버터를 안 발라도 비교적 비슷하게 흉내 낼 수 있는 발음 체계를 가지고 있다. 아, 갑자기 아선생도 영국으로 갈 걸 그랬나 하는 후회가 살짝 든다.

문법에서도 두 영어는 차이를 보인다. 스완에 따르면, 영국에서는 family가족, team팀, faculty교수진 등과 같은 명사 뒤에 단수형과 복수형 동사를 모두 쓴다. 이를 하나의 단위로 볼 때는 집합명사로 취급하여 단수형 동사 The team is going to lose.를, 그 집단을 이루는 개개인을 모두 통틀어 말할 때는 군집명사로 취급하여 복수형 동사 The team are going to lose.*를 쓴다는 말이다.

하지만 한국의 고등학교에서 열심히 배운 이 법칙을 금쪽같은 시간을 할애해서 상세하게 설명해 주는 이 친절한 아선생을 미국인 동료 저니건 박사는 무슨 귀신 씻나락 까먹는 소리를 하느냐는 눈빛으로 쳐다봤다. 아, 그 눈빛, 아직도 잊을 수가 없다! 그러면서 하는 말이 "The team are ~"이라는 말은 아무리 들어봐도 이상하다는 것이었다. 그는 team 같은 단수형 집합명사 뒤에는 무조건! 3인칭 단수형 동사만 써야 한다고 박박 우겼다. 당연히 아선생은 그가 잘못 알고 있다며 뚝심 있게 주장했고, 이는 곧 말다툼으로 이어졌다. 하지만 이것이 미국 영어와 영국 영어의 차이라는 사실을 저니건 박사도 아선생도 이제는 말할 수 있다!

게다가 이 두 영어가 가진 문법의 차이는 셀 수 있는 명사와 셀 수 없는 명사의 경계마저도 모호하게 만들어 버린다. 구체적인 예로 cramp경련, 쥐, toothache치통, stomachache복통 등의 단어는 미국에서는 셀 수 있는 명사이지만, 영국에서는 셀 수 없는 명사라고 한다.**

---

*   Swan, M. (2009). *Practical English Usage*. New York: Oxford University Press.
** 이 부분은 내 학생이던 영국 맨체스터 출신인 잭 벅Jack Buck과 아선생의 아이가 다니는 유아원의 원장인 스코틀랜드 출신 앤드라 코프랜드Andra Copeland 씨의 도움을 받았다.

그래서 치통이 있을 때, 미국인들은 "I have a toothache."라고 말하고, 영국인들은 "I have toothache."라고 말한다. 이는 영국인들이 미국인들보다 셈을 못해서가 아니라, 영국인들과 미국인들이 이 단어를 보는 관점Shared View이 서로 다르기 때문에 생기는 현상이다. 우리가 속해 있는 문화는 이렇게 우리가 사용하는 언어의 문법과도 세밀하게 연결되어 있다.

마지막으로, 이 두 영어는 서로 사용하는 단어 자체가 다른 경우도 꽤 많다. 오래 전 터키에서 영어를 가르친 적이 있다는 아선생의 미국인 동료는 그곳에서 함께 일했던 영국인 선생이 학교에서 "Do you have a rubber?"라고 말했을 때 순간적으로 '대체 이 사람이 지금 제정신인가?'라고 생각했다고 한다. rubber는 미국 영어에서는 슬랭으로 피임 도구인 콘돔을 뜻하기 때문이다. 하지만 알고 보니, 그 영국인은 멀쩡한 사람이었고, rubber는 영국 영어에서는 학용품인 지우개를 뜻하는 말이었다. 둘 다 고무로 만들어진 제품이니 두 나라 사람들 모두 맞는 소리를 하는 것이나, 우리는 여기서 같은 단어를 인식하는 두 나라 국민의 관점이 서로 다를 수 있음을 확인할 수 있다. 이외에도 미국 영어와 영국 영어에서 보이는 단어들의 차이가 몇 가지 있는데 그것을 다음 페이지에 정리했다.

뜻	미국 영어	영국 영어
횡단보도	crosswalk	zebra crossing
지역 번호	area code	dialing code
공갈 젖꼭지	pacifier	dummy
마침표	period	full stop
수영복	swim suit	bathing costume
재킷 스타일의 스웨터	sweater*	jumper
쿠키류의 과자	cookie	biscuit**
목도리	scarf	muffler***

영어를 가르치고 공부하는 입장에서 이런 것들을 찾아보는 건 재미있는 일이다. 게다가 그 차이를 알면 여행하는 나라에 따라 적절한 단어를 선택해서 사용할 수 있으니 무척 실용적인 정보이기도 하다. 더불어 아선생은 영국 사람들이 쓰는 영어와 미국 사람들이 쓰는 영어를 공부하면서, 우리 한국인들이 쓰는 콩글리시에 대해서도 뜻밖의 새로운 사실을 발견하게 되었다. 그것은 나의 부모님 세대들은 영국 영

* sweater라는 단어가 영국 영어에서는 단추나 지퍼가 없는 것만 가리키지만, 미국 영어에서는 이와 더불어 단추/지퍼 등이 달린 재킷 스타일의 스웨터까지도 포함하는 말이다.
** 미국 영어에도 biscuit이라는 단어가 있지만, 이는 과자가 아니라 아침 식사로 먹는 빵의 한 종류를 의미한다.
*** 영국 사람들도 scarf라는 단어 자체는 쓰지만 그것은 얇은 실크 소재의 스카프만을 말하며, 겨울용 목도리를 칭하는 단어는 muffler이다. 미국 영어의 경우, 동북부 뉴잉글랜드 지방을 제외한 나머지 지역에서 muffler는 자동차 부품 중 하나로, 목도리의 의미로는 절대로 쓰이지 않는다.

어의 영향을, 우리 세대는 미국 영어의 영향을 더 많이 받았다는 사실이다. 나는 재킷jacket을 입고 스카프scarf를 두르지만, 내 아버지는 점퍼jumper를 입고 머플러muffler를 두르신다. 초콜릿칩 쿠키cookie를 먹고 있는 내게 어머니는 비스킷biscuit이 맛있냐고 물어보신다. 이는 아마도 영국 영어를 정통 영어로 대접하며 공부하신 부모님 세대와 달리 상당히 미국화된 우리 세대의 문화 차이로 인한 현상이 아닐까 싶다.

04

개인어Idiolect에 대하여

•

우리는 모두 다르게 말한다

아선생이 너무나 좋아하고 따르는 대학 선배인 오은영 언니는 '근사하다'라는 단어를 자주 사용한다. 멋진 이탈리아 식당에서나 이국적인 풍경이 담긴 사진을 보면서도 그렇지만, 특히 자신이 좋아하는 사람들을 묘사할 때 '근사하다'라는 단어를 더 즐겨 쓰는 것 같다. 흥미로운 건 언니가 말하는 '근사하다'는 사람들보다 언니 자신이 훨씬 더 근사한 사람이라는 점이다. 그래서 나는 '근사하다'라는 단어를 듣거나 읽을 때면 언제나 은영 언니가 떠오른다. 언니의 선한 언어 사용이 비단 '근사하다'라는 단어에서만 드러나지는 않는다. 나는 언니가 우리와 조금 다른 사람을 일컬어 말할 때, '특이하다'라는 단어를 쓰는 걸 본 적이 없다. 언니는 이런 문맥에서 훨씬 더 긍정적인 빛을 발하는 '특별하다'라는 단어를 사용한다. 이렇게 '특별한' 은영 언니는 실제로 '근사한' 가족과 '근사한' 삶을 살아가는, 내가 아는 가장 '근사한' 사람이다.

한편, 내가 한국에서 직장 생활을 할 때 '쓰레기'라는 단어를 자주 쓰던 상사가 있었는데, 그는 누군가가 한 일에 대해서, 또는 한 개인이나 집단을 묘사할 때 이 단어를 잘 썼다. 부하 직원에게 '쓰레기'라는 단어와 더불어 '돌대가리'라는 말도 서슴지 않고 사용했던 그의 성품에 대해서는 아까운 지면을 할애하면서까지 논할 필요가 없을 것 같다.

오래 전 미국인 친구와 술을 마시며 한국에서 직장 생활을 할 때 그 상사에게 받은 상처에 대해 말하자, 친구가 그런 dirty memory를 어떻게 처리해야 하는지 조언해 준 적이 있다. 나는 사실 그때 들은 조언 내용은 하나도 생각이 안 나는데, 상사와의 기억을 dirty memory라고 표현한 그 친구의 단어 선택은 뇌리 속에 진하게 남아 있다.[*] '쓰레기'라는 말을 즐겨 쓰던 사람과의 dirty memory! 이 두 표현은 서로 국적은 다르지만, 실로 환상적인 궁합이다. 역시 세계는 하나다. 은영 언니와 아선생의 전 직장 상사는 모두 같은 지역(서울/경기)의

---

* 실제 형용사 dirty는 생각이나 기억과 관련되어 쓰일 때 주로 성性에 연관된, 이를테면 "야한 생각의"의 의미이다. 그러므로 인격 모독을 일삼는 상사와의 기억은 dirty memory보다는 bad memory, 또는 horrible memory가 훨씬 더 정확한 표현이다. 하지만, 이 이야기를 하면서 친구가 말한 dirty memory가 문맥에서 어떤 의미를 뜻했는지 모두 알아듣고 자연스럽게 대화가 진행되었기 때문에, 이 단어 선택이 꼭 틀렸다고 볼 수는 없다. 다만, 이럴 때는 bad/horrible memory가 훨씬 더 일반적인 표현이라는 사실은 알아두자.

같은 언어를 쓰는 사람들이다. 하지만 이 두 사람의 언어 사용 패턴까지 똑같다고 볼 수는 없다. 이렇게 같은 언어로 말함에도 불구하고 우리들 각자가 사용하는 언어는 개개인의 기질과 특성을 고스란히 담아낸다. 이를 언어학자들은 개인어Idiolect라고 부른다. 그리고 한 언어학자는 우리가 사용하는 개인어에 대해서 다음과 같이 말했다.

"Indeed, we all speak different dialects."
실로, 우리는 모두 각자 다른 방언으로 말한다.

현재 미국의 조지타운 대학에서 언어학을 가르치는 제니퍼 스클라파니Jennifer Sclafani 박사 또한 한지붕 아래 함께 사는 가족들도 실제로 완전히 똑같은 언어로 말하는 것이 아니라고 주장한다. 스클라파니 박사는 그 이유로 우리는 모두 같은 단어를 조금씩 다른 방식으로 발음하며, 이는 우리 각자의 목소리가 모두 조금씩 다른 억양과 어조를 가지고 있기 때문이라고 한다. 스클라파니 박사는 이와 더불어 같은 것을 말할 때 사람마다 다른 단어를 선택한다는 점도 지적하는데, 이에 대해 자신이 bubbler분수식 물 마시는 꼭지라고 부르는 것을 다른 사람은 water fountain이라고 칭하는 것을 예로 든다.*

• 2016년 3월 25일자 「Scientific American」에서 Jennifer Sclafani 박사의 칼럼, "The Idiolect of Donald Trump"에서 인용(https://blogs.scientificamerican.com/mind-guest-blog/the idiolect-of-donald-trump/)

이렇게 개인어는 단어 사용뿐만 아니라, 문법, 발음, 억양 등 언어가 가지고 있는 모든 측면을 포함해 이루어져 있다. 아선생은 다른 사람의 개인어를 탁월하게 분석하는 사람들이 특히 개그맨들 중에 많다고 생각한다. 그것은 다른 사람의 성대모사를 시도할 때 가장 먼저 하는 일이 그의 개인어에 대한 분석이기 때문이다. 당연한 말이지만, 개인어를 정확하게 분석해서 구현해야 듣는 사람들이 똑같다고 느낀다. 그래서 내가 볼 때 성대모사는 그저 남의 목소리를 흉내 내기만 하는 행위가 아니라, 누군가의 개인어에 대한 예리한 분석이 밑받침된 언어적인 활동이다. 이에 대한 증거로, 목소리를 쓰지 않고 '성대모사'를 시도한 네티즌들의 글을 한번 살펴보자. 2019년에 방영된 드라마 〈스카이 캐슬〉의 주연 배우 김서형 씨는 SNS에 장난삼아 극 중 자신의 캐릭터였던 김주영 선생의 말투로 "어머님, 이 트리를 집에 들이십시오."라고 남겼다. 다음은 이에 대한 여러 네티즌들의 댓글 모음이다.

곽미향(염정아 분): 네, 쓰엥님!

차민혁(김병철 분): 트으으으리? 지금 트으으리라고 했어? 책만 보고 있어도 모자랄 판에, 트으으으리?

진진희(오나라 분): 어마마? 예서 나이가 몇인데 집에 트리를 들여? 언니 이럴 때 보면 은근 정 떨어지더라~.

강준상(정준호 분): 트리? 무조건 황치영이네보다 크게 만들어. 아주 크~ 게! 아주 묵사발을 만들어 버리라구!

〈스카이 캐슬〉을 본 사람들이라면 네티즌들이 장난삼아 써 놓은 앞의 대사들이 이 드라마 속 각각의 캐릭터들을 완벽하게 재현해 내고 있다는 사실을 알 수 있다. 이렇게 음성 지원 없이도 네티즌들이 장난으로 쓴 이 대사들이 그럴듯해 보이는 이유는 이 댓글을 단 사람들 각각이 드라마 캐릭터들의 문법 사용과 단어 선택을 포함한 개인어를 완벽하게 분석해서 재현해 냈기 때문이다. 이에 대한 댓글에서 많은 사람이 이들을 재치 있다고 표현했지만, 내가 보기에 이들은 언어적 감각이 탁월한 사람들이다.

그럼, 이제 영어를 사용하는 사람들 중 우리가 알고 있는 한 사람을 선택해서 그의 개인어를 한번 분석해 보자. 대통령직에서 물러났지만 여전히 존재감을 드러내며 미국인들이 뒷목을 잡게 하는 도널드 트럼프. 아선생은 트럼프 하면 떠오르는 단어가 특유의 발음과 억양으로 말하는 Fanta-stic인데, 그것은 그가 이 단어를 지나치게 많이 사용하기 때문이다. 이 사실은 트럼프 관련 뉴스 헤드라인 몇 개만 봐도 쉽게 알 수 있는데, 예를 들면 다음과 같다.

Trump: It's Going to Be a Fantastic 2018.(Fox News Insider)
트럼프: 굉장한 2018년이 될 겁니다.(폭스 뉴스 인사이더)
Trump: We did a fantastic job in Puerto Rico.(CNN)
트럼프: 우리는 푸에르토리코에서 굉장한 일을 해냈어요.(CNN)

Trump: Pakistan is a 'Fantastic Place'.(CBS News)

트럼프: 파키스탄은 기막히게 멋진 곳입니다.(CBS 뉴스)

'You've done a fantastic job': Donald Trump praises Scott Morrison at G20.(The Guardian)

도널드 트럼프가 스콧 모리슨에게 G20 정상회담에서 "정말 훌륭하게 일처리를 했습니다"라고 칭찬하다.(가디언)

'근사하다'라는 단어를 즐겨 쓰는 은영 언니가 그야말로 '근사한' 사람인데 반해, 트럼프 전 대통령이 그가 자주 쓰는 단어처럼 fantastic한 사람인지에 대해서 아선생은 회의적이지만, 어쨌든 사실이 그렇다. 발음에 있어서 트럼프가 가진 개인어의 특성은 huge라는 단어를 언제나 yu-ge처럼 발음한다는 점이다. 이 단어에서 h가 묵음도 아닌데 일상 회화도 아닌 공식 석상에서 연설할 때조차도 이렇게 발음하는 것이 그저 신기할 따름이다. 어쨌든 배우 알렉 볼드윈이 〈Saturday Night Live〉 쇼에서 트럼프 전 대통령을 성대모사할 때마다 이 두 가지 특징을 완벽하게 재현해 내는 것을 보면 그도 나처럼 그의 개인어 특성 중에서 이 두 가지 사실에 주목하는 듯하다.

스클라파니 박사는 그녀의 칼럼에서 트럼프 전 대통령의 개인어가 가진 특성에 대해 아선생이 지적한 것 외에도 또 다른 점을 몇 가지 제시했다. 그녀는 가장 먼저 트럼프 전 대통령 특유의 화제 전환 방식에 주목했다. 그녀의 칼럼에 따르면, 트럼프는 대화의 주제를 바꿀 때 매끄럽고 세련되지 않게 그냥 불쑥 넘어가 버린다고 한다. 이때 그가 잘 사용하는 단어가 so, you know, anyway 등과 같이 별 의미 없는 단어이다. 물론 공식 석상에서 이런 일상 회화용 구어체를 사용한다는 건 썩 바람직한 일은 아니다. 때문에 이런 그의 화법을 비판하는 미국인들이 많다.

이와 더불어, 스클라파니 박사는 트럼프 전 대통령이 공식적인 연설을 할 때에도 Big Words격식을 갖춘·학술적인 단어가 아니라 Small Words격식에 얽매이지 않은 쉬운 단어로 어린 아이들이 쓰는 단어를 주로 사용한다는 점을 지적한다.* 독자들의 이해를 돕기 위해, 미국인들이 Big Words라고 부르는 단어들과 Small Words라고 부르는 단어들에 대한 예를 몇 가지 들어보면 다음 페이지에 제시한 것과 같다.

앞에서 제시한 Big Words와 Small Words의 몇 가지 예만 봐도 트럼프 전 대통령의 개인어 특성에 대한 감이 탁! 하고 오지 않는가?

이렇게 트럼프 전 대통령의 개인어 분석이 우리에게 색다른 즐거움을 선사하지만, 아선생이 대학원을 다니던 조지 W. 부시 대통령 재임 시절에는 부시 대통령의 개인어를 분석한 내용을 담은 부시즘Bushism이 한창 유행했었다. 그 당시 내 담당 교수였던 젱크스Jenks 박사는 사회언어학을 다루면서 이 부시즘을 예로 들어 강의했다. 또, 내 캐나다인

---

* 2016년 3월 25일자 「Scientific American」에서 Jennifer Sclafani 박사의 칼럼, "The Idiolect of Donald Trump"에서 인용(https://blogs.scientificamerican.com/mind-guest-blog/the idiolect-of-donald-trump/)

뜻	Big words	Small words
개선하다	ameliorate	make better
확인하다	verify	check
보장하다(반드시 ~하게 하다)	ensure	make sure
폐기하다/버리다	discard	throw away
익명의	anonymous	nameless
널찍한	commodious	roomy
충분한	sufficient	enough
추운	frigid	cold
거대한	gigantic	huge
느린/지각한	tardy	slow / late

친구들은 장난삼아 이메일로 웃긴 부시즘을 보내주곤 했다. 같은 시기에 한국의 노무현 대통령 성대모사를 했던 개그맨들이 노 대통령이 토론할 때마다 자주 쓰던 표현인 "맞습니다, 맞고요~"를 강조했던 것 또한 노 대통령 개인어 분석의 결과라고 할 수 있다. 이처럼 권력자들의 개인어를 분석해서 풍자나 개그 소재로 사용하는 것은 민주주의 제도가 정착된 전 세계 어느 나라에서나 흔하게 볼 수 있는 현상이다. 영어를 공부하면서 우리가 알고 있는 유명 인사들의 개인어를 재미삼아 분석해 보면, 언어를 배우는 또 다른 묘미를 느낄 수 있을 것이다. 이런 쏠쏠한 재미를 음미해 가면서 공부를 하는 사람들에게는 외국어가 지루할 틈이 없다.

05

말하기와 글쓰기에 관련된
한미 문화 차이

•

미국인과 우리의 이야기 서술 방식 차이

미국 오리건 주립대Oregon State University에서 나라마다 의사소통하는 방식이 다르며, 그런 문화적 차이로 인해 달라지는 각 나라의 글쓰기 방식을 영어 교육자들에게 소개하는 교육용 비디오를 제작한 적이 있다. 아선생은 그 영상에 나온 에콰도르 학생과의 인터뷰가 상당히 흥미로웠는데, 그녀는 에콰도르를 포함한 남미 문화권에서는 이야기를 전달하는 방식이 대체로 이런 식이라고 한다.

"너 파블로 알지? 걔가 메리하고 그렇고 그런 사이였잖아. 그런데 말이야, 후안 알아? 후안도 메리를 좋아했거든. 어젯밤에 우리 다 같이 파티를 했는데, 그 파티에 파블로하고 후안, 그리고 메리까지 전부 다

왔지 뭐야. 걔네들이 다 함께 술을 마시기 시작했는데 ……"

그러니 이들의 이야기는 끝까지 들어보지 않으면 화자가 하고자 하는 말의 요점을 알 수가 없다. 그런데 동시에 이 에콰도르 학생은 미국 사람들은 자기들과는 전혀 다른 방식으로 이야기를 전달한다는 점을 지적한다. 미국인들은 보통 하고 싶은 말의 요점부터 맨 처음에 먼저 꺼내고 나서, 그 뒤에 세부 사항을 덧붙이는 방식으로 이야기하기 때문이다. 예를 들어, 그녀는 앞의 똑같은 이야기를 자신의 미국인 친구라면 이렇게 전할 것이라고 말한다.

"어제 무슨 일이 있었는지 아니? 파블로하고 후안이 메리 때문에 싸웠어. 그게 어떻게 된 거냐면…."

미국인들은 이렇게 일단 결론부터 말해 놓고 난 후에 그런 결론에 이르게 된 세부적인 내용을 점점 덧붙이는 방식으로 이야기를 전달한다. 내게 미국과 남미의 이야기 서술 방식의 차이를 설명하는 그녀의 인터뷰가 재미있었던 이유는, 우리 한국인의 의사소통 방식 역시 남미인의 그것과 매우 흡사하기 때문이다. 예를 들어, 다음은 우리 어머니가 친구 분과 한 전화 통화 내용 중 일부이다.

"○○ 아부지가 심장에 이상이 있는 것 같아서 큰 병원에 검사받으러 갔거든. 그랬는데 검사해 보니까 심장에는 아무 이상이 없다 카더라고. 근데 도대체 심장이 와 그런가 해서, 다른 검사를 받아 봐야 하나 하고 있었거든. 니도 알제? 그 사람이 당뇨도 있었다 아이가! 그래서 내과 선생님한테 우쨰야 하는지 물어보고 있었는데…"

어머니 친구분은 한참 동안 당신 남편이 병원에서 경험했던 그 모든 에피소드와 검사 과정을 설명하셨는데, 놀랍게도 이 이야기의 결말은 결국 그러다 ○○ 아버지가 그 병원에서 돌아가셨다는 것이었다. 전화를 끊자마자, 어머니께서는 "○○ 엄마는 말을 꼭 이런 식으로 해서 이 사람 말은 끝까지 다 들어봐야 무슨 말을 하는지 안다니까!"라고 하셨다. 하지만 어머니의 친구분뿐만 아니라, 실제로 많은 한국인들이 이런 방식으로 이야기를 서술한다. 다시 말해, 우리 대부분은 주요 요점 즉, 결론을 이렇게 마지막에 서술하는 방식으로 이야기한다. 그래서 "한국말은 끝까지 들어봐야 안다"라고 하는 것이다. 게다가 우리가 학교 다닐 때 국어 시간에 배웠던 기초적인 이야기 서술 방식 또한 "기 – 승 – 전 – 결"이 아닌가! 하지만 만약 어머니와 어머니 친구분이 미국인들이었다면, 대화는 기승전결의 전개 방식을 따르는 대신 이런 식으로 진행됐을 것이다.

"○○ 아부지 돌아가셨다."
"엄마야, 우짜다가?"

"처음에 심장에 이상이 있는 것 같아서 큰 병원에 검사받으러 갔는데…"

보통 미국인들은 이렇게 단도직입적으로 요점부터 말하면서 대화를 시작하기 때문이다. 나라마다 다른 이런 이야기 서술 방식의 차이를 언어 교육학계에서는 '말하고자 하는 메시지의 내용을 정리해서 전달하는 방식의 차이Organizational preference'라고 한다. 많은 언어학자들은 이야기 서술 방식에서 한국과 미국이 보이는 이 차이가 서로 다른 어순 때문이라고 주장한다. 영어 문장이 주어와 동사로 시작하는 것과 달리, 한국어는 서술어인 동사가 문장의 맨 마지막에 오기 때문이다. 아선생도 우리가 요점을 마지막에 말하는 문화Shared Patterns를 가지게 된 배경에 이런 한국어의 어순이 영향을 끼쳤을 것이라고 생각한다. 이런 차이 때문에, 아선생은 처음 미국에 와서 미국인 친구들과 대화할 때 예상했던 대로 대화가 진행되지 않아 답답했던 경우가 가끔 있었다. 이를테면, 기-승-전까지 이야기하고 드디어 결론 즉, 내가 하고자 했던 말의 요점을 막 말하려고 하는 순간, 미국인 친구가 그 대화를 끝내 버리고는 다른 화제로 전환하는 일이 일어나곤 했던 것이다. 그럴 때마다 그 친구가 내 말을 끝까지 들어주려는 인내심이 부족하거나, 혹은 나를 무시하는 것이 아닌가 하는 생각마저 들었다. 그래서 한번은 "제발 내 말 좀 끝까지 들어줄래?"라고 짜증스럽게 말한 적도 있었다. 그러자 친구는 "어, 미안. 얘기 계속해 봐."라고 했다. 그때 너무나 미안해하면서 내 이야기를 끝까지 경청해 줬던 그 친구의 반응으로 미루어 보아, 아마도 두 나라의 이야기 서술 방식의 차이로 인해 친구는 내가 진짜 하려는 말을 이미 다 끝냈다고 생각해서 그랬던 것 같다.

미국인들의 이런 이야기 서술 방식은 말할 때뿐만 아니라 글을 쓸 때도 적용된다. 알다시피, 영어 에세이는 도입 단락에 주제문을 쓰고, 그 다음 단락부터는 주장을 뒷받침하는 세부적인 근거를 계속 이어간다. 그래서 미국의 영어 작문 시간에 강사들이 한결같이 하는 말은 "Do not surprise the readers 독자들을 갑자기 놀라게 하지 마라!"이다. 이는 글쓴이가 본문 중간이나 결론에 가서 갑자기 새로운 주장을 제시하는 것은 좋은 글이 아니라는 뜻이다. 글을 쓸 때 이런 미국식 에세이의 구조를 정확하게 이해하는 건 단어와 문법 공부 이상으로 중요하다. 그래서 ESL English as a second language 글쓰기 시간에는 미국의 이런 글쓰기 문화 즉, 미국식으로 사고하고 글을 쓰는 방식부터 가르친다.

미국과 한국의 문화 차이가 글 쓰는 방식에 영향을 미치는 또 다른 예로 연결어 transition words 사용이 있다. 아선생이 한국에서 책을 여러 권 출간하고 또 잡지에 칼럼을 기고하면서 깨달은 점이 하나 있는데, 한국의 편집자들은 접속사 사용을 최소화하려 한다는 점이다. 고백하건데, 아선생 글에는 접속사를 포함한 연결어가 자주 등장한다. 아선생은 이런 연결어 없이 다음 문장으로 넘어가는 게 왠지 어색하게 느껴지기까지 한다. 적절한 연결어를 사용해야 그 다음 내용으로 매끄럽게 이어진다고 생각하기 때문이다. 그런데 한국 출판사의 몇몇 편집자와 출판 작업을 하면서, 그들이 내가 써 놓은 접속사를 그냥 없애 버리는 경우를 종종 경험했다. 그러면 나는 그들이 갖다 버린 접속사를 최종 원고에 다시 데려다 놓기도 했다. 그런 식으로 편집자들과 줄다리기를 반복하던 와중에 좋은 글쓰기에 관한 어느 기사를 우연히 읽게 되었다. 그리고 한국에서 글밥 먹는 사람들은 내용상 논리적인 글은 접속사 없이도 앞뒤가 매끄럽게 연결돼야 한다고 생각한다는 사실을 알게 됐다. 아뿔싸!

내가 이 기사에 충격을 받은 이유는 오랫동안 미국 글쓰기 교육에 몸담고 있으면서 배운 사실과 너무도 상반된 내용이기 때문이었다. 미국에서는 접속사conjunctions와 접속부사conjunctive adverbs를 포함한 연결어를 잘 쓰는 것이 문장을 매끄럽게 연결하는 데 필수적인 요소라고 본다. 그래서 이 연결어를 학기 초에 중점적으로 다룬 후에, 학생들에게 글을 쓸 때마다 참고하라며 연결어 차트를 나눠 주는 작문 선생님들이 많다. 외국인을 위한 영어 교육뿐만 아니라, 아선생 아들이 미국 공립중학교를 다녔는데, 그때 아이의 영어(우리의 국어) 교과서에도 작문 시간에 연결어를 중점적으로 다룬다. 오랫동안 이런 미국식 작문 교육을 해 오면서, 아선생은 연결어를 적절하게 사용해야 글이 매끄럽게 이어진다는 생각을 거의 강박관념처럼 갖게 된 것 같다. 그렇게 형성된 믿음이 한국어로 글을 쓸 때조차 표출되는 것을 보면, 사람은 역시 자신이 현재 속해 있는 문화권의 영향을 받을 수밖에 없는 존재인가 보다.

나는 두 나라의 글쓰기 방식에 이런 차이가 생겨난 이유가 한국이 고맥락 문화권인데 반해, 미국이 저맥락 문화권이라는 사실과 무관하지 않다는 생각이 든다. 여러 번 언급했듯이, 저맥락 문화권에서는 정황이나 문맥보다는 "직접적으로 오고 가는 말"을 훨씬 더 중요하게 여긴다. 그러니 두 문장을 연결할 때조차도 접속사나 접속부사와 같이 직접적인 말(단어) 즉, 연결어가 들어가야 매끄럽게 이어진다고 생각하는 것이다. 반면, 직접적으로 오가는 말보다 "주변 문맥과 맥락"이 상대적으로 더 큰 역할을 하는 고맥락 문화권인 우리나라에서는, 전체적인 맥락이 논리적이면 굳이 이런 하나하나의 단어(연결어)에 집착할 필요가 없다고 보는 것이다. 그러니 자연스럽게 연결어를 사용하지 않고도 전체적인 문맥이 논리적인 경우를 더 좋은 글이라고 여기게 되는 것이 아닐까 싶다. 이렇게 큰 틀에서 보이는 문화적 차이가 결국 우리들이 글을 쓰는 방식, 또는 말을 하는 방식과 같은 세부적인 차이를 낳기도 한다. 그러니 말과 글을 다루는 사람들은 문화라는 큰 그림을 외면해서는 안 될 것이다.

06

모국어-영어
1대 1 번역의 난제

•

'정'과 '남'은 영어로 어떻게 번역할까?

cunning: 커닝

hand-phone: 핸드폰

eye shopping: 아이쇼핑

sunglass: 선글라스

skinship: 스킨십

burberry man: 바바리맨

health club: 헬스클럽

센스 있는 사람들이라면 눈치챘겠지만, 이 단어들은 영어로 써 놓으
니 그럴 듯해 보이지만 그 정체는 잉글리시가 아니라 콩글리시다. 실

제로 미국에 온 한국인 유학생들이 종종 영어에 이런 콩글리시 단어를 살짝 섞어서 말할 때가 있는데, 미국인들은 당연히 못 알아듣는다. 특히 skinship은 미국 영어에 존재하지 않는 단어이기 때문에 미국 사람들이 알아들을 리가 없다. 그나저나 Burberry버버리 사는 자신들의 상호명이 한국에서 이런 지저분한 의미로 쓰인다는 사실을 알고 있을까? 좌우지간 이 콩글리시 단어들을 순서대로 정식 잉글리시 단어들로 바꿔 보면 다음과 같다.

cheating: 커닝

cell(cellular) phone: 휴대폰

window shopping: 아이쇼핑(물건은 사지 않고 구경만 하기)

sunglasses: 선글라스

flasher: 바바리맨(노출증 환자)

fitness club: 헬스 클럽

'스킨십'의 경우 영어로는 한 단어로 정확히 번역이 안 되지만, 스킨십을 많이 하는 사람을 보고 "He's touchy-feely그는 스킨십을 많이 해."라고 말할 수 있다.

그러니 제대로 된 영어를 하고 싶다면 하루쯤 날을 잡아서 자신의 언어 시스템 안에 존재하고 있는 이런 콩글리시부터 잡아야 할 것이다. 하지만 이런 공식적인(?) 콩글리시 외에도 우리말을 영어로 직역했을 때 뜻이 희한해지는 경우도 있는데, 이로 인한 웃지 못할 에피소드는 미국에서 실제로 비일비재하다. 어느 날은 우리 학교 ESL 강사가 아 선생에게 와서는 어리둥절한 표정으로 물었다.

"Is polygamy legal in South Korea?"
한국에서는 일부다처제가 합법적이니?

상황은 이랬다. 기혼인 한국인 여학생 두 사람이 언제나 함께 다녔는데, 그중 한 사람이 영어 강사에게 자신의 남편을 말하면서 한국어 '우리 남편'을 그대로 번역해서 our husband라고 했단다. 그 강사는 이 두 사람이 한 남자의 아내들이라는 말로 알아듣고서는 아랍계도 아닌 한국 여자들이 아무렇지도 않게 그렇게 말하는 것이 참으로 신기하게 여겨졌다고 했다. 그 한국 여학생 둘 다 영어를 잘했던 것 같은데, 아마 순간적으로 자기도 모르게 한국어를 직역한 말이 튀어나오곤 했던 모양이다. 이런 현상을 외국어 교육학에서는 외국어로 말할 때 모국어의 개입L1 Interference이라고 한다. 이는 외국어를 말할 때 모국어로 말하던 습관 때문에 생기는 이런 류의 실수들을 통틀어 말하는 용어다. 이 때문에 영어를 아주 수준급으로 잘하는 사람들 입에서도 가끔씩 한국어를 직역한 살짝 엉뚱한 영어 단어가 튀어나오기도 하는 것이다. 이런 실수를 하지 않도록 조심해야 하는 경우를 몇 가지만 살펴보면 다음과 같다.

알약을 먹다: take pills

이때 우리말로는 '먹다'라는 동사를 쓰지만 영어로는 eat을 사용하지 않는다.

수업을 듣다: take a class

마찬가지로 이 문맥에서 우리말과 달리 영어로는 동사 listen이 아니라 take를 쓴다.

흰머리: gray hair

이 경우, white hair라고 해도 미국인들이 알아는 듣겠지만, 다소 어색하게 들린다. 나이가 들어 흰 머리카락이 하나둘 보인다는 의미의 문맥에서 미국인들은 white가 아닌 gray라는 단어를 사용하기 때문에, 이 표현이 훨씬 더 자연스럽게 들린다.

우리 언니: my sister

'우리'지만, 영어로 our를 쓰지 않고 my를 쓰며, 굳이 나이를 밝혀야하는 상황이 아니라면, 언니를 older sister라고 말하는 경우가 매우 드물다는 점 또한 다르다.

그런데 아선생이 생각하기에 이런 모든 현상의 원인은 결국 한국어 단어 하나하나를 일일이 다 영어 단어로 번역하려는 습관에서 오는 실수인 것 같다. 이런 습관이나 태도는 바람직하지도 않을 뿐더러, 그 모든 단어를 전부 다 영어로 번역한다는 것도 불가능하다. 왜냐하면 모든 한국어 단어가 영어로 번역되는 것은 아니기 때문이다.

앞서 고맥락/저맥락 문화를 다루면서 영어로 번역하기 힘든 한국어 단어의 예로 '눈치'를 들었는데, 「이코노미스트The Economist」 한국 특파원 다니엘 투더Daniel Tudor 기자는 그의 저서 『한국: 불가능의 나라 Korea: The Impossible Country』에서 이런 단어의 예로 '정'을 들었다. 참고로 투더 기자는 영국 사람이다. 그는 이 단어가 본질적으로 영어로 번역하기가 너무 힘들기 때문에 "You just have to feel it 그냥 느껴야 한다!" 이라고 말한다.* 음악 평론가 강헌 씨의 말에 의하면, 미국 흑인들이 그들을 대표하는 스윙이 어떤 음악인지 물어보는 백인들에게도 이런 식으로 말했다고 한다. 사실 흑인들이 그렇게 말한 건 나도 충분히 이해할 수 있다. 음악이야 리듬을 타면서 그냥 느껴 보려면 못할 것도 없는 일이니까! 하지만 언어에서 한 단어가 가진 뜻을 이런 식으로 설명하면, 한국어를 모국어로 하지 않는 사람들 입장에서는 정말 미치고 환장할 노릇일 것이다. 단 한 글자로 된 단어에서 대체 느끼긴 뭘 느끼란 말인가? 그럼에도 불구하고 '정'이라는 단어가 그만큼 영어로 번역이 힘들기 때문에 투더 기자가 그렇게 말하는 것 또한 이해는 할 수 있다.

•   Tudor, D. (2012). *Korea: The Impossible Country*. U.S.A: Tuttle Publishing.

그렇다면 한국인이라면 누구나 바로 이해할 수 있는 그 '정'을 영국인인 투더 기자는 어떻게 이해했는지 살펴보자. 다음은 그의 저서 『Korea: The Impossible Country』에서 발췌한 내용이다.

Jeong refers to feelings of fondness, caring, bonding, and attachment that develop within the interpersonal relationships. It is not felt purely within the heart or mind of an individual but is a connection that exists between two or more people... Two people who share jeong should have a relationship of mutual give and take, assisting each other when needed.

정이란, 사람들 사이에서 발전할 수 있는, 좋아하고 보살피고 싶으며 서로 유대감이 느껴지는 애착의 감정을 말한다. 그것은 한 개인의 마음속에서만 느껴지는 게 아니라, 둘 혹은 그 이상의 사람들 사이에서 연결된 어떤 것이다. (중략) 정을 나누는 두 사람은 필요할 때 서로 도우며, 협력하는 관계를 가진다.

It is even possible to have jeong with a person one does not like. For example, the expression 'miun jeong (hateful jeong)' describes the bitter interdependence of an old married couple, or of co-workers who cannot stand one another but would feel bereft if one of them were to leave the firm.

정은 자신이 싫어하는 사람과도 나눌 수 있는 것이다. 예를 들어, '미운 정'이라는 말은 나이 든 부부가 서로 원망하면서도 의존하는 감정, 또는 서로 참아 주기 힘든 두 직장 동료 중 한 사람이 회사를 떠나게 되면 상실감에 빠지게 되는 관계를 말하는 표현이다.

Jeong is unreasonable... It is the opposite of logic, for example, the lending of large sums of money to uncreditworthy friends or relatives in spite of spousal opposition. Jeong creates a kind of unwritten contract, promising help whenever it is needed.

정은 불합리적이다. (중략) 그것은 논리와 반대되는 개념이다. 예를 들면, 신용이 좋지 않은 친구나 친척에게 배우자의 반대에도 불구하고 큰 돈을 빌려 주게 한다. 정은 필요할 때마다 도와주겠다고 약속하는 구두 계약을 하게도 한다.

휴~. 이러다가 그놈의 '정' 때문에 한국어 공부를 포기하는 외국인이 나올까 무서울 지경이다. 좌우지간, 이토록 복잡미묘한 '정'이라는 말을 어찌 하나의 영어 단어로 번역할 수가 있겠는가? 아선생이 재미삼아 이 책을 주변의 미국인 친구들에게 보여줬더니, 다들 '정'이라는 단어가 주는 느낌을 대충은 알겠지만, 그 의미를 완벽하게 파악하지는 못하겠다고 했다. 특히 '미운 정'은 도무지 무슨 말인지 알아먹지를 못하겠다는 친구들이 대부분이었다. 한 친구는 오랜 고민 끝에 '미운 정'을 자신이 드디어 영어로 번역했다면서 scorn-filled codepen-dency어쩔 수 없이 의존하지만 서로 경멸하는 관계라고 말했다. 친구에게는 대단하다면서 마음에도 없는 미국식 칭찬을 해 줬지만, 솔직히 '미운 정'에서 '미운'이 그렇게까지 강렬한 증오의 감정은 아니지 않는가? 그러니 "미운 정 고운 정 다 들었다"라는 말을 영어로 직역해서 미국인들에게 이 문장이 가진 뜻을 정확하게 전달한다는 것은 단언컨대 불가능한 일이다. 이 문장을 영어로 말하려면 '미운 정', 아니, '정'이라는 단어는 번역을 포기하고 이런 비슷한 상황에 맞는 가장 미국적인 표현을 찾는 게 훨씬 더 효과적인 방법일 것이다.

투더 기자는 '정'과 더불어 한국어에서 '남'이라는 단어도 정확히 영어로 번역이 안 된다고 지적했는데, 아선생도 이 말에 100퍼센트 동의한다. '남'이라는 단어를 영한사전에서 찾아보면, others, other people이라고 정의되어 있다. 하지만 이런 단어들은 한국인들이 '남'이라는 단어에 가지고 있는 정서를 제대로 담아내지 못한다. 이를테면, 한국의 주부들이 남편을 일컬어 언제나 '남의 편'이라서 남편이라고 부른다고들 하는데, 이때 '남'이라는 말이 others라는 한 단어로 설명이 될까?

흥미로운 건 투더 기자가 자신의 저서에서 이 단어 쓰임의 예로 고 김영삼 전 대통령이 선거 유세 때 했던 말인 "우리가 남이가?"라는 말을 인용하면서 "Are we nam?"으로 번역했다는 사실이다. 이는 이 문장 속에서 이 느낌 그대로의 '남'을 번역할 수 있는 영어 단어를 찾지 못했다는 것을 증명해 준다.

바로 이런 이유 때문에 한국어로 생각하고, 한국어 단어 하나 하나를 영어로 번역하려고 하면 영어가 술술 나오기가 힘든 것이다. 게다가 그런 과정에서 탄생한 영어 문장들을 영어다운 영어라고 할 수 있을까? 같은 이유에서 미국의 많은 영어 강사가 항상 국제 학생들에게 모국어를 번역하려 하지 말고 '영어로 생각해서Think in English 영어로 말하라!'고 하는 것이다. 물론 처음에는 힘들겠지만, 하루에 10분 정도만이라도 실천해 보면, 이 또한 충분히 습관화할 수 있다.

07

영어 공부와
요리의 공통점

•

영어 공부는 백 선생이 요리를 대하듯이 하라

예전에 방영됐던 〈수미네 반찬〉에서 김수미 씨가 하는 그대로 '닭볶음탕'을 만들었는데, 너무 맛이 없어서 깜짝 놀랐다. 그동안 백종원 씨가 진행했던 〈집밥 백선생〉에서 배운 레시피로 한 모든 요리에는 성공했기 때문에 이번에도 자신만만하게 시도했던 터라 충격이 컸다. 그러고 보니 백종원 씨는 언제나 고춧가루는 종이컵으로 1컵, 물은 두부곽으로 세 번 등과 같이 매우 정교하면서도 정확한 레시피를 알려 준다. 하지만 김수미 씨는 마늘은 "미쳤구나~ 할 정도로" 넣으라고 하거나, 매실액은 그냥 한 번 '쑤~욱' 부으라고 한다. 그래서인지 내 경험상, 김수미 씨가 가르쳐 주는 레시피는 그와 더불어 요리하는 사람의 '손맛'과 '센스'가 더해져야 비로소 맛있는 요리로 탄생하는 것 같다. 그래서 나같이 '손맛'이 없는 사람에게는 백종원 씨가 최고의 스승이다. 대체 왜 그럴까 생각해 보니, 의외로 쉽게 답이 나왔다. 예전에 그가 진행했던 〈한식대첩〉을 보면 백종원 씨가 그 모든 식재료를 기초부터 얼마나 철저하게 공부했는지 알 수 있다. 〈골목식당〉을 보면 그가 일반적인 대중의 입맛에 대해 오랜 세월 연구에 연구, 실험에 실험을 거듭했다는 사실 또한 엿볼 수 있다. 그렇게 깊은 지식과 연구, 풍부한 경험 속에서 탄생한 레시피이기 때문에 대한민국의 평균적인 입맛을 가진 나같은 이들에게는 맛이 없을 수가 없다.

김수미 씨도 맛있는 요리를 만들려고 나름대로 연구를 했겠지만, 본업이 배우인지라 백종원 씨가 평생을 바쳐온 기초적인 식재료부터 시작된 체계적인 공부는 하지 못했을 것이다. 그래서 경험은 풍부하지만 이론이나 연구, 즉 지식적인 측면은 부족한 것 같다. 요리를 전혀 못하지만, 맛과 요리법에 대해 평론을 하는 음식 평론가의 경우는 또 김수미 씨와 정반대편 꼭짓점에 있는 것 같다. 맛에 대해서는 논외로 하더라도, 요리를 잘할 줄 모르는 사람이 요리법에 대해 하는 평론에는 한계가 있을 수밖에 없다. 그것은 요리법에 관한 갖가지 이론들을 아무리 머리로 완벽하게 이해하고 있다 하더라도 마찬가지일 것이다. 이렇게 이론과 경험, 이 두 가지를 모두 균형 있게 갖추어야 그 어떤 분야에서든 진정한 전문가가 된다고 나는 믿고 있다. 이는 물론 영어 교육 분야에도 적용되는 말이다. 나는 대학원에서 언어 습득 이론과 언어 교육 이론 등을 배웠는데, 영어를 배우고 가르치는 데 이렇게 다양한 이론이 있다는 사실에 놀라면서도 재미있게 공부했던 기억이 있다. 하지만, 영어 교사 자격증 과정을 가르치기 전까지 7년여간 플로리다 주립대 영어 교육센터CIES에서 문법 교재와 커리큘럼을 직접 개발하고 국제 학생들에게 영어 강의를 했었는데, 이때 배웠던 수많은 것은 대학원 수업 시간에서는 결코 배울 수 없는 것들이었다. 그리고 대학원에서 배운 그 이론들이 실제 모든 교실 안에서 효과를 보는 교수법은 아니라는 사실 또한 그런 경험을 통해서 깨닫게 되었다.

여러 나라에서 온 학생들에게 영어를 가르쳐 보니, 그들의 모국어에 따라 발음 교육법을 약간씩 달리 해야 했고, 학습자의 문화에 따라 접근 방식도 조금씩 달라야 했다. 같은 문화권이라 해도 개인차에 따라서 학생마다 어떻게 소통해야 그 학생의 잠재력을 최대한 끌어낼 수 있는지 등은 7년여의 CIES 강의 경력이 없었다면 결코 배울 수 없는 것이었다. 그리고 이런 것들을 혹자는 '내공'이라고 부른다.

이런 경험과 믿음에 기초하여 자연스레 나는 미국인들에게 영어 교육에 대해 가르칠 때 이론과 실제 경험의 균형을 맞추려고 노력한다. 라도의 행동주의, 촘스키의 생득주의Innatism, 롱의 상호작용론Interaction-ism, 그리고 스웨인의 이해 가능한 아웃풋Comprehensible Output 등의 기초적인 언어 습득 이론들을 학생들에게 철저하게 이해시킨다. 그리고 각각의 이론을 응용한 수업 계획을 짜서 실제 CIES 학생들을 가르쳐 보라는 숙제를 내준다. 다른 모든 분야가 그렇듯이 외국어 교육 또한 기초 이론이 탄탄하게 뒷받침되어야 하는 분야이기 때문에, 이런 이론에 대한 이해가 전혀 없이 가르치는 경력만 쌓는 것은 모래 위에 성을 짓는 것과 같다고 생각한다. 더불어 이런 이론적인 내용들을 실제 학생들을 가르치면서 지속적으로 응용해 봐야지만, 각각의 상황에 따라 제대로 된 접근 방식을 찾을 수 있다.

영어 교사가 아닌 학습자의 경우는, 이를 영어나 다른 외국어를 배울 때 적용해 볼 수 있을 것이다. 영어를 포함해 모든 외국어를 제대로 구사하기 위해서는 두 가지 측면을 공략해야 한다. 그것은 해당 언어가 가지고 있는 지식적인 측면Knowledge과 기술적인 측면Skills이다. 당연한 말이지만, 지식적인 측면은 이론을 공부함으로써, 기술적인 측면은 연습과 경험을 통해서 연마할 수 있다.

언어 습득에서 지식적인 측면이라 함은 영어가 가지고 있는 문법 법칙과 단어, 혹은 정확한 철자법과 발음법 등을 이해하는 것인데, 이런 것들은 책상에 앉아서 꾸준히 공부를 해야만 알게 되는 것들이다. 다행히도 이는 대한민국의 중·고등학교 교과 과정을 성실하게 따른 사람들이라면 대부분이 가지게 되는 지식이다. 하지만 아무리 영어라는 언어에 대한 지식을 충분히 쌓았다고 하더라도, 말하기 기술Speaking Skills,* 쓰기 기술Writing Skills 혹은 듣기 기술Listening Skills을 포함하는 기술적인 측면은 연습과 실전 경험 없이는 절대로 습득할 수 없는 것들이다.

* 말하기의 경우, 문법, 발음, 억양 사용 등 여러 가지를 요하는 복합적인 기술이기 때문에 미국인들은 언제나 복수형으로 skills라고 쓴다. 이는 쓰기와 듣기도 마찬가지다.

플로리다 주립대 CIES에서 영어를 가르치면서, 이 지식과 기술 중 한 가지 측면에만 지나치게 치중해서 영어 공부를 하는 학생들을 아선생은 수도 없이 봤다. 그들 대부분은 비싼 돈 들여 미국까지 와서 어학연수를 하고도 별다른 성과를 보지 못하고 고국으로 돌아갔다.

영어를 공부할 때 지식적인 측면과 기술적인 측면을 모두 공략해야 한다는 사실은 문법 공부 하나만 보더라도 알 수 있다. 문법의 지식적인 측면을 알고 있는 것에 대해 외국어 교육 분야에서는 학습자가 Explicit Knowledge를 가지고 있다는 표현을 사용한다. Explicit Knowledge란 어떤 문법 법칙에 대해 설명할 수 있는 종류의 지식을 말한다. 중·고등학교 과정만 해도 6년이나 되는 세월 동안 꾸준히 문법을 배우고 외운 덕에 한국인들은 충분한 Explicit Knowledge를 가지고 있다. 그러나 이런 한국인들이 대학에 들어가서도 여전히 영어 울렁증에 시달린다. 그 이유는 이들이 Implicit Knowledge를 습득하지 못했기 때문이다.

Implicit Knowledge란 문법을 이해해서 설명할 수 있는 종류의 지식이 아니라, 문법을 자연스럽게 자신의 말과 글 속에 녹여서 사용할 수 있는 능력을 말한다. 영어의 시제가 몇 개인지조차 모르는 대부분의 미국 사람들이 정확한 영어를 구사하는 데 전혀 지장이 없는 이유가 바로 이 Implicit Knowledge를 가지고 있기 때문이다. 영문법의 Implicit Knowledge를 갖기 위해서 우리가 해야 하는 일은 책상에 앉아서 하는 공부가 아니라 말하기와 쓰기 기술을 계속해서 연마하는 것이다. 그런 연습과 실전 경험을 꾸준히 쌓다 보면 어느 순간 영어 문법 사용에 대한 직감Intuition을 갖게 된다. 이때 갖게 되는 직감이 바로 Implicit Knowledge의 또 다른 말이다.

우리가 김수미 씨나 음식 평론가보다 백종원 씨의 가르침에 더 귀를 기울이는 이유는 자신의 분야에서 이론과 경험을 모두 균형 있게 갖추고 있기 때문이다. 그러니 우리도 백종원 씨가 요리를 대하듯 영어를 대해 보자. 영어를 이루는 기초 재료인 문법과 단어, 그리고 발음 등을 꼼꼼하게 공부하는 동시에 이 재료들을 요리해서 원어민과 대화도 나눠 보고 혼자서 글도 써 보는 것이다. 이렇게 열심히 공부해서 이해한 지식의 재료로 연습과 경험을 쌓고 또 쌓다 보면, 어떤 상황에서 어떤 재료의 조합이 최상의 맛을 내는지 탁! 하고 감이 올 때가 있다. 아선생은 외국어를 공부하는 묘미가 바로 이런 순간순간들에 있다고 생각한다.

08

세상의 모든 공부가
내 것이 되는 과정

•

내 것이 되는 영어 공부

"선생님은 영어를 어떻게 공부하셨어요?"
"교수님은 영문법을 어떻게 공부하셨어요?"

어학원에서 내 수업을 들었던 국제 유학생들과 영어 교사 자격증 수업을 들었던 미국인 학생들이 내게 자주 했던 질문이다. 오랜 시간 학생으로서, 영어 교육자로서 영어를 공부했기에 한 가지 방법으로만 공부를 한 것이 아님은 분명할 터라 매번 나는 조금씩 다른 대답을 해왔던 것 같다. 그러던 어느 날, 법륜 스님의 "통찰력을 얻기 위한 공부" 강연을 듣고는 수십 년간의 내 경험을 관통하는 어떤 패턴을 알수 있었다. 일단 법륜 스님의 강연 내용을 요약하면 다음과 같다.

통찰력을 얻기 위한 공부

1. 자기로부터 출발해야 한다. (자발적이어야 한다.)

⇨ 법륜 스님은 한국의 학교 교육이 전혀 자발적이지 못해서 학생들이 지식을 쌓지만, 지혜가 안 생긴다고 말씀하신다.

2. 자발적으로 생긴 질문을 (집중해서) 집요하게 탐구해야 한다.

3. 그러다 보면 어느 순간 (그 문제에 관한) 전모가 확 보인다.

⇨ 스님은 이것이 바로 통찰력이며, 지혜라고 하신다.

더불어 스님은 자신의 일을 그냥 "습관적으로 하는 사람"과 늘 "생각하고 연구하면서 하는 사람"의 차이가 결국 통찰력이 있고 없고의 차이를 만든다고도 하신다.

물론 아선생은 법륜 스님처럼 큰 통찰력을 얻은 경지에는 결코 이르지 못했다. 그렇지만 오랫동안 영어를 공부하면서 영어에 관해 깨알같이 "작은 통찰력"을 얻는 순간 순간은 제법 경험했던 것 같다. 그리고 영어에 관한 한 미세먼지만큼의 통찰력이나 깨달음이라도 법륜 스님께서 말씀하시는 위의 과정을 거쳤던 것 같다. 여기서는 그 구체적인 사례 하나를 소개할까 한다.

아선생은 플로리다 주립대 영어 교육센터CIES에서 영어를 가르치게 된 첫해에, 어느 선배에게 내가 가르치던 학생들에 대한 불평을 늘어놓은 적이 있다. 이미 성인인 학생들이, 그 비싼 수업을 들으면서 최소한의 숙제조차 안 하는 게으름을 부리는 것을 당췌 이해할 수 없다는 아선생에게, 은퇴를 앞둔 내 아버지뻘 선배가 이렇게 말했다.

"They're just being students."
그들은 그저 학생 노릇을 하는 것일 뿐이라구!

문맥상 그분이 하는 말씀을 완벽하게 이해는 했지만, 아선생은 문득 궁금해졌다. 일단 우리가 상태동사라고 배운 be동사를 현재진행형으로 사용한 그의 문장이 굉장히 흥미로웠다. 상태동사는 진행형으로 쓰지 않는다는 규칙을 우리는 초급 문법 시간에 배우지 않는가 말이다! 그날부터 아선생은 대체 어떨 때 미국인들이 be동사를 진행형으로 쓰는지 그것이 알고 싶어서 집요하게 탐구하기 시작했다. 써 놓고 보니, 쓸데없이 비장하게 들리지만, 아선생은 언제나 이런 것들이 미치도록 궁금했다. 신기한 것은 아선생이 그렇게 마음을 먹은 후부터는 주변의 미국인들이 be동사를 진행형으로도 엄청나게 많이 쓰는 것이 아닌가! 말 안 듣는 10대 아들에 관한 불평을 늘어 놓는 친구에게 다른 친구가 말했다.

"He's being a teenager."
걔는 10대가 하는 행동을 하는 거야.

그리고 갑자기 귀여운 척하는 어느 직장 동료에 관한 뒷담화도 들렸다.

"I really don't like it when he's being cute."

저 사람이 귀여운 척하는 거 정말 싫어.

미국인들이 서로 고민을 털어놓는 인터넷 사이트를 보니 이런 문장도 있었다.

"My boyfriend is being distant all of a sudden."

제 남자 친구가 갑자기 거리를 두는 행동을 합니다.

이렇게 be동사가 진행형으로 쓰인 수많은 문장을 듣고 보면서 깨닫게 된 것은, 이런 문맥에서는 be동사가 "상태"를 말하는 것이 아니라 "동작"을 의미한다는 사실이다. 즉, 이는 "상태동사는 진행형을 쓸 수 없다"라는 문법 규칙의 예외가 아니라는 말이다. 그보다는 be동사가 때로는 어떤 "동작"의 의미로도 쓰이며, 그럴 때는 동작동사로 기능한 다라고 보는 것이 옳지 않을까 하는 생각이 들었다. 미국에서 출판된 두꺼운 문법책들 중에는 be동사 편에서 이런 차이점까지도 모두 다 다룬 책도 있었다. 그리고 나는 그런 책을 찾아 읽으면서 내가 스스로 내린 결론에 더욱 확신을 갖게 됐다. 그렇게 be동사의 전모를 깨우치게 되자, 아선생은 미국인과 대화할 때 be동사를 상태동사로도 또 동작동사로도 자유자재로 사용할 수 있게 되었다. 가령, 누군가 일관성이 없는 행동을 하고, 그로 인해 내가 피해를 입게 됐을 경우, 나는 화가 나서 이렇게 말할 수 있을 것이다.

"You're not being consistent."
당신이 지금 하는 행동은 일관성이 없어요.

이 문장은 "당신"이라는 사람이 일관성이 없다라는 말이 아니다. 당신의 인간성이나 성격적 결함을 탓하는 것이 아니라, "당신이 지금 나한테 하는 행동"이 잘못되었음을 지적하는 것이다. 즉, 당신을 탓한다기보다는 당신이 지금 하는 행동을 탓한다고 봐야 한다. 그러니 "당신은 일관성이 없는 사람이야!"라는 의미의 "You're not consistent."와는 살짝 다른 뉘앙스를 주는 문장이다. 이런 상황에서 아선생은 상대방에게 필요 이상으로 모욕을 줄 필요가 없이, 그저 그의 행동에 대해서만 항의하면 된다고 생각하기 때문에 be동사를 진행형으로 쓰는 것이다. 게다가 이런 차이를 알고 문맥에 맞게 정확한 표현을 할 수 있게 되는 순간 순간, 영어 공부는 우리에게 아기자기한 즐거움을 준다. 물론 법륜 스님은 "통찰력"이라는 훨씬 더 거창한 주제로 강연을 하셨지만, 아선생이 보기에 이는 크든 작든 세상의 모든 공부가 내 것이 되는 과정인 듯 싶다. 그러니 영어를 내 것으로 만들고 싶은 사람이라면, 오늘도 이런 과정을 따라서 걷고 또 걸어 보자.

4부

언어 교육학 이론으로 알아보는
영리한 영어 공부법

01

슈미트Schmidt의 알아차려야
습득한다의 가설The Noticing Hypothesis

•

귀로는 들리는 영어가 왜 입으로는 나오지 않는 걸까?

아선생의 시댁 식구들은 1980년에 미국으로 이민을 왔다. 당시 남편의 둘째 누나는 한국에서 중학교를 다니다 왔기 때문에 한국어가 이미 모국어로 굳게 자리잡은 후였다. 그렇지만 오랜 세월 동안 미국에서 교육받았고, 또 미국인 남편과 결혼해 살면서 영어를 써야 했기 때문에, 여전히 한국어 악센트가 남아 있긴 해도 영어는 유창하게 하는 편이다. 그런 시누이가 아주버님과 함께 시애틀에서 플로리다주 우리 집을 방문하러 왔을 때, 나는 오크라okra*를 활용한 요리를 대접했다. 그러자, 시누이가 아주버님에게 이렇게 말했다.

• 아열대 채소로 여자 손가락 모양과 비슷하다 하여 어떤 나라에서는 "레이디핑거"라고도 부른다.

시누이: This is the okra.

미국인 아주버님: What okra?

시누이: It's a type of vegetable.

미국인 아주버님: I know what okra is, but what okra are you talking about? Did we bring some okra here?

시누이: 이게 그 오크라예요.

미국인 아주버님: 무슨 오크라요?

시누이: 채소의 일종이라고요.

미국인 아주버님: 나도 오크라가 뭔지 알아요. 근데, 무슨 오크라라는 거예요? 우리가 여기 올 때 오크라를 가지고 왔나요?

이 짧은 대화 속에서 무슨 일이 벌어지고 있는지를 영어 공부가 생업인 아선생은 쉽게 파악할 수 있었지만, 시누이는 무슨 일인지 이해하지를 못했다. 간단히 말해, 이는 시누이가 관사를 잘못 사용해서 자신이 하려는 말의 의미를 바꿔 버리는 바람에 미국인 아주버님과 잠시 말이 안 통하는 상황이었다. 관사를 쓰지 말아야 할 자리에 정관사 the를 써서, 자신이 진짜 하려던 말의 의미가 바뀌어 버렸기 때문이다. 정황상 시누이가 하고 싶었던 말은 관사 없이 "This is okra." 즉, "이건 오크라예요/오크라로 만든 음식이에요."였다. 하지만 정관사 the가 더해진 문장은 "이것은 오크라예요."가 아니라, "이게 바로 그 오크라예요."라는 의미가 된다. 그러니, 그녀의 남편이 "무슨 오크라요?"라고 되물은 것이다. 오랜 세월 영어를 사용하면서 미국에서 살아온 아선생의 시누이가 왜 여전히 영어로 말할 때 이런 실수를 하는지 그 이유를 설명해 주는 이론이 있다. 바로 슈미트의 '알아차려야 습득한다의 가설The Noticing Hypothesis: Schmidt, 1986, 1990'이다.

아선생은 『미국 영어 회화 문법』 1권에서 크래션Krashen의 '이해 가능한 인풋 가설The Comprehensible Input Hypothesis, 1982'을 소개한 바 있다. 인풋Input은 이해가 가능해야지 습득이 된다는 이론이다. 참고로, 언어 교육에서 인풋이란 학습자에게 입력되는 모든 언어 샘플을 뜻한다. 영어 강사가 학습자와 대화 시에 쓰는 영어 문장들, 학습자가 듣는 영어 음성 파일, 또는 학습자가 보는 영어책 등 학습자에게 노출되는 모든 형태의 언어 샘플이 학습자에게 입력되는 인풋이다.* 그런데 슈미트는 크래션이 인풋이라고 하나로 묶어 버린 이 모든 것들을 다시 둘로 나눠서, 다음과 같이 인풋과 인테이크Intake로 구분 지었다.

Input - What learners hear 학습자가 듣는 모든 영어

Intake - That part of the input that learners notice 인풋 중에서 학습자가 알아차리는 언어적 특성**

• 　김아영 (2019) 『미국 영어 회화 문법』 사람in출판사

•• 　Richards, C. J. (2008) *Moving Beyond the Plateau*. New York: Cambridge University Press.

정리하자면, 인풋은 학습자가 듣거나 읽는 모든 영어인 반면, 인테이크는 인풋 중에서 학습자가 "알아차리는 영어가 가진 언어적인 특성"을 말한다. 이때 언어적인 특성이란, 특정 문법의 사용법일 수도 있고, 세밀한 발음의 차이나 억양에 관한 것일 수도 있다. 중요한 것은, 슈미트가 주장하는 바에 따르면, 오직 인테이크만이 외국어 습득의 기초 재료가 된다는 사실이다. 아선생은 슈미트의 이 이론을 해당 인풋이 가진 언어적인 특성은 모른 채 그 의미만 이해하고 넘어가는 것으로는 정확한 외국어 습득을 할 수 없다라는 뜻으로 이해했다.

아까 소개했던 아선생의 시누이가 자신의 미국인 남편과 했던 대화로 다시 돌아가 보자. 시누이가 미국에서 그 숱한 세월 동안 영어를 쓰고 살았으면서도 여전히 정관사 사용을 정확하게 하지 못하는 이유는, 정관사 the를 사용했을 때와 사용하지 않았을 때 그 의미의 차이점을 알아차리지Notice 못했기 때문이다. 변명을 하자면, 시누이는 공학 전공자로 언어를 포함한 문과보다 이과쪽으로 재능이 있는 사람이다. 물론 이런 문제를 안고 있는 외국어 학습자는 비단 아선생의 시누이뿐만이 아니다. 오랜 세월 영어를 써 왔지만, 여전히 현재완료 시제를 썼을 때와 단순과거 시제를 썼을 때 살짝 달라지는 의미 차이를 몰라서 문맥과 관계없이 아무 시제나 막 쓰는 사람, 십수 년간 영어를 해 왔으면서도 전치사는 지속적으로 틀리게 사용하는 사람, 관사는 붙여야 할 때는 안 붙이고 안 붙여야 할 때는 붙여서 듣는 미국 사람 무진장 헷갈리게 하는 사람 등 우리 주변에서 사실 아주 흔하게 볼 수 있는 사례들이다. 그리고 때로는 그런 사람이 바로 나 자신일 수도 있다! 이렇게 우리가 틀린 영어를 쓰면서도 틀린 줄조차 모르는 이유는, 영어를 아무리 들어도 영어가 가진 그런 언어적인 특성들Linguistic features을 "알아차리지" 못했기 때문이다. 이런 현상은 비단 문법 사용에만 국한되는 것이 아니라, 정확한 발음이나 억양, 또는 문맥에 맞는 어휘 사용 등 영어가 가진 모든 언어적 특성을 다 포함한다. 슈미트가 발표한 이 이론은 수많은 외국어 교육자들에게 깊은 공감을 불러일으켰으며, 아선생도 무릎을 탁! 치게 만들었다. 하지만 곰곰이 생각해 보니, 이 이론은 사실 굉장히 평범한 상식처럼 느껴지기도 했다. 한번 생각해 보자. 들어서 알아차리지도 못한 언어적 특성을 어떻게 습득해서 자기 말로 만들 수가 있겠는가? 그러니 우리가 듣는 영어 중에서 "알아차린 것만" 습득할 수 있다는 슈미트의 이 이론은, 콩이 있어야 메주를 쑨다는 것과 거의 동급의 진리가 아닐까 싶다.

물론 우리가 모국어를 배울 때는 이런 식의 언어적 특성을 알아차림Notice 없이도 언어 습득이 자연스럽게 거의 자동적으로 이루어진다. 마찬가지로 어린 나이, 언어 습득에 정확히 결정적인 나이Critical Period인 대략 12-13세 이전에 배우는 외국어 습득의 과정 역시 이런 식으로 알아차리지 않고도 "직감Intuition"만을 키우면서 정확한 습득이 가능하다. 왜냐하면 그 나이에는 외국어를 습득하는 과정이 모국어를 습득하는 과정과 매우 흡사하기 때문이다. 그러나 이 시기가 지나고 나면 이야기는 달라진다. 별다른 언어적인 감각이 없어도 외국어를 습득하는 데 어려움을 겪지 않는 12세 이전과는 달리, 그 결정적인 나이가 지난 후에 외국어를 배울 때는 언어적인 감각이 있는 사람이 더 빨리, 그리고 더 정확하게 습득한다. 아선생은 우리가 12세 이후에 외국어를 습득할 때 큰 영향을 미치는 이 "언어적 감각"이라는 것이, 결국 우리가 듣는 인풋을 얼마나 많이 인테이크로 소화할 수 있느냐에 관한 것이라고 생각한다. 그리고 이것이 후에는 학습자의 영어 실력을 중급과 고급으로 나누는 데 결정적인 역할을 하게 된다.

그렇다면 우리가 듣는 인풋을 어떻게 하면 되도록 많이 인테이크로 전환시킬 수 있을까? 우리의 친절한 슈미트 씨는 인풋을 인테이크로 극대화할 수 있는 방법까지 총정리해서 가르쳐 주신다. 그래서 슈미트의 설명에 아선생의 구체적인 조언을 덧붙여 다음과 같이 깔끔하게 정리해 보았다.

첫째, 습득하고자 하는 언어적 특성을 자주 보거나 들어야 한다. 예를 들어, 만약 자신이 전치사 사용에 늘 어려움을 겪는다면, 각종 전치사가 들어간 문장을 일단 많이 보고 자주 접해야 정확한 사용법을 알아차릴 가능성이 높아진다.

둘째, 슈미트는 해당 언어적 특성을 학습자가 인지하는 것 또한 중요하다고 한다. 전치사 사용의 예를 계속 들자면, 예문을 그냥 듣기보다, 전치사 사용에 집중하면서 들어야 정확한 전치사 사용법을 인지하게 될 가능성이 훨씬 더 높아진다.

셋째, 해당 언어적 특성에 주목할 수 있도록 "전략적으로" 접근해야 한다. "전략적인 접근법"이 무엇인지, 계속해서 전치사로 예를 들어 보면 이렇다. 똑같은 문장이 전치사 하나만 바뀌었을 때 뜻이 어떻게 달라지는지 여러 예문을 찾아 살펴보면서 생각해 볼 수 있을 것이다. 그 예가 바로 다음의 예문이다.[*]

Can I get something to write with?

펜 좀 빌릴 수 있을까요?

Can I get something to write on?

종이 좀 빌릴 수 있을까요?

Can I get something to write about?

글의 주제를 주실 수 있으세요?

이렇게 노골적이리만치 "전략적으로" 만들어진 예문들을 보면서 전치사의 차이가 어떤 의미 차이를 만들어 내는지를 못 알아차릴 정도로 둔감한 사람은 없을 것이다. 잘 안 되는 발음의 경우는, 최소 대립쌍 Minimal Pair 훈련[**]으로 극복할 수 있다. 한국인들을 위한 최소 대립쌍은 이미 수많은 영어 교재에 소개되어 있다. 이를테면, Rice / Lice 쌀/머릿니

---

[*]   『미국 영어 회화 문법』 1권 (2019) 사람in 출판사
[**]   pin과 bin처럼 한 가지 요소에서만 차이가 나는 한 쌍의 단어나 음 등을 나타내는 말 (네이버 영어사전)

(louse의 복수형), Rake /Lake갈퀴/호수, Rime /Lime서리/과일 라임 같이 헷갈리는 두 발음(이 경우, R과 L)을 제외한 나머지는 다 똑같은 두 개의 단어를 만들어서 반복해 들어보자. 한 50번 정도 듣다 보면 두 발음의 차이가 명확하게 들리는 순간이 오고야 만다! 그렇게 들어서 그 차이를 정확하게 인식할 수 있어야 비로소 그 발음을 연습하는 것이 가능해진다. 즉, 귀로 들어서 두 단어의 차이를 알 수 있어야 입으로도 다르게 발음할 수 있게 된다는 말이다. 이런 식으로 문법이든 발음이든 영어가 가진 특성 하나 하나를 지혜롭게 "전략적으로" 접근하다 보면, 어느 날 갑자기 정확한 영어를 구사하게 되는 기적이 일어난다.

마지막으로 슈미트는 개인의 정보 처리 능력 또한 언어 습득에서 매우 중요한 요소라고 주장했다. 그가 지적하듯이, 이는 학습자 개개인이 가진 언어 공부에 대한 소질과 적성에 관한 문제이기도 하다. 아선생이 영어 교육계에 오래 몸담고 있으면서 깨달은 사실은, 다른 분야와 마찬가지로 언어 역시 재능이 있는 사람이 더 빨리, 그리고 더 쉽게 배운다는 점이다. 그럼에도 불구하고, 동시에 아선생은 언어 쪽에 소질이 전혀 없는 사람이라도 꾸준히 여러 해 동안 노력해서 어느 정도 해내는 경우를 본 적 역시 꽤 있다. 그리고 이런 언어 습득 이론에 기초한 영리한 영어 공부법이 재능 없는 사람들이 "재능 없음"을 극복하는 데 큰 도움을 줄 것이라고 아선생은 믿는다.

02

스웨인Swain의
아웃풋 이론The Output Hypothesis

•

배운 건 반드시 활용해서 상대방이 알아듣는지 확인을 하자!

앞서 다룬 슈미트의 이론이 상당히 설득력 있는 것과는 별개로, 그렇게 "알아차린" 언어적 특성을 연습해서 말하는 데도 미국인들이 못 알아들을 때가 있다. 이렇게 미국인들이 내가 하는 말을 잘 못 알아듣거나, 내 뜻대로 정확한 의사 전달이 잘 안 되는 학습자들은 또 어떻게 공부해야 할까? 이 질문에는 언어학자 스웨인이 아웃풋 이론The Output Hypothesis: Swain, 1985으로 답한다.•

스웨인은 외국어를 습득하는 게 크래션이 말한 "이해 가능한 인풋

• Swain, M. (1985) *Communicative competence: Some roles of comprehensible input and comprehensible output in its development.* In Gass, S. and Madden, C. (Eds.), *Input in Second Language Acquisition.* New York: Newbury House.

Comprehensible Input"만으로는 충분치 않다고 했다. 그는 "이해 가능한 아웃풋Comprehensible Output"이 있어야 비로소 언어 습득이 가능하다고 주장했다. 언어 교육에서 아웃풋Output이란 인풋Input과 대비되는 개념으로, 학습자가 생산해 내는 모든 언어 샘플을 말한다. 예를 들어, 말하기 시간에 학습자의 입에서 나오는 영어나 쓰기 시간에 학습자가 작문한 내용 같이 학습자가 생산해 내는 모든 형태의 영어를 아웃풋으로 보면 된다. 그러니 "이해 가능한 아웃풋"이란, 외국어 학습자가 하는 말을 원어민들이 알아들을 수 있는 상태를 말한다. 그런데 스웨인의 이 이론에서 가장 중요한 것은, 이해 가능한 아웃풋에 도달하려는 과정에서 우리 머릿속에서 일어나는 일들이다. 이를테면, 원어민이 내 말을 알아듣지 못하면, 우리는 발음도 달리해 보고 문장 구조나 단어 선택도 달리해 보면서 다시금 의사소통을 시도하게 된다. 이를 스웨인은 "푸쉬드 아웃풋Pushed Output"이라고 칭했는데, 이게 이 이론에서 무지하게 중요한 개념이다. 스웨인은 이런 학습자의 아웃풋이 언어 습득의 열쇠를 쥐고 있다고 주장하면서, 아웃풋이 가지고 있는 세 가지 기능을 다음과 같이 언급했다.*

첫째, 아웃풋을 통해 학습자는 자신이 말하고 싶은 것을 실제 해당 외국어로 정확하게 말할 수 없다는 사실을 깨닫게 된다는 점이다. 즉,

* Pannell, J., Partsch, F., & Fuller, N. (2017). *The Output Hypothesis: From theory to practive*. TESOL Working Paper Series, 15.

머리로 생각한 문장을 미국인에게 영어로 말했을 때, 상대가 못 알아듣는 부분을 통해서 자신의 영어가 가지고 있는 문제점 하나하나를 구체적으로 인지할 수 있게 된다는 말이다. 언어 습득학자들의 표현을 빌자면, 이렇게 자신의 영어가 가진 "구멍hole"을 인지함으로써, 그 구멍을 메우려는 노력을 통해 비로소 다음 단계로 나아갈 수 있게 된다고 한다.** 스웨인이 말하는 아웃풋의 첫 번째 기능을 잘 보여주는 사례를 아선생은 다음과 같이 경험했다.

아선생은 외국어를 배우는 데 꽤 재능이 있는 편이라, 무슨 언어를 배우든 발음이 뛰어나다는 소리를 자주 들었다. 좀 재수 없는 발언이라고 생각이 든다면 정말 죄송하다. 그러나 개인적으로 누구나 크든 작든 반드시 한 가지 분야에는 재능을 가지고 태어난다고 믿는 사람이니, 부디 오해 없기 바란다. 사족을 좀 붙이면, 나는 성공하는 사람과 성공하지 못하는 사람의 차이가 자신이 재능 있는 분야를 찾아내느냐 못 찾아내느냐에서부터 시작된다고 생각한다. 어쨌든 발음에서는 아무런 문제가 없었기 때문에, 내가 하는 말을 미국인이 발음 때문에 못 알아듣는 일은 없을 것이라고 생각하며 행복한 나날을 보내고 있었다. 플로리다 주립대에서 영어를 가르치기 시작하기 전까지는!

영어 강사로 일하면서 첫 휴가를 보내고 학교로 돌아와서 동료 강사에게 가족들과 함께 씨-월드SeaWorld: 플로리다주 올랜도 소재에 갔던 일을

**　　Doughty, C., & Williams, J. (1998). *Focus on form in classroom second language acquisition*. New York: Cambridge University Press.

이야기하고 있었는데, 그때 우연히 우리 곁을 지나가다 내 말을 들은 케널 박사가 내게 물었다.

"C-word가 뭔가요?"

그분이 우리 대화를 중간부터 듣기 시작했기 때문에 문맥은 모르고 내가 말했던 발음만 듣고는 내 말을 못 알아들었던 것이다. 바로 그 때, 나는 내 발음 체계가 가지고 있던 "구멍"을 알아차리게 됐다. 내가 발음하는 SeaWorld가 케널 박사에게 C-word라고 들렸다는 건 내가 영어에서 R과 L이 조합해 만들어 내는 소리를 정확하게 발음하지 못 한다는 것을 의미했다. 나는 R도 L도 정확히 발음할 수 있었지만, 이 두 소리가 합쳐져서 내는 것은 또 다른 발음이었다. 그래서 내가 말하 는 word와 world가 미국인인 케널 박사에게는 별 차이가 없는 발음 으로 들렸던 것이다. 내 부연 설명을 듣고서야 무슨 말인지 알게 된 케널 박사는 그분 특유의 농담으로 이렇게 대화를 마무리했다.

"난 F-word F가 들어가는 영어의 욕설 단어도 아니고 C-word는 또 뭔가 했 네요, 하하하."

학생들 앞에서 매일 영어로 강의를 해야 하는 난 그날 밤 R과 L이 합 쳐져서 만들어 내는 그 소리를 제대로 발음해 낼 수 있을 때까지 연습에 연습을 했다. 그날 내 아웃풋을 통해서, 나의 발음 체계에서 /rl/를 정확하게 구사하지 못한다는 "구멍"을 발견했고, 나는 그 구멍을 메우려는 시도를 통해서 한 단계 더 나아갈 수 있게 된 것이다.

둘째, 스웨인이 제시한 아웃풋의 또 다른 기능은, 아웃풋을 통해 학습자가 자신이 영어에 대해 가지고 있는 추정/추측을 시험해 볼 수 있다는 점이다. 다시 말해, 내가 하고자 하는 말을 영어로 어떻게 표현할지 내 머릿속에서 추정해서 만든 문장을 아웃풋을 통해서 시험해 볼 수가 있다는 말이다. 이때 자신의 추정으로 만들어진 문장이나 발음을 미국인이 정확히 알아들으면 확인된 추정을 그대로 습득하게 된다. 반대로 알아듣지 못하면, 다르게 추정해서 또 다른 문장을 만들어서 시도해 보게 된다. 이 과정에서 자연스럽게 학습자가 가지고 있는 영어 문법, 발음, 억양, 단어 사용 등에 관한 지식은 끊임없이 업데이트된다. 스웨인은 이를 "지식의 재구성restructuring of that knowledge"이라고 표현했다. 이런 과정을 보여주는 실례는 다음과 같다.

오래 전 아선생이 플로리다 주립대 영어 교육센터CIES의 초급 회화 수업을 할 때, 어느 학생이 이렇게 말했다.

"I listen to a music when I take a shower."

문맥상 이 학생이 하고 싶었던 말은 "저는 샤워할 때 어떤 노래 하나를 들어요."였다. 영어로 정확히 표현하면, "I listen to a song when I take a shower."이다. 여기서 알 수 있는 사실은, 그가 음악을 뜻하는 music이라는 단어를 노래를 뜻하는 song과 동의어로 봤다는 것이다. 그로 인해, song과 같이 music도 셀 수 있는 명사라고 추정하고, 그 결과 "a music"이라는 아웃풋이 나오게 된 것이다. music은 추상명사이기 때문에 셀 수 없는 명사로 분류된다. 그의 아웃풋을 듣자마자, 아선생은 그 문장이 틀렸다는 점을 지적하면서 music과 song의 차이를 설명했다. 바로 그 순간, 그의 머릿속 언어 시스템, 정확히 말하자면 "영어 시스템" 속의 이 어휘와 관련된 관사 사용법은 재구성되었다. 그 후, 그는 같은 실수를 반복하지 않았다. 이런 과정을 많이 거치면 거칠수록 학습자의 영어는 진짜 영어에 가까워진다.

셋째, 마지막으로 스웨인은 아웃풋이 만들어 내는 앞의 모든 과정을 통해서 학습자들이 메타언어적인metalinguistic 사고를 할 수 있게 된다고 한다. 메타언어적 사고란, 언어가 전달하는 내용을 떠나서 언어를 객관화해서 바라볼 수 있는 능력을 의미한다. 우리는 메타언어적 사고를 통해서 비로소 영어의 문법이나 발음 체계가 가지고 있는 특징들을 인지할 수 있게 되기 때문에, 이는 우리들의 정확한 언어 습득에 아주 깊이 관여한다.

스웨인이 이토록 구구절절 설명한 아웃풋 이론을 간단하게 요약하면 이렇다. 우리가 원어민들과 대화하면서 그들과 소통하기 위해 이런저런 노력을 하는 과정에서 우리가 하는 영어와 원어민들이 하는 진짜 영어의 구체적인 차이를 이것저것 발견하게 된다는 것! 그리고 그 차이를 인지하게 되는 것이 정확한 영어 습득의 원동력이 된다는 사실! 그러니 무엇을 하든 우리의 아웃풋이 중심이 되는 학습이 정확한 영어를 습득하게 되는 지름길이라는 말이다. 아웃풋이 중심이 되는 학습이란 그 어떤 공부를 하더라도 마지막에는 반드시 배운 내용을 실제 회화에 적용해 보는 과정을 포함시켜야 함을 의미한다. 이를테면, 배워서 알게 된 새로운 이디엄을 대화할 때 자신의 문장으로 직접 말해 보는 것, 또는 공부해서 알게 된 새로운 문법 사항을 활용해 문장으로 말하면서 상대방이 알아듣는지 살피는 것 등이 있겠다.

이 글을 읽는 독자들 중에도, 긴 세월 영어를 공부하면서 이것저것 시도해 봤지만 원하는 만큼 말하기 실력speaking skills이 늘지 않아서 지쳐 있는 분들이 계실 것이다. 이런 분들은 이제 슈미트와 스웨인의 언어 습득 이론을 바탕으로 한 전략적인 방식으로 미워도 다시 한 번 영어에 접근해 보면 어떨까? 물론 이런 학자들의 이론에 기초한 공부 방법에 반신반의하시는 분들 또한 분명히 계실 것이다. 하지만 그렇게 "이론은 이론일 뿐"이라고 주장하시는 분들께 고 정주영 현대그룹 회장님께서 임원들에게 자주 하셨다는 말씀을 들려드리면서 이 칼럼을 마치고자 한다.

"그래서 해 보긴 해 봤어?"

03

스키마 이론과
Top-down 접근법

•

영어를 이해하는 두 가지 방식

플로리다주의 미어터지는 코로나 확진자들 때문에 우리 식구들은 집 안에만 갇혀 지냈고, 아들내미는 2007년에 방영됐던 화제의 시트콤 〈거침없이 하이킥〉을 다시 보며 힘든 시기를 이겨내고 있다. 이 시트 콤에 극 중 며느리(박해미 분)의 미국인 친구들이 방문했는데 시아버 지인 이순재 씨가 영어를 못해서 진땀을 빼는 장면이 나온다. 그러나 우리의 예상과는 달리, 이순재 씨는 자신이 알고 있는 영어 단어를 총 동원해서 며느리의 친구인 그 미국 여인들과 그럭저럭 소통을 해낸다.

미국인: This is Park Hae-mi's house, right? 여기가 박해미네 집 맞아 요?

이순재: 혹시 박해미라고 그런 거야, 지금?

미국인: Yes, Park Hae-mi!

이순재: 박해미?…찾다…파인드…You find 박해미?

미국인: Yes, we're looking for Park Hae-mi. This is her home, right?
네, 박해미를 찾는데요, 여기가 해미네 집 맞아요?

이순재: 박해미? OK! OK! 박해미 home! Yes, yes, home, home, 박해미 home!

미국인: We're at the right place! Is it okay if we sit down here and wait for her? 제대로 왔네요. 여기 앉아서 기다려도 될까요?

이순재: …Sit down? Ah! OK, OK, sit down 오우~케이! 내 말이 통했어, 이거!

여기서 이순재 씨가 미국인 말을 이해하기 위해 사용하는 정보 처리 방식을 언어 교육학에서는 Bottom-up approach 세부적인 것에서 출발해 전체적인 내용을 이해하는 방식라고 한다. Bottom-up 접근법이란 "박해미", "Sit down" 같이 단어 하나, 표현 하나로 전체적인 문맥을 이해하려는 접근 방식이다. 실제로 많은 영어 초보자들이 듣기나 독해를 할 때 이 방법을 쓴다.

그러나 상급 듣기와 독해 교육에서 전문가들이 좀 더 큰 비중을 두는

• https://www.youtube.com/watch?v=2mtZd3VjgUM

접근법은 Top-down approach 큰 그림에서 시작하여 세부적인 사항으로 진행되는 이해 방식다. 이때 큰 그림이란, 그 문장이나 글을 이루는 전체적인 맥락과 배경지식을 말한다. 그런 큰 그림을 바탕으로 세부적인 단어의 뜻을 유추해 보려는 시도가 바로 Top-down 접근법이다. Top-down 접근법을 효과적으로 사용하게 되면, 모든 단어의 뜻을 알지 못하는 상태에서도 전체적인 의미를 쉽게 파악할 수가 있다. Top-down 접근법의 대표적인 예인 스키마 이론Schema Theory은 미국 독해 교육에서 가장 기초적으로 다루는 이론이다.

스키마Schema의 사전적 의미는 어떤 이론의 개요나 윤곽이다. 언어교육학에서 이는 쉽게 말해, 학생들이 해당 주제에 이미 가지고 있는 배경지식background knowledge을 뜻한다고 보면 된다. 스키마 이론에 따르면, 글을 읽거나 강의를 들을 때 우리가 가지고 있는 해당 주제에 대한 배경지식의 깊이는 우리의 이해도에 커다란 영향을 미친다. 우리 두뇌가 새로운 정보를 받아들여 이해하는 과정을 보면 그 이유를 알 수 있다. 우리 뇌는 새로운 정보를 접하게 되면, 기존에 우리에게 있던 지식과 새로 들어온 정보를 연결, 통합하는 과정을 통해서 그것을 이해하게 된다. 그렇기 때문에 이미 잘 알고 있는 익숙한 주제에 관한 지문이라면, 우리 실력에 비해 다소 어려운 단어가 등장하더라도 쉽게 이해할 수 있다. 물론, 반대의 사례도 가능하다. 즉, 충분히 아는 단어와 문법으로 구성된 지문임에도 불구하고, 그 주제에 관한 배경지식이 전무하여 독해가 잘 안 되는 경우 또한 허다하다.

이 이론을 좀 더 깊이 이해하기 위한 사례를 몇 가지 살펴보자. 아선생이 20대에 한국에서 토플 듣기 시험을 대비할 때 있었던 일이다. 모의 토플 듣기 시험용 강의가 "로봇의 관절을 만드는 물질"에 관한 내용이었다. 당시의 아선생이 평생 듣도 보도 못했던 주제였다. 사실 토플은 미국 대학의 전공 시험이 아니라 입학시험이기 때문에 전공자들이 보기에 그리 어려운 내용이 아니었을 테다. 그러나 공학, 아니 기초적인 화학에도 젬병인 "과포자" 아선생은 그런 주제를 다룬다는 사실 자체만으로도 기가 팍 죽어서 시작할 수밖에 없었다. 그리고 예상대로 그 강의 내용을 다 이해하지 못했다. 그런데 학원에서 같은 시험을 본 화학공학 전공자가 아선생에게는 어려웠던 그 듣기 시험에서 만점을 받았다. 영어 분야 전공으로 유학을 준비하는 아선생보다 언제나 모의 토플 성적이 저조해서 걱정이라던 그에게 아선생은 멋쩍어하며 말했다. "영어 못한다고 걱정하시더니, 듣기 실력은 저보다 나으시네요? 하하하…" 그런데 놀랍게도 그 말에 그는 이렇게 대답했다. "에이, 그런 거 아니에요. 실은 강의하는 사람 말이 빨라서 저도 못 알아들은 부분이 꽤 있었어요. 하하하…" 어라? 강의를 다 알아듣지도 못한 상태에서 그 문제를 다 알아맞히다니! 결국 그는 "자신의 듣기 실력"보다는 이미 자신에게 있던 화학공학쪽 배경지식을 잘 활용해서 알아듣지 못한 강의 내용까지도 전부 다 추측해 낼 수 있었던 것이다. 그리고 그가 적어낸 답은 모두 정확했다. 4년 동안 대학에서 화학공학을 공부했으니, 토플에서 다루는 정도의 기초적인 내용쯤이야 그에게는 식은 죽 먹기였을 테다. 바로 이 지점이 스키마의 위력을 보여주는 대목이다.

플로리다 주립대 영어 교육센터CIES에서 독해와 듣기를 가르치면서 아선생은 이 같은 사례를 매우 자주 목격할 수 있었다. 일례로, CIES 상급 독해반에서 중국 청나라 역사를 다루는 지문을 읽고 답하는 시험을 치게 한 적이 있다. 그런데 당시 독해 시험에서 높은 점수를 얻은 학생은 언제나 만점을 받던 멕시코 학생이 아니라, 그 학생보다 어휘력과 문법이 모두 많이 딸렸던 중국 학생이었다. 읽거나 듣는 주제에 관한 배경지식의 깊이가 이해력에 커다란 영향을 미친다는 것을 보여 주는 또 다른 예다.

바로 이런 이유 때문에 미국에서 듣기와 읽기를 가르치는 선생님들은 언제나 해당 주제에 관해 학생들이 기존에 가지고 있던 배경지식을 십분 활용할 수 있도록 준비시키는 액티비티Activating prior knowledge로 수업을 시작한다. 학생들에게 생소하고 어려운 주제를 다루는 경우에는 해당 주제의 배경지식부터 쌓는 액티비티Schema building activity를 따로 준비한다. 특히 까다롭고 학문적인 내용을 다루는 강의를 듣기 전에 많은 시간을 이런 액티비티에 할애한다. 이는 미국의 영어 교육자들이 스키마를 독해와 듣기의 이해력을 결정하는 주요 요소로 보기 때문이다.

더불어 일상회화에서 듣기 실력 향상에 도움이 되는 Top-down 접근법도 살펴보자. 미국인들의 일상회화 속 구어체 스타일Colloquial Style

중에서도 특히 그들이 소통하는 패턴을 알아두면 단어와 문장의 참 뜻을 이해하는 데 아주 큰 도움이 된다. 사실 이는 Shared Patterns의 일종이니, 문화의 영역으로 봐야 할 것이다. 쉬운 예로, 미국에 처음 온 유학생들은 미국인들이 종종 "How are you?"라고 물어 놓고는 자기 대답을 기다리지도 않고 그냥 지나가 버린다며 황당해한다. 하지만 이건 미국인들이 결코 무례를 범하려고 그러는 것이 아니다. 왜냐하면, 미국인들은 어떤 상황에서는 "How are you?"를 그냥 "Hello!"와 똑같은 인사말처럼 사용하기 때문이다. 이런 경우, 저쪽에서 "How are you?"라고 하면, 나도 똑같이 "How are you?" 하고 그냥 지나가면 된다. 그리고 이것은 굉장히 흔한 미국인들의 인사 패턴이기도 하다. 이 패턴을 인지하고 있으면, 이런 상황에서 "How are you?"가 무슨 의미인지를 쉽게 이해할 수 있으니, 어리둥절할 일이 없다. 그런데 만약 이를 Bottom-up 접근법을 써서, "How are you?"는 문법적으로 의문문인데, 질문을 해 놓고서 왜 대답을 듣지 않고 그냥 가는지 의문을 가지게 되면 미궁 속으로 빠지게 된다. 그래서 이런 경우에는 Bottom-up보다는 큰 그림을 이용하는 Top-down 방식으로 접근해야 실마리가 풀린다. 그렇기 때문에 미국인들의 커뮤니케이션 패턴Shared Patterns을 다양하게 알면 알수록, 일상회화에서 문맥과 정황을 이해하는 것이 훨씬 더 수월해진다. 그러니 단어와 문법을 아무리 열심히 공부해도 독해나 듣기 실력이 크게 늘지 않는 사람이라면 앞으로는 Top-down 방식으로 영어에 접근해 보자.

04

영어 공부할 때 내적인 동기 부여의 구체적 방법

•

노력하는 사람이 즐기는 사람 못 이긴다

"어린이 여러분, 채소를 많이 먹으면 몸도 튼튼해지고 키도 쑥쑥 자란답니다. 그러니, 우리 모두 채소 많이 많이 먹어요!"

〈뽀뽀뽀〉의 뽀미 언니가 한 이 말은 우리 엄마 입으로도 여러 번 반복되어, 밥상머리에서 수도 없이 돌림노래처럼 들어야 했다. 어린 나는 이 말을 들을 때마다 건강하고 튼튼해지기 위해 어쩔 수 없이 먹기 싫은 당근이나 시금치를 꾸역꾸역 씹어 삼켰던 기억이 있다. 이는 교육학에서 말하는 외적인 동기 부여Extrinsic Motivation의 한 예다. 채소를 먹어서 얻게 되는 이득을 강조하면서 채소를 먹어야 하는 당위성을 설파하는 데 중점을 둔 교육 방식이다. 이때 채소의 맛이나 아이의 개

인적인 입맛과 취향, 또는 채소를 먹는 즐거움 등은 주요 고려 대상이
아니다.

그러나 아선생이 엄마가 되어 똑같은 방식으로 아이를 양육하려 했을
때, 고집 센 아이에게는 이 방법이 전혀 먹히지가 않았다. 그러던 아
이가 자발적으로 채소를 먹기 시작한 것은 미국판 〈뽀뽀뽀〉라고 불리
는 〈Sesame Street〉의 주인공들이 다음 노래를 부르는 것을 보고 나
서부터다.

> ♬ Eating crunchy fruits and vegetables can't go wrong! ♬ Can't go
> wrong! Can't go wrong!"
> 아삭아삭한 과일과 채소를 먹는 건 결코 후회하지 않을 거예요! 절대
> 후회하지 않을 거예요! 맛이 없을 수가 없거든요!

근사한 록 밴드가 부르는 이 노래의 비트에 맞춰 엘모와 그의 친구들
이 당근과 샐러리를 아삭아삭 씹는 소리는, 어른인 내가 듣기에도 절
로 흥이 나는 청각적 쾌감을 선사했다. 채소를 씹어대는 소리가 박자
감이 뛰어난 하나의 완성된 음악을 만들 수 있다는 사실은 내게도 신
선한 충격이었다. 이 노래를 크게 따라 부르며 춤추던 딸아이는, 갑자
기 내게 샐러리를 달라고 했다. 샐러리를 씹으며 아삭아삭 나는 소리
를 들으면서 깔깔거리던 딸아이의 사랑스런 웃음소리를 나는 평생 잊
을 수 없을 것 같다. 그때부터 샐러리는 치즈와 함께 아이가 좋아하는

간식이 되었다. 이는 외적인 동기 부여와 상반되는 개념인 내적인 동기 부여Intrinsic Motivation의 한 예다. 채소를 먹어서 얻어지는 이득을 설파하며 아이에게 억지로라도 먹어야 한다고 강요하기보다는, 채소를 먹는 맛과 재미를 극대화시켜 보여줘서 아이들이 자발적으로 먹도록 유도하는 교육 방식이다. 아이를 키워 본 사람이라면 누구나 안다. 아이들은 무엇이든 재미가 있으면 열심히 한다는 사실을.

그렇다면 외국어 교육학자들이 말하는 외/내적인 동기와 동기 부여란 무엇일까? 브라운Brown은 그의 책, 『언어 교육 원론Principles of Language Learning and Teaching』에서 외적인 동기의 예로 돈, 상, 성적, 그리고 벌을 받지 않기 위해 하는 숙제 등을 들었다. 쉽게 말해, 외부에서 오는 보상을 위해 하는 모든 행동은 외적인 동기로 인한 것이다. 반면, 그는 내적인 동기의 예로 잘하고 싶은 마음excellence, 자율성autonomy, 자아실현self actualization 등을 들었다.* 그리고 동기와 동기 부여에 관해 연구한 대부분의 교육학자들은 내적인 동기 부여가 외적인 동기 부여보다 훨씬 더 큰 효과를 낸다고 이구동성으로 말한다. 브라운과 리Lee는 그들의 책에서 이런 연구 결과들을 죽 나열하면서, 배움에 있어 내적인 동기가 외적인 동기보다 훨씬 더 강력한 원동력powerful driving force이라고 명시했다.** 그리고 언어 교육계에서 20년 가까이 몸

---

* Brown, H. D., & Lee, H. (2014). *Principles of Language Learning and Teaching: (6th edition)*. White Plains, NY: Pearson.

** Brown, H. D., & Lee, H. (2015). *Teaching by principles: An interactive approach to language pedagogy (4th edition)*. White Plains, NY: Pearson.

담고 일해 온 아선생 또한 이들의 말에 200% 동의한다.

일례로, 하버드 대학을 때려치우고 자신이 하고 싶은 분야에 곧바로 뛰어든 빌 게이츠의 사례를 보자. "하버드 대학 졸업장"이라는 외적인 동기보다는, 작은 차고에서 좋아하는 친구들과 함께 자신이 하고 싶은 일을 시작하고 싶었던 내적인 동기로 인한 그의 선택이, 후에 그가 이룬 커다란 성공의 초석을 다지게 했다고 볼 수 있다. 대한민국이 낳은 세계적인 거장, 봉준호 감독도 마찬가지다. 1993년 그의 첫 단편 영화 〈백색인〉을 연출한 후부터 2003년 〈살인의 추억〉이 대박을 터뜨리기까지 그의 영화는 단 한 번도 흥행하지 못했다. 다시 말해, 〈살인의 추억〉 전까지 한국 사회가 봉준호에게 부여한 사회적 지위는 영화판의 "조감독"과 "시나리오 작가", 그리고 "흥행 못한 영화를 만든 감독"이었다. 그러니 당시 그의 작업 환경이 어땠을지, 그리고 그의 월 평균 수입이 어느 정도였는지를 짐작하는 건 그리 어려운 일이 아니다. 실제로 그는 어느 인터뷰에서 1995년도에 결혼해서 2003년 〈살인의 추억〉 개봉까지 경제적으로 너무 힘들어서, 대학 동기가 집에 쌀까지 갖다줄 정도였다고 밝히기도 했다. 10년이라는 결코 짧지 않은 시간 동안 영화를 만드는 그에게 주어진 "외적인 보상"이 그 정도 수준이었던 봉준호 감독. 그러니 그를 충무로, 아니 세계 최고의 감독으로 만든 원동력은 돈이나 명성 같은 외적인 동기가 아니라, 영화에 대한 그의 열정 같은 내적인 동기라고 보는 것이 합리적인 추론일 것이다. 요약하자면, 이 두 사람은 사회가 천편일률적으로 정해 놓은 보상이 중심이 되는 외적인 동기보다는, 자신이 스스로에게 부여하는 내적인 동기가 얼마나 어마어마한 동력이 될 수 있는지를 잘 보여주는 사례다.

하지만 불행히도 현재 40대인 아선생이 학창 시절에 겪었던 한국의 교육과정은 꾸준하고도 일관되게 외적인 동기 부여 중심으로 되어 있었다. 그리고 언어 교육학을 가르치고 있는 현재의 아선생은 그것이 상당히 잘못된 접근 방식이라고 생각한다. 일례로, 아선생은 고등학교 1학년 때 겪은 한문 시간을 지금도 생생하게 기억하고 있다. 그 전 시간에 1과에 나오는 모든 한자를 다 외워 오라는 숙제를 내 준 선생님은, 그날 교실에 들어서자마자 맨 앞줄의 남학생 한 명을 칠판 앞으로 불러냈다. 그 친구가 선생님이 불러주는 한자를 다 적어 내지 못하자, 선생님은 부리나케 교단으로 뛰어가서는 사정없이 그 친구의 뺨을 후려치기 시작했다. 한 대여섯 대쯤 그렇게 맞고 있던 친구는 힘에 부쳐 쓰러졌고, 선생님은 그에게 똑바로 서라고 고함을 질렀다. 거의 고등학교에 입학하자마자 겪은 일이기에 나는 충격과 경악이 담긴 표정으로 그 선생님을 바라보았다. 그 순간 너무 무서워서 덜덜 떨고 있는 내 모습을 어떻게 감출 수가 없었다. 그런 나와 눈이 마주친 그 한문 선생님은 야릇한 미소를 짓더니 갑자기 부드러운 톤으로 목소리를 바꿔서 말했다.

"무서워? 무서우면 공부하면 되잖아."

아선생은 이렇게 영화 같은 학창시절을 보냈다. 장르는 호러! 지금 생각해 보니, 그것은 "교육"이라기보다는 정신과 치료를 필요로 하는 행위이다. 그럼에도 불구하고 어쨌든 학교에서 벌어진 일이니, 그가 한 행동을 일단 교육이라고 쳐주자. 그럴 경우, 그의 교수법(?)은 브라운이 외적인 동기의 예로 든 "벌을 받지 않기 위해 하는 숙제"의 카테고리에 들어갈 수 있을 것이다. 하지만 이런 교육 방식은 맞아서 아픈 것보다 아이에게 수치심을 불러일으키는 것이 더 큰 문제다. 김찬호 사회학 박사는 이런 식으로 아이들의 수치심을 활용하는 교육 방식이 외면적인 규제 효과가 있을지는 몰라도 내적인 변화를 일으키기는 어렵다고 한다.* 생각해 보라. 이런 교육 방식이 아이의 내면에 어떤 변화를 일으키겠는가? 트라우마나 남기지 않으면 다행일 것이다.

물론 앞의 사례는 외적인 동기 부여의 다소 극단적인 예라고 볼 수 있으니, 이제 정상 범주에 들어가는 외적인 동기 부여의 사례도 살펴보자. 영어 교육을 예로 들자면 이렇다. 아선생이 다니던 고등학교에 계신 선생님들은 영어가 문과 수능 시험에서 가장 큰 비중을 차지하기 때문에 좋은 대학에 가려면 열심히 해야 하는 과목이라고 눈만 마주치면 끊임없이 반복해서 얘기했다. 좋은 대학에 가야 한다는 그것이 나를 포함한 우리 반 모든 아이들이 국, 영, 수를 다른 과목보다 더 열심히 공부해야 하는 이유이기도 했다. 특정 문법이나 단어 또한 마찬

---

*   김찬호 (2014) 「모멸감」 문학과 지성사

가지였다. 언제나 밑줄 긋고 집중해서 공부해야 하는 부분은 해당 문법이나 단어가 "시험에 잘 나온다"는 이유 때문이었다. 하지만 이보다 더 큰 문제는, 입시가 끝난 후 대학에 들어가서도 사정이 크게 달라지지 않았다는 점이다. 모두들 괜찮은 직장에 취직하려면 토익 점수가 있어야 한다면서 영어는 토익 시험을 중심으로 공부하라고 조언했다. 그리고 대부분의 회사들이 영어로 면접을 본다는 이유로 회화 연습에 힘쓰라고 조언하는 사람도 있었다. 그러나 그 누구도 어떻게 하면 회화에 필요한 문법을 지루하지 않게 접근할 수 있는지, 또는 새로운 단어를 재미있게 습득할 수 있는 방법이 무엇인지를 알려주지는 않았다. 아선생이 지금도 무엇보다 안타깝게 여기는 것은 외국어를 공부한다는 것이 내 삶에 얼마나 다채로운 즐거움을 가져다줄 수 있는 일인지에 대해서는 그때 아무도 말해 주는 사람이 없었다는 사실이다. 이런 식의 교육 하에서는 모든 배움의 과정이 시험 성적을 잘 받기 위한, 또는 취직을 잘하기 위한 도구로 전락해 버린다. 아선생이 보기에 이보다 더 심각한 문제는, 이런 분위기 속에서는 학습자들이 배우는 과정에서 느낄 수 있는 흥미나 재미, 또는 즐거움이 전혀 고려의 대상이 되지 않는다는 점이다.

그렇지만 도구는 도구의 역할만 할 뿐인지라, 목적을 달성하고 난 후에는 더 이상 들여다볼 이유도 동기도 없다. 이것이 바로 외적인 동기가 가진 한계다. 그런데 이런 "외적인 동기"와는 전혀 다른 성격을 갖고 있는 것이 바로 "내적인 동기"다. 스노우Snow가 그의 책에서 지적

하듯이, 내적인 동기는 시험이 끝나고도 사라지지 않기 때문이다.[*]

그렇다면 이토록 많은 교육학자들이 이구동성으로 효과적이라고 입을 모으는 "내적인 동기"란 정확하게 무엇을 말하는 것일까? 브라운은 에드워드 데시[Edward Deci]의 말을 인용해서 그의 책에서 내적인 동기를 다음과 같이 정의했다.

> "Intrinsically motivated activities are ones for which there is no apparent reward except the activity itself. People seem to engage in the activities for their own sake and not because they lead to an extrinsic reward."[**]
>
> 내적인 동기 부여로 인한 활동은 활동 그 자체 외에는 겉으로 주어지는 보상이 전혀 없는 것을 의미합니다. 사람들은 그 일이 외적인 보상이 주어지기 때문에 하는 것이 아니라, 그 활동 자체가 좋아서 하는 것처럼 보이는 거죠.

한마디로, 내적인 동기로 인한 활동이란 돈이나 좋은 성적과 같은 콩고물이 떨어져서가 아니라, 그냥 그 자체가 좋아서 하는 일을 말한다. 더불어 브라운은 동기에 관한 수많은 연구가 내적인 동기로 인해 공

*   Snow, D. & Campbell, M. (2017). *More than a Native Speaker: An Introduction to Teaching English Abroad.* Alexandria, VA: TESOL International Association.
**   Brown, H. D., & Lee, H. (2014). *Principles of Language Learning and Teaching: (6th edition).* White Plains, NY: Pearson.

부를 해야 그 내용이 우리 뇌 속에 더 쉽게 장기 보존long-term retention
이 된다는 것을 증명했다는 점도 지적한다.ᐟ 인터넷에 떠도는 다음 말
을 보면, 굳이 학계의 이런 연구 결과를 살펴보지 않더라도 많은 사람
들이 이미 알고 있는 사실인 듯하다.

머리 좋은 사람이 노력하는 사람 못 이기고,
노력하는 사람이 즐기는 사람 못 이긴다.

자, 이 정도면 독자들에게 왜 내적인 동기 부여를 하면서 영어 공부를
해야 하는지에 대한 외적인 동기 부여가 확실하게 됐을 듯하다. 그렇
다면 이제부터 알아야 할 것은 영어 공부를 할 때 내적인 동기 부여
를 하는 구체적인 방법일 것이다. 현재 쿠웨이트 대학에서 영어를 가
르치고 있는 낸시 숀펠드Nancy Schoenfeld는 2013년 미국 텍사스주 댈
러스에서 열린 테솔TESOL 학회에서 학생들에게 내적인 동기 부여를
하게 하는 전략Motivational Strategies을 주제로 발표를 했다. 그는 내적인
동기 부여 전략의 4단계와 각 단계별로 실행할 수 있는 여러 가지 구
체적인 방안들을 제시했다. 그중 교육자의 입장이 아닌 학습자의 입
장에서 적용해 볼 수 있는 것만 추려서 제시한다.

• Brown, H. D., & Lee, H. (2014). *Principles of Language Learning and Teaching: (6th edition)*. White Plains, NY: Pearson.

→ Mistakes are your friends!
　실수는 당신의 친구!

이것은 영어로 의사소통을 하다가 실수했을 때 학습자가 가져야 할 태도와 마음가짐에 관한 문제다. 아선생은 고등학교 1학년 때 미국인 선생님과 영어 회화 수업 시간에 그 전날 어이없는 실수를 한 이야기를 하면서 "I took a mistake!"이라고 말한 적이 있다. 실수한 이야기를 하면서 또 실수를 하다니, 얼마나 모자라 보였을까? 그때 미국인 선생님께서는 곧바로 "I made a mistake."이라고 실수를 고쳐 주셨다. 영어를 잘한다고 자부하던 아선생은 반 친구들 앞에서 그런 기초적인 실수를 했다는 사실이 많이 창피했지만 동시에 묘한 희열이 느껴지기도 했다. 그런 문맥에서 take는 쓸 수 없는 동사이며 make를 써야 한다는 사실을 바로 그 순간 새로이 깨달았기 때문이다. 그때까지 수많은 문맥 속에서 마구 써도 괜찮았던, 그래서 마법의 단어 같았던 take가 안 통하는 문맥 하나를 정확하게 깨우쳤다는 것! 그건 실로 유쾌한 일이었다. 요약하자면, 아선생에게는 그 실수로 인해 영어 속 세계에서 뭔가 새로운 법칙을 확실하게 깨우쳤다는 희열이 반 친구들 앞에서 들었던 창피한 감정을 압도하기에 충분했다는 말이다. 아선생은 외국어를 배우는 사람들은 자신이 하는 실수에 이런 마음가짐을 가져야 한다고 생각한다. 왜냐하면 바로 이런 태도가 자신의 실수를 성공적인 언어 습득으로 연결시켜 주는 다리 역할을 하기 때문이다. 게다가 이런 자세로 말하기 연습을 하면 남들 앞에서 실수할까 봐 전전긍긍하거나 스트레스 받는 일은 일어나지 않는다.

2단계: 초기의 동기 부여를 불러일으키기 Generating initial motivation

➡ Creating is better than copying!

무조건 따라 하기보다 자신의 문장으로 말하거나 쓰는 게 더 좋다!

숀펠드의 이 주장은 스노우와 캠벨이 영어 수업을 흥미롭게 만드는 방법으로 학생들이 강사와 최대한 진정한 의사소통을 해야 한다고as genuinely communicative as possible 주장했던 것과 일맥 상통한다.[*] 이는 원어민과 영어로 의사소통할 때, 그냥 외운 문장을 반복해서 써 먹기보다는 자신이 직접 만든 문장으로 말해 보라는 뜻이다. 이런 연습 방식은 훨씬 더 재미있기도 하지만, 실제로 말하기 기술을 좀 더 효과적으로 갈고 닦는 방법이기도 하다. 물론 처음에는 책에서 외운 문장을 앵무새처럼 말하는 것과는 비교도 안 되게 많은 실수를 하게 될 것이다. 그러나 그런 과정을 통해서야 진정한 내 문장, 내 말을 만들어 갈 수가 있다. 이는 우리가 모국어를 습득하게 된 과정과 훨씬 더 가깝기도 하다.

•   Snow, D. & Campbell, M. (2017). *More than a Native Speaker: An Introduction to Teaching English Abroad*. Alexandria, VA: TESOL International Association.

→ Be relevant!

학생들과 관련이 있는(학생들의 삶에 유의미한) 주제를 택하라!

숀펠드가 영어 교육자들에게 한 발표이기 때문에 이렇게 해석했지만, 이를 학습자의 입장에서 응용하자면, 자신의 삶과 관련된 주제를 택해서 공부하라는 말이 된다. 이는 문법 공부에서도 적용해 볼 수 있을 것이다. 아선생은 『미국 영어 회화 문법』에서 문법을 문맥과 함께 공부해야 한다고 반복해서 주장했다. 그런데 대부분의 유명한 문법 책에는 현재 우리의 삶과는 별 관련 없는 뜬금없는 예문들이 적지 않다. 그런 예문보다는 좋아하는 영화나 드라마, 혹은 노래 속에서 자신이 공부한 영문법이 어떻게 쓰이는가를 찾아서 분석해 보는 것이 훨씬 더 우리 삶과 직접적인 연관이 있을 것이다. 그런 경우, 학습자가 학습 자료에 대한 배경지식을 이미 가지고 있기 때문에 문장 이해가 쉬우며, 따라서 배우고자 하는 문법 사안에만 집중할 수 있다. 게다가 내가 좋아하는 드라마나 영화로 흥미를 느끼면서 공부하니 집중력은 배가 된다.

구체적인 예로, 아선생이 문법 시간에 명사절을 가르칠 때 종종 사용했던 방법은 노래를 이용한 액티비티였다. 학생들이 좋아하는 팝송을 들려주고 그 노래에 명사절이 몇 개나 나오는지 분석해 보도록 했다. 별로 흥이 나지 않는 노래를 선택했을 때조차도 학생들이 무척 재미있어했던 기억이 난다. 게다가 명사절을 공부할 때 알아야 하는 핵심 요소가 같은 의문사를 쓰면서도 의문문과는 다른 어순인데, 노래로 배우니 모든 학생들이 명사절 만드는 어순을 확실하게 외우고 습득했다. 노래뿐만 아니라, 어떤 드라마나 영화 속에서든 우리가 공부하는 문법 사항 하나하나의 예를 찾아보는 게 전혀 어렵지 않다. 그리고 이는 문법책에 등장하는 예문으로 하는 문법 공부보다 훨씬 더 흥미를 불러일으킨다. 무엇보다 많은 문법책에 등장하는 "If I were a bird, I would fly to you 내가 새라면 너에게 날아갈 텐데." 같은 예문과는 비교도 안 되게 생동감 넘치는 현실 영어 속 문법 사용의 실례들을 만날 수가 있다. 즉, 이렇게 배운 예문들은 대부분 내 삶 속에서 지금 당장이라도 사용할 수 있다는 말이다.

3단계: 동기 부여를 계속 유지하기 Maintaining and protecting motivation

➡ Present material in novel and interesting ways!
　계속해서 새롭고 재미있는 방식으로 수업 자료를 사용하라!

숀펠드의 이 주장을 반복 학습이 중요한 듣기에 활용해 보면 어떨까? 듣기의 경우, 효과적인 반복 학습을 위해서는 자신이 재미있어하는 것, 그리고 여러 번 듣거나 봐도 질리지 않는 것을 선택하는 것이 무엇보다 중요하다. 요즘은 영어 교재도 재미있게 잘 나오지만, 영화, 드라마, 유튜브 등 흥미로운 영어 듣기 자료가 여기저기 널려 있다. 그런데 문제는 못 알아듣는 것을 그냥 반복해서 듣기만 한다고 실력이 늘지는 않는다는 사실이다. 앞서 언급했듯이, 크래션의 이해 가능한 인풋 가설에 따르면, 학습자가 알아들을 수 있는 것을 들어야 실력이 향상되기 때문이다. 이는 알아듣는 상태에서 반복해서 들어야 학습 효과가 극대화된다는 말이기도 하다. 게다가 정확히 모든 걸 다 이해하면서 들으면 깊은 재미를 느낄 수도 있다. 그래서 아선생은 20대때 좋아하는 영화를 하나 선정하고 그 영화의 대본을 구해서 공부한적이 있다. 당시 직장 생활을 하던 중이라 따로 책상에 앉아서 영어를 공부할 시간은 없었다. 그래서 출퇴근하면서 지하철에서 영화 대본을봤다. 너무나 좋아하는 영화여서 사전을 찾아가며 대본을 읽는 것조차도 무척 흥미로운 과정이었다. 그렇게 내용을 완벽하게 이해한 후에, 그 영화를 보고 또 봤다. 두 번쯤 보고 난 후에는, 그냥 일상생활속 배경 음악처럼 사용했다. 즉, 아침에 회사 갈 준비를 할 때나 집안청소나 설거지를 하면서 그 영화를 그냥 켜 놓기만 했다는 말이다. 다른 일을 하면서 오며 가며 들었을 뿐이었는데도, 영화 속 이디엄이며단어가 배우의 억양과 발음 그대로 입력되어 내 것이 되는 신기한 경험을 했다. 이렇게 무의식적으로 일어난 언어 습득 또한 지금 아선생의 영어 실력을 이루는 자산이 되었다고 믿는다.

4단계: 긍정적인 자기 평가를 계속하도록 독려하기 | Encouraging positive self-evaluation

➡ Give feedback regularly!
　규칙적으로 피드백을 주어라!

정기적으로 자신의 영어를 구체적으로 점검해 보면 개선할 점도 보이지만, 동시에 어떤 식으로든 자신의 실력이 향상되고 있다는 사실 또한 깨닫게 된다. 이 역시 숀펠드가 영어 교육자들에게 한 말이지만, 우리는 이를 학습자의 입장에서 적용해 볼 수도 있다. 그런 의미에서 아선생은 스스로를 평가하는 셀프 평가Self-evaluation/Self-assessment의 개념을 소개하고자 한다. 스스로 하는 평가가 무슨 교육적 효과가 있을지 의심하는 독자들은 학습자의 셀프 평가에 대해 브라운이 하는 말을 한번 들어보자. 그는 자신의 저서 『언어 평가 사정Language Assessment』에서 셀프 평가의 가장 주목할 만한 효과는 "그 과정에서 앞으로 달성하고자 하는 학습 목표를 세울 가능성"에 있다고 한다. 또 자율적으로 스스로의 영어 실력을 평가해 보는 과정이 낳는 내적인 동기 부여와 그로 인한 목표 설정은 앞으로의 학습에 강력한 추진력으로 작용한다고 한다.* 그렇다면 셀프 평가는 대체 어떻게 하는 것일까? 같은 책에서 브라운은 셀프 평가에 사용할 수 있는 평가 척도가 담긴 도표를 예시로 보여주는데, 아선생이 그 중 몇 가지만 다음과 같이 추려 봤다.*

□ 나는 모르는 단어가 나오면 일단 문맥 속에서 뜻을 유추해 본다.   5 4 3 2 1

□ 내 발음은 정확한 편이다.   5 4 3 2 1

□ 나는 시제와 관련해 거의 실수를 하지 않는다.   5 4 3 2 1

□ 나는 작문할 때 접속사와 접속부사를 적절히 사용한다.   5 4 3 2 1

*   Brown, H. D. (2018). *Language assessment: principles and classroom practices (3rd edition)*. NY: Pearson Education ESL.

브라운이 예시로 보여준 앞의 도표를 참고해서 아선생이 독자들의 셀프 평가를 위한 체크리스트를 다음과 같이 만들어 보았다. 물론 다음 리스트는 하나의 예일 뿐이니, 학습자 스스로가 자기 목표에 맞게 직접 만들어 사용하면 훨씬 더 큰 효과를 낳을 것이다. 참고로 점수 기준은 다음과 같다.

1 → 전혀 그렇지 않다.

2 → 대체로 그렇지 않다.

3 → 50대 50 비율로, 그럴 때도 있고 그렇지 않을 때도 있다.

4 → 대체로 그렇긴 하지만 가끔 실수를 한다.

5 → 항상 그렇다.

☐ 나는 영작할 때 접속사와 접속부사를 적절히 사용해서 문장과 문장 사이를
   매끄럽게 연결한다.   5 4 3 2 1

☐ 나는 동사 시제를 문맥에 맞게 정확하게 사용한다.   5 4 3 2 1

☐ 나는 관사를 문맥에 맞게 정확하게 사용한다.   5 4 3 2 1

☐ 나는 시간 관련 전치사를 문맥에 맞게 정확하게 사용한다. 5 4 3 2 1

☐ 나는 장소 관련 전치사를 문맥에 맞게 정확하게 사용한다. 5 4 3 2 1

☐ 대부분의 원어민들이 내 발음을 정확하게 알아듣는 편이다. 5 4 3 2 1

☐ 바로 위의 질문의 답이 3점 이하일 경우,

   주로 내가 어떤 발음을 할 때 원어민들이 못 알아듣는지 다음 칸에 써 보라.

□ 나는 모르는 단어를 문맥을 이용해 추측했을 때 그 추측이 대체로 맞는 편이다.

5 4 3 2 1

물론 합계 점수가 높을수록 좋겠지만, 셀프 평가에서 현재의 점수는 중요하지 않다. 자신에게 맞는 목표를 설정하고 그에 따라 앞으로 나아간다는 데 의미가 있기 때문이다. 점수가 3점 이하인 문항은 왜 그런 것인지 문제점을 파악해서, 구체적이고 세부적인 학습 계획을 세워 보자. 그리고 총 합계가 30점이 넘어가면 또 다른 목표를 설정하고 그에 따른 도표를 새로 만들어 계속 정진하면 된다.

지금까지 영어 공부할 때 내적인 동기 부여를 하는 구체적인 방법들을 살펴보았다. 이런 방법으로 공부하다 보면 자연스럽게 자기주도적 학습이 이루어진다. 스스로가 주인이 되는 공부는 그저 주어진 것을 따라가는 공부보다 훨씬 더 즐겁기도 하지만, 반드시 더 큰 효과를 보게 돼 있다. 그렇게 조금씩 효과를 보면서 느끼는 희열은 또 다른 내적인 동기 부여를 낳는다. 이왕에 하는 영어 공부라면, 내적인 동기가 낳는 이 아름다운 선순환 속에 뛰어들어 신나고 알차게 해 보자.

05

수행과 영어의 습득은
같은 과정을 거친다

•

영어아미타불 관세음보살

아선생은 기분이 꿀꿀해지거나 마음을 다스려야 할 일이 생기면 법륜 스님의 〈즉문즉설〉을 듣는다. 즉문즉설 수백 개를 들어도 여전히 달마가 동쪽으로 간 까닭은 알 수가 없지만, 그래도 나름대로 깨우친 흥미로운 사실이 한 가지 있다. 그것은 불교에서 말하는 '깨달음과 수행을 통한 실천'의 개념이 외국어 교육학에서 말하는 '배움과 습득'의 이론(Krashen, 1982)과 매우 유사하다는 점이다.

〈즉문즉설〉은 바람피우는 남편, 갑질하는 고객, 엄마 말은 귓등으로도 안 듣는 아들 놈, 매일매일 사표 쓰고 싶게 만드는 찌질한 직장 상사 등 다양한 문제를 가진 각양각색의 사람들에게 법륜 스님이 조언해 주는 프로그램이다. 그러니 고상한 화두를 던지는 일반 불교 법회

와는 달리, 골치 아픈 건 딱 질색인 나같은 중생들에게 꼭 맞는 맞춤형 불교를 접할 수 있다.

그런데 이 모든 대인 관계에서 발생하는 문제에 스님이 제시하는 해답은 사실 큰 틀에서 보면 하나다. 그것은 그 대상이 누구든 그 사람이 가진 고유의 성질은 좋은 것도 나쁜 것도 아니기 때문에 분별심을 내지 말고 모두를 있는 그대로 인정하라는 것이다. 더불어 대부분의 사람들이 자신의 마음에 들지 않는 타인을 고치려는 데서 혹은 있는 그대로 받아들이지 못하는 데서 고통이 시작되기 때문에, 그런 자신의 어리석음을 알아차리는 것, 즉 그런 '깨달음'에서부터 이 모든 문제의 해결이 시작된다고 말씀하신다.

그런데 재미있는 것은 스님의 이러한 가르침에 많은 사람이 짜고 치는 고스톱처럼 매번 똑같은 반응을 한다는 사실이다. 그것은 머리로는 스님 말씀을 충분히 이해하지만, 실제 마음과 행동은 머리가 이해한 만큼 따라 주지 못한다는 것이다. 예를 들어, 매일 술 마시는 남편에게 잔소리를 해 봤자 내 입만 아프고 남편은 결코 달라지지 않을 것이라는 사실을 머리로는 알고 있다. 하지만 막상 곤드레만드레 돼서 들어오는 남편을 보는 바로 그 순간, 깨달음이고 뭐고 미운 마음부터 꽉 차고 올라와서 자동반사적으로 잔소리를 하게 된다는 것이다. 역시 머리로 이해해서 아는 것과 그것을 행동으로 실천하는 것은 서로 별개의 문제다.

이에 대해 스님은 머리로 깨달은 것을 자연스럽게 실천하도록 습관이

들게 하려면, 오랜 시간 지속적인 수행이 필요하다고 가르친다. 다시 말해, 머리로 이해하는 것은 쉽지만, 깨달은 바를 생활 속에서 실천하는 습관을 형성할 정도의 변화를 가져오기 위해서는 그만큼 노력과 연습이 필요하다는 얘기이다.

법륜 스님이 전하는 이 부처님의 가르침이 외국어 습득 이론과 대체 무슨 관련이 있는 걸까? 외국어 교육학계에서 법륜 스님만큼이나 유명한 언어 습득 이론의 대가인 스티븐 크래션Stephen Krashen은 외국어를 배울 때 배움Learning과 습득Acquisition을 서로 다른 별개의 과정으로 보았다. 여기서 크래션이 말하는 '배움'이란 법륜 스님이 말하는 머리로 이해하는 '깨달음'과 일치한다고 볼 수 있다. 한국어로 된 영문법책을 공부하면서 영어라는 언어가 가진 여러 가지 법칙을 머리로 이해하는 것, 『Vocabulary 33,000』 같은 책으로 단어의 의미를 이해하고 외우는 것 등은 영어라는 언어를 머리로 이해하려는 과정이다. 하지만 이 과정을 중·고교, 대학까지 최소 십여 년간 반복했던 많은 한국인이 여전히 미국에 오면 꿀도 안 먹었는데 입을 닫아버리게 되는 이유는 무엇일까? 바로 이들이 배움(깨달음)만을 지향했을 뿐, 습득(깨달은 내용을 실천)을 위한 연습 과정은 충분히 거치지 않았기 때문이다.

불교에서 말하는 기나긴 수행의 과정을 거쳐서 드디어 깨달은 바를 몸과 마음으로 자연스럽게 실천할 수 있는 습관이 형성되는 바로 그 순간을 언어 교육학에서는 '습득Acquisition'이라고 본다. 즉, 영문법과 단어를 머리로 이해하는 것에서 그치는 것이 아니라, 그것들을 실제 회화 속에서 말할 때 수도 없이 적용해 본다. 그리고 이런 지속적인 연습을 통하여 비로소 입과 몸에 배어서 영어로 의사소통을 할 때 '실수 없이' 자동적으로 자기 것으로 써먹을 수 있는 상태가 되면 우리는 해당 문법과 단어를 습득했다고 한다. 불교에서 '깨달은 바'를 생활 속에서도 자연스럽게 실천할 수 있는 경지에 이르기 위해서 끝없는 '수행'을 해야 하듯이, 영어로 자연스럽게 의사소통할 수 있는 단계에 이르기 위해서는 '공부한 바'를 습득하기 위한 기나긴 '연습의 과정'이 필요하다.

그렇다면 제대로 된 문법으로 영어를 구사하기 위해서 대체 어느 정도까지 연습을 해야 하는 걸까? 〈즉문즉설〉에서 질문하는 많은 사람이 스님의 가르침을 깨닫고 수행하다 보면 잘 나가다가도 때때로 순간적인 감정 조절의 실패로 화를 내거나 실수를 저지를 때가 있다고 한다. 부처님의 가르침을 머리로는 충분히 이해하고 있지만, 한순간 '한 생각'에 사로잡혀 실수를 하게 되는 이런 현상을 스님은 '찰라무지' 때문이라고 한다. 이는 평소에는 깨달은 내용을 잘 실천하는 편이지만, 바로 그 찰라에 하게 되는, 앗차! 하는 작은 실수를 말한다. 스님은 이 찰라무지의 함정에 빠지지 않기 위해서는 머리로 안다고 방심하지 말고 새로운 습관이 완전하게 형성될 때까지 계속해서 자신을 돌아보는 수행을 멈추지 말아야 한다고 한다. 아선생이 보기에 이런 불교의 가르침 또한 영문법을 습득하는 과정과 매우 유사하다.

플로리다 주립대 CIES에서 영어를 배우는 학생들 중에는 아주 쉬운 문법 사항을 말할 때 자꾸 틀리면서도, 강사가 이를 대화 속에서 연습해 보자고 하면 쉬운 내용이라서 연습이 필요 없다고 주장하는 경우가 간혹 있다. 이들은 하나같이 순간적으로 한 실수이고 이미 아는 내용인데 왜 또 반복해서 연습해야 하냐고 따져 묻는다. 이런 부류의 학생들은 자신의 영어 실력에 비해 문법 수업 내용이 너무 쉽다며 상급반으로 올려주지 않는다고 불평한다. 하지만 정작 문법 사용 액티비티Grammar-in-use Activity, 즉 문법 습득을 위한 말하기 연습에는 적극적으로 참여하지 않는다. 아선생은 언어 습득의 과정은 이해하려 하지 않고 영어를 다른 학과목처럼 죽어라 '공부만' 하려는 이런 사람들을 보면 무지하게 답답해진다. 외국어 습득의 과정에 너무도 무지한 이런 중생들을 위해 인내심을 가지고 차근차근 설명해 보자면, 일단 이런 학생들이 간과하고 있는 것은 순간적으로 하는 작은 실수를 극복하는 방법 또한 공부가 아니라 '연습'이라는 사실이다. 그리고 그런 실수 없이 최대한 자연스럽게 영어로 의사소통 할 수 있는 단계를 자동성automaticity* 이라고 하는데, 이는 영문법을 머리로만 이해하고 대충 몇 번만 연습하고 넘어가는 공부 습관으로는 결코 도달할 수 없는 단계이다. 결국 영어를 아주 잘하기 위해서는 쉬운 영문법이라도 실수 없이 자연스럽게 말하고 쓸 수 있는 습관이 완벽하게 들기 전까지

* 문법이든 단어든 자동적으로 실수 없이 사용하게 되는 단계

는 지속적으로 연습하면서 자신의 영문법 사용Grammar-in-use을 끊임없이 점검하는 노력이 필요하다. 크래션은 이 점검 과정을 모니터Monitor라고 했다. 이런 연습과 노력이 뒷받침되지 않는다면, 어떤 문법이든 단어든 완전한 내 것으로 사용할 수 있는 습득의 단계는 요원한 내일의 목표일 뿐이니…. 영어아미타불 관세음보살.

5부

사회문화적 측면에서 본
미국의 이런저런 모습들

01

총기 규제 관련 논쟁의 근원,
수정 헌법 제2조

•

총기 소유의 자유를 둘러싼 끝없는 갈등

나는 미국을 사랑한다. 어떤 면에서 나는 내 미국인 친구들보다도 더 미국을 사랑하는 것 같다. 왜냐하면 내 친구들은 우연히 미국에 태어난 미국 사람들이기 때문에 별 생각 없이 미국에 살고 있을 뿐이지만, 한국에서 태어나 스물여덟 살까지 토종 한국인으로 살았음에도 불구하고, 나는 미국 사회의 일원이 되기를 선택해 미국에 와서 살고 있기 때문이다.

내가 알고 있는 외국인 친구는 자기네 나라의 내전 때문에 선택의 여지 없이 떠밀려 도망치다시피 미국으로 이민을 왔다지만, 내 경우는 그렇지도 않다. 내 나라 대한민국은 현재 전 세계에서 톱 상위권 안에 드는 경제 대국이며, 내전도 없는 평화로운, 솔직히 어떤 면에서는 미국보다 훨씬 더 살기 좋은 나라다. 그럼에도 불구하고 내가 굳이 까다로운 이민 절차를 모두 거치면서까지 미국 사회의 일원이 되었다는 사실은 내가 미국이라는 나라에 얼마나 애착을 가지고 있는지를 증명해 준다.

하지만 그렇다고 해서 미국 사회의 모든 면을 좋아하는 것은 아니다. 이런 나 또한 미국이란 나라에 대해서 끔찍하게 싫어하며, 도무지 이해할 수 없는 점이 몇 가지 있다. 그중 하나가 바로 미국의 총기 소유 문화와 그에 따른 총기 규제 관련법Gun Control Laws이다. 미국의 대형 총기 사건은 항상 전 세계적으로 보도되기 때문에 한국 사람들도 뉴스를 통해서 대부분의 사건을 접할 수 있다. 1999년 콜럼바인 고교 총기 사건, 2007년 버지니아텍 대학교 총기 사건, 2012년 샌디훅 초등학교 총기 사건, 2018년 플로리다주 파크랜드의 한 고교에서 일어난 총기 사건 등 이미 셀 수조차 없이 많은 대형 총기 사건들이 발생했다. 그중 가장 내 시선을 끈 샌디훅 초등학교 총기 사건에 대해서 다시 한번 상기해 볼까 한다.

2012년 12월 14일 아침 9시 30분경, 아담 랜자Adam Lanza는 미국 코네티컷주의 샌디훅 초등학교로 라이플총* 한 자루와 권총 두 자루를 들고 가서 수업을 듣고 있던 아이들에게 총을 쏘기 시작한다. 같은 시각에 회의를 하던 몇몇 선생님은 총소리를 듣고 필사적으로 아이들을

* 안에 나사 모양의 홈을 새긴 총으로 탄알이 회전하면서 날기 때문에 명중률이 높고 사정거리가 늘어난다(네이버 국어 사전 참고).

구하려다 사망한다. 그렇게 20명의 아이들과 6명의 교사들, 그리고 자신의 엄마를 죽인 살인마가 스스로 목숨을 끊으며 이 끔찍한 사건은 끝이 난다. 사건 현장은 봉쇄되고 살아남은 아이들은 모두 학교 안의 안전한 장소로 대피했다. 그 학교 학부모들은 자신의 아이가 죽은 20명 속에 포함되었는지 아닌지도 모르는 상태로 인근 소방서에서 아이들이 돌아오기만을 기다리고 또 기다린다. 살아남은 아이들을 버스로 한 대 한 대 학교에서 소방서로 이동시켰는데, '피를 말리는 심정'이라는 말은 바로 이때 이 아이들의 부모들이 가졌던 마음을 표현하는 말이리라. 마지막 그룹의 아이들을 실은 차가 도착한 후, 경찰은 그때까지 소방서에 남아 있던 부모들에게 말했다. 지금까지 돌아오지 못한 아이들은 살아남지 못했다고….

사건 당시 아선생의 아들이 그때 죽은 아이들 또래였기에 그 부모들의 심정이 더더욱 크게 다가와서인지 신문 기사에서 그 부분을 읽는 순간 살이 떨리고 눈물이 났다. 이 사건이 일어나던 당시 미국 대통령이던 오바마는 비통한 마음에 눈물을 감추지 못하면서 자신이 가진 모든 권한을 동원해서 미국의 총기 관련법을 바꾸겠다고 했다.

하지만 상원의원들은 오바마 대통령의 뜻대로 움직여 주지 않았다. 총기 판매 시 백그라운드 체크**를 강화해서 강력 범죄의 전과가 있는 사람, 중증 정신질환자, 가정폭력범 등에게는 총기 판매를 금지하

** 총기를 구매하려는 사람에 대한 신원 조사

자는 너무도 상식적인 이 법안은 다수 의원들의 반대로 통과되지 못했다. 그리고 그것은 전통적으로 총기 소유 권한을 수호하고자 했던 공화당 의원들뿐만 아니라 오바마 대통령이 속한 민주당 의원들의 반대표 때문이기도 했다. 미국 시민의 90퍼센트가 찬성하는 이 상식적인 법안에 반대한 정치인들에게 오바마 대통령은 크게 분노했다. 오바마 대통령은 연설에서 이날을 '워싱턴의 수치스러운 날This was a pretty shameful day for Washington.'이라고 표현했다.

정치적으로 진보적인 아선생의 친구들은 거의 모두가 좀 더 강력한 총기 규제 법안을 통과시켜야 한다고 주장했기에 그 당시 투표 결과를 듣고 절망했다. 한 친구는 멀쩡한 초등학교 아이들이 학교 가서 공부하다 죽임을 당하는 사건이 발생했음에도 불구하고 이 법이 바뀌지 않는다면, 이 법과 관련해서 미국이 바뀔 거라는 희망은 버려야 한다고 했다. 그렇지만 이런 의견은 모두 미국 사회 내에서 진보적인 내 친구들의 주장일 뿐, 여전히 강력한 총기 규제 법안에 반대하는 미국인들도 다수 존재한다.

그렇다면 그 많은 대형 총기 사건에도 불구하고 미국에서 강력한 총기 규제 법안이 통과되지 않는 이유가 대체 뭘까? 이에 대한 이야기를 할 때마다 미국인들이 언제나 첫 번째로 끄집어내는 주장은 다음의 수정 헌법 제2조에 대한 해석의 차이 때문이라고 한다.

* Raw video: Obama on Senate rejecting gun measure (https://www.youtube.com/watch?v=rGQD_4iLjc0)

A well-regulated Militia, being necessary to the security of a free State, the right of the people to keep and bear Arms, shall not be infringed.

잘 통제되는 민병대는 자유로운 주State의 안보에 필수적이기 때문에 무기를 소장하고 휴대하는 시민들의 권리는 침해될 수 없다.

이 법 조항이 미국인 개인이 총기를 소유할 수 있는 권한에 관한 것인지, 아니면 주에 속한 민병대가 총기를 소유할 수 있는 권한에 관한 것인지는 현재까지도 많은 미국인이 합의점을 찾지 못하고 있다.

더불어 미국총기협회National Rifle Association가 가진 파워도 결코 무시할 수 없는데, 이들이 미국 정치인들에게 미치는 영향력은 그야말로 막강하다고 한다. 미국의 진보적인 정치인들이 내놓는 각종 총기 규제 법안이 매번 통과되지 못하는 이유가 바로 이들의 로비 때문이라고 생각하는 미국인들이 대다수인 것 같다. 적어도 플로리다에 살고 있는 아선생 주변의 미국인들은 모두 다 그렇게 생각하니 말이다.

우리 생각에는 너무나도 상식적인 강력한 총기 규제 법안인데, 이에 반대하는 미국인들은 대체 왜 그런 생각과 주장을 하는 걸까? 이들의 관점을 이해해 보기 위해 아선생은 강력한 총기 규제 법안에 강하게 반대하는 미국인 중 한 명인 샘 피트콜Sam Pitcole 씨를 인터뷰했다. 그가 한 말을 토씨 하나 안 빼고 다 옮겨 본다.

The issue of gun control isn't an issue of legislation. It's an issue of freedom. I do not support gun control to the point of banning rifles. The original purpose for the second amendment was to ensure that the people had access to the same weapons the government did so we could overthrow tyranny. Today, the second amendment is more so about personal protection. There are many cases in which murders have been stopped by an American patriot with a concealed carry permit. When we look at gun violence as a whole country, we forget to take into account where these issues occur, mainly in large cities like New York. Places where there is a large population of gang members, which I can assure you that they don't purchase their weapons through the local gun store. I feel the issue on gun control is more about educating people about weapon safety and how to handle and store them. When a dog bites someone unprovoked, we don't push to ban dogs, we push education on how to prevent future incidents.

— Sam Pitcole

총기 규제에 관한 이슈는 법률 제정에 관한 이슈가 아닙니다. 그것은 자유에 관한 이슈입니다. 저는 라이플총을 금지하는 것까지의 총기 규제에는 반대합니다. 수정 헌법 제2조의 원래 의도는 정부가 소지할 수 있는 것과 똑같은 무기를 일반인들도 소지할 수 있도록 해서, 사람들이 독재 정부를 전복시킬 수 있도록 하려는 것이었습니다. 요즘은 이 법이 그보다는 개인의 신변 보호에 관한 것이 되었습니다. 총기를 숨긴 채 다닐 수 있도록 허가받은 애국심 넘치는 미국인 덕분에 막을 수 있었던 살인 사건의 케이스는 많습니다. 총기로 인한 폭력을 나라 전체로 볼 때, 우리는 이런 이슈들이 주로 뉴욕과 같은 대도시에서 일어나는 일이라는 사실을 고려하지 않습니다. 갱단들이 많은 곳들 말이지요. 저는 그 갱단들이 동네에 있는 총기 판매점에서 총을 합법적으로 구입하는 건 아니라고 확신합니다. 그래서 저는 총기 규제에 관해 논할 때, 안전한 무기 사용과 무기를 어떻게 다루고 보관해야 하는지에 관한 교육에 더 무게를 둬야 한다고 생각합니다. 개가 아무 이유 없이 사람을 물었을 때, 우리는 개를 금지시키라고 밀어붙이지 않고, 앞으로는 그런 사건을 어떻게 하면 방지할 수 있을지에 대해서 교육하지 않습니까.

— 샘 피트콜

개가 사람을 물었다고 해서 개를 금지시키지 않는다고? 인터뷰를 해준 샘 피트콜 씨에게는 미안한 말이지만, 실제로 총기 소유권을 주장하는 많은 미국인이 내세우는 흔한 논리 전개 방식이 이렇다. 같은 문맥에서 아선생이 들었던 또 다른 어이없는 주장으로, "교통사고로 사람이 죽었다고 차를 전면 금지시키지는 않잖아요?", "칼로 인한 살인 사건이 일어났다고 칼을 전면 금지시키지는 않잖아요?" 등이 있다. 어떻게 하면 이런 황당무계한 소리를 논리랍시고 펼칠 수 있는지, 아선생은 도무지 이해할 수가 없다. 물론 모든 미국인이 샘 피트콜 씨처럼 생각하는 것은 아니다. 실제로 절반 이상의 미국인들은 샘 피트콜 씨와 크게 다르게 생각하는데, 그중 한 명인 내 친구 크리스티나 엡스 Christina Eppes가 강력한 총기 규제를 해야 한다고 말하는 이유는 다음과 같다.

I am for stricter gun control laws.

I don't like the fact that you can just go to Walmart and buy a gun here because everyone's safety will be affected including mine. I believe that people have the right to bear arms⋯ but I also support that you have to be qualified enough to utilize a deadly weapon. For example, I started driving education when I was 14, and it took about a year to be qualified to get a driver's license. Likewise, using a gun should hold a similar responsibility. You should have enough training, and you should be tested to be able to bear arms.

— Christina Eppes

저는 좀 더 강력한 총기 규제법을 시행해야 한다고 생각합니다.

저는 사람들이 그냥 월마트에 가서도 총을 살 수 있다는 사실이 싫습니다. 왜냐하면 그로 인해 모두의 안전이 영향을 받기 때문이지요. 저 자신의 안전을 포함해서 말이죠. 저는 사람들이 무기를 소유할 권리가 있다고는 생각합니다. 하지만 생명을 앗아갈 수 있는 무기를 사용하기 위해서는 사람들이 충분한 자격을 갖춰야 한다는 것에도 동의합니다. 예를 들어, 저는 14살 때 운전 교육을 받기 시작했습니다. 하지만 운전 면허증을 딸 자격을 얻는 데 1년 정도 걸렸습니다. 마찬가지로, 총을 사용하는 것에도 비슷한 책임감이 부여되어야 합니다. 충분히 훈련을 받아야 하고, 무기를 소지할 수 있는 자격이 되는지 테스트해야 합니다.

― 크리스티나 엡스

이 문제로 내가 크리스티나를 인터뷰하기로 한 자리에 캐나다인 친구인 디아나도 나왔는데, 디아나가 캐나다인의 입장에서 한마디 하고 싶다며 다음과 같이 말했다. 크리스티나와 디아나 둘 다 매우 진보주의적인 정치적 성향을 가지고 있고 엄격한 총기 규제에 찬성한다. 그러나 캐나다인 디아나는 미국인인 크리스티나와는 조금 다른 관점을 가지고 있다는 점이 흥미로워서 이 자리에 싣는다.

I'm very much for stricter gun control laws because, as a Canadian living in America, I believe that the second amendment is massively misinterpreted. I believe it was written with regards to militia in a war state, which this country is not currently experiencing. The right to bear arms in a state of a war is totally different compared to a state of peace.

In a historical perspective, the United Sates is in a state of peace, and there's no logical reason any human beings would need a weapon of massive destruction or even a weapon that could kill many people.

— Deanna Tremblay

저는 좀 더 강력한 총기 규제법에 아주 찬성합니다. 그 이유는 미국에 살고 있는 캐나다인으로서, 저는 수정 헌법 제2조가 엄청 잘못 해석되고 있다고 생각하기 때문이죠. 그 법은 전쟁 상황에서 의용군과 관련해 쓰인 것인데, 전쟁이 이 나라에서 현재 벌어지고 있는 상황은 아니잖습니까. '전쟁 상황에서 무기를 소지할 권리'라는 것은 평화 상태와 비교해 보면 완전히 다른 이야기가 됩니다. 역사적인 관점에서 볼 때, 미국은 현재 전시 상황이 아닌 평화 상태이기 때문에, 그 어떤 사람이든 대량 살상 무기나 많은 사람을 죽일 수 있는 무기가 필요할 거라고 주장할 만한 논리적인 근거가 전혀 없습니다.

— 디아나 트렘블리

이렇게 둘 다 엄격한 총기 규제법을 바라지만, 미국인인 크리스티나는 총을 소지할 권리는 인정하는 반면, 캐나다인인 디아나는 총을 소지할 수 있는 권리 자체가 잘못됐다고 생각한다. 나도 사실 디아나의 주장이 더 납득이 된다. 이런 디아나의 의견이 대체적인 캐나다인들의 의견인지 확인하기 위해 캐나다의 한 대학에서 강의하고 있는 역사학자이자 내 오랜 캐나다인 친구에게 물어봤다. 그리고 그는 다음과 같이 답했다. 이 친구는 총기 규제에 관한 이슈가 미국에서는 정치적으로 너무나 민감한 사안이기 때문에 실명을 밝히고 싶지 않다고 해서 익명을 조건으로 인터뷰했다.

As a Canadian and as a historian, I agree with Deanna's perspective. I think those rights in the US were created in a specific historical context and moment, but they have now created a narrative about American identity, and have become a crucial part of American culture for some. I can't say whether that is a mainstream Canadian viewpoint — in rural parts of Canada, and outside major cities, there are people here who believe in having guns too, I would think. However, my guess is that it's not as strongly woven into the culture of being 'Canadian', as it seems to be in the US. I believe Canadian culture surrounding guns and gun control is different than in the States, and in Florida, where they have the stand-your ground-law, which is terrifying to me.

— A Canadian Historian

캐나다인이자 동시에 역사학자로서, 저도 디아나의 견해에 동의합니다. 저는 미국 내 총기 소유에 관한 권리가 어떤 특정한 역사 속 상황과 시기에 생겨났다고 생각합니다. 하지만 지금은 그 권리가 미국인의 정체성을 이루는 무언가가 됐고, 또 어떤 이들에게는 미국 문화의 중요한 일부분이 되었지요. 사실 디아나와 저의 의견이 대부분의 캐나다인들의 관점이라고 말할 수 있을지는 모르겠어요. 캐나다에서도 시골 지역이나 주요 도시들의 외곽 지역에서는 총기를 소유해야 한다고 믿는 사람들이 있을 테니까요. 그렇지만 저는 이런 것들이 미국의 경우와는 달리, 캐나다인으로서의 정체성에 깊이 녹아들어 있다고는 생각하지 않아요. 저는 총기와 총기 규제에 관한 캐나다의 문화가 미국과는 다르다고 생각합니다. 특히, 플로리다의 경우 정당방위법Stand-your-ground Law[•]이 있는데, 저한테 그건 정말 무시무시한 것이거든요.

― 한 캐나다인 역사학자

이 두 캐나다인 친구의 말을 들으면서, 아선생은 총기 소유와 규제에 관해 캐나다인들이 미국인들(강력한 총기 규제법에 찬성하는 미국인들이라 할지라도)과 생각이 다르다는 사실을 알 수 있었다.

아선생의 학교에서도 동료들이 이에 대해 설전을 벌인 적이 있는데, 남부 조지아주 출신의 보수적인 나탈리가 총기 소유권을 주장하면서 내게 "In America, we have freedom to bear arms미국에서 우리는 무기를 소지할 자유가 있거든."라고 말했다. 그 순간, 재치 있는 진보주의자 라민은

•   정당방위법이란 자기를 방어해야 하는 상황에서는 어떠한 물리력이라도 사용할 수 있도록 하는 법이다. 이 법으로 인해, 플로리다에서는 2013년 조지 지머맨George Zimmerman이 17세 흑인 소년 트레본 마틴Trayvon Martin을 총으로 쏴 죽이고도 무죄 판결을 받는다. 이 사건에 대한 좀 더 자세한 내용은 『미국 영어 회화 1』에 수록된 세 번째 칼럼과 Viki Wylder 씨와의 인터뷰를 참고하자.

그 말을 이렇게 맞받아쳤다.

> "Yeah, we have freedom to kill people, right
>
> 그렇지, 우리에겐 사람을 죽일 자유가 있지, 안 그래?"

라민의 조금은 무례한 듯한 빈정거림에 나탈리는 삐친 것 같았지만, 쿨한 라민은 별로 개의치 않는 것 같았다.

미국의 이런 총기 소유 문화 때문에 앞서 언급한 대형 총기 사건 외에도 갖가지 크고 작은, 때로는 그야말로 어처구니가 없는 사건이 벌어지기도 한다. 2014년에는 애리조나주에서 어느 부모가 딸의 아홉 살 생일 선물로 자동총을 선물했다. 그리고 딸에게 총 사용법을 배우게 하고 연습시키던 도중에 사용법을 가르쳐 주던 강사가 아이의 실수로 죽게 되는 사건까지 발생했다. 그 아이가 자동총으로 사격 연습을 하다가 서투른 솜씨로 저지른 실수 때문에 옆에 있던 사격 강사가 죽게 되는 이 장면을 누군가가 유튜브에 올렸고, 이를 함께 본 내 동료들은 경악했다. CNN 뉴스에 따르면, 애리조나주의 법은 여덟 살 이상의 아이가 총을 쏠 수 있도록 허락한다고 한다. 게다가 아이에게 선물로 총을 사 주라는 광고 전단지가 우리 집에도 날아온 적이 있는 것을 보면, 이 또한 적지 않은 수의 미국인들에게는 총기 소유와 사용이 자연스러운 문화라는 사실을 부정할 수 없을 것 같다.

더욱 기가 막히는 사실은 이 모든 비극적인 사건에도 불구하고, 아선생 주변의 미국인들은 진보든 보수든 그들의 정치적 입장을 떠나서 총기 소유를 전면적으로 금지하는 것만큼은 모두가 회의적인 태도를 보인다는 점이다. 가장 큰 이유는 그 많은 미국인이 현재 소유하고 있는 모든 총기를 완전하게 수거하는 것이 현실적으로 불가능하다는 이유에서다. 이에, 아선생의 친구인 레슬리는 미국 사회가 이 문제에 대해 돌아가기에는 이미 너무 멀리 와 버렸다고 했다. 그러면서 좀 더 현실적인 방안을 강구해야지, 전면적인 총기 소유 금지는 어차피 이루지 못할 꿈과 같다고 말했다. 이슬람권 국가에서 온 외국인 남자와 결혼한, 매우 열린 마음을 가진 레슬리가 이렇게 말할 정도라면, 미국 내 보수주의자들의 의견은 안 들어도 뻔할 것 같다.

몇 해 전 플로리다에 살고 있는 어느 한인 교포가 미국은 총 때문에 망할 것이라고 푸념처럼 말하는 것을 들은 적이 있다. 아선생은 미국이 망할지 안 망할지는 아직은 잘 모르겠지만, 만약 망한다면 총 때문일 거라는 그 말이 왠지 설득력 있게 들렸다.

02

백인이라고
다 같은 백인일까?

•

『힐빌리의 노래』를 읽고

미국 사회에 동화되어 살아가면서 미국을 잘 안다고 자부했던 아선생도 J. D. 밴스J. D. Vance의 『힐빌리의 노래Hillbilly Elegy』를 읽으면서는 적잖이 충격을 받았다. 특히 놀라웠던 점은, 책의 저자인 밴스가 속해 있다는 이 특정 백인 그룹의 사람들이 가지고 있는 특성이 미국 내 인종 차별주의자들이 묘사하는 저소득층 흑인들이 가진 특성과 너무도 닮아 있다는 사실이었다. 밴스 또한 이 책에서 자신이 속한 힐빌리들은* 백인임에도 불구하고 오히려 미국 내 저소득층 흑인들과 매우 유사한 특징을 가지고 있다고 말한다.

•   밴스는 이 책에서 자신의 가족이 속한 집단을 '힐빌리Hillbilly' 또는 극빈층 백인인 '화이트 트래시White Trash'라고 칭한다.

5부 사회문화적 측면에서 본 미국의 이런저런 모습들   351

이 점이 특히 흥미로웠던 아선생은 인터넷에서 미국 내 흑인들과 백인들이 이 책에 대해 남긴 리뷰가 궁금해서 읽다가 뜻밖의 보석 같은 정보를 얻게 되었다. 그것은 힐빌리/화이트 트래시들과 미국 저소득층 흑인들이 공통적인 특성을 가지게 된 역사적 배경을 알고 싶다면, 토마스 소웰Thomas Sowell이 쓴 『흑인 레드넥 그리고 백인 진보주의자들Black Rednecks and White Liberals』라는 책을 읽어 보라는 것이었다. 아선생은 곧바로 주문해 읽었는데, 이 책은 시작부터 큰 충격이었다.

"These people are creating a terrible problem in our cities. They can't or won't hold a job, they flout the law constantly and neglect their children, they drink too much and their moral standards would shame an alley cat. For some reason or other, they absolutely refuse to accommodate themselves to any kind of decent, civilized life."

This was said in 1956 in Indianapolis, not about blacks or other minorities, but about poor whites from the South.*

— Thomas Sowell *Black Rednecks and White Liberals*

"이 사람들은 우리 도시에서 끔찍한 문제를 일으킵니다. 그들은 생업을 영위할 수도 없고, 영위하려고 하지도 않습니다. 그들은 계속해서 법을

• Sowell, T. (2005). *Black Rednecks and White Liberals*, U.S.A: Encounter Books.

무시하고 지키지 않으며, 자신의 아이들을 방치합니다. 또 술을 지나치게 많이 마시며, 도덕적 규범은 도둑고양이만도 못합니다. 어떤 이유에서인지는 모르겠지만, 그들은 절대로 품위 있고 문명화된 삶에 순응해서 살아가려 하지를 않습니다."

이것은 1956년도에 인디애나폴리스[**]에서 누군가 한 말인데, 흑인이나 다른 소수 민족에 관한 것이 아니라 남부에서 온 가난한 백인들에 대한 이야기다.

— 토마스 소웰, 『흑인 레드넥 그리고 백인 진보주의자들』 중에서

이 책은 미국 남부 출신의 백인 저소득층이 이런 특징을 가지게 된 이유를 영국인들의 미국 이민 역사 속에서 찾고 있다. 소웰에 따르면, 미국 북부 지역으로 이주한 영국인들은 대부분 잉글랜드의 남부 지역에 살던 사람들이었다. 반면, 미국 남부 지역으로 이주한 영국인들은 같은 시대에 잉글랜드 북부의 국경 지대에 살던 사람들이었다. 그런데 문제는 이 지역이 수 세기 동안 스코틀랜드에도 잉글랜드에도 속하지 않았기 때문에 문화 중심부에서 머나먼 무법천지의 땅이었다는 사실이다. 당시 잉글랜드의 문명이 닿지 않은 그곳에 있던 사람들은 대충 지은 주거지에서 원시적이고 매우 비위생적으로 살았는데, 18세기에 그 지역이 빠르게 문명화되면서 그들이 가지고 있던 야만

[**] 미국 인디애나주의 주도

적인 습성은 19세기가 되면서 완전히 사라졌다고 소웰은 말한다.

하지만 그들이 문명화되기 전에 그 지역에서 미국 남부로 이주한 사람들은 그들이 원래 가지고 있던 습성들을 고스란히 지닌 채로 미국에 와서 생활했다고 소웰은 주장한다. 그리고 그들 후손 중 일부가 바로 현재 미국 사회에서 '화이트 트래시'라고 불리는 계층의 백인들이다. 더불어 미국의 가난한 흑인들이 이들과 가까이 살게 되면서 이들의 영향을 고스란히 받아 이들의 습성을 그대로 가지게 되었다는 것이 소웰의 주장이다. 그러니까 한마디로, 인종 차별주의자들이 말하는 흑인들의 나쁜 습성이 원래는 잉글랜드 북부에서 이주한 백인들이 갖고 있던 습성이라는 것이다.

미국 사회의 빈민층 백인들과 흑인들이 가까이 살면서 서로 영향을 주고받았다는 사실에 대해서는 대중음악 평론가인 강 헌 씨도 이야기한 적이 있다. 그래서 소웰의 책을 읽으면서, 아선생은 강헌 씨가 재즈와 로큰롤의 역사를 다루면서 백인인 엘비스 프레슬리가 어떻게 흑인 음악인 리듬 앤드 블루스를 그렇게 잘 부르는지에 대해 설명했던 기억이 떠올랐다. 엘비스 프레슬리는 너무나 가난한 한 부모 가정에서 힘들게 자랐는데 백인 동네에서 가장 집값이 싼 동네에 살아야 했다고 한다. 그곳은 바로 백인들이 사는 다운타운 거주지의 가장 외각에 위치한 흑인 거주지와 맞닿은 곳이었다. 백인들이 다니는 교회는 엘비스 프레슬리의 집에서 너무 멀었기 때문에 그는 어려서부터 집에서 가장 가까운, 흑인들이 다니는 교회에 다녔다. 자연스럽게 동네에서 친구들과 놀 때도 백인이 아닌 흑인 친구들과 함께했다.* 그러니 엘비스 프레슬리는 백인이었음에도 불구하고 자신이 사용하는 언어나 즐기는 음악을 포함한 삶의 모든 영역에서 흑인 문화의 영향을 훨씬 더 많이 받을 수밖에 없었을 것이다. 이렇게 엘비스 프레슬리의 가족들처럼 가난한 백인들과 흑인들은 언어적으로나 문화적으로 서로 영향을 주고받을 수밖에 없는 배경과 환경이 미국 역사 속에 존재한다.

아선생도 미국 사회에서 화이트 트래시라고 불리는 계층의 학생을 가르친 적이 있다. 저소득층에게 주는 장학금을 받으며 플로리다 주립대를 다니던 개럿은 영어를 전공하면서 아선생이 가르치는 외국어로서의 영어 교사 자격증 과정 수업을 들었다. 그러나 개럿은 같은 수업을 듣는 다른 학생들과 잘 어울리지를 못했다. 그것은 그의 가난한 집안 환경 때문이 아니라 그의 세련되지 못한 매너와 거칠고 공격적인 성격 때문이었다. 안타깝게도 그에게서는 타인을 존중하거나 배려하려는 모습을 전혀 찾아볼 수가 없었다. 게다가 개럿은 숙제를 제때 제출한 적이 단 한 번도 없었지만, 그에 대해 사과나 반성을 하기보다는 매번 말도 안 되는 핑계를 대기 바빴다. 그러던 그가 어느 날 나를 찾아와서 이번에는 정말로 심각한 일이 생겨서 잠시 휴학하고 다음 학기에 수업을 다시 들어야겠다고 말했다.

• 강헌, 『전복과 반전의 순간』 2015, 도서출판 돌베개

"루이지애나주에서 모르는 사람에게서 전화가 왔는데, 저희 엄마가 그곳에서 마약에 취해 정신을 잃고 쓰러져 계신 것을 누군가 발견해서 보호소에 데리고 있다고 해요. 엄마를 모시러 가야 하는데, 제가 차가 없어서 그레이하운드 버스*를 타고 갔다 오려면 이번 주에는 수업을 듣기 힘들 것 같아요."

개럿의 부모님은 둘 다 노숙자로 마약을 하다가 만나서 개럿을 가지게 되었다. 개럿을 낳은 후에도 마약을 끊지 못한 그런 삶을 계속 이어가는 바람에, 어린 개럿을 외할머니가 돌보게 되었다. 그렇지만 외할머니도 경제적 능력이 없기는 마찬가지였기 때문에 개럿은 뼈아프게 힘든 성장 과정을 보냈다고 한다. 개럿이 울면서 지나온 삶에 대한 이야기를 하는 동안 개럿의 비참했던 어린 시절이 머릿속에 생생하게 그려져서 나는 마음이 아팠다.

하지만 내가 개럿에게 애틋한 마음을 가진 것은 딱 거기까지였다. 개럿은 그 후에도 수업을 들으러 와서 선생인 나를 포함한 모두에게 계속해서 무례하게 굴었고, 또 지나치게 게을렀으며, 무엇보다 자신의 나태함 때문에 벌어진 모든 결과에 대해 남 탓을 했다. F를 겨우 면하고 내 수업을 통과는 했지만, 나는 개럿에게 추천서는 절대로 써 줄 수 없다고 딱 잘라 말했다. 개럿이 EPIK이나 JET** 프로그램을 통해

* 　미국의 시외버스

서 한국 또는 일본의 공립학교 영어 교사가 되고 싶어 했다는 사실을 감안하면, 나의 추천서 없이는 그 계획을 실현하기가 불가능하다는 걸 잘 알고 있었다. 그럼에도 불구하고, 그런 식의 생활 태도를 가진 그가 한국이나 일본에 가서 아이들을 가르치도록 돕는다는 것은 내 직업의식이 허락하지 않았다.

개럿과의 일을 수습하기 위해 교수진 회의를 열었는데, 개럿의 교생 실습을 지도했던 내 동료 올리비아는 그가 학기 중에 최소 실습 일수 조차 채우지 않았기 때문에 그 과정을 아예 통과시키지 않았다고 했다. 개럿은 그것 또한 올리비아 탓을 하며 학교 행정부에 정식으로 항의하겠다며 전화로 올리비아를 협박했다고 한다.

내 동료이자 친구인 라민은 미국 사회에서 개럿처럼 극단적으로 힘든 환경에서 자란 아이들이 모든 것을 남 탓으로 돌리는 경향이 있다고 말했다. 사회적 약자들에게 내가 아는 그 누구보다도 따뜻한 시선을 가지고 있는 라민에게 그런 편견이 있다는 사실에 깜짝 놀랐지만, 생각해 보니 라민의 말에도 일리는 있었다. 아주 어린 시절부터 마약 중독에 빠진 부모 밑에서 가장 기본적인 것들조차도 박탈당하고 살아온 아이는, 그 모든 상황에서 자신이 컨트롤할 수 있는 건 아무것도 없

<hr>

••   EPIKEnglish Program In Korea는 한국의 공립학교에서 근무할 원어민 영어 교사를 채용하는 프로그램이며, JET Japan Exchange and Teaching는 비슷한 프로그램으로 일본의 공립학교에서 근무할 원어민 교사를 채용한다. 참고로, 아선생이 가르치는 플로리다 주립대 영어 교사 자격증 과정TEFL Certificate Course을 듣는 학생 중 3분의 1 정도가 EPIK와 JET를 통해 한국과 일본에 영어 교사로 채용되어 간다.

다는 사실을 뼈저리게 느끼면서 자랐을 것이다. 그리고 그 어떤 상황에서도 자신이 할 수 있는 건 아무것도 없다는 무기력감과 우울감, 또 분노의 감정은 오래도록 아이의 정서를 지배하며 아이 정체성의 일부가 되었을 가능성이 높다.

그렇게 대학생이 된 아이는, 이제 자신의 의지로 인생을 변화시킬 수 있는 나이가 되었다. 하지만 설사 그렇다고 하더라도 사람의 생각과 태도가 하루아침에 바뀐다는 것은 결코 쉬운 일이 아닐 것이다. 물론 『힐빌리의 노래』를 쓴 저자 J. D. 밴스처럼 그런 환경에서 자랐어도 어려움을 극복하고 사회적으로 크게 성공하는 사람들을 우리는 심심찮게 본다. 하지만 극단적으로 힘든 환경 속에서 자신을 잘 다스려 성공적인 삶을 살게 되는 사람들은 정말로 강한 의지를 가진 인물들로, 환경의 영향을 강하게 받으며 살아가는 대부분의 우리와는 많이 다르지 않을까 싶다.

머리로는 개럿이 그런 성격과 성향을 가지게 된 이유를 극단적으로 힘들었던 그의 성장 배경과 연결 지어 이해할 수 있게 되었다. 하지만 그럼에도 불구하고 나는 개럿이 좋은 영어 선생님이 되도록 도와주는 걸 결국 포기했다. 개럿과의 일로 인해서 나는 강의 평가에서 최고점을 받는 좋은 강사일지언정, 훌륭한 교육자는 되기 힘든 성품을 지녔다는 사실을 인정하게 되었다. 좋은 강의는 공부와 훈련을 통해 누구나 할 수 있는 일이지만, 훌륭한 교육은 절대로 아무나 할 수 있는 일이 아닌 것 같다. 영화 〈위험한 아이들(1993)〉에서 미셸 파이퍼가 분

했던 그런 교육자가 된다는 건 실제 현실에서는 누구에게나 힘든 일
이라고 스스로 위안해 본다.

03

트럼프도 경악한
앨라배마주의 초강력 낙태 금지법

•

강간범의 아이라도 낳아라!

"Almost heaven, West Virginia ~"라는 가사로 시작하는 존 덴버의 〈Take Me Home Country Roads 고향 가는 길로 데려다줘요〉는 미국 웨스트 버지니아주의 아름다움과 포근함을 그린 노래다. 하지만 웨스트버지 니아주 출신이 아니더라도 누구든 편안한 마음으로 따라 부르며 머릿 속에 기분 좋은 시골길 풍경을 그리게 되는 이 노래가 내게는 불쾌한 경험과 끔찍한 악몽을 떠올리게 한다.

첫아이를 가진 후 임신 중기에 막 들어섰을 때, 1961년에 한국을 떠 나 미국으로 이민 오셨다는 남편의 고모님 댁을 방문하기 위해 우리 는 플로리다주에서 13시간가량 운전해서 웨스트버지니아주로 갔다. "남자는 하늘이고 여자는 땅이다"라며 남편을 "받들어 모시라!"는 시고모님과의 짧은 동거는, 타임 머신을 타지 않고서도 1960년대 한국 여성들이 남편의 가족들에게 어떤 대접을 받았는지를 몸소 겪어 볼 수 있는 진귀한 경험이었다.

웨스트버지니아주는 내게 1960년대의 한국산 시월드 체험을 선물로 주는 것으로는 부족했는지, 그곳에서 한 초음파 검사에서 뱃속의 아이가 수두증*이 있을지도 모른다는 의사의 진단서까지 안겨 주었다. 각종 통계에서 언제나 미국에서 가장 낙후된 주의 그룹에 속하는 웨스트버지니아주 안에서도 아주 작은 시골 마을인 그곳에서, 산부인과 진료를 막 시작한 초짜 의사로 보이는 사람이 확실치는 않지만 그럴 가능성이 있다고 내게 말했다. 나는 참담한 심경으로 바로 비행기 표를 끊고서 플로리다주로 돌아와 큰 종합병원에서 오랜 진료 경력을 지닌 내 담당 의사에게 다시 초음파 검사를 받았다. 그리고 그것이 터무니없는 오진이었으며, 태아는 아주 건강하다는 사실을 확인할 수 있었다. 그러나 그 열흘간, 나는 생지옥을 경험했다.

결혼을 하긴 했지만, 미국에서 커리어를 어느 정도 쌓기 전까지는 아이를 원치 않았던 터라 건강한 아이도 잘 키워낼 자신이 없는 준비되지 않은 엄마였던 내게, 그것은 너무나도 가혹한 일이었다. 소식을 전해 들은 한국의 내 가족들은 모두 처음 겪는 일로 우왕좌왕했지만, 만

---

* 척수액의 흡수 및 흐름의 장애와 과도한 생산에 의해 유발되며, 많은 양의 뇌척수액으로 뇌에 압력이 가해져 두개골이 팽창되고 뇌압 상승으로 인한 여러 증세를 보이게 되는 뇌질환(서울 삼성병원『질환백과사전』참고)

약에 정말로 아이의 뇌에 심각한 장애가 있다면 더 늦기 전에 빨리 임신 중절 수술을 해야 한다는 의견이 조금 더 우세했다. 하지만 독실한 가톨릭 신자인 남편은 그런 우리 가족들의 반응에 "왜 한국 사람들은 건강하게 태어나는 아이만 축복하느냐?"며 분노했다. 그리고 그 말을 전해 들으신 내 외할머니께서는 이렇게 말씀하셨다.

"건강하게 태어나도 살기 힘든 세상인데, 그런 아를 낳아서 우짤라고 그라노?"

그 열흘 동안, 미국의 내 친구들도 한국의 내 가족들과 마찬가지로 각기 다른 목소리로 나를 위로했다. 하지만 아버지가 목사이고 독실한 기독교 신자인 내 친구 몰리는 이유 여하를 막론하고 임신 중절 수술은 살인이라고 했다. 그러면서 몰리는 자신의 친구인 재키의 아이 프레스틴에 대한 이야기를 해 줬다.
재키는 임신 기간에 큰 병을 앓았는데, 그로 인해 뱃속의 태아가 잘못되어 중증 장애를 가지게 된 사실을 알게 되었다. 하지만 종교적인 신념 때문에 낙태하지 않고 그 아이를 낳았다. 그렇게 태어난 프레스틴은 눈은 볼 수 없고 귀도 들을 수 없는 상태에서 중증 자폐를 가지고 있으며, 열다섯 살이 되도록 기저귀를 차고 다녀야 했다. 몰리네 집에서 파티를 할 때마다 프레스틴을 만났던 나는, 다른 장애는 그럴 수 있다고 하더라도, 그 아이가 평생을 그 누구와도 소통하지 못하고 살아간다는 사실이 너무나 슬펐다. 프레스틴의 이야기를 말 없이 듣던 나는 몰리에게 그렇게 태어난 프레스틴이 현재 행복한 삶을 살고 있냐고 물었다. 몰리는 내게 담담히 대답했다.

"Is that my decision?"
그건 내가 대답할 수 있는 문제가 아니잖아?

몰리가 이렇게 반문하는 것을 듣고서야 나는 그 질문이 나의 무지와 편견에서 비롯되었다는 사실을 깨닫게 되었다. 몰리의 말처럼 프레스틴이 행복한 삶을 살고 있는지 아닌지는 프레스틴 이외에는 아무도 대답할 수 없는 문제다. 이렇게 몰리는 철저하게 pro-life*인 신앙심 강한 기독교인이며, 그래서 투표를 할 때에도 pro-choice**인 정치인은 결단코 지지하지 않는다. 다른 문제에 있어서는 대체로 생각의 결이 서로 비슷한 몰리와 내가 지지하는 정당이 항상 다른 이유다. 하지만 몰리가 내게 그런 식으로 말한 것에 나의 다른 친구들은 모두 몰리가 내게 크게 잘못한 것이라고 말하며 흥분했다. 다른 친구들은 모두 하나같이, 아이에게 심각한 문제가 있을 때 그 임신을 지속시킬 것인지 말 것인지는 철저하게 '나의 선택'이며, 전적으로 '내'가 결정해야 할 문제라고 했다. 그 친구들은 그것이 '내 몸'에 관한 것이며, '내

* 여성이 임신하는 순간부터 배아를 한 생명체로 보고 낙태 합법화에 반대하는 견해
** 낙태 문제에 있어 여성의 선택권을 존중하자는 견해

삶'에 관한 것이기 때문이라는 사실을 재차 강조했다. 그러면서 몰리가 내가 다른 선택 또한 고려하고 있다는 사실에 죄책감을 느끼도록 유도하는 발언을 한 것은 매우 잘못된 일이라며 분개했다. 그렇다. 몰리를 제외한 나머지 내 미국인 친구들은 다 pro-choice다.

나의 이런 개인사 외에도, 미국에 살면서 나는 pro-choice와 pro-life의 날선 대립과 그에 관한 논쟁을 대통령 선거철마다 신물이 나도록 듣고 있다. 그럼에도 불구하고, 내가 아는 pro-life인 사람 모두 세 가지 예외 조항에 한해서만큼은 낙태 합법화에 동의한다. '강간을 당해서 한 임신이나 근친상간 성폭행의 피해자, 그리고 산모의 생명이 위협받는 상황'. 자신들이 아무리 pro-life라도, 이런 경우에 한해서는 법이 낙태를 허락해야 한다는 것이 이들의 입장이다. 그런데 2019년 5월, 앨라배마주는 이 중 앞의 두 가지 예외 조항마저도 낙태 사유로 인정하지 않겠다는 초강력 낙태 금지법을 통과시켰다.

앨라배마주의 새 낙태법에 따르면, 여성이 강간을 당해서 임신을 하게 되더라도 낙태를 하는 것은 불법이기 때문에 반드시 그 아이를 낳아야 한다. 이는 근친상간 성폭행 피해자도 마찬가지다. 즉, 이 법은 친부에게 지속적으로 강간을 당한 피해자가 임신을 해도 낙태를 허락하지 않는다. 그리고 그런 피해자에게 낙태 시술을 해 주는 의사는 징역 99년형까지 받을 수 있다고 한다.

사실 앨라배마주가 미국에서 가장 엄격한 낙태 관련 법안을 통과시킨 것은 결코 우연이 아니다. 앨라배마주는 다른 인종 간, 특히 부모 한

쪽이 백인인 경우의 출산인 miscegenation이 2000년까지 불법이던 주다. 다 그런 건 아니겠지만, 대체적으로 인종 차별적 성향이 강한 사람들이 성차별적인 성향도 강한 법이다. 앨라배마주의 터무니없는 이 새로운 낙태법에 대해 트럼프 전 대통령도 그의 유명한 대국민 트위터를 통해서 다음과 같이 우려를 표명했다.

> As most people know, and for those who would like to know, I am strongly Pro-Life, with the three exceptions – Rape, Incest, and Protecting the Life of the Mother – the same position taken by Ronald Reagan.
>
> 대부분의 국민들이 알다시피, 또 알고 싶어 하는 분들을 위해서 밝히는데, 저는 낙태 합법화에 강력히 반대하지만, 세 가지 즉, 강간을 당한 경우, 근친상간의 피해자, 그리고 산모의 생명이 위협받는 경우는 예외입니다. 로널드 레이건 대통령이 취했던 것과 똑같은 입장이지요.

그렇다면 앨라배마주가 pro-life 선거 유세에 힘입어 대통령까지 된 트럼프조차도 황당해하는 이런 초극단적인 낙태법안을 통과시킨 이유는 무엇일까? 많은 미국인들은 앨라배마주가 이 법안을 통과시킴으로써 연방 대법원의 Roe v. Wade 판례를 뒤집으려고 한다고 말한다. 미국의 낙태법 관련 이슈를 이해하려면 반드시 알아야 하는 영어표현이 있는데, 바로 Roe v. Wade이다. 이는 Roe vs. Wade의 줄임말로 우리말로 해석하자면, 로 대 웨이드 사건이다. 그렇다면 로는 누구고, 웨이드는 뭐 하는 사람일까?

로는 제인 로Jane Roe*라는 여성이다. 1969년 그녀는 셋째 아이를 임신했지만, 낙태를 원했다. 그렇지만 로가 살았던 텍사스주에는 그 당시 강력한 낙태 금지법이 존재했고, 이로 인해 로는 낙태를 할 수가 없었다. 이것이 부당하다고 생각한 로는 텍사스주 댈러스 카운티의 지방 검사인 헨리 웨이드Henry Wade를 상대로 연방 대법원에 소송을 제기한다. 그래서 미국인들이 이 사건을 Roe v. Wade라고 부르는 것이다. 이때 로는 텍사스주의 낙태법이 헌법에 위배된다고 주장했고, 연방 대법원은 로의 손을 들어 준다. 다시 말해, 대법원은 낙태 금지가 헌법에 보장된 '사생활의 헌법적 권리The right to privacy'를 침해하기에 위헌이라고 판결한다. 이렇게 미 연방 대법원은 태아가 산모의 자궁 밖에서도 생존할 수 있는 임신 6개월이 되기 전까지는 여성이 낙태할 수 있는 권리를 인정했는데, 이는 많은 미국인에게 여전히 역사상 가장 중요한 판례로 기억되고 있다.

결국 앨라배마주는 이 로 대 웨이드 사건의 연방 대법원 판례를 뒤집기 위해서 극단적인 초강력 낙태법안을 통과시켰다는 말이다. 그러자 미국의 많은 유명인들이 남녀노소 할 것 없이 앨라배마주를 비판했다. 예를 들어, 〈세스 메이어 쇼Late Night with Seth Meyers〉에서는 세스 메

---

* 사실 이는 가명으로, 그녀의 실제 이름은 노마 맥코비Norma McCorvey이다.

이어가 앨라배마주의 새 낙태법을 실컷 풍자한 후, 한 여성에게 이렇게 묻는다.

"What does it feel like to be a woman in America right now?"
지금 현재 미국에서 여성으로 살아간다는 것은 어떤 느낌입니까?

그러자 그 여성이 대답한다.

"It feels like you're not even a person… like you have been stripped of your humanity."
사람대접 못 받고 사는 느낌이죠. 인간성을 박탈당한 것 같은 느낌이요.

이렇게 앨라배마주의 초강력 낙태법안에 반대하는 pro-choice들은 이 문제를 여성의 인권과 결부시켜 바라보기 때문에 더욱 분노하는 것이다.

그렇다면 이제 이 법안에 대한 미국 보통 사람들의 이야기를 한번 들어보자. 내 친구 다이애나는 그녀의 동생인 착한 프린세스와 너무나 다정한 자매이지만, 정치적으로 둘은 서로 극단적으로 다른 성향을 가지고 있다. 다이애나는 매우 진보적인 민주당 지지자이다. 프린세스는 무척이나 보수적인 공화당 지지자인데, 이 둘의 정치적 성향을 가르는 쟁점이 바로 낙태법에 관한 견해차다. 앨라배마주의 새 낙태

법에 대해서 주변의 평범한 미국인들의 양쪽 견해를 모두 들어보고
자, 나는 이 두 자매의 의견을 물어봤다.

Our nation is finally moving in the right direction where abortion
is concerned. I am proud of the Alabama legislators for taking
a stand against the termination of viable pregnancies. If one is
examining abortion based simply on what is right or wrong, then
killing babies is definitely wrong. Some may argue that it is not a
baby. Yet, these very same people cannot answer what 'it' should
be called. I am confused by the fact that, when a baby is formed
and wanted, it is a joyous occasion that is celebrated and protected.
The child is referred to as a baby and prayed over. The mothers
make requests for God to bless their unborn child to survive in the
womb until it is fully developed. On the other hand, if a baby is
formed, but unwanted, 'it' is just a mistake. The unwanted 'thing'
should be sentenced to death through heinous methods. I disagree.
Instead, I challenge the world to see life as life. All lives matter.
Those who create life should be strongly encouraged to choose life,
even through laws.

— Princess Roshell

낙태 문제에 관해서 우리나라가 이제야 올바른 방향으로 가고 있네요.

저는 건강한 임신을 중절하는 것에 반대 입장을 취해 준 앨라배마주의 입법자들이 자랑스럽습니다. 만약 우리가 단지 무엇이 옳은지 그른지에 관한 잣대로 낙태에 대해 판단한다면, 아기를 죽이는 것은 당연히 잘못된 일입니다. 어떤 사람들은 그건 '아기'가 아니라고 주장하겠죠. 그렇지만 그렇게 주장하는 사람들도 '그것'을 뭐라고 불러야 하는지에 대해서는 답하지 못합니다.* 저는 원하는 아이가 생겼을 때는 그게 축하받고 보호받아야 할 기쁜 일이라는 사실이라는 게 혼란스러워요. 그 아이는 아기라고 불리고, 사람들은 그 아이를 위해서 기도하지요. 엄마들은 신에게 태어나지 않은 자신의 아이가 완전히 자랄 때까지 자궁 안에서 생존하게 해달라고 기도합니다. 반대로, 아기가 생겼는데 원하지 않을 경우 '그것'은 단지 실수가 되어 버립니다. 원치 않았던 '그것'은 끔찍한 방식으로 사형선고를 받아야 합니다. 저는 이것에 반대하는 겁니다. 대신, 저는 세상이 하나의 생명을 생명으로 온전히 봐 주기를 촉구합니다. 모든 생명은 소중합니다. 우리는 생명을 탄생시킨 사람들이 그 생명을 선택할 수 있도록 적극 장려해야 합니다. 법으로 강제해서라도 말이죠.

― 프린세스 로셸

* 사실 프린세스가 pro-life라서 이렇게 주장하는 것일 뿐, 실제로 pro-choice들은 수정 후 첫 8주까지를 배아embryo라고 부르며, 임신 8주 후부터는 태아fetus, 마지막으로 아이가 엄마 몸 밖으로 나와서도 생존할 수 있는 임신 6개월 이후부터는 아기baby라고 부른다. 참고로, 이 분야의 전문가들은 여성이 임신 후 배아/태아를 언제부터 하나의 생명체로 인정해야 하는지에 대해서는 역사적으로도 많은 논의가 있어 왔다고 한다.

The recently passed legislation in Alabama and Georgia angers me. For me, it's common sense; you cannot take away a woman's established right to terminate a pregnancy. Creating laws that criminalize those seeking and those providing abortions places women in jeopardy. It does not eliminate the need for abortion, only the means with which to safely and affordably have one. The existing laws regarding abortion in Alabama are already so strict that there are only a few clinics left. If the desire, or in many cases, the need is strong, dangerous methods will be used to end the unwanted pregnancy.

It angers me that people care so much about what happens to fetuses, but so little about what happens to babies (outside of the womb), children, teenagers, the elderly. These people claim to be pro-life but care little about the actual quality of that life. Millions of dollars have been spent lobbying to get these restrictive laws passed. This money could be better spent. Also, the same people who voluntarily wait outside of abortion clinics to shame abortion-seekers could better spend their time mentoring children, helping out at shelters, or helping asylum seekers at the borders.

— Diana Roshell-Brooks

최근에 앨라배마주와 조지아주° 에서 통과된 법 때문에 전 분노가 치밉니다. 저는 여성이 임신을 중단할 수 있는 법적 권리를 빼앗아서는 안 된다는 것이 상식이라고 생각합니다. 낙태를 하려는 사람들과 낙태 시술을 제공하는 사람들을 범죄자로 만들어 버리는 법을 제정하는 것은 여성들을 위험에 처하게 할 뿐입니다. 그것은 낙태의 필요성을 없애 주는 것이 아니라, 안전하고 알맞은 비용으로 낙태할 수 있는 수단만 없앨 뿐입니다. 앨라배마주의 경우, 현행 낙태 관련법도 이미 너무나 엄격해서 낙태 시술을 할 수 있는 곳도 몇 곳밖에 남아 있지 않습니다. 만일 낙태를 하려는 의지가 강하거나, 실제로 일어나는 많은 경우처럼 낙태를 반드시 해야 하는 상황이라면, 원치 않는 임신 상태를 끝내기 위해서 위험한 방법이 사용될 것입니다.

저를 화나게 하는 또 다른 사실은 사람들이 태어나지도 않은 태아에게 일어날 일은 그렇게 걱정하면서, 이미 자궁 밖에 나와 있는 아기들, 어린이들, 10대들, 나이 든 사람들에 대해서는 신경을 거의 쓰지 않는다는 거예요. 이런 사람들은 자기들이 pro-life라고 주장하지만, 실제로 그 태아가 태어났을 때 그 아이의 '삶life'의 질에 대해서는 생각하지 않아요. 이 구속적인 법률이 통과되도록 로비하는 데 수백만 달러가 쓰였습니다. 이 돈이 좀 더 나은 일에 쓰일 수도 있을 텐데 말이죠. 더불어,

---

° 조지아주의 경우는 앨라배마주와 달리 강간이나 근친상간 피해자에게 예외 조항을 두긴 하지만, 그 외의 경우에 임신을 한 여성이 다른 주(예를 들어, 낙태가 합법인 플로리다주)로 가서 낙태를 하고 돌아오면 경찰이 그 여성을 체포할 수 있다.

일부러 낙태 시술하는 곳 앞에 가서 기다리다가 낙태를 하려는 여성들에게 수치감을 주는 사람들[*] 또한 좀 더 나은 일 이를테면, 이미 태어난 아이들을 지도하거나, 쉼터에 가서 도와주거나, 국경 지역에 가서 망명 신청자들을 돕는 일 등에 시간과 노력을 쓰는 게 훨씬 더 가치 있는 일일 겁니다.

— 다이애나 로셸-브룩스

한마디로 요약하자면, 다이애나는 미국에서 pro-choice인 사람들의 의견을 대변하며, 프린세스는 미국에서 pro-life인 사람들의 의견을 대변한다고 보면 된다. 그런데 기가 막히게 흥미로운 사실은 앨라배마주의 새 낙태법이 통과되자마자, 캘리포니아주 상원에서는 이에 화답이라도 하듯이 곧바로 이와는 완전히 반대되는 법안을 통과시켰다. 캘리포니아주의 대학생들이 원치 않는 임신을 했을 경우, 대학이 임신 중절을 할 수 있는 알약abortion pill[**]을 무료로 제공해야 한다는 College Student Right to Access Act라는 법이다. 2023년 1월부터 시행된다는 이 법에 따르면, 캘리포니아 주립대 계열을 전부 포함해서 캘리포니아주의 모든 공립 대학들은 원치 않는 임신을 한 대학생

---

[*] 미국에는 실제로 낙태 시술하는 병원 앞에 가서 하루 종일 기다리고 있다가 낙태를 하러 오는 여성들에게 수치감을 주면서 낙태를 못하게 하려는 사람들이 있는데, 이들은 좀 극단적으로 pro-life 운동을 하는 사람들이다.

[**] 임신 10주 이전에 복용할 수 있는 알약으로, 임신을 지속시키는 황체호르몬 프로게스테론progesterone을 차단해서 수정란에 영양 공급을 막아 낙태를 유도하는 약인데, 무척 비싸다.

에게 무료로 임신 중절약을 제공해야 할 의무가 있다.

같은 나라 안에서 이렇게까지 초극단적으로 색채가 다른 두 가지 법안이 동시에 통과되는 곳이 지구상에 미국 말고 또 있을까? 참고로, 미국 대통령 선거 때 민주당을 지지하는 파란 주들Blue States인 캘리포니아, 오리건, 워싱턴, 뉴욕, 일리노이, 하와이, 매사추세츠, 뉴저지 등에 살고 있는 미국인들은 대체로 진보적으로, 캘리포니아주 사람들과 생각의 결이 비슷하다고 보면 된다. 마찬가지로, 빨간 주들Red States인 앨라배마, 조지아, 미시시피, 알래스카, 테네시, 텍사스 등은 앨라배마주 사람들과 뜻을 함께하는 사람들이 많을 것이다. 파랑과 빨강을 왔다 갔다 하는 변덕스러운 주들Swing States인 플로리다, 미시간, 오하이오, 위스콘신, 펜실베이니아 등의 경우는 양쪽 성향의 사람들이 반반씩 모여서 살고 있다.

이렇게 미국이란 나라 안에는 자신의 종교적 신념에 모든 것을 걸고 싸우는 사람들과 자신의 권리와 자유를 지키고자 그에 맞서 싸우는 사람들이 동시에 존재한다. 그리고 서로 극단적으로 다른 의견을 가진 사람들이 각자의 색을 잃지 않으면서도 공존하며 살아갈 수 있는 곳이 바로 미국 사회이다.

04

미국 사회에서
조금 다르게 가는 아이들

•

"저는 아스퍼거 증후군을 앓고 있어요"

학기가 시작하고 2주 정도 지났을 때, 한 학생이 찾아와서 말했다.

"저는 자폐증 스펙트럼인 아스퍼거 증후군이 있어서 다른 사람들보다 소리에 많이 민감하거든요. 그래서 수업 중에 다른 학생들이 볼펜의 버튼을 눌렀다 닫았다 하는 소리가 너무너무 불편하고 저를 아주 힘들게 해요."

아스퍼거는커녕 자폐증 자체에 무지했던 나는 그 학생의 말을 처음에는 온전하게 이해하지 못했다. 그저 조금 별나거나 지나치게 예민한 아이라고만 생각했던 것 같다. 어쨌든 다른 학생들에게 내가 주의를 주겠다고 말하자, 그 학생은 그 다음 수업 시간에 자신이 직접 이야기 하겠다고 했다. 그러고는 그 다음 수업 시간에 소리 나는 버튼이 없는, 뚜껑이 달린 볼펜을 여러 자루 가지고 와서는 다른 학생들에게 이렇게 이야기했다.

"저는 아스퍼거 증후군이 있습니다. 그래서 아주 작은 소리에도 무척 예민해지고, 그것 때문에 정말 많이 힘듭니다. 지난 2주간 이 수업을 듣는 내내 여러분의 볼펜 버튼 누르는 소리로 인해 괴로워서 수업 내용에 도저히 집중할 수가 없었습니다. 그래서 부탁인데요, 이 수업을 들으실 때에는 부디 소리 나는 볼펜을 쓰지 말아 주세요. 혹시 소리 안 나는 볼펜이 필요하면 제가 여기에 충분히 가지고 왔으니, 저한테 빌려 쓰세요."

그 학기 남은 기간 내내 수업 시간에는 학생들이 자신의 의견을 발표할 때를 제외하고는 쥐 죽은 듯이 조용했고, 다른 소음은 전혀 없었다. 어쩌다 깜박하고 펜을 안 가지고 온 학생은 옆 자리 학생에게 펜을 빌리면서 소리가 안 나는 볼펜인지 다시 한번 확인하는 모습도 볼 수 있었다. 미국 사회에서 이런 모습들을 흔하게 볼 수 있는 건 자폐를 포함한 그 어떤 불편한 조건을 가진 사람들이라도 이 사회의 구성원으로서 존중받으며 함께 살아갈 권리가 있다는 사회적 구성원들의 암묵적인 동의 때문이라고 나는 생각한다.

물론 한국의 교실에도 이런 학생이 있다면 급우들이 모두 기꺼이 협조해 줄 것이라고 나는 믿는다. 하지만 아스퍼거 증후군을 앓고 있는 입장에서 스스로 직접 나서서 함께 수업을 듣는 모든 학생에게 이런 부탁을 한다는 것은 한국 사회에서라면 훨씬 더 큰 용기를 필요로 하지 않을까? 아스퍼거 증후군이 있는 미국인 학생이 함께 수업을 듣는 친구들에게 스스럼없이 그런 고백과 부탁을 할 수 있다는 것은, 그 어떤 신체 조건을 가진 사람이라도 이 사회의 구성원으로서 존중받으며 함께 살아갈 권리가 있다는 사실에 자신을 포함하여 다른 미국인들 또한 모두 동의한다는 확신에서 나오는 행동일 것이다. 설사 그로 인해 주변 사람들 개개인에게 다소 불편한 상황이 연출되더라도 대부분의 미국인들 사이에서 이런 원칙은 변하지 않는 듯하다.

같은 맥락에서 나는 학교의 학부모 모임에 가서 너무나 평범해 보이는 아이인데 경미한 자폐증 진단을 받았다고 아이 부모가 처음 보는 나에게도 아무렇지 않게 이야기하는 것을 듣곤 한다. 나 또한 아이를 미국 사회에서만 키워 봐서인지 이런 현상에 많이 익숙하며, 또 이런 것들을 당연시 여기며 살아왔다. 하지만 사촌 오빠의 아이가 ADHD 진단을 받고서 나와 이에 대해 상의할 때, 나는 내 미국 친구들이나 나의 생각이 다수의 평범한 한국인들의 생각과는 다를 수 있다는 사실을 알게 되었다. 의사인 사촌 오빠에게 동기들 중 소아정신과 의사와 상의를 해 보라고 제안했지만, 올케언니는 그런 이야기를 공개하는 것이 남부끄럽고 불편하다고 했다.

올케언니는 차라리 몸이 아프면 모르겠지만, 정신발달장애는 '정신병 영역'이라 여겨지기 때문에 다른 사람들이 어떻게 생각할까부터 걱정된다고 했다. 솔직히 내가 이에 대한 평균적인 한국인들의 생각을 알아낼 방법은 없다. 그럼에도 불구하고 내 경험상 발달장애아를 둔 많은 한국의 부모는 타인에게 그런 사실을 공개적으로 터놓는 걸 여전히 꺼리는 게 사실인 것 같다. 내가 플로리다에서 만난 한국인들과 이런 문제에 대한 이야기를 할 때마다 이제는 한국도 많이 변했다고들 하지만, 한국에서 실제 이런 일들을 겪으면서 살아가는 친척이나 친구들을 만나 보면 실상은 그렇지도 않은 것 같다.

그러고 보니 미국에서 자폐증, 아스퍼거 증후군, ADHD 등의 진단을 받았다는 사람들이나 아이들을 유독 더 자주 만날 수 있는 이유도 그런 문제를 쉬쉬하지 않는 분위기 탓이 아닐까 싶다. 그리고 대부분 그런 문제를 거리낌 없이 공공연하게 밝히는 이유는 그런 아이들을 함께 껴안고 가려는 평범한 미국인들의 생활 태도와 이곳의 시스템도 한몫하기 때문이라는 것을 나는 다음의 경험으로 알게 되었다.

자폐는 아니지만, 태어나서부터 한국어와 영어를 동시에 배우면서 1년에 3개월 정도는 언제나 한국에서 보내는 내 아이의 언어(영어) 발달은 자연스레 평균적인 미국 아이들보다 늦어졌다. 그런 아이가 유치원에* 들어가자 담임 선생님이 학교에 요청해 그 분야의 전문가들

---

* 　미국의 공립 초등학교는 유치원 과정부터 시작된다.

을 소집해서 회의를 열었다. 그런 일이 처음이라 학부모 자격으로 어리둥절하게 회의에 참석하게 된 나는 오로지 내 아이만을 위해서 소집된 4명의 전문가를 만났다. 아이의 담임 선생님과 아동심리학자, 언어 습득·발달 전문가, 그리고 언어 치료사였다.

4명의 전문가가 광범위하게 내 아이를 테스트한 결과, 자폐나 발달장애는 없고, 단지 이중 언어를 습득하는 과정에서 하나의 언어만 습득하는 아이들에 비해 언어 발달이 조금씩 느리게 진행된다는 결과를 말해 줬다. 그리고 집에서 한국어만 쓰면서 한국어 TV만 보고 한국어 책만 읽어 준다면, 만 10세 정도까지는 지속적으로 영어 때문에 힘들 수 있다는 이야기도 했다. 그러더니 테스트 결과에 따라 아이의 담임 선생님이 매일 방과 후 30~40분씩 따로 보충 수업을 해 주고, 정규 수업 시간에는 보조 교사가 아이에게 좀 더 집중해서 영어 때문에 학교 수업에 뒤쳐지지 않게 하겠다는 처방을 내렸다.

나는 다른 것들은 다 떠나서, 언어 습득이 조금 느린 아이 하나를 위해서 전문가 4명이 테스트를 하고 분석해 준다는 점이 무척 놀랍고 감격스럽기까지 했다. 그런 감동을 미국인 친구와 나누고 싶었지만, 친구는 "그거 전부 다 네가 내는 세금으로 하는 거니까 하나도 감사할 것 없어. 그리고 교육이라는 게 원래 조금 뒤쳐지는 아이들이 사회 구성원으로 더 잘 살아가게 도와주는 역할을 하는 것 아냐?"라고 대수롭지 않게 말했다.

나는 전혀 부자가 아님에도 불구하고, 운 좋게도 미국에서 비교적 좋은 학군이 있는 지역에 살고 있다. 때문에 미국 사회 전체 구성원이 모두 이런 대접을 받으며 살아갈 것이라고는 생각하지 않는다. 하지만 무료로 보내고 있는 공립학교에서 단지 아이의 언어 발달이 조금 느리다는 이유로 이런 배려를 받게 되면서, 발달장애를 가진 아이 또는 조금 뒤쳐지는 아이에 대해 평균적인 미국의 학교나 교사를 포함한 사회 구성원들이 가지고 있는 관점을 몸소 체험할 수 있었다. 그리고 평범한 미국인들의 일상생활 속에 스며 있는 사회적 약자에 대한 세심한 배려가 바로 총기 사고를 포함해서 많은 문제점을 안고 있는 미국을 내가 떠나지 않고 있는 이유이기도 하다.

05

코로나 사태 초기 미국 내
이런저런 모습들[•]

•

아선생이 겪은 코로나 팬데믹

2020년 3월 26일, 미국은 코로나 확진자 숫자가 전 세계에서 1등인 국가가 되었다. 힐러리 클린턴의 말처럼, 트럼프 대통령은 "America First"를 이루어 내겠다던 약속을 기어이 지키고야 말았다.

트럼프 행정부가 코로나 팬데믹에 대비해 아무런 준비도 하지 않고 있었다는 사실을 증명하는 데는 일주일도 채 걸리지 않았다. 코로나 바이러스로 인한 팬데믹 경고를 계속해서 "짓궂은 장난hoax"이라고 말하던 트럼프 대통령이 갑자기 말을 바꿔 국가 비상사태를 선포했다면서, CNN을 비롯한 미국 뉴스 방송사들은 이를 신랄하게 비판했다.

•　　이 글은 미국 코로나 사태 초기인 2020년 3월 28일에 쓰였다.

그러더니 난데없이 3월 11일에는 트럼프 대통령이 당분간 유럽에서 오는 이들의 미국 입국을 모두 막겠다며 다음과 같이 발표했다.

"We will be suspending all travel from Europe to the United States for the next 30 days. The new rules will go into effect Friday at midnight."

우리는 30일 간 유럽에서 미국으로 오는 모든 여행을 중단시키겠습니다. 이는 금요일 자정부터 실시됩니다.

이렇게 갑작스러운 여행 제한 발표로 인해 그 당시 유럽에 있던 당황한 미국인들이 일제히 미국으로 들어오면서 미국 공항들은 난리가 났다. 미국의 국토안보부The Department of Homeland Security는 트럼프 대통령이 잘못 말한 것이라면서, 이 여행 제한 조치에 미국 시민권자와 영주권자, 그리고 그 가족들은 해당이 안 된다고 대통령의 발표를 정정해 줬지만, 때는 이미 늦은 것 같았다. 유럽에서 떼거지로 몰려 들어오는 미국인들로 인해 미국 공항들은 여기저기 마비가 될 지경이었으니 말이다.

일례로, 3월 14일 시카고 오헤어 국제공항O'Hare International Airport은 이런 전염병이 돌고 있는 와중에 마스크조차 안 쓴 사람들이 모두 다 닥다닥 붙어서 아주 오랜 시간 함께 줄을 서 있는 상황을 연출했다. 대부분이 이미 지나치게 많은 코로나 확진자들로 감당이 안 되는 이탈리아를 포함한 유럽 국가에서 입국하는 사람들이었다. 그러니 그 많은 이들 중에서 코로나 감염자가 없을 리가 없었다. 이 모든 상황을 초래하고도 아무런 조치조차 취하지 않고 있는 대통령에게 화가 난 J. B. 프리츠커J. B. Pritzker 일리노이주 주지사는 그날 밤 트럼프 대통령의 트위터에 긴급하게 다음 메시지를 남겼다.

> The crowds & lines (at) O'Hare are unacceptable & need to be addressed immediately. Since this is the only communication medium you pay attention to – you need to do something NOW. These crowds are waiting to get through customs which is under federal jurisdiction.
>
> 지금 오헤어 공항에서 무리 지어 있는 사람들과 긴 줄은 용납할 수 없는 일이며, 당장에 해결해야 할 시급한 문제입니다. 트위터가 대통령께서 관심을 갖는 유일한 소통 수단이기 때문에, 여기 남깁니다. 당장 조치를 취하셔야 합니다! 지금 이 군중들이 세관을 통과하려고 기다리고 있는데, 그것은 연방 정부 관할이잖소.

하지만 이 일리노이주 주지사는 바로 그 다음 날 CNN 뉴스에 나와서, 대통령의 트위터에 남긴 이 글 때문에 백악관의 한 직원이 자신에게 전화를 걸어 소리를 질렀다고 했다.

한편, 아선생이 몸담고 있는 플로리다 주립대는 3월 16일에서 22일까지 봄방학이었는데, 방학이 끝난 직후부터 학기 말까지 모든 수업을 온라인으로 하라는 지시가 떨어졌다. 컴맹인 아선생에게 이는 청천벽력과도 같은 일이었지만, 온라인 수업은 예상했던 것보다는 할 만한 것 같다. 오히려 아선생을 힘들게 하는 것은 아이들이 학교고 어린이집이고 모두 문을 닫아서 가지를 못하는 것이다. 두 돌 지난 딸아이를 집에 데리고 있으면서 온라인으로 세 시간짜리 강의를 하는 것은 여간 스트레스 받는 일이 아니다. 다행히 15살인 큰아이가 수업하는 동안만이라도 동생을 봐주고 있기는 하지만, 큰아이도 곧 온라인 수업을 시작한다니, 그때 가서는 또 어떻게 대처해야 할지 막막할 따름이다. 하루하루를 이렇게 살얼음판 걷듯이 넘기자니, 벌써부터 지치는 것 같다. 그래도 어느 동료의 말처럼, 우리는 직장을 잃지는 않았으니, 힘들어도 감사하게 일해야 한다. 3월 26일자 워싱턴 포스트지에 따르면 코로나 사태로 벌써 미국인 330만 명이 직장을 잃었다고 하니 말이다.* 물론 직장을 잃지 않은 사람들도 아이들이 학교에 안 가고 하루 종일 집에 있는 상태에서 재택근무를 하기 때문에 힘들지 않은 것은 아니다.

상황이 점점 악화되자, 어떤 미국인들은 이 바이러스의 발원지인 중국과 중국인들을 원망하기 시작했다. 한 백악관 소속 직원은 코로나 바이러스를 Kung-Flu 무기 없이 공격하는 중국식 권법인 "Kung Fu"를 독감을 뜻하는

•   2020년 3월 26일 워싱턴 포스트지 기사 〈A record of 3.3 million Americans filed for unemployment benefits as the coronavirus slams economy〉 중에서

"Flu"와 합성한 신조어라고 불러서 기자들의 호된 비판을 받았다. 어떤 이들은 이게 중국인들이 박쥐를 먹어서 벌어진 일이라며 그들을 힐난했다. 그래서 코로나바이러스 관련 기사에는 이런 댓글이 달리기도 했다.

> Leave the bats alone!
> 박쥐들 좀 제발 내버려 둬!
> Was the bat soup delicious? I hope it was worth all this trouble!
> 박쥐탕이 맛있더냐? 온 세계를 이 난장판으로 만들었으니, 그만한 가치가 있는 맛이었기를 바란다!

또 다른 미국인들은 중국 정부를 비난하기 시작했다. 중국의 시진핑 행정부가 우한에서 이 바이러스로 인한 폐렴이 발생한 초기에 이 바이러스의 위험성을 알린 리원량을 포함한 여러 의사들을 협박하고 이를 덮으려 했다는 것은 이미 많은 미국인들에게 알려진 사실이다. 이를 바탕으로 플로리다주의 한 변호사는 코로나 팬데믹 사태로 인한 경제적 손실을 배상하라며 중국 정부를 상대로 소송까지 했다. 이 변호사는 ABC와의 인터뷰에서 다음과 같이 말했다.

> "The Chinese government knew that COVID-19 was dangerous
> and capable of causing a pandemic, yet slowly acted, proverbially
> put their head in the sand, and/ or covered it up for their own

economic self-interest."[*]

중국 정부는 코비드19가 위험하며 세계적인 전염병 사태를 일으킬 수 도 있다는 사실을 잘 알고 있었습니다. 그런데도 천천히 행동했지요. 마치 우리 속담처럼, 자기 머리를 모래 속에 박고는 이 사실을 덮으려 했습니다. 자신들의 경제적인 이익을 위해서 말이죠.

그런데 중국과 1도 관련이 없는 한국인이자, 심지어 언론의 자유를 억압하는 중국 정부의 행태를 혐오하기까지 하는 아선생이 이런 소 식을 전하는 마음이 영 편치가 않다. 그 이유는 미국인들의 중국 정부 또는 중국인들에 대한 이런 혐오 정서는, 결국 아선생처럼 미국에 살 고 있는 아시아인들 전체에 대한 혐오 정서로 변질될 가능성이 크기 때문이다. 실제로 3월 14일, 텍사스주의 "샘스 클럽"이라는 마트에서 어느 아시아인 아빠와 그의 두 아이들을 19세 히스패닉계 미국인 호 세 고메즈 Jose Gomez가 칼로 난도질하는 사건이 발생했다.[**]

많은 한국인들은 "인종 차별"이라는 단어를 들으면 주로 백인들을 떠 올리지만, 실제로 미국 내 이런 종류의 인종 혐오 사건 뉴스를 보면 히스패닉계나 흑인들이 일으키는 것도 많다. 호세 고메즈는 다섯 살 난 아이와 그 애 아빠의 얼굴을 여기저기 칼로 찔렀다. 그런데 충격적

- https://abcstlouis.com/news/nation-world/boca-raton-law-firm-sues-chinese-government-over-handling-of-coronavirus
- 2020년 3월 15일 ABC 뉴스 〈4 stabbed - including 2 kids - at Midland Sam's Club; man charged with attempted murder〉

인 것은 이 피해자들이 중국인도 한국인도 일본인도 아닌, 미얀마인들이라는 사실이다. 캘리포니아주의 어느 지하철에서는, 한 태국 여성이 "중국 때문에 이런 더러운 병이 돌게 됐다"고 말하는 백인에게 봉변을 당하는 사건도 있었다. 우리 눈에는 달라 보이는 동남아시아 사람들까지도 모두 중국인으로 보는 그들의 눈에, 동북아 출신 한국인인 아선생과 가족들은 빼도 박도 못하게 중국인으로 보일 테다.

3월 중순 경 이런 뉴스만 찾아보던 아선생은 갑자기 불특정 다수의 미국인들에게 끓어오르는 분노를 주체할 수가 없었다. 어리석게도 그런 순간에는 아선생에게 잘해 주는 미국인 친구들과 지인들 생각은 하나도 안 난다. 그저 너무너무 화가 나서 견딜 수가 없었다. 이런 종류의 부정적인 감정은 빠르게 전이되는 특징이 있다. 아선생의 그런 분노는 바이러스보다도 더 빨리 남편에게 전염되었다. 남편과 아선생은 혹시라도 그런 상황이 생기면 무슨 말로 그들에게 대항을 하고 망신을 줄지 구체적인 계획까지 세웠다. 그러던 중 남편이 일 관계로 새로운 사람을 만나게 되었다. 그런데 그 백인 남자는 남편을 보자마자 아주 조심스럽게 어느 나라 사람이냐고 물었다. 남편은 자기는 한국계 미국인인데, 그런 건 왜 묻느냐며 매우 신경질적으로 대답했다. 속으로는 '코로나의 C자만 꺼내 봐라. 내 너를 가만두지 않으리!'라고 굳게 다짐하며. 그러자 남부 시골 출신인 그 남자는 너무나 기뻐하면서 이렇게 말했다.

"오, 그렇군요! 그럼 이거 한 번만 봐 주세요. 제가 사 먹는 김치에 좀 질려서 직접 김치를 담가 봤거든요. 그런데 제대로 한 게 맞는지, 아는 한국인이 없어서 물어볼 데가 없었는데, 잘됐네요. 하하하."

그가 보여준 핸드폰 사진 속에는 수염 덥수룩한 덩치 큰 백인 남자가 김치를 만드는 전 과정이 담겨 있었다.

한국 뉴스만 보면 코로나 사태 이후 미국에는 온통 아시아인들을 혐오하는 사람들만 있는 것 같지만, 다행히 아선생 주변의 평범한 미국인들은 대부분이 이런 사람들이다. 적어도 지금까지는 그렇다. 오히려 다양한 인종들에게 열린 마음을 가졌을 거라고 생각했던 뉴욕과 캘리포니아에서 요즘 아시아인에 대한 인종 혐오 사건들이 심심찮게 터지는 것을 보면서 많이 놀라고 있는 중이다. 그리고 미국에는 인종차별하는 사람들보다 이런 현상을 경계하고 비판하는 사람들이 더 많다. 앞서 트럼프 대통령에게 분노의 트윗을 남겼다가 백악관 직원에게 고함 소리를 들었다던 바로 그 일리노이주 주지사는 자신의 트위터에 이런 말도 남겼다.

"Let us remember that this virus is not tied to any specific ethnic group or race. People from every demographic, every race, ethnicity, gender or background have been infected. Suggesting otherwise or engaging in racist speech or acts is one of the most profoundly un-American things that I can think of⋯. Let's choose to be one Illinois."

우리, 이 바이러스가 어떤 특정 민족이나 특정 인종과 관련이 있는 것이 아님을 기억합시다. 모든 인구, 모든 인종이나 민족, 모든 성, 모든 배경을 가진 사람들이 다 감염되었습니다. 다른 식으로 말하거나 인종차별적인 언사나 행동을 하는 것은, 제가 생각할 수 있는 가장 미국답지 않은 행동입니다. ⋯(중략)⋯ 우리 일리노이주 사람들은 모두 하나 되어 함께 헤쳐 나갑시다.

필 머피Phil Murphy 뉴저지주 주지사 또한 비슷한 말을 했다.

"Let me be clear: racism against our Asian American communities is repugnant, repulsive, and wrong in good times, but it is even more repugnant and repulsive now. Our diversity is one of the core strengths of our state that will get us through this. We are one New Jersey family."

제가 확실하게 해 두고 싶은 것이 있습니다. 아시아계 미국인을 향한 인종 차별은 원래도 혐오스럽고 역겨우며 잘못된 일이지만, 지금 같은 때에 그러는 것은 더욱 더 혐오스럽고 역겹습니다. 우리의 다양성은 우리 주가 가진 가장 중요한 자산이며, 그것이 이 위기를 극복하게 할 것입니다. 뉴저지주에 살고 있는 우리 모두는 하나의 가족입니다.

그럼에도 불구하고 트럼프 대통령이 계속해서 코비드19를 "차이니즈 바이러스"라고 부르자 힐러리 클린턴까지 한마디 보탰다.

The president is turning to racist rhetoric to distract from his failures to take the coronavirus seriously early on, make tests widely available, and adequately prepare the country for a period of crisis. Don't fall for it. Don't let your friends and family fall for it.

지금 대통령은, 코로나바이러스를 좀 더 일찍 심각하게 받아들이고 테스트를 광범위하게 하면서 적절하게 이 나라를 위기에 대비하도록 하지 못한 자신의 실책으로부터 사람들의 눈을 돌리게 하려고 인종 차별적인 화법을 쓰고 있습니다. 거기에 속지 마세요. 여러분의 친구들과 가족들 또한 속지 않도록 하세요.

아 선생은 미국을 강하게 만드는 것이 트럼프 대통령이나 K.K.K. 같은 백인 우월주의자들이 아니라, 이 사회의 다양한 구성원들 모두를 존중하고 포용하려는 바로 이런 사람들이라고 생각한다. 많은 기자들까지 코로나바이러스를 "차이니즈 바이러스"라고 부르는 트럼프 대통령에게 연일 강력하게 항의하니, 급기야 어느 날은 트럼프 대통령이 코로나 관련 기자 회견에서 이 일로 기자들과 싸우는 광경까지 펼쳐졌다. 이와 관련해, 인기 토크쇼 호스트인 트레버 노아Trevor Noah는 그날 그의 쇼에서 이렇게 말했다.

"⋯Trump is the only person who could hold a press conference about a pandemic and then turn it into a fight about racism. Who does that?"

⋯트럼프 대통령은 전염병 사태 관련 기자 회견을 인종 차별 문제로 인한 싸움으로 만들어 버릴 수 있는 유일한 사람입니다. 대체 이 세상에 누가 그럽디까?

물론 이 바이러스가 중국에서 시작된 것은 사실이기 때문에 트럼프 대통령이 틀린 말을 하는 것은 아니라고 생각하는 사람들도 많다. 그러나 다민족 국가인 미국 같은 나라의 대통령이 그런 말을 하려면, 적어도 "하지만, 이 바이러스가 퍼지게 된 것이 미국에 살고 있는 아시아인들의 잘못은 아니니, 그들에 대한 혐오나 차별은 절대로 용납할 수 없습니다."라는 말 정도는 해 줘야 한다. 트럼프 대통령에게 아시아계 미국인들은 그 정도의 배려조차 할 가치가 없는 존재였던 것일까? 어쨌든, 미국 내 진보주의자들 사이에서 여론이 계속 악화되자, 마지못해 3월 23일에 트럼프 대통령이 백기를 들고 아시아계 미국인들을 보호해야 한다며 다음과 같이 말했다.

It is very important that we totally protect our Asian American community in the United States, and all around the world. They are amazing people, and the spreading of the Virus is NOT their fault in any way, shape, or form. They are working closely with us to get rid of it. WE WILL PREVAIL TOGETHER!

미국과 전 세계에 있는 우리 아시아계 미국인들을 철저하게 보호하는 것은 우리에게 매우 중요한 일입니다. 그들은 뛰어난 사람들이며, 이 바이러스가 퍼지는 것은 어떠한 이유에서건 그들의 잘못이 아닙니다. 그들은 이 바이러스를 퇴치하기 위해 우리와 긴밀하게 협력하고 있습니다. 우리는 함께 이겨 나갈 것입니다.

결국 이렇게 엎드려 절은 받았지만, 미국 내 아시아인들이 이미 여기 저기서 바이러스 취급과 조롱을 당한 후였다. 정말 아무리 곱게 봐주려고 해도 절대로 정이 안 가는 영감탱이다.

한편, 일부 흑인들 사이에서는 흑인들은 코로나바이러스에 안 걸린다는 풍문이 떠돌았다. 아선생이 가르치는 어느 흑인 학생이 농담 삼아 그런 이야기를 했을 때는 그저 웃기려고 그가 지어낸 말인 줄로만 알았다. 그런데 이와 관련된 기사까지 뜬 것을 보면, 이게 꽤 많은 흑인들 사이에서 회자되는 말이었던 듯하다. 아마도 3월 말인 현재까지 아시아 국가와 유럽 국가들이 난리가 난 것에 비해 아프리카 국가들은 비교적 잠잠해서 누군가 농담 삼아 한 말로 시작된 소문이 아닐까 싶다. 어쨌든 흑인들 사이에서 이런 소문이 확산되자, 시티랩CityLab이라는 연구소 소속 브렌틴 모크Brentin Mock 씨가 그의 칼럼에서 "No, black people aren't immune to Covid-19아뇨, 흑인들이 코로나바이러스에

면역성이 있다는 것은 사실이 아닙니다."이라며 확실히 밝혔다.* 그러니 현재 지구상에 이 바이러스로부터 자유로운 사람은 단 한 사람도 없다는 게 명백한 사실인 듯하다. 이러나저러나 벌써부터 지치는 마음을 다잡아 본다.

* 2020년 3월 15일자 CITYLAB 칼럼 〈Why You Should Stop Joking That Black People Are Immune to Coronavirus〉 중에서

06

코로나 사태로 엿보는
미국인들의 유머 코드

•

Covidiot은 되지 말아야지!

신천지 사태로 대구에서 코로나 확진자가 무더기로 나왔던 그때 한국의 친구에게서 카톡 메시지가 왔다.

"살천지 확쩐자들의 이동 동선"

잔뜩 찌푸린 눈으로 심각하게 스크롤해서 그들의 이동 동선을 확인해 보던 아선생은 간만에 아주 크게 웃을 수 있었다.

침대-냉장고-소파-냉장고-침대-화장실-냉장고

아무 생각 없이 친구가 보낸 메시지를 읽으면서 이를 "신천지 확진자"로 보고 심각하게 그들의 동선을 확인하려던 나 자신에게 어이가 없을 따름이었다. 이는 코로나 사태로 자가격리 하느라 집에만 있다가 살이 "확 찐자"들이 "살천지"가 되었다는 한국식 유머였다. 다들 힘들고 우울한 시기를 유머로 승화시키면서 모두에게 잠시나마 휴식과 웃음을 선사하는 이런 보석 같은 친구들은 삶에 커다란 힘이 된다. 물론 이런 사람들은 한국뿐만 아니라 미국에도 있다.

아선생이 미국에서 주로 듣는 코로나 사태 관련 유머는 홈스쿨링(아이를 학교에 보내지 않고 집에서 공부시키는 것)에 관한 것이다. 바이러스 확산을 막기 위해 학교가 모두 문을 닫으면서, 미국의 모든 학부모들이 아이들을 24시간 집에서 돌보면서 가르치게 됐다. 이게 얼마나 지치는 일인지는 해 본 사람만이 알 것이다. 일하는 엄마의 경우에는 재택근무를 하면서 아이들을 돌봐야 하니 부담이 더욱 컸다. 그래서 본의 아니게 아이들을 홈스쿨링하게 된 수많은 학부모들이 그들의 고통(?)을 유머로 승화시키려 하는 것 같다. 예를 들어, 우리 학교 교수진이 줌Zoom으로 온라인 화상 회의를 하던 중이었는데, 어느 강사가 집에서 아이를 보면서 일하는 것이 힘들다고 푸념했다. 그러자, 아선생의 한 동료는 너무나 공감한다면서, 이대로 가다가는 과학자들보다 학부모들이 먼저 백신을 개발할 것이라고 말해서 다들 배꼽을 잡기도 했다. 어느 미국인 친구는 아선생에게 이런 글귀를 보내주기도 했다.

"If you had asked me what the hardest part of battling a global pandemic would be, I would have never guessed, "teaching elementary school math."

전 세계적인 전염병과 싸우는 시국에서 가장 힘든 점이 무엇이냐고 제게 물었을 때, 그것이 "초등학교 수학을 가르치는 일"이 될 것이라고는 전혀 예측하지 못했습니다.

"3 hours into homeschooling, and 1 is suspended for skipping class, and the other one has already been expelled."

홈스쿨링 3시간째인데, 한 학생은 수업에 빠져서 정학당했고, 나머지 한 학생은 이미 퇴학당했습니다.

"Homeschooling is going well. Two students suspended for fighting and one teacher fired for drinking on the job."

홈스쿨링이 참 잘 진행 중입니다. 학생 두 명은 쌈박질을 해서 정학당했고, 교사 한 명은 근무 중에 술을 마셔서 해고됐습니다.

코로나 사태는 미국에서 신종 영어 단어를 만들어 내기도 했는데, 대표적인 것으로 covidiot이 있다. 코로나바이러스의 공식 명칭인 Covid 19와 '얼간이'를 뜻하는 idiot의 합성어다. 미국의 인터넷 사전 Urban Dictionary에 따르면, covidiot은 다음과 같은 의미가 있다.

Covidiot (Noun)

1. A stupid person who stubbornly ignores 'social distancing' protocol, thus helping to further spread COVID-19.

"Are you seriously going to visit grandma? Dude, don't be such a covidiot."

2. A stupid person who hoards groceries, needlessly spreading COVID-19 fears and depriving others of vital supplies.

"See that guy with the 200 toilet paper rolls? What a covidiot!"[*]

Covidiot (명사)

1. 사회적 거리 두기 원칙을 고집스럽게 지키지 않아서 코로나바이러스를 더 퍼트리는 데 일조하는 멍청한 사람.

"너 정말로 할머니 댁에 갈 생각이니? 이 사람아, 그런 코비디엇은 되지 말아야지!"

2. 식료품을 비정상적으로 많이 비축하면서 코로나바이러스 공포를 쓸데없이 퍼트리고 타인에게 생필품이 부족하게 하는 멍청이.

"저기 휴지를 200개나 사는 녀석 좀 봐. 저런 코비디엇이 있나!"

앞의 예문에서 볼 수 있듯이, 코로나 사태가 터지자 많은 미국인들이 사재기를 시작했는데, 그중 으뜸 품목은 휴지였다. 아선생 주변의 미

---

[*] https://www.urbandictionary.com/define.php?term=Covidiot

국인들은 대부분 이 사재기 열풍에 동참하지 않은 대가로 실제로 휴지가 필요해서 마트에 갔을 때 곤란을 겪기도 했다. 마트에 갔다가 우연히 만난 옆집 아저씨는 휴지를 못 구해서 휴지 대신 페이퍼 타월을 사 간다면서 씁쓸하게 웃었다. 상황이 이렇게까지 되자, 미국인들 사이에서 자성의 목소리가 흘러나왔다. 이를테면, 코로나 사태에 선진적으로 우아하게 대처하면서 서로를 돕는 한국인들에 관한 기사 아래에는 이런 댓글이 달렸다.

"The difference between us and them··· while we are fighting over toilet paper, they help each other."

그들(한국인들)과 우리들(미국인들)의 다른 점이지. 우리가 서로 휴지 갖고 싸우고 있을 때, 그들은 저렇게 서로를 돕잖아.

물론, 이를 이용한 배꼽 잡는 유머도 많았는데, 그중 단연 으뜸은 코난 오브라이언Conan O'Brien이었다. 그는 자기 쇼에서 미국에서 일어난 휴지 사태를 풍자하며 다음과 같이 말했다.

"People are going to stores, and they seem to want more toilet paper than they could ever use in a 6-year period if they had continual diarrhea, and now it's gone! It's all gone, and people are panicking. I'm here to assure you there are many things around the house you can use instead of toilet paper that work just as well. For example, CVC receipts. CVC receipts are long. This was for just six Tic Tacs I bought. I never throw them away 'cause I knew this day would come. Also, we all have these around the house, Valpak. Valpak coupons! I know you never really use them. Now look at that! You can clean yourself with colorful coupons. You probably have some stocks around the house that aren't really worth as much as they used to be. These are mostly stocks I bought for Carnival Cruise line. Ha ha ha···."

사람들이 가게에 가서는, 멈추지 않는 설사병에 걸렸을 경우에 6년치 쓸 양보다도 더 많은 휴지를 사려고 하는 것 같아요. 그래서 이제는 휴지가 없어요. 완전히 다 팔려서 하나도 없어요! 그 결과, 많은 이들이 지금 공황 상태에 빠졌습니다. 그렇지만 제가 자신 있게 말씀드리는데요, 집 안을 둘러보면 휴지 대신 쓸 수 있으면서도 휴지만큼이나 효과적으로 닦을 수 있는 것들이 많습니다. 예를 들어, CVS 약국의 영수증 같은 거요. CVS 약국의 영수증은 깁니다. 이게 겨우 민트 캔디 틱택 6통 사고 받은 영수증이거든요. 저는 CVS 영수증을 절대로 안 버립니다. 왜냐하면 바로 이런 날이 올 줄 알았거든요! 참, 우리 모두 집에 이런 것도 있지요. 밸팩 쿠폰! 쿠폰 말이에요! 여러분들이 이런 쿠폰 받아도 절대로 안 쓰신다는 걸 저는 압니다. 그런데 이것 좀 보세요! 이제 여러분은 색색깔의 쿠폰으로 깨끗하게 닦으실 수 있습니다. 어떤 분들은 집에 폭락한 주식 증서도 있을 거예요. 이 주식 증서는 대부분 제가 샀던 카니발 유람선 회사의 주식이랍니다. 하하하….

한국의 여행업계가 그런 것처럼, 코로나 사태로 미국에서 가장 먼저, 그리고 가장 크게 타격을 받은 업계 중 하나가 유람선 업계다. 그렇게 폭락한 주식으로 인해 휴지 조각이 되어 버린 주식 증서를 문자 그대로 "휴지"로 쓰라는 말은, 코로나 바이러스가 빚어낸 참극을 코난 오브라이언이 유머로 승화한 결과물이라고 볼 수 있다.

어둡고 힘든 나날을 보내면서 대부분의 뉴스가 우리를 불안하고 우울하게 만드는 미국에서는, 이런 유머가 잠시나마 위안이 되고 위로가 되는 듯하다.

07

마스크와 백신 1

•

마스크로 분열된 미국

첫 아이가 9개월이 되었을 때, 남편과 나는 13시간을 운전해서 웨스트버지니아에 있는 남편의 고모님 댁을 방문했다. 9개월 된 아이를 데리고 13시간을 운전하는 것이 엄두가 나지 않았지만, 남편 때문에 썩 내키지 않았음에도 강행했던 기억이 난다. 그곳에서 남편과 함께 아이 목욕을 시키려던 찰라에 시고모님께서 이렇게 말씀하셨다.

"아이 목욕을 왜 남편하고 같이 시키냐? 넌 그런 것도 남편이 도와줘야 하니? 이런 건 여자 혼자 하는 거야. 네 옷 버릴 요량을 하고 네가 아이를 안고 욕조에 들어가 앉아서 살살 시키면 되잖아."

아이가 아직 너무 어려서 누군가 아이를 잡아줘야 안전하게 목욕시킬 수 있다면서 나는 혼자서는 아이를 목욕시키지 못한다고 말씀드리자, 시고모님은 내게 소리를 빽 지르셨다.

"○○ 애미는 혼자서 다 하는데, 너는 왜 못해? 왜 못해?"

갑작스럽게 소리를 내지르는 시고모님께 그런 식으로 당한 일이 한두 번이 아니었기에, 그 일로 나는 남편에게 시고모님댁에는 발길을 완전히 끊겠다고 선언했다. 시부모님도 아닌 시고모님이고, 또 어차피 플로리다에서 웨스트버지니아는 13시간을 운전해야 갈 수 있다는 물리적 거리도 존재했기에, 크게 문제될 거라고 생각지 않았던 내 계산은 오판이었다. 시고모님은 버지니아에 사시는 작은 고모님의 결혼 기념일 파티에 우리를 초대하셨을 때 선물만 보내드리고 가지 않은 우리들에게 화가 나셨고, 나는 시어른이 한마디했다고 찾아뵙지 않는 천하의 몹쓸 조카 며느리가 되었다. 그때 그 9개월 아이가 고등학생이 된 지금에 와서 돌이켜 생각해 보면, 시고모님과 나는 서로가 서로를 비상식적으로 행동하는 사람으로 바라봤던 것 같다. 즉, 갈등의 주된 원인은 서로 너무나도 다른 관점view의 차이에 있었다. 구체적으로 언급하자면, 시고모님과 나는 여성의 성역할에 대한 인식이 달라도 너무 달랐다. 시고모님께는 남편과 육아 분담을 하는 내가 마땅히 혼자 해야 하는 일을 하지 않고 남편과 나누는 게으르고도 뻔뻔한 여자였다. 그분에게 그런 관점은 여자가 함께 돈을 버는 맞벌이 부부라고 해도 전혀 달라질 것이 없는 일종의 신념이었다. 그렇게 "기본이 안 된 여자"에게는 당연히 그런 식으로 행동해도 된다고 생각하셨던 것이다. 시어른이 조카 며느리를 대하는 방식에 있어서도 우리는 생각이 달랐다. 그분에게 조카 며느리는 함부로 대해도 되는 아랫사람이지, 절대로 존중할 대상이 아니었다. 그에 반해 나는, 단지 아기 목욕을 남편과 함께 시킨다는 이유로 며느리도 아닌 조카 며느리에게 악을 쓰며 소리를 내지르는 그분에게 아들이 없는 것이 신의 은총이라고 생각한다. 그리고 그런 내 생각은 40대 중반이 된 지금도 전혀 변하지 않았다. 아무리 1961년에 미국으로 이민을 오셨다지만, 그분과 나는 똑같이 미국으로 이민 온 한국 사람들이다. 그러나 우리는 이 부분에 관련하여 서로 공유하는 관점Shared View이 단 하나도 없다. 비록 같은 나라, 같은 문화권 출신이라 해도 어떤 사안을 바라보는 견해가 극명하게 다를 수 있다는 것을 잘 보여주는 사례다. 이런 식의 서로 다른 관점의 차이는 때로 격렬한 갈등을 유발하기도 한다. 오히려 앞서 언급한 주제에 관해 나는 내 미국인 친구들과 같은 관점을 가지고 있다.

현재 미국 내에서 관점view과 견해의 차이로 인해 크고 작은 갈등을 유발하는 사안으로는 단연 코비드 백신과 마스크 문제가 있다. 한국의 뉴스를 보면 미국인들 대다수가 백신을 맞기 싫어하고 마스크를 쓰기 싫어하는 것처럼 보이지만, 실제로 미국인들 중에는 그런 사람과 아닌 사람이 양쪽 모두 많다. 이럴 경우, 자연스럽게 양쪽이 격렬하게 부딪히게 된다. 전 캘리포니아 주지사인 아놀드 슈워제네거Arnold Alois Schwarzenegger가 마스크를 쓰지 않을 자유를 주장하는 미국인들에게 "Screw your freedom그런 자유는 집어치워!"이라고 말했다. 그와 뜻을 함께하는 미국인들은 맞는 말이라며 환호한 반면, 관점이 다른 미국인들은 분노하며 그 뉴스 아래에 이런 댓글을 남겼다.

Did you get the real shot, Arnold? Or was that for show? "Screw my freedom?" Screw you, Arnold!
아놀드 씨는 진짜 백신을 맞은 건가요? 아니면 그건 그냥 쇼였나요? 제 자유를 엿먹으라구요? 당신이나 엿 드세요, 아놀드 씨!

Ironically, he came to a free country to make millions, and now he's saying screw our freedom lol.
아이러니하게도, 그는 수백만 달러를 벌러 자유의 나라로 왔고, 이제는 우리의 자유를 엿먹으라고 하네. 너무 웃겨!

"Screw your freedom." spoken like a true Nazi. Shame on you, Arnold!

---

* 코비드 백신을 맞으면 마스크를 쓰지 않아도 된다는 생각에서 남긴 댓글인 듯하다.

"당신의 자유는 집어쳐라." 진정한 나치처럼 말하네. 부끄러운줄 아세요, 아놀드 씨.[*]

댓글들을 보면 알 수 있듯이, 이런 주장을 하는 미국인들은 자신들이 마스크를 쓰든 안 쓰든 그것은 개인의 자유이자 선택이기 때문에 정부가 관여해서는 안 된다는 입장을 고수한다. 미국은 자유의 나라니까! 그중에는 미국에서는 마스크를 쓰는 문제가 정치화됐다는 사실을 드러내는 댓글도 있다.

> Same people shout, "My body my choice!" when it comes to abortions.
>
> 똑같은 사람들이 외치지. "내 몸이니 뭘 하든 내가 선택할 거예요!" 낙태 문제에 관련해서는 말이야.

슈워제네거는 실제로 공화당을 통해 정계에 입문했지만, 마스크 관련한 그의 발언은 현재 민주당 성향의 미국인들이 옹호하는 주장이다. 민주당은 낙태와 관련해서는 여성에게 자신의 신체적 자유를 주자며 pro-choice를 외치는 당이다.[**] 그런데 흥미롭게도 마스크 문제에 있

- 슈워제네거가 오스트리아 사람이라는 사실을 이용해 빈정거리는 말이다. 알려진 것처럼, 나치의 수장이었던 히틀러도 오스트리아계 독일인이었다.
- 360페이지의 〈트럼프도 경악한 앨라배마주의 초강력 낙태 금지법 - 강간범의 아이라도 낳아라!〉

어서는 오히려 공화당쪽 사람들이 pro-choice선택의 자유를 달라를 외친다. 즉, 마스크를 쓰고 안 쓰고는 철저하게 개인의 선택에 맡겨야 한다는 것이다.

현재 미국에서 살아가고 있는 아선생은 이런 일들을 뉴스나 온라인에서뿐만 아니라 오프라인에서도 보고 듣고 겪는다. 아선생의 친구들과 동료들도 마스크와 백신 문제로 크고 작은 분열을 일으켰다. 내 친구 크리스티나는 2021년 4월, 당시 6세 미만의 아이를 제외하고는 어디든 누구나 마스크를 써야 들어갈 수 있다는 플로리다의 정책을 바꾸자는 청원에 서명해 달라며 다음의 이메일을 보냈다.

Hello friends!

Now that it has been over a year, and THANKFULLY the data regarding kids with covid is GOOD, it's time to lift the mask mandates for kids under 18! Currently the mandate is for 6 and older. Kids are not high risk, and all their grandparents and parents are eligible for the vaccine(s). This is good news!

I have been in contact with county commissioner Brian Welch, and he said if enough people support the idea, he will put forth a "public hearing", and the commissioners will hold a vote. SO, I created a petition http://chng.it/6ynt6RjX55

I am reaching out to you all to ask that you;

A) sign it,

and

B) share it

and/or

C) Call your commissioner (If you're in the Killearn area, it's Brian

Welch, 606-5364), and ask them to lift the mandate for kids. :)

— Christina

안녕, 친구들!

이제 팬데믹이 시작된지 1년이 넘었는데, 다행스럽게도 코비드 관련 아이들에 관한 데이터는 정말 좋아. 그러니 18세 미만의 아이들은 마스크 의무화를 폐지할 때가 됐어. 현재는 6살 이상의 아이들은 마스크를 써야 하거든. 아이들은 고위험군도 아니고, 또 그 아이들의 조부모님들과 부모들은 백신을 맞을 수가 있잖아. 이건 정말 좋은 뉴스야!

내가 브라이언 웰치 카운티 위원에게 연락해 보니, 충분히 많은 사람들이 이 생각에 동의하면, 공청회를 열 거라고 해. 그럼 위원들이 투표를 할 거고. 그래서 내가 여기 청원서를 만들었어. http://chng.it/6ynt6RjX55

너희들이 다음과 같이 해줄 것을 부탁하려고 모두에게 연락하는 거야.

여기 서명하고,

다른 사람들에게도 알리거나,

너희 지역 위원에게 전화해서 아이들은 마스크 착용 의무화를 없애달라고 요청해 줘. (킬런 지역에 살고 있다면 위원은 브라이언 웰치고, 전화 번호는 606-5364야.)

— 크리스티나

크리스티나의 말대로 어른들은 백신을 맞을 수가 있지만, 아직 백신 접종이 불가능한 12세 미만의 아이들에게 더 이상 마스크를 씌우지 말자고 주장하는 그녀를 나는 도무지 이해할 수가 없었다. 참고로, 2021년 8월까지도 미국 식약청FDA은 만 12세 미만의 코비드 백신 접종을 허가하지 않고 있었다. 그럼에도 불구하고, 언제든 내가 도움이 필요할 때면 물심양면으로 도움을 주는 좋은 친구이기에, 나는 다투기보다는 그녀의 이메일에 그냥 답신을 하지 않는 쪽을 택했다. 그렇지만 크리스티나와 나를 모두 아는 또 다른 친구는 이 시점에서 크리스티나의 주장이 전혀 합리적이지 않다며 강하게 비판했다. 그 전에는 어떤 문제로든 서로 부딪히는 일이 전혀 없었던 두 사람이었다.

2021년 5월에는 플로리다 주립대 영어 교육센터CIES 케널 박사와 강사인 올리비아가 이 문제로 크게 부딪혔다. 센터장은 우리 대학에서 이미 많은 이들이 백신 접종을 마쳤고, 또 같은 달 미국 질병통제예방센터Centers for Disease Control and Prevention에서 백신을 맞은 사람들은 마스크를 쓰지 않아도 된다고 발표했다는 점을 근거로 마스크 사용 여부를 본인의 선택에 맡겨야 한다고 주장했다. 동시에 그는 모든 강사들에게 당부, 아니 명령했다. 우리가 강의실에서 마스크를 써야 한다고 생각할 지라도, 학생들에게는 조금이라도 그런 우리 생각을 밝히거나 내비쳐서는 안 된다고 재차 강조했다. 학생들이 수업 시간에 마스크를 써야 한다는 부담감을 느끼게 해서는 안 된다는 것이 그 이유였다. 센터장이 이 문제와 관련해 CIES 강사들에게 보낸 이메일의 일부다.

…I want to make this VERY clear to everyone. Masks are NOT required inside or outside the Hecht House. Students or faculty may choose to wear masks or not, whether they are vaccinated or not. This is their choice.

Vaccinations are also their choice. You and I are NOT permitted to ask students or our fellow faculty members if they are vaccinated or not. That is strictly their business…if they choose NOT to get the vaccine, that is fine. That is their choice and their business. … 중략… If you think that people should still be masked, or that they should get the vaccine, then that is your opinion and you are entitled to it. However, you do NOT have the right to tell other people (or even imply to them) that they should have masks on, or that they should be vaccinated, or that they are endangering everyone else by not masking, or by not being vaccinated.

나는 모두에게 이 말을 매우 명료하게 전달하고 싶습니다. 헥트 하우스(CIES 빌딩 이름) 안이든 밖이든 마스크를 쓰지 않아도 된다는 사실을

요. 학생들이나 교수진은 마스크를 쓰거나 혹은 쓰지 않는 것을 선택할 수 있습니다. 백신 접종을 하느냐 마느냐도 마찬가지입니다. 이건 각자가 선택할 문제입니다.

백신 접종 또한 학생들의 선택입니다. 여러분도 나도 학생들이나 동료 교수진에게 백신 접종을 했는지 안 했는지를 물어봐서는 안 됩니다. 그건 명백히 그들의 개인사일 뿐입니다.

그들이 백신 접종을 안 하기로 결정해도 괜찮습니다. 그건 그들이 결정할 문제고 또 그들의 일일 뿐이니까요. …중략… 당신이 만약 사람들이 여전히 마스크를 써야 한다고 생각하거나, 혹은 사람들이 백신을 맞아야 한다고 생각한다면, 그건 당신의 의견일 뿐이며, 당신 자신은 그럴 권리가 있습니다. 그렇지만 당신은 타인에게 마스크를 써야 한다거나 백신 접종을 해야 한다거나, 마스크를 안 쓰고 백신 접종을 안 하면 모두를 위험에 빠뜨리게 할 거라거나 하는 말을 할 권리는 없습니다. (학생들에게 그런 여러분의 생각을 간접적으로라도 내비쳐서는 안 됩니다.)

센터장은 이메일에서뿐만 아니라 교수진 회의에서도 학생들이 마스크를 쓰고 안 쓰고는 강사들이 관여할 바가 아니라면서, 그에 대해 "None of your business당신이 상관할 바가 아니요!"라는 말을 반복했다. 그렇지만 학생들이 우리들의 강의실에서 마스크를 쓰고 안 쓰고가 철저하게 우리와는 상관없는 일이라는 센터장의 말에, 올리비아는 도저히 납득할 수가 없다면서 반기를 들었다.

"How come it's none of my business? They can bring the virus into my classroom by not wearing masks, and they can make me sick or even die. Plus, my kid has not been vaccinated yet. It is MY business!"

그게 어째서 나와는 상관없는 일이죠? 학생들이 마스크를 안 써서 내 강의실로 바이러스를 가지고 들어올 수가 있고, 그래서 나를 아프게 할 수도 심지어 죽게 할 수도 있는데요. 게다가, 제 아이는 아직 백신 접종도 못하고 있어요. 그러니까 학생들이 강의실에서 마스크를 쓰고 안 쓰고는 바로 제 문제이기도 하다고요!

앞서 언급했듯이, 2021년 8월까지도 만 12세 미만의 코비드 백신 접종을 미국 식약청FDA에서 허가하지 않고 있었기 때문에, 나를 포함한 몇몇 교수진의 아이들은 여전히 백신을 못 맞고 있는 상황이었다. 그러니 아무리 우리가 백신 접종을 마쳤어도, 마스크를 쓰지 않아 돌파 감염이 된 상태에서 집으로 돌아간다면 우리 아이들에게 어떤 일이 닥칠지는 불을 보듯 뻔한 일이었다. 이미 성인이 된 자녀를 둔 센터장은 그런 우리의 입장과 처지를 전혀 배려하려 들지 않았다. 올리비아가 분노하는 지점은 한 가지 더 있었다. 센터장은 우리들에게는 선생으로서 학생들에게 자신의 생각을 간접적으로라도 드러내지 말라고 명령했지만, 자신은 전혀 다른 행동을 했다. 학생들이 마스크를 쓰고 빌딩에 들어서면, "Oh, you don't have to wear a mask if you're vaccinated오우, 백신 접종을 했으면 마스크는 안 써도 돼요."라고 말했다. 마스크를 쓰고 강의 들으러 온 학생에게 굳이 마스크를 안 써도 된다고 말하는 것 또한 자신의 의견을 슬쩍 드러내는 언사가 아닌가 말이다! 센터장의 이런 내로남불격 처사를 우리가 한두 번 겪은 것은 아니었지만, 전 세계적인 전염병으로 인해 생명의 위협까지 느끼는 상황에서 올리비아를 비롯한 몇몇 강사들은 강하게 반발했다. 마스크 문제로 센터장과 설전을 벌인 올리비아는 그날 밤 다음의 이메일을 모든 강사진에게 보냈다.

I want to point out that right now Covid is sending to the hospital more and more younger people in Florida (as the variants from other countries are starting to strike). Let's all be stewards to our students and each other by protecting ourselves and others from this sometimes deadly and often long-term damaging disease. Yesterday, Florida had the highest number of deaths from Covid. We are not out of the woods yet.

저는 바로 지금 (다른 여러 나라에서 각종 변이가 생겨남에 따라) 코비드로 플로리다에서 점점 더 많은 젊은 사람들이 병원에 입원하고 있다는 점을 지적하고 싶습니다. 때로 생명을 앗아가고 우리 몸에 자주 장기적인 손상을 주는 이 질병으로부터 우리 자신과 타인을 보호함으로써, 우리 모두가 서로 학생들을 이끄는 사람이 됩시다. 어제 하루, 플로리다는 코비드로 인한 사망자가 최고치였습니다. 우리는 아직 위기에서 벗어나지 못했습니다.

이렇게 마스크 착용 문제로 내 미국인 친구들과 직장 동료들은 여기저기서 갈등하고 분열하기 시작했다. 그러니 모두가 마스크를 써야 한다는 의견이든, 그것을 개인의 선택과 자유에 맡겨야 한다는 의견이든, 양쪽 다 현재 대다수의 미국인들이 함께 공유하는 견해Shared Views가 아니라는 것만은 확실하다.

우리나라의 경우, 다행히 마스크 문제에 관한 한 좌우 이념을 떠나서 모두가 한마음인 것 같다. 즉, 코로나 확산을 막기 위해서 모두가 마스크를 써야 한다는 사실에는 대체로 찬성하는 분위기인 듯하다. 이 문제에 관해 한국인들 대부분이 같은 관점을 공유Shared Views한다는 점 또한 지금까지 한국에서 코로나 확산을 최대한 막는데 일조하지 않았을까 싶다. 아선생이 한국에 살 때는 대부분 비슷한 생각을 하고 모두가 똑같은 삶의 방식을 추구하고 강요하는 듯한 그런 분위기에 숨이 막혔었다. 그렇지만 팬데믹과 같은 공동체 위기 상황에서는 한국 사회의 획일화된 문화가 오히려 커다란 장점으로 작용할 수도 있음을 깨닫는다. 역시 세상의 모든 일에는 명과 암이 공존한다.

08

마스크와 백신 2

·

백신을 맞지 않는 이유

인디애나 대학Indiana University 학생 8명이 대학을 상대로 소송했다.[.]
학교가 2021년 가을 학기부터 코비드 백신 접종을 하지 않으면 캠퍼
스에 와서 수업을 들을 수 없다는 규정을 만들었다는 것이 그 이유다.
학교 측에서는 종교, 또는 건강상의 이유로 백신을 맞을 수 없는 학생
들의 경우는 증빙 서류를 제출하면 백신 접종을 면제 받을 수 있다고
했다. 그럼에도 불구하고, 소송을 건 학생들은 학교 측의 이런 결정이
헌법에 위배된다고 주장한다. 구체적으로, 그들은 자신들의 신체적
자율권과 불필요한 규제가 없는 교육을 받을 권리, 그리고 합의된 의

·   2021년 6월 23일자 CNN 뉴스 〈Students sue Indiana University over vaccine mandate〉

료 행위를 받을 권리 등을 지키기 위해 소송을 걸었다고 한다.

많은 미국인들은 이렇게 백신을 강제로 맞도록 하는 규정을 자신들의 자유와 권리를 침해하는 것으로 본다. 어떤 이들은 백신 접종을 마친 사람만 등교하거나 입장할 수 있도록 하는 방침이 자유를 침해할 뿐만 아니라, 심지어 차별discrimination이라고까지 주장한다. 뉴욕의 한 가게 앞에 쓰여진 다음 글귀는 이런 이들의 입장을 잘 보여준다.

> We do not discriminate against ANY customer based on sex, gender, race, creed, age, vaccinated or unvaccinated. All customers who wish to patronize are welcome in our establishment.
>
> 우리는 어떤 고객도 성별, 성 정체성, 인종, 종교, 나이, 백신 접종 유무 등으로 차별하지 않습니다. 우리 가게를 애용하고 싶은 모든 고객들을 우리는 환영합니다.

이들은 이렇게 백신 맞은 사람들만 들어올 수 있도록 하는 규정을 성별과 인종 등의 이유로 차별하는 것과 동급으로 본다. 그런 차별을 받기 싫으면 오늘이라도 당장 가까운 약국으로 가서 백신을 맞으면 될 터인데, 또 그러기는 싫다고 한다. 참고로, 미국에서는 보통 CVS나 월그린즈Walgreens 같은 약국에서 백신 접종을 한다. 꼭 이런 대형 약국이 아니더라도, 월마트Walmart 같은 슈퍼마켓 안에 있는 작은 약국에서도 백신 접종이 가능하다. 나이 상으로 아직 순번이 다가오지 않았음에도 불구하고, 이른바 "광클릭"을 해서 겨우 잔여 백신을 맞을 수 있었다는 한국의 아선생 고등학교 동창은 이런 미국인들을 당최 이해할 수가 없다고 하지만, 미국에서는 흔히 볼 수 있는 부류의 사람들이다. 아선생 주변에도 각기 다른 이유로 백신을 끝까지 맞지 않겠다는 미국인들이 있다. 그렇다면 백신이 종류별로 다 남아도는 미국에서 결단코 백신을 맞지 않겠다는 사람들은 대체 왜 그러는 걸까? 이들의 이야기를 들어보자.

Some people may have difficulty understanding why some Americans are reluctant to get a COVID-19 "vaccine"; however, a look at some of the research, data, as well as the current socio-political context within the U.S. might afford insight as to why several individuals remain hesitant.

To begin, it might be useful to familiarize the reader with the Vaccine Adverse Events Reporting System (VAERS). VAERS is a pharmacovigilance instrument managed by the Centers for Disease Control (CDC). The adverse events reported to the database range from moderate to severe; they include symptoms as mild as soreness at the site of injection, headache, to instances of hospitalization and death (Rose, 2021). It is important to note that VAERS is a flawed system. According to Ross & Klompas

(2011), fewer than 1% of adverse reactions are reported to VAERS. Additionally, anyone can report adverse events through the CDC's website. As such, causation cannot be attributed to a vaccine without an in-depth investigation into the reported instances. Despite these limitations, the VAERS remains a useful tool for identifying adverse events not detected in pre-market testing (Rose, 2021).

As you well know, the standard timeline for vaccine development (5-10 years), was accelerated in 2020 after the World Health Organization (WHO) declared the COVID-19 global pandemic. Under the standard timeline, vaccines undergo animal trials for several years before successive trial phases I, II, and III which experiment with human subjects. According to Rose (2021), phase I generally takes 3 months, phase II takes approximately 2 years, and phase III takes several additional years. Following phase III trials, vaccines move to the manufacturing stage and then to FDA approval. From there, they are monitored for an additional number of years for safety. Under the accelerated development timeline, COVID-19 vaccines bypassed animal testing and moved through phases I-III in six months. Phases I and II were combined, and phase III lasted approximately 3 months (Johns Hopkins, 2021).

Also, keep in mind that many of the COVID-19 vaccines utilize mRNA technology, which is still in its infancy. Per Moderna's own legal registration, this technology is not a vaccine, but rather, "mRNA is considered a gene therapy by the FDA.". Several scientists including Dr. Robert Malone, the inventor of the mRNA technology, cautioned against rolling-out mRNA vaccines too quickly. According to Cardozo & Veazey (2020) there is concern amongst the scientific community that, "COVID-19 vaccines designed to elicit neutralizing antibodies may sensitize vaccine recipients to more severe disease than if they were not vaccinated." Furthermore, Dr. Malone (2021) states that emerging data seems to be a smoking gun that this has occurred.

At the time of writing this piece, September 2021, more than 400,000 adverse events in relation to COVID-19 vaccines have been reported to the CDC. This is greater than the mean, (approximately 39,000) of all adverse events reported to the CDC in the last ten years combined (Rose, 2021). Adverse events reported in the last 9 months have included:

14,925 deaths

60,741 hospitalizations

19,210 permanent disabilities

6,637 heart attacks

5,765 myocarditis/pericarditis

As stated earlier, Ross & Klompas (2011) found that fewer than 1% of adverse events are reported to VAERS. If their estimates are accurate, then the number of injuries being caused by the vaccine, far surpass the dangers and injuries caused by the virus. Per the CDC's own data and research conducted by Ioannidis (2020), the infection fatality rate of COVID-19 is less than 1%. Dr. Peter McCullough, one of the most cited researchers on COVID-19, recently stated in an interview that the threshold of reported deaths associated with a clinical study is typically 50 or fewer, before it is halted and further investigated. This begs the question, what exactly is the threshold of acceptable deaths before the COVID-19 "vaccines" are placed on pause?

U.S. government authorities, media pundits, and influencers have pushed "vaccines" so hard that people have come to believe that they are the only means of COVID intervention. This is a lie. Therapeutics are available to treat, prevent/or minimize the effects/transmission of the virus, such as monoclonal antibody treatment, along with repurposed drugs like Hydroxychoroquine (Arshad et.

al., 2020) and Ivermectin (Kory et. al. 2021), which studies suggest are not only safe, but also effective.

Despite the evidence of alternative forms of COVID-19 treatment, the U.S. government has put forth little effort to educate the public about them. In fact, there seems to be a concerted effort to prevent this information from being circulated. Anyone who counters the vaccine narrative has been censored, villainized, or deemed a spreader of misinformation. Jen Psaki, the White House Press Secretary, confirmed in a July 15th press conference that the White House was working with social media tech giants to flag "problematic" posts on social media platforms as misinformation. Scholars and experts such as Drs. Robert Malone, Simone Gold, and numerous others have been caricatured as complete whack jobs. The FDA has likened those who use Ivermectin as treatment to animals. The FDA published a tweet on August 21st, stating, "You are not a horse. You are not a cow. Serious, y'all. Stop it." Additionally, the government has tied the hands of many healthcare professionals by making it incredibly difficult to prescribe safer/alternative treatment. Some healthcare workers have been told not to prescribe alternatives under any circumstance unless they want to lose their jobs.

So why is it that several Americans are hesitant to get these vaccines? Because the science and data suggest the risks associated with the vaccine exceed the risks of remaining unvaccinated. Furthermore, instead of addressing the public's legitimate concerns about them, U.S. officials continue to ignore the mounting body of evidence and suppress open, scientific debate. Additionally, Americans have an inherent distrust of their government. Censorship is fundamentally unamerican, and it was the first red flag that prompted vaccine hesitancy. When one evaluates the research, data, and socio-political variables, the efforts put forth by the government emerge as an overreach of authority, because the measures they have taken to quell the pandemic do everything, but follow the science.

— Felicia Ciappetta

어떤 분들은 일부 미국인들이 코로나 백신 맞는 것을 왜 주저하는지 이해하기 힘들어할 수도 있을 겁니다. 하지만, 몇몇 연구 결과와 데이터, 그리고 현재 미국 내에 존재하는 사회정치적인 맥락을 살펴보면, 왜 그 사람들이 그러는지 이해할 수 있을 겁니다.

우선 여러분이 미국의 "백신 부작용 보고 시스템(VAERS)"을 알게 되면 이 문제를 이해하시는 데 도움이 될 거예요. 이 시스템은 미국 질병통제관리센터에서 관리하는 약물 감시 시스템입니다. 이 데이터베이스에 보고된 부작용 사례는 보통 정도에서 심각한 사례까지 다양합니다. 주사 맞은 부위의 쓰라림이나 두통 같은 경미한 증상부터 입원해야 할 정도로 아프거나 사망하는 경우까지 포함하죠. 하지만 이 시스템에 결함이 있다는 사실을 우리는 알아야 합니다. 2011년 로스와 클롬파스의 연구에 따르면, 실제 백신 부작용 사례의 1%도 이곳에 보고되지 않았다고 합니다. 게다가, (검증되지 않은) 아무나 질본 웹사이트를 통해서 백신 부작용을 보고할 수 있습니다. 이런 사실들을 고려해 보면, 보고된 사례에 대한 철저한 조사 없이는, 부작용을 야기한 요인들이 꼭 백신 때문이라는 것을 밝힐 수가 없을 겁니다. 이런 한계에도 불구하고, 백신이 시중에 나오기 전의 테스팅 과정에서 발견되지 못한 부작용을 알아내는 데 여전히 이곳이 주요 시스템으로 쓰이고 있습니다. (로즈, 2021)

여러분도 잘 아시다시피, 백신 개발에 필요한 표준 기간은 5-10년이지만, 2020년 세계보건기구가 코로나 팬데믹을 공표한 후에 이 백신의 개발 속도는 가속화됐습니다. 표준 백신 개발 일정 하에서는, 몇 년 동안 동물에게 백신 시험을 합니다. 그 후에야 비로소 인간 피험자들에게 시험하는데, 이때 연속적으로 실험 단계를 세 번 거칩니다. 로즈에 따르면 이 세 단계 중 첫 번째 단계가 보통 3개월, 두 번째 단계가 약 2년 정도, 그리고 마지막 단계가 몇 년 정도 더 걸린다고 합니다. 이세 단계의 실험을 모두 마친 후에야 백신 제조 단계로 넘어가며, 그 후 FDA(미 식약청)의 승인을 받습니다. 거기서 그때부터 또 몇 년 더, 안전성 검증을 위해 같은 백신을 모니터링합니다. 그런데 가속화된 개발 일정 하에서 코비드 19 백신은 동물 시험을 건너뛰었고, 인간 피험자들에게 하는 3단계의 시험은 6개월 안에 모두 끝냈습니다. 1, 2단계 실험은 둘을 병행해서 함께 진행됐고, 3단계는 3개월 정도만에 끝냈습니다. (존스홉킨스, 2021)

더불어, 코비드 백신이 mRNA 기술을 사용해서 만들어진다는 사실도 기억하셔야 합니다. 이 기술은 아직 걸음마 단계에 있을 뿐입니다. 게다가 모더나사가 직접 제출한 등록 증명서를 보면, 이 기술은 백신이라기보다는, "FDA에서 승인한 유전자 치료라고 여겨진다"고 합니다. mRNA 기술을 만들어낸 로버트 말론 박사를 포함한 여러 명의 과학자들은 mRNA 백신을 지나치게 빨리 만들어내는 것은 위험할 수 있다고 경고했습니다. 칼도조와 비제이의 2020년 연구에 따르면, 과학계에서는 "중화 항체를 이끌어내도록 만들어진 코로나 백신은 백신을 맞은 사람이 백신을 맞지 않았을 때보다 더 심각한 질병에 민감해지게 만들 수도 있다"라는 우려가 있다고 합니다. 뿐만 아니라, 2021년 말론 박사는 새로 나오는 데이터가 이런 일이 이미 발생했다는 것을 보여주는 명백한 증거인 것 같다고 말합니다.

이 글을 쓰고 있는 2021년 9월 현재까지, 40만 건 이상의 코비드 백신 관련 부작용 사례가 질본에 보고되었습니다. 이는 지난 10년간 질병통제관리센터에 보고된 모든 부작용 사례를 합한 평균(대략 39,000건)보다 더 많은 수치입니다. 지난 9개월 동안 보고된 백신 부작용 사례는 다음과 같습니다.

14,925명 사망

60,741명 병원에 입원

19,210명 영구적인 신체 장애

6,637명 심장 마비

5,765명 심근염/심낭염

앞서 언급했듯이, 2011년 로스와 클룸파스는 백신 부작용 사례 중 1% 미만이 백신 부작용 보고 시스템에 보고된다는 사실을 알아냈습니다. 이들의 추정이 정확하다면, 코비드 백신으로 인한 부작용 피해 사례 수는 코로나바이러스로 인한 위험과 피해를 훨씬 능가합니다. 질본의 자체 데이터와 이오아니디스가 2020년에 실행한 연구에 따르면, 코비드 19 바이러스의 감염 치사율은 1% 미만입니다. 피터 맥컬로프 박사는 코비드19 연구자로 가장 자주 인용되는데, 최근 어느 인터뷰에서 임상 연구에 관련된 사망으로 보고된 임계가 보통 50명 이하라고 했습니다. 즉, 그것이 중단되게 하거나 더 조사되지 못하도록 막는 사망자 숫자가 그렇다는 말입니다. 이는 우리에게 이런 질문을 던집니다. 정확히 몇 명의 사망자가 나와야 코로나 백신이 중단될 것인가?

미국 정부 당국과 언론, 그리고 영향력을 행사하는 사람들은 너무나도 열심히 백신을 밀어부쳤고, 그래서 사람들은 "백신"만이 코비드를 막을 수 있는 유일한 수단이라고 믿게 되었습니다. 하지만 그것은 거짓말입니다. 치료제는 이 바이러스의 영향/전염을 치료하고 막거나 최소화할 수 있는데, 그런 치료제에는 단일 클론 항체 치료제나 하이드록시 클로로퀸, 이버멕틴과 같이 다른 용도로 만들어진 약 등이 있습니다. 알샤드의 2020년 연구와 코리의 2021년 연구에 따르면, 이런 치료제는 안전할 뿐만 아니라 효과도 있다고 합니다.

이렇게 코비드를 다스리는 다른 대안이 있다는 증거가 있음에도 불구하고, 미국 정부는 대중에게 그런 대안을 교육시키는 것을 게을리했습니다. 실제로는, 이런 정보가 유포되는 것을 막으려고 온갖 노력을 하는 것 같습니다. 누구든 백신을 맞아야 한다고 주장하는 의견에 반박하는 이들은 검열의 대상이 되었고, 악인이나 잘못된 정보를 퍼뜨리는 사람으로 여겨지고 있습니다. 2021년 7월 15일 기자회견에서 백악관 언론 담당 비서인 젠 사키는, 백악관이 거대 소셜 미디어 회사들과 함께 소셜 미디어 플랫폼에 "문제가 되는" 포스트에는 잘못된 정보라는 표시를 하기 위해 협력하기로 했다는 사실을 확인해 줬습니다. 로버트 말론 박사와 시몬 골드 박사를 비롯한 다수의 학자와 전문가들은 완전히 정신 나간 사람들로 그려지며 희화화되었습니다. FDA는 이버멕틴을 사용하는 사람들을 동물을 치료하는 것에 비유하기도 했습니다. FDA는 2021년 8월 21일 다음의 내용을 트위터에 올립니다. "당신은 말이 아닙니다. 당신은 소가 아닙니다. 여러분 모두에게 진지하게 말씀드립니다. 제말 좀 그만하세요." 더욱이, 정부는 더 안전한 대안적 치료제를 처방하는 것을 지나치게 어렵게 만들어 버림으로써, 많은 전문 의료진들의 손발을 묶어 버렸습니다. 몇몇 의료진들은, 직장을 잃고 싶지 않다면, 그 어떤 경우에도 대안적 코비드 치료제를 처방하지 말라는 말을 듣기도 했습니다.

왜 어떤 미국인들은 코비드 백신 맞기를 망설이냐고요? 왜냐하면 과학과 데이터가 백신을 맞음으로써 감수해야 하는 위험이 백신을 맞지 않아서 감수해야 하는 위험보다 더 크다는 사실을 보여주기 때문입니다. 게다가, 백신에 관해 일반 대중들이 가진 타당한 걱정을 해소하는 대신, 미국 정부 관계자들은 증가하는 일련의 증거들을 무시하고 열린 과학적 토론을 금지하고 있습니다. 덧붙이자면, 미국인들에게는 정부에 대한 불신이 내재해 있습니다. 검열은 기본적으로 미국적 가치에 반하는 것이며, 그것이 백신 거부를 촉발한 첫 번째 위험 신호였습니다. 연구와 데이터, 그리고 사회정치적 변수들을 고려해 보면, 미국 정부가 해 온 이런 노력들은 결국 권한 남용이라는 것이 드러납니다. 왜냐하면 미국 정부는 팬데믹의 확산세를 꺾기 위해서 모든 조치를 다 하면서도 과학적 사실은 따르지 않고 있기 때문입니다.

— 펠리샤 시아페타

펠리샤 시아페타 씨에게도 이 책에 나오는 다른 인터뷰이들처럼 구두로 진행되는 인터뷰를 요청했다. 하지만 시아페타 씨가 이 주제가 워낙 복잡한 문제라서 여러 가지 연구 결과 자료를 첨부하고 싶다는 이유로 굳이 글로 써 주겠다고 해서, 이 자리에 시아페타 씨가 쓴 글을 그대로 싣는다. 더불어 아선생은 시아페타 씨는 의학 전문가가 아니라는 사실을 밝히고 싶다. 바꾸어 말하면, 이것은 의학 전문가가 아닌 한 사람의 미국 시민이 왜 백신을 맞지 않는지 나름의 이유를 밝히기 위해 쓴 글이다.

As an American and the protections afforded to me under the first amendment of the U.S. Constitution, I have a fundamental right to practice my religion freely. I have chosen to opt-out of the COVID-19 vaccines, because getting the inoculation would be in violation of my deeply held Roman Catholic beliefs. All of the vaccines utilized aborted fetal cell lines in research and development or production and for this reason violates Catholic moral teaching. While the Congregation of the Doctrine of the Faith has indicated that no serious sin is attached to getting the vaccines, it is advised that Catholic Christians opt for an alternative treatment if and when possible. Considering that alternative COVID treatments are available, I have consulted my doctor to select a therapeutic protocol that is appropriate for me and more consistent with my faith.

— Yvonne Rodriguez

저는 미국인으로서, 그리고 미국 수정 헌법 제 1조에 의해 저한테 주어진 보호권으로 인해, 자유롭게 종교 생활을 할 수 있는 기본권이 있습니다. 그래서 저는 코로나 백신을 맞지 않기를 선택했는데, 그 이유는 코로나 백신을 맞는 것이 제가 확고하게 지닌 가톨릭의 종교적 신념에 반하는 것이기 때문입니다. 모든 코로나 백신은 낙태한 태아의 줄기 세포계를 사용한 연구로 만들어졌는데, 이는 가톨릭 교회의 윤리적 가르침에 어긋나는 일입니다. 신앙 교리성에서 백신을 맞는 것이 심각한 죄악은 아니라고 발표하긴 했지만 가톨릭 신자들은, 그것이 가능한 상황이라면, 백신이 아닌 다른 대안의 치료 방법을 선택하라는 권고 또한 있었습니다. 다른 대안의 코로나 치료법들도 있다는 점을 고려해서, 저는 (혹시 코로나에 걸리게 되면) 치료를 하는 방안을 택하기로 제 주치의와 상의했습니다. 그것이 저에게는 적절한 선택이며, 제 신앙의 가르침과 더 일치하기 때문입니다.

— 이본느 로드리게즈

물론 여러 인종과 다양한 사람들이 모여 사는 미국이라는 나라에서 백신을 안 맞겠다는 그 많은 사람들에게 이 밖에도 다른 이유가 있을 것이다. 미국 국립 알레르기 전염병 연구소National Institute of Allergy and Infectious Diseases에서 대통령에게 의학 자문을 하고 있는 파우치 박사Anthony Stephen Fauci가 지적하듯이, 백신을 거부하는 사람들은 어떤 하나의 동일 집단a homogenous group이 아니기 때문이다.* 그렇지만 아주 크게 봤을 때, 현재 백신 접종을 거부하는 미국인들은 대체로 "임상 실험 기간이 짧았던 백신에 대한 불신"과 "종교적인 신념" 등을 이유로 드는 듯하다. 그리고 이들은 그 이유가 무엇이든 백신을 맞고 안 맞고는 개인이 해야 할 선택이며, 그로 인한 어떠한 제재 이를테면,

---

*   2021년 9월 14일 트레버 노아(Trevor Noah)의 The Daily Show에서

백신 접종을 마쳐야 학교에 수업 늘으러 올 수 있다는 등의 까랑도 차별이라고 주장한다. 심지어 개인의 백신 접종 여부를 밝히라는 것 자체가 프라이버시 침해라고 말한다. 물론 미국에는 더 많은 사람들이 백신을 맞도록 해서 코비드로 인한 사망자를 최대한 줄이자고 주장하는 사람들 또한 굉장히 많다. 그러니 마스크와 마찬가지로 백신 문제로도 여기저기서 격론이 지속되고 있다.

2021년 9월 현재까지 미국에서 백신을 맞아야 한다는 것을 법으로 정하지는 않고 있다. 그러나 7월 29일 바이든 대통령은 연방 정부 공무원들에게 백신을 맞았다는 증명서를 제출하고 마스크를 써야지만 일터로 돌아올 수 있다고 전격 발표했다. AP통신은 바이든 대통령이 국민들 앞에서 이런 발표를 한 이유를 그의 말을 직접 인용하면서 다음과 같이 전했다.

> Biden, seemingly fed up with persistent vaccine resistance among many Americans, delivered a sharp rebuke to those who have yet to get shots, saying "They get sick and fill up our hospitals, taking beds away from others who need them." "If in fact you are unvaccinated, you present a problem to yourself, to your family and those with whom you work," he said bluntly.[*]

[*] AP 통신 2021년 7월 29일자 뉴스 〈Biden orders tough new vaccination rules for federal workers〉

많은 미국인들 사이에서 집요하게 나타나는 백신 거부에 염증을 느낀 듯한 바이든 대통령은, 백신 접종을 아직 하지 않은 사람들을 신랄하게 비판하며, "그들이 병들어 우리 병원을 채우고 있습니다, 꼭 필요한 다른 사람들에게서 병실 침대를 빼앗으면서 말이죠."라고 했다. 그는 직설적으로 이렇게도 말했다. "사실 당신이 백신 접종을 안 했다면, 당신은 당신 자신뿐만 아니라, 당신 가족과 당신이 함께 일하는 사람들에게도 문제를 일으키는 겁니다."

연방 정부뿐만 아니라 델타와 유나이티드 같은 항공사는 신입 사원들에게 백신 접종 증명서를 요구했다. 골드만 삭스Goldman Sachs와 모건 스탠리Morgan Stanley 같은 금융 기관은 처음에는 백신 접종 여부를 밝힐 것을 의무화했다가, 나중에는 직원 모두에게 백신 접종 자체를 의무화해 버렸다. 앞서 언급했듯이, 이미 미국의 여러 주립 대학들은 백신 접종을 마쳐야 강의실에 와서 수업을 들을 수 있다고 발표했다. 항공사, 공공기관, 학교 외에 개인 사업장에서도 백신 접종을 마친 사람에게만 서비스를 제공하겠다는 곳들이 생겼다. 이를테면, 플로리다주 마이애미에서 개인 병원을 운영하는 의사 린다 마라치니Linda Marraccini는 백신을 접종한 환자들만 대면 진료하겠다는 내용의 편지와 이메일을 자신이 현재 진료하고 있는 모든 환자들에게 보냈다. 그는 자신의 그런 결정을 뒷받침하는 논거를 다음과 같이 들었다.

"This is a public health emergency — the health of the public takes priority over the rights of any given individual in this situation."[*]

이것은 공중 보건 비상사태입니다. 이런 상황에서는 공공의 건강이 개인에게 주어진 그 어떤 권리보다도 우선시 되어야 합니다.

그러나 문제는 이런 움직임에 반대하는 사람들도 액션을 취하기 시작했다는 사실이다. AP통신에 따르면, 미국 곳곳의 주정부 입법자들이 고용주가 백신 접종을 의무화하는 것을 금지하는 법안을 100개 이상 발의했다고 한다. 그리고 2021년 7월까지 그중 적어도 6개 법안은 이미 통과되었다고 한다.[**] 2021년 8월 25일에는 텍사스 주지사가 백신 접종 의무화를 금지한다는 행정 명령을 내렸다.[***] 플로리다 주지사도 비슷한 법안에 서명했다. 백신 접종 관련 정책에 이런 스탠스를 가지고 있는 론 디센티스Ron DeSantis 플로리다 주지사의 말을 들어보자.

"In Florida, your personal choice regarding vaccinations will be protected, and no business or government entity will be able to deny you services based on your decision."[****]

[*] 2021년 9월 5일자 USA Today 기사 〈Florida doctor to refuse in-person treatment for unvaccinated patients〉
[**] AP 통신 2021년 7월 29일자 뉴스
[***] 2021년 8월 26일자 NPR 뉴스 〈Texas Governor Issues Order Banning Local Vaccine Mandates〉

플로리다주에서는 백신 접종 여부를 선택할 수 있는 여러분의 권리가 보호될 것입니다. 그 어떤 사업장이나 정부 기관도 여러분의 개인적인 선택으로 인해 서비스를 거부할 수 없을 겁니다.

이렇게 백신 접종을 의무화하자는 단체나 학교는 공동체의 안전을 지키기 위해서, 반면 백신 접종 의무화에 반대하는 쪽은 개인의 자유와 권리를 지키기 위해서 서로 팽팽하게 맞서고 있다. 양쪽 모두 한치의 양보나 타협도 하지 않을 기세다. 돌아가는 형국을 보니 당분간은 끝이 없는 싸움이 될 듯하다.

•••• 플로리다 주정부 웹사이트(https://www.flgov.com/2021/05/03/governor-ron-desantis-signs-landmark-legislation-to-ban-vaccine-passports-and-stem-government-overreach/)에서 발췌

09

노골적인 인종 차별 vs.
가식적인 인종 차별

•

예의를 갖추고 하는 인종 차별Polite Racism

"이 전염병이 너희들한테서 왔잖아! 너희는 별 미친 것들을 다 먹잖아! 개, 고양이이이이이!!!!!!"

프랑스의 한 버스 안에서 어느 프랑스 남자가 20대 한국 여성에게 한 말이다.* 동영상을 보니 그가 하는 말의 내용도 기가 막히지만, 고래고래 고함을 질러대는 말본새 또한 심상찮다. 그가 늘어놓는 궤변에 단 한 마디라도 반론을 제기했다가는 한 대 후려칠 기세다. 아선생에게는 우악스러운 그의 태도가 영락없는 '협박'으로 보인다. 코로나 팬

•   2020년 6월 12일 YTN뉴스

데믹이 시작된 후 유럽인들의 아시아인을 향한 이런 노골적인 인종 차별이 각종 포털 사이트와 SNS, 심지어 뉴스에서까지 자주 다뤄지고 있다.

물론 인종 차별하는 덜떨어진 인간들은 우리나라를 포함해서 세계 어디든 존재한다. 그러나 아선생을 충격에 빠뜨린 것은, 2020년 3월부터 지금까지 끊임없이 듣고 있는 유럽인들의 인종 차별 행태가 때로 폭력까지 수반할 정도로 지나치게 노골적이라는 점이다. 게다가 그런 사건을 애써 외면하는 몇몇 유럽 경찰들의 태도는 더 이상 할 말을 잃게 만든다. 일례로, 독일의 지하철에서 어느 한국인 부부가 독일인들에게 집단적으로 인종 차별적인 조롱은 물론이요, 심지어 성희롱까지 당했지만, 이 사건을 접수한 독일 경찰들은 오히려 그들을 인종 차별주의자들이라고 하는 한국인 부부에게 훈계를 했다고 한다. 다른 사람을 '인종 차별주의자'라고 부르는 것은 옳지 못한 행동이라면서…**

아시아인들을 향한 일부 유럽인들의 이런 안하무인적 인종 차별은 미국에 사는 한국계 미국인들 사이에서도 유명하다. 다음은 코로나 팬데믹이 막 시작되기 전 유럽에 여행 가서 그곳에서 팬데믹을 맞이하게 된 어느 한국계 미국인이 유럽에서 겪은 자신의 경험을 인터넷에 남긴 글이다.

I am a Korean American who was in Europe until a week ago. I was kicked out of restaurants, denied access to supermarkets, had a person spit on my direction, got called 'f****** China-man' or 'corona' so many times during my 50 days stay in France, Portugal, Italy, UK, and Germany. I almost never left the hotel room... Italians, Germans, and French were the worst. I didn't have a single day without being racially abused in those countries. I even learned all the local language curse words by heart.

저는 일주일 전까지 유럽에 있었던 한국계 미국인입니다. 저는 식당에서 쫓겨났고, 슈퍼마켓에 들어가지 못하게 저지당했으며, 어떤 사람은 저한테 침을 뱉기도 했습니다. 저한테 "빌어먹을 중국놈" 또는 "코로나"라고 부르는 사람들도 정말 너무 많았는데, 이 모든 게 제가 프랑스, 포르투갈, 이탈리아, 영국, 그리고 독일에서 50일 동안 있으면서 겪은 일입니다. 저는 호텔 방을 거의 떠나지 않으려고 했습니다. 이탈리아인들, 독일인들, 그리고 프랑스인들은 최악이었습니다. 이 세 나라에서 저는 인종 차별적인 학대를 받지 않고 그냥 지나간 날이 단 하루도 없었습니다. 제가 이 세 나라 언어의 욕설을 모두 외울 정도였으니까요.

이 글을 쓴 한국계 미국인의 얼굴조차 모르는 아선생도 이 글을 읽으면서 부들부들 떨릴 정도로 화가 났다. 이 글 아래에 여러 나라 사람들이 갖가지 코멘트를 남겼는데, 수도 없이 많은 아시아인들이 영국,

프랑스, 독일 등지의 유럽 국가에서 모욕적인 대우와 폭언을 들었다는 이야기를 생생하게 들을 수 있었다. 물론 그중에는 모든 독일인과 프랑스인이 다 그런 건 아니니 이런 글 또한 유럽인들에 대한 일종의 인종 차별이라고 주장하는 이도 있었다.

> Stereotyping is as bad as racism itself. Chill out, calling out someone a racist is uncalled for.
>
> 어떤 집단에 대한 고정관념으로 선입견을 갖는 것도 인종 차별만큼 나빠. 진정들해. 누군가를 인종 차별주의자라고 부르는 건 부적절한 언사라고.

물론 지당하신 말씀이다. 그런데 바로 이 코멘트에 누군가는 또 이런 답글을 남겼다.

> Seeing all these comments, seriously···I know there are some good ones, but if SO MANY of them are acting like that, you might as well deserve to be called "Racist country". Uncalled for? The fact that there are some Europeans beating Asians up telling them go back to China is saying a lot about the country.
>
> 여기 있는 이야기를 다 읽어 보면서 드는 생각은, 야··· 물론 좋은 사람들도 있다는 걸 알아. 하지만 (너희 나라에서) 이렇게 많은 사람들이 그

따위 행동을 한다면, 너희들은 "인종 차별하는 나라"라고 불릴 만하다
는 생각이 들지 않니? 부적절하다고? 아시아인들을 패면서 중국으로
돌아가라는 말을 하는 유럽인들이 존재한다는 자체가 너희 나라에 대
해 많은 것을 말해 준다고.

아선생은 팬데믹 때문에 인종 차별을 안 하던 유럽인들이 갑자기 확
돌변했다고 생각하지 않는다. 미국에 사는 아선생의 한국인 친구는
팬데믹이 일어나기 몇 해 전에 영국으로 여행 갔다가 불쾌한 일을 겪
었다. 웨일스 지방에서 버스를 타는데, 버스 기사가 한 말을 웨일스
지방 특유의 악센트에 익숙하지 않은 친구가 단번에 알아듣지를 못했
다. 그래서 "Pardon다시 말씀해 주실래요?"이라고 딱 한 번 물었을 뿐인데,
그 버스 기사가 온갖 욕설과 함께 이렇게 소리질렀다고 한다.

"Get out of here!"
당장 내려!

미국에서 영어 교육학으로 박사 과정까지 공부하며 미국인 남편과 살
고 있는, 영어가 수준급인 친구가 겪은 일이다. 그녀는 플로리다에서
15년 동안 살면서 단 한 번도 겪어 보지 못한 일을 영국에 가서 이틀
만에 겪었다고 했다.
그렇지만 이런 이야기들이 미국에는 인종 차별하는 인간들이 없다는

걸 의미하진 않는다. 2021년들어 미국 뉴스에서도 아시아인들에게 폭력을 동반한 인종 혐오 범죄가 자주 보도되고 있는데, 흥미롭게도 유럽과는 달리 가해자 중 흑인이 주로 보인다. 그렇지만 플로리다에서 20여 년간 살아온 아선생은 뉴스에 나오는 폭력까지 동반한 노골적인 인종 차별을 당한 적은 단 한 번도 없었다. 그러나 이와는 조금 다른 방식의 인종 차별을 접한 적은 꽤 있었다. 예의를 차리면서 깍듯하게 상대를 대하는 듯하지만, 하는 말의 내용을 잘 들어보면 명백한 인종 차별인 그런 방식. 미국인들은 이런 식의 인종 차별을 "Polite Racism예의를 갖추어 하는 인종 차별"이라고 부른다. 얼마 전에도 이 Polite Racism을 행한 대가로 직장을 잃은 백인 남녀가 있다.

2020년 6월의 어느 날, 샌프란시스코에 사는 필리핀계 미국인 제임스 후아닐로James Juanillo는 자신의 집 앞에 색색깔의 분필로 BLM 메시지를 적고 있었다. 당시 미국에서는 BLM Black Lives Matter: 흑인 목숨도 소중하다 운동이 한창이었기에 그 또한 자신만의 방식으로 조용히 그 시위에 동참하고 있었던 것이다. 그런데 그의 집 앞을 지나가던 어느 백인 커플이 그에게 말을 걸면서 대화가 시작됐다.

백인 여자: Is this your property? Hi! I'm asking you if this is your property.

제임스 후아닐로: Why are you asking?

백인 여자: Because it's private property, sir.

백인 남자: Are you defacing private property? Is this your building? You're free to express your feelings, but not on people's property.

백인 여자: Absolutely! Respectfully, we're just saying your signs and everything, that's good, but this is not the way to do it. It's private property.

제임스 후아닐로: Okay, but if I did live here and it was my property, this would be absolutely fine, and you don't know if I live here or this is my property.

백인 여자: We actually do know. That's why we're asking.

제임스 후아닐로: Oh, really? Because you live here, right?

백인 여자: No, because we know the person who does live here.

백인 여자: 여기 선생님 땅입니까? 안녕하세요! 여기가 선생님 땅이냐고 물었습니다.

제임스 후아닐로: 그건 왜 묻죠?

백인 여자: 왜냐하면 여긴 누군가의 사유지이니까요.

백인 남자: 지금 다른 사람의 사유지를 훼손하는 건가요? 여기가 선생님 빌딩입니까? 선생님께서는 선생님의 감정을 표현하실 자유가 있습니다. 그렇지만 다른 사람의 사유지에 이러시면 안 됩니다.

백인 여자: 맞아요! 정중하게 말씀드릴게요. 선생님께서 여기 그리신 것, 글자 모두 다 좋아요. 하지만 이런 방식은 아니예요. 여긴 누군가의 사유지예요.

제임스 후아닐로: 알겠습니다. 하지만 제가 만약 여기에 살고 있고 이 곳이 만약 제 사유지라면 제 이런 행동이 완벽하게 괜찮은 거고, 당신들은 제가 여기에 사는지, 또는 이곳이 제 사유지인지 모르잖아요.

백인 여자: 사실 저희가 압니다. 그래서 이렇게 물어보는 거예요.

제임스 후아닐로: 우와, 정말요? 당신이 여기 사니까… 그런 거예요?

백인 여자: 그건 아니지만, 우리가 여기 사는 사람을 알거든요.

그녀는 그 집에 살고 있는 사람을 자신이 직접 안다고 말했지만, 그것은 새빨간 거짓말이었다. 제임스 후아닐로는 그 집에서 18년째 살고 있었다. 미소를 지으면서 "안녕하세요Hi!"라고 말하며, 심지어 "Sir"까지 들어간 정중한 언어 표현을 사용하는 그녀의 모습이 가식적으로 느껴지는 이유다. 게다가 대화가 자신이 원하는 방향으로 흘러가지 않자, 이 백인 커플은 결국 경찰을 부른다. 경찰은 제임스 후아닐로가 그 집의 거주자인 것을 확인한 후 그냥 돌아가고, 그는 이 모든 것을 촬영해서 자신의 소셜 미디어에 올린다. 후에 TV 뉴스와의 인터뷰에서 그는 말했다. 그 백인 여자가 유색 인종인 자신이 그런 부유한 동네에 살 리가 없을 것이라는 편견으로 인한 확신 때문에 한치의 망설임도 없이 그런 거짓말을 했을 것이라고. 그곳은 샌프란시스코에서도 집값이 비싸기로 유명한 동네인 퍼시픽 하이츠Pacific Heights라고 한다. 참고로, 요즘 미국에서는 이런 백인 여자를 캐런Karen이라고 칭한다. 즉, 그녀의 실제 이름이 캐런이 아니라, 이런 행동을 하는 백인 여자들을 통틀어 '캐런'이라고 부른다는 말이다. 그래서 미국에서는 이런 사건이 있을 때마다 그 사건이 일어난 도시의 이름을 따서 '뉴욕의 캐런', '텍사스의 캐런' 등과 같이 부른다. 남자의 경우는 켄Ken이라고 부르기 때문에, 부부가 쌍으로 함께 그런 행동을 했을 때는 켄과 캐런 Ken and Karen으로 부르기도 한다. BBC 뉴스에 따르면, 캐런이라는 이름의 이런 쓰임새가 정확히 어디서 유래했는지는 아무도 모르지만, 몇 년 전부터 미국의 유색 인종들, 특히 흑인들 사이에서 유행하는 말이 되었다고 한다.[*] 아선생 생각에는 아마도 실제로 캐런이라는 이름을 가진 백인 여자가 어느 흑인에게 진상을 부린 것이 그 시초가 아닐까 싶다.

좌우지간 "샌프란시스코의 캐런"이 가식적인 미소를 지으면서 거짓말하는 이 동영상을 본 미국인들은 그녀를 비난하는 글로 레딧Reddit 등의 웹사이트를 뜨겁게 달궜다. 이 일로 그녀의 거래처인 화장품 회사는 그녀의 인종 차별적인 행태를 비판하는 성명서를 자신들의 웹사이트에 올리고 그녀와의 거래를 즉각 중단했다. 그리고 그날 그녀와 함께 있었던 백인 남자는 직장에서 바로 해고된다. 미국인들은 그녀가 한 행동이 전형적인 polite racism이라고 말한다.

Polite racism이란, 이렇게 형식적으로는 미소와 정중한 언어 사용을 하고 있지만, 그 내용을 들여다 보면 명백한 인종 차별일 때 사용하는

---

* 2020년 7월 31일자 BBC 뉴스 〈What exactly is a 'Karen' and where did the meme come from?〉

표현이다. 온라인상에서는 이런 식으로 예의를 갖추는 척하면서 가식적으로 하는 인종 차별이 더 싫은지, 아니면 무식하게 노골적으로 하는 인종 차별이 더 싫은지에 관해 미국인들 사이에서 설전이 벌어졌다. 흥미롭게도 대부분의 미국인들은 노골적으로 적대감을 드러내는 이른바 "솔직한" 인종 차별보다도 오히려 polite racism이 더 구역질 난다고 한다. 어느 미국인은 이런 코멘트를 남겼다.

I hate polite racism more because it is dishonest and feels dirty on the inside. Hiding hatred behind a smile or "I'm just a concerned citizen." is sickening, and it's dishonest. It shows me that even the racist knows that blatant racism is immoral, so they try to sweeten it.
난 (노골적인 인종 차별보다) polite racism이 더 싫어. 왜냐면 그건 솔직하지 못한 처신이고 또 생각할수록 기분 더러워지거든. 자신의 적대감을 미소나 "전 그저 걱정되는 주민일 뿐이에요."라는 식의 태도 뒤에 감추고 있는 모습이 구역질 나. 그건 부정직한 거야. 게다가 인종 차별하는 자신조차도 노골적인 인종 차별이 비도덕적이라는 사실을 알기 때문에 그걸 좋게 포장하려는 게 뻔히 보이잖아.

솔직히 아선생 또한 코로나 팬데믹 이전까지는 이 미국인처럼 생각했었다. 그것은 조금이라도 겉과 속이 다른 사람을 대하는 일을 무엇보다도 피곤하게 여기는, 순전히 아선생의 개인적인 취향 때문이었다.

하지만 유러피안 스타일(?)의 노골적이면서도 무지막지만 인종 차별 현장을 뉴스와 인터넷을 통해 충분히 접하고 있는 요즘은 꼭 그렇지 만도 않다는 생각이 든다. 단지 아시아인이라는 이유로 버스나 지하철에서 모르는 사람에게 협박을 당하거나 육체적인 위협까지 당하는 상황이 가식적인 사람을 상대하는 일보다 굳이 더 나을 것도 없으니 말이다. 21세기가 시작된지 사반세기가 되어 가는 이때에 이런 고민을 하며 살아가야 한다는 사실이 그저 메스꺼울 따름이다.

10

진정한 아메리카니즘이란
무엇일까?

•

아메리카니즘을 바라보는 미국인들의 다양한 시각

〈기생충〉이 미국 최고의 영화제인 오스카 시상식에서 작품상, 감독상, 각본상, 외국어 영화상을 싹쓸이했던 바로 다음 날, 그러나 아선생은 미국인 동료들에게 아무 말도 하지 않았다. 그러고 보면, 미국에 살면서 아선생은 한국인들이 세계적으로 대단한 일을 해냈을 때, 미국인 친구나 동료들에게 먼저 이야기하기가 늘 망설여졌던 것 같다. 특별한 이유가 있어서라기보다는 내 입으로 말하기가 괜스레 쑥쓰러워서인데, 이는 마치 한국 친구들에게 우리 엄마나 아빠 자랑을 하지 않는 것과 같은 이치가 아닐까 싶다. 이 부분에서는 한국식 "팔불출문화"가 여전히 아선생의 사고를 지배하는 듯하다. 하지만 〈기생충〉 이야기를 먼저 꺼내 준 건 미국인 친구와 동료들이었다. 영어가 아닌 언어로 된 영화가 오스카 최고 작품상을 받은 미국 영화계의 새 역사에 친구들은 백인, 흑인, 히스패닉 할 것 없이 모두가 흥분했다. 아선생은 한국인 봉준호 감독의 수상이, 21세기형 쇄국 정책을 펴면서 백인 우월주의를 표방했던 트럼프 전 대통령에게 진보적인 아카데미 회원들이 어떤 정치적 메시지를 보내려는 의도와도 관련이 있지 않았을까 하고 조심스레 의견을 말했다. 그러나 미국인 친구들의 생각은 아선생과 조금 달랐다. 그들은 정치고 뭐고 다른 걸 다 떠나서, 〈기생충〉이란 영화 자체가 "넘사벽"으로 훌륭했기 때문에 상을 받을 수밖에 없었다고 했다. 이렇게 아선생 주변의 미국인들 대부분은 〈기생충〉이 올해 최고의 영화라는 사실에 한치의 의구심도 갖지 않고 기뻐했다. 그러나 모든 미국인들이 그랬던 것은 아닌 듯하다. 존 밀러Jon Miller라는 어느 TV 프로그램의 진행자가 그의 트위터에 이런 글을 남겼다.

A man named Bong Joon Ho wins Oscar for best original screenplay over *Once Upon a Time in Hollywood* and *1917*. Acceptance speech was: "GREAT HONOR. THANK YOU." Then he proceeds to give the rest of his speech in Korean. These people are the destruction of America.

봉준호라는 이름을 가진 자가 〈원스 어폰 어 타임 인 할리우드〉와 〈1917〉을 제치고 오스카 최고 각본상을 탔습니다. 그의 수상 소감은

"GREAT HONOR. THANK YOU 무한한 영광입니다. 감사합니다."였고, 그 다음
부터 그는 한국어로 나머지 수상 소감을 말했습니다. 바로 이런 사람들
이 미국을 파괴하는 이들이지요.

참고로, 존 밀러 이 사람, 백인이 아니라 흑인이다. 여기서 아선생은
흑인들이 백인들보다 더 인종 차별적이며 다른 인종에게 더 많은 편
견이 있다는 말을 하고자 하는 것이 아니다. 많은 사람들이 일반적으
로 가지고 있는 통념과 달리, 미국에서 인종 차별을 하는 사람들이 꼭
백인들만은 아니라는 사실을 우리는 항상 인지하고 있어야 한다. 아
선생은 미국에 살면서 백인보다 오히려 흑인이나 히스패닉계한테서
인종 차별을 당한 적이 더 많다는 한국인들을 심심찮게 만난다. 유럽
의 경우는 또 다르겠지만, 적어도 미국은 그렇다. 그것은 이른바 "코
로나 인종 차별Coronavirus racism" 사건을 다루는 뉴스를 봐도 알 수 있
다. 유럽과 호주의 경우에는 코로나로 발생하는 아시아인 증오 범죄
거의 전부가 백인들이 저지른 사건들이었다. 이를테면, 한국 뉴스를
보면, 코로나 사태 이후 유럽에서 지나가는 싱가폴인을 집단으로 구
타하거나 지하철을 타고 있던 한국인을 집단으로 괴롭히는 등의 사건
을 일으킨 사람들 거의 모두가 백인들이었다. 이와는 달리, 미국 뉴스
에 나오는 아시아인 혐오 범죄 사건을 일으킨 이들은 대부분 흑인이
나 히스패닉계이며, 백인은 아주 드물게 보인다. 미디어뿐만 아니라,
플로리다에서 공립학교를 다니고 있는 한국계 아이들의 이야기를 들

어봐도 사정은 비슷한 것 같다. 물론 그렇다고 미국 백인들 중에서 인종 차별하는 사람이 없다는 뜻은 결코 아니지만!

좌우지간, 존 밀러가 사람들의 거센 비판을 받고 후에 구차한 변명을 늘어놓긴 했지만, 그가 남긴 이 코멘트를 통해서 우리는 이 사람이 생각하는 아메리카니즘(미국적임/미국적인 것/미국의 정신)이 무엇인지 쉽게 추론해 볼 수 있다. 그의 눈에 그것은 바로 영어를 쓰는 주류 백인 또는 흑인의 문화다. 통역관을 데리고 와서 한국어로 수상 소감을 말하는 봉 감독이 미국의 정신을 파괴했다는 그의 말을 통해서, 우리는 아메리카니즘 안에 다양한 언어와 문화를 포함시키지 않겠다는 그의 의지를 엿볼 수 있다. 그리고 아메리카니즘을 획일적인 무언가라고 해석하는 이 남자와 생각의 결이 같은 미국인들이 적지 않은 것 또한 사실이다. 아선생 눈에는, 적어도 트럼프 전 대통령을 지지하는 사람들 대부분은 이런 관점을 가졌을 것으로 보인다. 그렇지만 다행히도 절반, 혹은 그 이상의 미국인들에게 아메리카니즘은 획일화된 하나의 무언가가 아니라는 데 있다. 아선생이 보기에 미국과 유럽의 가장 큰 차이점은, 바로 미국이란 곳은 시작부터 여러 나라의 이민자들이 이 땅으로 와서 건국한 국가라는 사실이다. 누가 먼저 왔느냐의 차이일 뿐, 네이티브 아메리칸Native American: "인디언"이라고도 불리는 아메리칸 원주민을 제외하고, 이 땅에 살고 있는 사람은 모두 다 이민자이거나 이민자의 후손이다. 바로 이런 이유 때문에, 흑인이나 아시아인보다 아주 조금 더 먼저 와서 살기 시작했을 뿐인 백인들이 유색 인종에게 텃세를 부리는 건 말이 안 된다고 생각하는 미국인들이 대다수다. 한번은 어느 파티에서 아선생이 한국계 미국인인 남편 이야기를 하면서 남편을 "미국인"이라고 칭하자 고개를 갸우뚱거리는 미국인이 있었다. 바로 그 순간 그 표정을 읽은 아선생 친구 아나스타샤가 이렇게 말했다. "아영의 남편은 미국 사람이야. 한국계 미국인. 너와 내가 아일랜드계 미국인인 것처럼!"

물론 순간적인 표정만으로 그가 아시아인을 자기와 같은 미국인으로 생각하지 않고 있다고 단정 지을 수는 없을 것이다. 그러나 아시아인이 미국인이라고 하는 말에 고개를 갸우뚱하는 그런 사람들보다는, 그런 이들에게 다문화 국가인 미국의 정체성을 다시금 확인시켜 주는 아나스타샤 같은 미국인들이 아선생 주변에는 더 많다. 즉, 아선생 동료와 친구들은 절대 다수가 아메리카니즘을 아나스타샤처럼 다양성에 기반을 둔 관점으로 바라본다는 말이다. 하지만 이런저런 자료를 살펴보면, 전체적으로 미국 내에는 아메리카니즘에 관한 관점이 아나스타샤와 비슷한 이들이 반 정도, 그리고 앞서 언급한 존 밀러와 같은 이들이 반 정도이지 않을까 싶다. 그리고 이렇게 서로 다른 관점으로 인한 분열과 갈등을 아선생은 미국에 살면서 종종 목격한다.

이를테면, 2012년 플로리다주에서 어느 개신교 목사가 이슬람이 "악마의 종교"라고 주장하면서 그들의 성서인 코란을 불태우는 의식을 감행한 적이 있다. 그 목사에게는 대다수 미국인들의 종교인 기독교 외에 다른 종교는 전혀 미국적이지 않은 것이며, 이를 배척하고 기독교만을 인정하는 것이 아메리카니즘이었던 것이다. 하지만 이 사건이 있던 바로 다음 날, 플로리다 주립대학교 영어 교육센터CIES의 센터장인 케널 박사는 모든 강의실에 들어가서 그 미국인을 대신해 이슬람권 학생들에게 일일이 사과했다. 그때 케널 박사가 이슬람권 학생들에게 코란을 불태우며 자신이 믿는 것과 다른 종교는 존중하지 않는 그 목사의 행동이 "전혀 미국적이지 않다"라고 말하는 것이 인상적이었다. 여기서 우리는 그 목사와 케널 박사가 같은 주에 살고 있는 미국인들이지만, 이들이 아메리카니즘을 서로 전혀 다른 방식으로 이해하고 있다는 사실을 엿볼 수 있다.

미국 내에서 이런 식의 갈등은 사실 어제 오늘 일이 아니다. 그러나 문제는 현재 이 두 가지 목소리가 이전보다 훨씬 더 격렬하게 부딪치고 있다는 사실이다. 도널드 트럼프가 대통령에 당선되기 전까지는, 그래도 다양성을 존중하자는 의견이 미국 사회에서 훨씬 더 커다란 목소리를 냈었다. 일례로, 요 근래 미국에서는 크리스마스 시즌이 되면, "Merry Christmas 즐거운 성탄 보내세요!"라는 인사말보다 "Happy holidays 즐거운 연휴 보내세요!"라는 인사말을 훨씬 더 자주 듣게 된다. 다문화 국가인 미국은 예수를 믿는 크리스천뿐만 아니라 다른 종교를 믿는 이들 또한 공존하는 나라이기 때문이다. 그리고 예수의 탄생을 기뻐하는 사람이든 아니든 미국에서는 12월이면 모두에게 긴 휴가가 주어진다. 그러니 특정 종교와 관계없는 표현인 "Happy holidays!"가 좀 더 다양한 이들을 포용하고 존중하는 인사말이라고 생각하는 미국인들이 주류인 듯했다. 물론 이런 문화적 다양성을 반기지 않는 미국인들 또한 분명 존재한다. 그렇지만 그런 사람들조차도 그들의 솔직한 마음을 실제로 대놓고 드러내는 것만큼은 정치적으로 올바르지 않다는 생각에 대체적으로 동의하는 분위기였다. 하지만 트럼프가 대통령으로 당선된 이후, 이런 분위기는 180도 달라졌다. 자신과 다른 종교, 다른 문화를 가진 사람들에 대한 편견과 무지를 여과 없이 드러내는 사람들이 예전과 달리 자주 눈에 띄었다. 그들은 "Make America Great Again미국을 다시 위대한 나라로 만들자!"을 외치며, 아메리카니즘을 자신들만의 것으로 국한시키고 있다. 재미있는 현상은, 이들과 반대의 생각을 가지고 있으면서 다문화와 다양성을 미국의 정신이라고 생각하는 사람들은 이 슬로건을 "Make America White Again미국을 다시 백인의 나라로 만들자!"이라는 말로 바꿔서 이들의 인종 차별적인 행각을 조롱한다. 실제로 트럼프 대통령 당선 1년 후, 어느 미국인 작가는 국영 라디오 방송NPR에서 지금의 미국은 자신이 알고 있던 미국이 아니라고 씁쓸하게 말하기도 했다.

아선생은 교생 실습하는 학생들을 가르치는 수업에서 아메리카니즘이 대체 무엇을 의미하는지를 놓고 토론한 적이 있다. 아선생이 가르치는 미국인 학생들 대부분이, 다양한 이민자로 구성된 미국이라는 나라를 통일된 하나의 문화로 보는 관점은 전혀 논리적이지 않다고 했다. 그렇기 때문에 자연스럽게 다양성을 인정하는 열린 마음이 그들이 생각하는 "아메리카니즘" 즉, 미국의 정신이라고 했다. 그럼에도 불구하고, 교회에 다니는 백인들이 미국 문화의 주류를 차지하고 있기 때문에, 아메리카니즘을 그들의 문화 속에서 찾는 이들 또한 미국 사회에 분명히 존재한다는 사실에는 모두 동의했다. 그러니 결국 아메리카니즘이 무엇이냐는, 대답하는 이가 가지고 있는 세계관에 따라서 달라진다고 봐야 할 것이다. 그리고 아선생은 이마저도 실로 미국적이라고 생각한다.

11

미국의 LGBTQ[•]
차별 관련 논란

•

미국에서 동성 간의 결혼이 합법이긴 하지만…

아선생 아들의 열 번째 생일에 가족의 친구들을 모두 불러 크게 파티를 했다. 그때 아선생과 친한 동성애자 커플도 초대했는데, 그들을 본 드니스 아주머니의 손녀가 내게 이렇게 말했다.

"게이 커플까지 있는 파티라니, 정말 멋지세요! 아주머니는 저희 할머니보다 훨씬 더 미국적이시네요."

그러자 드니스 아주머니는 손녀에게 이렇게 대답했다.

• 레즈비언Lesbian, 게이Gay, 양성애자Bisexual, 트랜스젠더Transgender, 퀴어/자신의 성 정체성을 아직 모르는 사람Queer/Questioning을 모두 포괄하는 용어

"얘야, 동성애는 미국적인 것과는 아무런 상관이 없단다."

앞서 언급한 아메리카니즘에 대한 미국인들의 두 가지 관점을 이 장면에서도 엿볼 수 있다. 즉, 드니스 아주머니는 독실한 가톨릭 신자로, 다소 보수적이며 전통적인 관점으로 아메리카니즘을 정의한다. 반면, 그분의 손녀는 동성애 부부를 합법적으로 인정해 주는 그런 "다양성"을 미국적인 가치로 여기는 것이다.

현재 미국의 50개 주에서는 동성 간 결혼이 합법화되어 있다. 그건 미국에서는 동성애자 부부도 이성애자 부부와 모든 면에서 똑같은 권리를 가질 수 있음이 법적으로 인정된다는 뜻이다. 일례로, 아선생 아이가 다니는 학교에는 동성애자 부부가 합법적으로 입양하여 키우는 딸이 다니고 있기도 하다. 문제는, 법적으로는 허용되지만, 미국인들 중에도 정서적으로는 동성 결혼에 거부감을 느끼는 이들이 꽤 많다는 점에 있다. 만약 미국이 사회 구성원 모두가 동성애자들을 열린 마음으로 포용하는 나라라면, closet gay*라는 단어는 존재하지 않았을 것이다. 그리고 어떤 이들에게는 이런 "국민정서법"이 헌법보다 우위에 있다. 그래서인지, 아선생은 미국에 살면서 동성애자들을 향한 혐오 정서가 보수적인 미국인들로부터 표출되는 사건을 심심찮게 목격한다.

* '벽장' 또는 '옷장'이라는 의미의 closet이 동성애자 gay 앞에 붙은 이 말은, 옷장처럼 숨은 곳에서만 동성애자인 사람을 말한다. 한마디로 자신이 동성애자라는 사실을 주변인들에게 숨기고 살아가는 게이를 말한다. 이런 단어가 존재한다는 것 자체가 미국 사회에도 동성애를 혐오하는 사람들이 꽤나 많다는 사실을 보여준다.

CNN에 따르면, 2017년에 캘리포니아주의 어느 빵집 주인이 동성애자 커플의 결혼식 케이크를 만들지 않겠다고 해서 소송을 당하는 사건이 있었다. 그녀는 동성애자의 결혼식을 돕는 것이 자신의 종교인 기독교적 신념에 반하는 일이기 때문에 절대로 케이크를 만들지 않겠다고 했다. ―개신교와 천주교는 동성애를 금지한다.― 소송한 동성애자 부부는 그녀의 그런 행동이 차별적이라고 주장했지만, 후에 이 재판에서 이긴 사람은 빵집 주인이다. 재판부는 케이크를 만드는 것을 일종의 "예술적 표현artistic expression"으로 볼 수 있다고 판단했다. 때문에, 〈수정 헌법 제 1조 – 언론과 표현의 자유〉에 따라, 그녀가 케이크를 만들지 않겠다고 선택한 것이 합법적이라고 판결한 것이다.[**]

보수적인 중부와 남부에서는 이런 사건을 좀 더 자주 접할 수 있다. 2015년 켄터키주의 공무원이었던 킴벌리 데이비스Kimberly Davis는 당시 동성 간의 결혼이 이미 합법이었음에도 불구하고, 어느 동성애자 부부의 혼인증명서 발급을 거부했다. 계속해서 법원의 행정 명령을 어기는 이유를 묻자, 킴벌리 데이비스는 "하느님의 권한"으로 자신은 동성애자들의 혼인증명서를 발급할 수 없다고 했다. 이때 그녀는 "under God's authority"라는 표현을 사용했다. 킴벌리 데이비스를 옹호하는 미국인들은 미국 헌법이 "종교의 자유"를 보장하기 때문에, 자신의 종교적 신념에 따라 행동하는 그녀가 처벌받는 것은 부당하

[**]   2018년 2월 8일자 CNN 뉴스

다고 주장한다. 반면, 그녀를 비판하는 사람들은, 동성애자에게만 혼인증명서를 발급하지 않겠다는 것은 명백한 차별 행위라고 주장한다. 양쪽의 주장이 서로 너무도 팽팽하게 맞서기 때문에 이런 주제로 진행되는 토론은 언제나 깔끔하게 끝나는 법이 없다. 아선생의 친구들도 이런 사건들을 보는 관점이 다양하다. 일례로, 독실한 가톨릭 신자인 펠리샤는 이 나라에서 "종교의 자유"가 우선적으로 보장되어야 한다고 말한다. 반면, 진보적인 자유주의자인 올리비아는 이 사회에서 그 누구도 차별받아서는 안 된다면서, 그런 원칙은 동성애자들에게도 똑같이 적용돼야 한다고 말한다. 서로 다른 이들의 주장을 직접 한번 알아보자.

In recent years across the United States, there have been a few instances in which public officials or private merchants have refused to provide wedding services for same-sex couples, citing their rights to exercise religion freely. Three notable instances, which gained quite a bit of media attention, include two bakers, one in Colorado and the other in California, and a public official in Kentucky. According to the bakers, creating a wedding cake for the event would be in direct contradiction with their deeply held religious beliefs. The same was true for the public official, who was required to affix her signature to marriage licenses. While some might consider these acts of discrimination, I do not.

I believe these individuals acted in good faith. Each of the bakers was willing to sell the couples any cake or other baked goods already available in the shop. They just weren't willing to craft something for this particular occasion because it was in contradiction with their faith. As for the public official, I think it's also important to note that she lived in a state where same sex marriage was not legal at the time that the federal courts overturned the Defense of Marriage Act, which made same-sex marriage legal throughout the country. To avoid discrimination, she had suspended issuing marriage licenses to all couples in her county, regardless of sexual orientation, until an appeal that had been filed with the courts was settled.

In my personal view, no one should ever have to act in a manner that violates his/her conscience. In a plural society, like the U.S., everyone is not going to agree. However, as the culture and laws change over time, we have to learn how to accommodate one another in a peaceful and respectful manner, regardless of our differences. This might require us as individuals to make some tough decisions at times. For example, to be fair and avoid any future issues or litigation, the Colorado baker stopped selling wedding cakes altogether, forgoing nearly 40% of his sales. For same-sex couples, this might mean taking your business elsewhere. For the public sector, this might entail putting protocols and procedures in place, so that a license isn't dependent upon one particular endorsement. For others, it might mean rejecting a job opportunity you really wanted, before finding out that certain tasks would require you to act in contradiction to your personal faith. These are not easy choices, but unfortunately, they have to be made, if we intend to live with one another in a shared space.

We have to realize that disagreement is okay, and just because we disagree doesn't make the other person a bigot. For example, I consider myself to be a conservative Catholic Christian, who believes in traditional marriage, yet I have many friends and family members who self-identify as LGBT. I may not agree with their lifestyle, but I love them and respect them dearly, and I would never treat them differently. I understand the desire for equal rights, and I believe everyone should have equal rights. How that is achieved and what that looks like in a multicultural society is the challenge that remains before us.

— Felicia Ciappetta

최근 미국 전역에서 공무원이나 상인이 동성애자 부부를 위한 결혼식 관련 서비스 제공을 거부했던 사례가 몇 건 있었습니다. 자신들의 종교적 신념을 자유롭게 행사할 수 있는 권리를 주장하면서 말이죠. 언론에 집중 보도된 세 가지 주목할 만한 사례로, 콜로라도주와 캘리포니아주의 빵집 주인들과 켄터키주의 공무원이 있습니다. 빵집 주인들은 그 행사(동성애자들의 결혼식)를 위해서 웨딩 케이크를 만드는 것은 자신들이 깊게 믿고 있는 종교적 신념과 직접적으로 상충된다고 했습니다. 그것은 켄터키주 공무원에게도 마찬가지였는데, 결혼 증명서에 자신이 직접 서명을 해야 했으니까요. 어떤 사람들은 이 사람들이 한 것이 차별적 행위라고 하겠지만, 저는 그렇게 생각하지 않습니다.

저는 이 사람들이 자신의 신념에 따라 행동했다고 생각합니다. 빵집 주인 둘 다 자기네 가게에서 이미 만들어져 있던 다른 케이크나 제품은 팔 용의가 있다고 했습니다. 그들은 그저 동성애자 부부의 결혼식에 쓸 뭔가를 만들고 싶지가 않았을 뿐입니다. 왜냐하면 그건 그들의 신념에 반하는 행동이었기 때문이죠. 그 공무원의 경우, 연방 법원이 결혼 보호법을 바꿔서 동성 간의 결혼을 이 나라 전체에서 합법으로 만들었을 당시에, 그녀가 살고 있던 주에서는 여전히 동성 결혼이 합법이 아니었다는 사실에 주목해야 한다고 생각합니다. 차별을 하지 않기 위해서, 그녀는 법원에 제기된 항소가 마무리될 때까지, 자신의 카운티에 있는 모든 부부들에게 결혼증명서 발급을 중단한 상태였습니다. 그들의 성적 취향에 상관없이 말이죠.

저는 아무도 자신의 양심에 반하는 행동을 해서는 안 된다고 생각합니다. 미국처럼 복합적인 사회에서는 모든 사람들이 이에 동의하지는 않을 거예요. 그렇지만 시간이 지남에 따라 문화와 법이 바뀌기에, 우리는 평화롭게 타인을 존중하는 방식으로 서로를 받아들이는 법을 배워야 합니다. 서로의 차이점과 관계없이 말이죠. 그리고 이 때문에 때때로 우리 개개인이 어려운 결정을 내려야 할 수도 있습니다. 예를 들어, 모두를 공평하게 대우하면서도, 앞으로 벌어질 문제나 소송을 피하기 위해, 콜로라도주의 빵집 주인은 모든 사람들에게 웨딩 케이크를 더 이상 팔지 않기로 했습니다. 40%의 판매 수익을 포기하면서까지 말이죠. 동성애자 부부들에게 이것은 다른 곳에 가서 케이크를 사야 한다는 의미가 되겠지요. 공무원의 경우, 그것은 새로운 규약과 절차를 마련하는 것이 수반되겠지요. 그래서 증명서가 어느 특정인의 보증을 통해서만 발급되지 않도록 말입니다. 어떤 사람들에게 이것은, 개인적인 신념에 위배되는 일을 해야 하는 업무가 주어지는 일이라는 걸 알기 전에는, 자신이 그토록 원했던 일자리를 거절하는 걸 의미할 수도 있습니다. 이런 것들이 물론 쉬운 결정은 아닙니다. 그렇지만 유감스럽게도 우리는 이런 결정들을 내려야 합니다. 우리가 같은 공간에서 서로 함께 살아가려면 말이죠.

우리는 어떤 사안에 대해 서로 같은 시각을 갖고 있지 않아도 괜찮다는 것을 알아야 합니다. 단지 서로의 의견에 동의하지 않는다는 게 다른 사람이 편협한 사람이라는 뜻은 아니라는 것도요. 예를 들어, 저는 저 자신이 보수적인 가톨릭 신자라고 생각합니다. 전통적인 결혼관을 믿는 그런 신자 말입니다. 그럼에도 불구하고, 제게는 스스로 LGBTLesbian, Gay, Bisexual, Transgender의 정체성을 가졌다고 여기는 친구들과 가족들이 많이 있습니다. 제가 그들이 살아가는 방식에 동의하지는 않더라도, 저는 그들을 사랑하고 매우 존중하기 때문에, 절대로 다르게 대하지는 않을 거예요. 저도 그들의 동등한 권리에 대한 열망을 이해하며, 모두가 똑같은 권리를 가져야 한다고 믿습니다. 그러나 그러한 것들이 어떻게 이루어지는지, 그리고 여러 문화가 공존하는 사회 속에서 그것이 어떻게 보이는지는 여전히 우리 앞에 힘든 과제로 남아 있습니다.

― 펠리샤 시아페타

I believe that any business that serves the public should treat all customers fairly with dignity and respect, regardless of the proprietor's own prejudices. I myself was born into a Christian family and grew up attending the churches where my father was pastor. When I was in my twenties, the leaders of my denomination chose to reflect the practices of Jesus by formally declaring their willingness to lovingly accept anyone who wanted to worship, regardless of race, creed, or sexual orientation.

Many times, the argument of religious freedom has been used in the U.S. to inflict immediate and lasting harm on a marginalized group. For over 200 years in our country, white slave owners quoted the bible to justify their superiority over the black people they owned. It was God's will, they believed. Even after slavery ended, many southern (and even some northern) Christians viewed lynching as a necessary tool for enforcing the law on unruly black people. One time, I came across an antique picture postcard that I can't get out of my head. It showed a group of people picnicking in their Sunday best the ladies in big hats, the children in knee-length pants or frilly dresses. From a limb of the big tree behind them hung the dead body of a black man.

My church has made me sensitive to the fact that Americans who do not conform to culturally acceptable sexual or social identities have long been denied all sorts of fundamental civil rights on the assumption that God is offended by their unconventional behavior. LGBTQ people have long been severely mistreated, even killed or tortured just for being who they are. The time has come to recognize their right to participate fully and openly in the American way of life, and commerce should not be cut off in order to please those who disapprove of them on moral or religious grounds.

— Olivia James

저는 사람들에게 서비스를 제공하는 사업체라면 모든 고객을 똑같이 존엄성 있게 존중하여 대해야 한다고 생각합니다. 그 사업체 소유주가 가진 편견과 관계없이 말이죠. 저 자신도 기독교 가정에 태어나서 제 아버지가 목사인 교회를 다니면서 자랐습니다. 제가 20대 때, 저희 기독교 교파를 이끄는 리더들은 누구든 예배하고 싶은 사람이라면 인종, 종교, 또는 성적 성향과 상관없이 사랑으로 기꺼이 받아들이겠다는 그들의 의지를 공식적으로 천명함으로써, 예수님의 가르침을 실천하고 있음을 보여주기로 결정했습니다.

많은 경우, 종교의 자유에 관한 논쟁은 미국 사회에서 고립된 이들에게 즉각적이고도 지속적인 가해를 안겨주는 데 이용되었습니다. 200년이 넘도록 우리나라에서는 백인 노예 소유주들이 성경 말씀을 인용해 자신들이 소유한 흑인들보다 그들이 우월하다는 점을 정당화했습니다. 그것이 신의 뜻이라고 그들은 믿었습니다. 노예 제도가 종식된 후에도, 많은 남부의, 심지어 몇몇 북부의 기독교인들은 린칭Lynching*을 다루기 힘든 흑인들에게 법을 집행하기 위해 필요한 도구로 봤습니다. 언젠가 어느 오래된 사진엽서를 우연히 보게 되었는데, 저는 그 사진을 제 머릿속에서 지워 버릴 수가 없습니다. 그 사진 속에는 어떤 무리의 사람들이 나들이옷을 입고서 소풍을 즐기고 있었습니다. 여성들은 큰 모자를 쓰고 있었고, 아이들은 무릎까지 오는 바지나 주름 장식이 있는 드

---

* 린칭Lynching – 사법절차에 의하지 않은 사형으로 주로 교수형

레스를 입고 있었죠. 그런데 그들 뒤에 있는 큰 나무의 커다란 가지에 죽은 흑인 남자의 시체가 매달려 있었습니다.

제가 다니는 교회는, 그들의 관습에 얽매이지 않는 행동 때문에 신께서 분노한다는 추정을 바탕으로, 문화적으로 받아들여지는 성적 또는 사회적 정체성에 순응하지 않는 미국인들이 오랫동안 모든 종류의 기본적인 인권을 박탈당해 왔다는 사실에 제가 예민하여 깨어 있도록 일깨워 줬습니다. LGBTQ는 오랫동안 잔인하게 학대받아 왔고, 심지어 죽임이나 고문을 당하기도 했습니다. 단지 자기 자신으로 살아간다는 이유로 말이죠. 이제는 그들이 완전하고도 공공연하게 미국적인 방식으로 함께 참여하여 살아갈 수 있는 권리를 인정할 때가 됐습니다. 그리고 윤리적 혹은 종교적 이유로 그들을 못마땅해하는 이들을 만족시키기 위해서 판매나 거래가 중단되는 일은 없어야 합니다.

— 올리비아 제임스

올리비아 제임스의 말에서 알 수 있듯이, 미국에서 이 사안에 관한 이야기를 할 때는 대체적으로 동성애자뿐만 아니라 양성애자와 트렌스젠더 이슈를 모두 함께 다룬다. 그래서 생긴 표현이 이들 모두를 포함하는 LGBTQ Lesbian, Gay, Bisexual, Transgender, Queer/Questioning다. 여기서 마지막의 Q가 가리키는 Queer는 통상적으로 모든 성적 소수자를 지칭하는 단어로 쓰일 때가 많으며, Questioning은 자신의 성 정체성을 아직 몰라서 그것을 알아가는 과정에 있는 사람을 뜻한다. 아선생의 주변에도 이 Questioning에 해당되는 이가 한 사람 있다. 이제 22살 된 친구의 아이가 자신은 여성의 몸으로 태어났지만 요즘 자신의 성 정체성이 남자인 것 같다고 주장하고 있다. 그렇다고 해서 자신이 완전히 남자인지에 대한 확신은 또 없기 때문에, 그 아이는 자신의 성 정체성을 여전히 알아가는 중이라고 말한다.

트랜스젠더의 경우, 요즘 미국에서 자주 거론되는 이슈가 그들을 가리킬 때 사용하는 대명사에 관한 것이다. 작년 가을 학기에 어느 트랜스젠더 학생이 아선생 수업을 듣게 됐다. 그는 남자의 몸으로 태어났지만, 정신적으로는 자신의 정체성을 여성으로 규정하기 때문에 화장을 하고 화려한 액세서리로 꾸미고 다니는 사람이었다. 그런 그를 거론할 때, 아선생은 당연히 대명사 She를 사용해야 한다고 생각했다. 그런데 마침 그 학생을 가르치던 학기의 출근길에 NPR<small>National Public Radio</small> 뉴스에서 트랜스젠더에게는 He나 She 말고 They를 쓰는 것이 정치적으로 올바른 표현이라고 했다. 그 뉴스를 듣고서는 지금까지 실수한 게 아닌가 싶어서, 그 학생과 이에 관해 솔직하게 이야기 나눌 수 있는 자리를 마련했다. 그는 자신이 정신적으로는 여성으로서의 정체성을 가지고 있긴 하지만, 몸까지 완전한 여자는 아니기 때문에 She라고 불리는 것이 어색하다면서, They를 써 달라고 부탁했다.

이 부분이 혼란스러울 독자들을 위해서, 그에게 들었던 부연 설명을 좀 덧붙이자면 이렇다. 우리는 보통 "트랜스젠더"라고 하면 여성의 몸으로 태어났다가 수술을 통해 완전히 남성이 된 사람이나, 또는 그 반대의 경우를 떠올린다. 우리나라의 하리수 씨가 그 대표적인 예일 것이다. 그러나 남성/여성의 몸으로 태어났지만 정신적으로 자신이 여성/남성의 정체성을 가지고 있다고 생각하는 이들이 모두 다 수술을 통해 몸까지 완전하게 변화시키지는 않는다고 한다. 솔직히 고백하자면, 아선생 또한 그 학생의 설명을 듣기 전까지는 이들에 대해 굉장히 무지했다. 설명을 듣고서도 여전히 무지하긴 하지만, 어쨌든 40대 중반이 되어서도 이 세상에 내가 모르는 세계가 존재한다는 사실을 종종 깨닫는다. 그러니 이런 사람들에게는 남성을 뜻하는 대명사인 He를 쓰기도 곤란하고, 그렇다고 여성을 뜻하는 She를 쓰기도 애매하다. 미국의 NPR 뉴스에 따르면, 바로 이런 이들을 가리킬 때 사용해야 하는 정치적으로 올바른 대명사가 They라고 한다.

3인칭 단수형인 한 사람을 가리키면서 복수형 They를 쓰는 게 정치적으로는 모르겠지만 문법적으로는 옳지 않은 선택이다. 그럼에도 불구하고, 미국의 트렌스젠더들은 자신들을 가리킬 때, 남성형도 여성형도 아닌 중성 대명사 They를 써 달라고 요구한다. 물론 보수적인 기독교인들이나 엄격한 영문법을 고수하려는 규범문법학자들에게는 여전히 씨알도 안 먹히는 소리다. 그래도 요즘은 점점 더 많은 미국인들이 이런 성적 소수자들의 의견을 존중해서 이들을 칭할 때 They를 써 주려고 노력하는 것 같다.

이렇게 미국에는 두 가지 세계가 공존한다. 자신의 종교적 신념 때문에 죽어도 트렌스젠더나 동성 간의 결혼은 인정 못하겠다는 사람들과 자신들의 권리를 찾으려고 지속적으로 싸우는 LGBTQ와 그들을 지지하는 진보적 자유주의자들. 어른들이 만들어 놓은 이 두 가지 세계는 그들의 아이들이 다니는 학교 안에서도 그대로 재현된다. 일례로, 아선생의 큰아이와 같은 학교를 다니는, 동성애자 부부가 입양해서 키우는 딸아이를 몇몇 아이들이 따돌림을 한 사건이 있었다. 학교 식당에서 한 무리의 아이들이 그 아이에게 모욕적인 말을 퍼부었다고 한다. 그 아이의 부모가 동성애자라는 이유로 말이다. 물론 교장 선생님까지 나서서 그 아이를 보호하고, 가해자 아이들을 모두 벌주긴 했지만, 아이가 받았을 상처가 언제 치유될 지는 아무도 모르는 일이다. 사람들이 서로의 차이를 인정하면서 존중하면 평화롭게 공존할 수 있을 텐데, 이 당연한 명제도 종교적 신념이 없히면 더 이상 단순한 문제가 아니게 되는 듯하다. 존 레논이 종교 없는 세상을 꿈꾼다고 노래했던 1971년과 별로 달라진 것이 없는 21세기다.

12

만약 정인이 사건이
미국에서 일어났다면?

•

미국판 정인이 사건과 처벌 수위

한국 뉴스에서 이른바 "정인이 사건"을 접한 후 한동안 우울감에 아무것도 손에 잡히지 않고 있던 바로 그때, 미국 뉴스에서도 비슷한 사건이 보도됐다. "미국판 정인이"라고 부를 수 있는 세 살 아이, 빅토리아 로즈 스미스Victoria Rose Smith는 2021년 1월 14일 의식이 없는 상태에서 발견되어 사망한다. 사인은 아동학대와 둔력에 의한 외상. 당시 빅토리아를 키우고 있던 입양 부모, 아리엘 로빈슨Ariel Robinson과 제리 로빈슨Jerry Robinson은 아동학대와 살인죄로 곧바로 체포된다. 동시에 머그샷mugshot이라고 불리는 두 아동학대범의 얼굴 사진은 뉴스에서 대대적으로 보도된다. 가해자의 인권이 철저하게 보호되는 우리나라와는 사뭇 다른 광경이다.

흑인인 로빈슨 부부는 이미 자신들의 친자인 두 아들이 있었지만, 백인인 빅토리아와 빅토리아의 남자 형제 두 명을 모두 함께 입양한다. 물론 이 경우, 가해자와 피해자의 인종은 전혀 중요하지 않다. 아동학대범은 어느 나라, 어느 인종에나 존재하기 때문이다. 그런데 아동학대 살인 사건으로는 굉장히 독특하게도, 이 사건에는 인종 문제가 개입된다. 흑인인 입양모가 입양된 세 아이의 인종이 백인임을 줄곧 강조하면서, 자신의 다섯 아이들을 "인종에 관계없이regardless of race" 모두 똑같이 사랑했음을 트위터를 통해 수차례 알리면서, 실제로는 입양된 백인 아이들만 학대했기 때문이다. 그녀는 자신의 트위터에 이런 글도 남겼다.

"In my house, my black children get treated the same as my white children, and my white children get treated the same as my black children. It's a shame that when they go out into the real world, that won't be the case."

우리 집에서, 내 흑인 아이들은 내 백인 아이들과 똑같이 대우받으며, 내 백인 아이들도 내 흑인 아이들과 같은 대우를 받지요. 이 아이들이 집 밖의 현실 세계로 나가면 그렇지가 않다는 건 수치스러운 일입니다.

그러면서, 집 밖에서는 입양된 자신의 세 백인 아이들은 "백인만이 갖는 특권White Privilege을 가지는 반면, 자신의 친자인 두 흑인 아이들은 차별받는다는 사실을 늘 강조했다. 2021년 2월 현재, 빅토리아의 생모는 입양된 세 백인 아이들이 양모에게 수 개월 간 학대받았으며, 그 결과 가장 심하게 학대당한 빅토리아가 죽었다고 주장하고 있다. 인터넷 댓글을 보니, 이를 아동학대 사건이면서도, 동시에 인종주의가 원인이 된 증오 범죄racially motivated crime로 보는 이들도 많은 것 같다. 다음은 그런 시각의 댓글 중 하나다.

"This was a hate crime… (중략) if she gets the murder charge and the hate crime charge, she will not be able to get out of prison. This is why she should get the charge; on Twitter she has been tweeting hateful things about another race. THEN she adopts a child of that race and ABUSES her and in the end KILLED her. (중략) She should get LIFE[*] without parole, nothing less! This is what I hope for because I hate child murderers, AND I hate RACIST child murderers."

이건 증오 범죄라고. (중략) 만약 저 여자에게 살인죄에다 (인종) 증오 범죄까지 부과된다면, 감옥에서 평생 나오지 못할 거야. 그게 바로 저 여자가 증오 범죄로도 기소돼야 하는 이유고! 트위터에 저 여자가 다른 인종에 관해 증오에 가득찬 글을 줄곧 써 왔어. 그런 후, 그 인종의

---

[*] 여기서 "get life"는 문맥상 "종신형을 받다"라는 의미의 "Get a life sentence"를 줄인 말로 보인다.

아이를 입양하고 학대하고 결국은 죽이기까지 하지. (중략) 가석방 없는 종신형을 받아야 하고, 그 이하는 절대 안 돼! 이게 바로 내가 바라는 바인데, 난 아동 살인범도 증오하고, 인종 차별주의자 아동 살인범도 증오하기 때문이야.

아리엘 로빈슨이 평소 남긴 백인들을 향한 증오로 가득한 트윗을 보면, 이 사건을 백인을 상대로 한 흑인의 인종 혐오 범죄라고 보는 것도 무리가 없을 듯하다. 이렇게 양부모와 입양아가 서로 다른 인종이라는 요인으로 인해 이 사건에는 인종 문제가 함께 얽혀 들어가긴 하지만, 어쨌든 본질적으로 이 사건은 "정인이 사건"과 똑같은 아동학대치사다. 그런데 같은 죄를 저지른 범죄자에게 두 나라가 법률을 집행하는 방식이 사뭇 다르다. BTS 멤버의 트윗으로 인해 정인이 사건이 미국에도 널리 알려지게 됐는데, 아선생의 미국인 친구들은 정인이 양부가 곧바로 구속되지 않은 점을 도저히 이해할 수 없다고 했다. 솔직히 아선생도 그게 가장 이해되지 않는다. 뿐만 아니라, 재판이 진행되고 있는 현재, 많은 사람들은 정인이 입양 부모가 적절한 처벌을 받지 못할까 봐 우려하고 있다. 이는 양부모가 재판을 받고 있는 법원 앞에서 항의 시위를 하는 인파를 보면 쉽게 알 수 있는 사실이다. 그러다 문득 아선생은 우리가 왜 이런 걱정을 하고 있는지 의문이 들었다. 아동학대치사가 범죄인 것은 미국이나 한국이나 마찬가지인데, 이 사건과 관련해서 우리는 왜 미국인들은 안 하는 걱정을 하는 것일까?

캘리포니아주 L.A.의 정 앤 라이킨스 로펌Jeong & Likens 정찬용 변호사
의 유튜브 강의를 들어보니, 이는 한국과 미국이 법을 해석하는 방식
이 달라서 생기는 현상인 듯하다. 일단 정 변호사가 말하는 미국의 살
인 사건 관련 법을 살펴보자.*

첫째, 1급 살인. 이는 살인 의도를 가지고 행한 살인 즉, 미리 계획한
premeditation 살인을 말한다고 한다. 그런데 정 변호사는 여기서 말하
는 "계획premeditation"이라는 것이 며칠에 걸쳐 세운 거창한 계획만을
말하는 것이 아니라는 점을 강조한다. 미국법에서는 그것이 "누군가
에게 화가 난 바로 그 순간, 홧김에 책상 서랍에 있는 총을 가지러 가
는 행위"까지도 포함한다고 한다. 이는 총으로 사람을 죽이겠다는 마
음을 품고 총을 가지러 가는 단 몇 초 간의 시간조차도 "계획premedita-
tion"에 포함되는 행위로 간주한다는 말이다. 이렇게 순간적으로 판단
하고 행해진 살인까지도 미국법은 1급 살인죄로 분류한다고 한다.
다음으로, 2급 살인. 정 변호사는 이를 "심한 생명 경시 풍조Reckless In-
difference to Human Lives"라고 정의한다. 이는 "사람이 죽든 말든 상관없
다는 태도"로 인해 일어난 죽음을 말한다고 한다. 이와 관련해, 정 변
호사는 "출입구가 두 개인 나이트클럽에서 문 하나를 잠가놔서 화재

---

* 이 부분은 유튜브에 있는 〈정인아 미안해 – 미국이었다면? 양부도 살인공범? – 정찬용
미국 변호사〉를 참고했다. 좀 더 자세히 알고 싶으신 분들에게 정찬용 변호사의 유튜브
강연을 추천한다.

로 사람이 사망하는 경우"를 예로 든다. 많은 사람이 모이는 나이트클럽 같은 곳은, 화재가 났을 때 탈출을 용이하게 하기 위해 반드시 출입구 두 곳을 모두 열어 놓아야 한다는 안전 법규가 있다. 이를 지키지 않아서 화재가 난 후 사람이 죽는 경우가 바로 2급 살인에 해당한다. 2급 살인 또한 형량이 최소 징역 15년에서 종신형이라고 한다. 그만큼 미국법은 2급 살인 또한 중범죄로 다룬다는 말이다.

그 다음으로, 영한 사전에서는 "고의적이 아닌 살인"이라고 해석되는 Manslaughter. 정 변호사는 이를 누가 봐도 "정말 너무 심해서 나같아도 죽이겠다."와 같은 상황이라고 하는데, 실제로 미국에서 이게 적용되는 사례는 극히 드물다고 한다.

마지막으로 과실치사Negligent Homicide. 정 변호사는 이를 "생명을 경시하지는 않았지만, 순간의 실수로 사람이 죽었을 경우"를 말한다고 한다. 정 변호사는 미국법이 과실치사를 적용하는 구체적인 사례를 다음과 같이 말한다. 만약 운전을 하다가 교통사고를 내서 사람이 죽었을 경우, 해당 운전자가 늘 음주운전을 하고 늘 과속을 하던 사람이라면, 미국법은 "과실치사"를 적용하지 않는다고 한다. 평소 언제나 모범 운전자였지만, 하필 그날 졸음이 오거나 해서 단 한 번의 실수로 사고가 일어난 경우에 한해서만 과실치사가 적용될 수 있다고 한다. 더불어, 정 변호사는 수시로 사람을 때리고 수시로 행패를 부리던 사람의 폭력으로 누군가 죽었을 경우에도 미국법은 "과실치사"를 적용하지 않는다고 한다. 이미 평소에도 폭력을 자주 써 왔기 때문에, 그런 사람의 폭력으로 사람이 죽은 것을 미국법은 "단 한 번의 실수로 사람을 죽였다"라고 보지 않는다는 말이다. 바로 이런 이유 때문에 정 변호사는 미국법상으로는 "정인이 사건"에 과실치사가 적용될 수가 없다고 말한다. 왜냐하면, 양모의 "순간적인 실수"로 정인이가 죽은 것이라고 보기에는, 몇 개월 간 일어난 심한 학대의 증거가 차고 넘치기 때문이다. 정인이 양모의 "살인죄"를 증명하기가 어렵다는 한국법과의 차이가 바로 여기에 있는 것이다.

게다가 정 변호사는 미국이라면 정인이 양부 역시 살인죄로 처벌받을 수 있다고 한다. 죄명은 "부작위에 의한 살인죄Omission to Act"로 이는 행동해야 할 때 하지 않아서 사람이 죽는 경우를 뜻한다고 한다. 정 변호사는 모르는 사람이 물에 빠져 죽어갈 때, 우리는 법적으로 구해야 할 의무는 없기에, 구하지 않더라도 살인죄는 성립이 안 된다고 한다. 그러나 물에 빠져 있는 사람이 내 아이라면 이야기는 달라진다고 한다. 나는 내 아이를 보호해야 할 법적 의무가 있는 사람이기 때문이다. 정 변호사는 이렇게 법적으로 보호하고 구해야 할 의무가 있는 관계로 "의사가 환자에게", "구급요원이 응급환자에게" 등도 있다고 한다. 정인이 양부는 정인이의 부모로서 아이의 생명이 위급할 때 구해 줘야 할 의무가 있었음에도 불구하고, 몇 개월간 부인이 정인이를 학대해도 죽든 말든 아무런 조치를 취하지 않았다. 정 변호사는 이것이 "부작위에 의한 살인"으로 미국법상으로는 2급 살인죄에 해당하는 중

범죄라고 한다. 정 변호사의 설명을 듣고서, 미국판 정인이 사건이 터졌을 때 양모의 학대로 입양아가 죽었음에도 불구하고 경찰이 양부까지 즉시 함께 체포한 이유를 쉽게 이해할 수 있었다.

마지막으로 정 변호사는 비단 정인이 사건뿐만 아니라, 데이트 폭력이나 가정 폭력 등과 같은 사건의 재판에서도 한국법이 일상적으로 일어나는 폭력에 관대하다는 점을 지적한다. 더불어 정 변호사는 미국 법정에서는 음주가 "감경 요인"이 아니라 오히려 "가중 요인"이라는 점도 강조한다. 이는 미국에서는 술을 먹고 저지른 범죄자를 "심신미약 상태"였다고 봐주기보다는 오히려 가중처벌한다는 뜻이다.

아선생은 강의를 들으면서, 결국은 한국법이 일상적인 폭력에 관대하기 때문에 이런 차이가 생긴다는 정 변호사의 지적에 충분히 수긍이 갔다. 하지만 동시에 아선생은 이런 생각도 들었다. 한국 사회에서 일상적인 폭력에 관대한 곳이 과연 법조계뿐일까?

현재는 교육 현장에서 체벌이 금지되었다고는 하지만, 지금의 30, 40대가 학교를 다닐 때만 해도 교육 현장에서 벌어지는 야만적인 폭력이 자주 묵인되었다. 당시에는 체벌을 "사랑의 매"라고 불렀기 때문에, 여기서 "매"에 해당하는 회초리를 사용한 체벌은 별 문제가 되지 않는다는 사회적 공감대가 형성돼 있었다. 그런데 문제는 매를 사용하지 않고 학생에게 맨주먹을 날리거나, 심지어 발로 차기까지 하는 교사들이, 거의 한 학교에 한 명 이상은 있었다는 사실에 있다. 아선생이 다녔던 학교에는 막장 드라마에 나오는 막장 시어머니처럼,

툭하면 학생의 뺨을 시원하게 후려 갈기는 선생님도 있었다. 아선생은 단 한 번이었지만 교사에게 당한 폭력 트라우마로 힘들어하던 내게 사촌 형부가 해 준 말을 지금까지도 잊지 못한다. 형부가 고등학교 다닐 때, 어느 학부모가 아이가 교사에게 부당한 폭력을 당했다며 교장실까지 찾아가서 항의하는 일이 있었다고 한다. "사랑의 매"라는 표현이 통용되던 당시의 분위기에서, 회초리로 종아리를 때리는 정도로 학부모가 교장에게 항의하는 일은 없었다. 그럼에도 불구하고, 그들이 교장실까지 찾아가서 문제삼을 정도의 폭력이었다면, 그 수위가 어땠는지를 우리는 충분히 짐작해 볼 수 있다. 그렇게 부당하게 폭력을 행사하는 교사에게 아이를 맡길 수 없다며 전학을 시키겠다는 학부모에게 그 교장은 이렇게 말했다고 한다.

"그럼 전학시키세요. 선생님이 좀 때렸다고 전학가겠다는 학생, 우리도 필요없습니다."

그런데 아선생을 더욱 당혹스럽게 한 것은, 지금은 80대가 되었을 그 교장이 했다는 이 말보다, 이 이야기를 전하는 사촌 형부의 다음 말이었다. 그 이야기를 전해 들은 형부와 형부의 친구들 모두 자기네 교장 선생님이 너무나 멋진 분이라면서 환호했다고 한다. 일상적인 폭력에 관해 이런 인식을 가진 채 고등학교를 졸업하고 20-30대를 보낸 형부와 형부의 친구들은 현재 한국 사회를 이끌어가는 중추 세력인 중

년의 나이다.

학교 폭력뿐만 아니다. 아선생은 가정폭력 피해자에게 "맞을 짓을 했다"라고 말하는 사람들을 심심찮게 보면서 자랐다. 돌이켜보면, 현재의 30-40대가 성장해 가던 시절의 한국은 일상적인 폭력에 관한 한, 지금 시각에서 보면 "야만의 시대"에 가까웠던 듯하다. 물론 현재 한국의 모습은 굉장히 달라졌고, 아선생은 단기간에 이토록 큰 변화를 일으킨 우리 한국인들이 자랑스럽다. 그럼에도 불구하고, 일상적인 폭력에 지나치게 너그러운 분위기 속에서 그러한 인식을 갖고 자란 세대가 현재 한국 사회의 기득권 세대라는 것은 부정할 수 없는 사실이다. 바로 이런 이유 때문에, 아선생은 단지 법"만"이 잘못되었다고, 법을 다루는 사람들"만" 비판하기가 조금은 망설여지기도 한다. 물론 법을 바꾸는 것이 가장 손쉬운 해결책이며, 법은 반드시 바뀌어야 한다. 그렇지만, 모든 세대와 성별을 아우르는 사회 구성원들 사이에서, 아무리 작아 보이더라도 폭력과는 절대로 타협하면 안 된다는 사회적 합의가 이루어진다면, 그 시점을 좀 더 앞당길 수 있지 않을까?

13

미국의 정신을 담고 있는 음악,
재즈

•

재즈를 흑인 음악이게 하는 것

대학 시절 아마추어 오케스트라 동아리 활동을 할 때 있었던 일이다. 그해 있을 공연에서 아선생은 모리스 라벨의 〈볼레로〉를 연주하자고 했지만, 동아리 회장의 극심한 반대로 성사되지 못했다. 같은 멜로디가 계속해서 반복되는 〈볼레로〉가 악보상으로는 그리 어려워 보이지 않아서 한번 연주해 보자고 주장하는 아선생 의견에 동아리 회장이 그렇게 반대한 이유는 이렇다. 〈볼레로〉는 똑같은 멜로디가 계속 반복되기 때문에 그 단순한 멜로디만 생각하면 연주하기 쉬워 보일 수도 있지만, 작곡가 라벨이 치밀하게 계산해 놓은 강약 조절이 상당히 어려운 곡이다. 처음에 굉장히 작은 소리로 시작해서 조금씩, 아주 조금씩 음량을 높여 가며 연주하다가 마지막에 가장 큰 음량으로 임팩

트를 최대치로 끌어내면서 끝내야 하는 곡이기 때문이다. 즉, 이 〈볼레로〉 연주의 성패를 가르는 것은 멜로디와 리듬뿐만이 아니라 정확한 음량의 강약 조절인데, 이게 실제로 연주해 보면 굉장히 어렵다. 나 혼자 잘해서만 되는 것이 아니라 모든 오케스트라 단원들이 한마음이 되어 동시에 똑같이 해내야 하는 일이기에 더욱 그렇다. 아니나 다를까, 바로 그해 서울의 한 대학 아마추어 오케스트라가 〈볼레로〉를 공연했는데, 곡의 반이 채 지나기도 전이었는데 이미 음량이 최대치로 커져 있어서 보는 아선생이 다 민망했다. 그리고 그 이유 때문에 멜로디, 하모니, 그리고 박자까지 다른 것들은 다 훌륭하게 해냈음에도 불구하고, 그날 지휘자와 해당 오케스트라 단원들은 그것을 망한 공연으로 규정했다. 이렇게 클래식 음악은 작곡가가 멜로디와 박자뿐만 아니라, 때로 음량의 강약 조절까지 처음부터 끝까지 치밀하게 계산해 놓은 음악이다. 그러니 아무리 지휘자나 연주자의 해석이 들어간다고 해도 곡 자체를 변형시킬 여지는 사실상 거의 없다고 봐도 무방한 음악 장르다.

이렇게 악보의 지시를 철저하게 따르면서 연주해야만 하는 클래식 음악과 달리 재즈에는 그런 엄격한 규칙이 없다. 음악 평론가 강헌 씨는 자신의 책에서 재즈를 악기부터 자기 마음 내키는 대로 정해서 연주해도 되며, 심지어 똑같은 연주자가 오늘 연주한 것과 동일한 곡을 바로 그 다음 날 완전히 다르게 연주할 수도 있는 음악이라고 말한다. 재즈가 가진 이런 특성 때문에 강헌 씨는 재즈를 "규칙으로부터 자유로운 음악"이라고 규정한다.* 그리고 바로 이런 점 때문에 아선생은 재즈가 미국의 정신을 담고 있는 음악이라고 생각한다. "자유의 나라" 미국의 정신을 시각화한 것이 자유의 여신상이라면, 이를 청각화한 것은 재즈 음악이 아닐까 싶다. 실제로 한국의 TV 방송에서 미국과 관련된 내용이 등장할 때면 어김없이 배경 음악으로 쓰이는 장르가 재즈다. 그래서 베니 굿맨의 〈싱싱싱〉 같은 스윙 재즈를 들으면, 우리는 자연스럽게 뉴욕의 풍경을 떠올린다.

많은 사람들이 생각하듯이 재즈는 미국 흑인의 음악이다. 그런데 재즈가 미국의 음악이라는 사실을 부정하는 사람은 없지만, 흑인의 음악이라는 사실에는 의혹을 품는 이들이 있다고 한다. 강헌 씨는 음악학자 가운데 재즈를 백인의 음악이라고 주장하는 사람들이 꽤 되는 이유를 다음과 같이 정리했다. 첫째, 재즈는 백인들이 만든 화성학이라는 음악적 틀 안에서 만들어진 장르라는 점. 둘째, 재즈의 주요 악기인 트럼펫, 색소폰, 피아노, 콘트라베이스 등을 모두 백인들이 만들었다는 점이다.

그렇지만, 백인들이 관여한 이 모든 요소에도 불구하고 재즈를 흑인의 음악으로 만드는 그 무언가가 있다고 한다. 강헌 씨는 그것이 바로 재즈 속에 흐르는 필드 홀러Field holler: 들판에서 소리 지르기 정신이라고 말한다. 동시에 그는 "필드 홀러"를 "흑인 노예가 하늘을 향해서 부르짖

• 　강헌 (2015) 「전복과 반전의 순간」 도서출판 돌베개

던 인간의 가장 원초적인 절망의 소리"*라고 정의한다. 아선생은 재즈가 가진 또 다른 미국적인 특성이 바로 여기에 있다고 본다. 유럽에서 철저하게 기득권 세력인 귀족들을 위한 음악이었던 클래식과 달리, 사회에서 가장 밑바닥 삶을 살았던 노예들에 의해 탄생된 "필드홀러". 아선생은 이야말로 현대 미국인들이 추구하는 이념과도 같은 정신이 아닐까 싶다. 아선생이 이렇게 믿는 이유는, 미국인들은 자신이 처한 사회적 위치나 지위에 관계없이 누구나 자기 목소리를 낼 수 있는 권리가 똑같이 주어졌다고 생각하기 때문이다. 미국인들이 일상생활에서 Freedom of speech언론/표현의 자유 표현을 밥 먹듯이 사용하는 것 역시 이와 같은 선상에서 이해할 수 있는 현상일 것이다.

강헌 씨는 필드 홀러와 더불어 재즈 음악이 가지고 있는 특징으로 "공연에 등장하는 모든 악기들이 동등하다는 평등성"도 지적한다.* 클래식 음악에서 오케스트라에 등장하는 모든 악기들의 서열이 뚜렷하게 정해져 있는 것과 완전히 대조적인 개념이다. 이 또한 아선생이 재즈가 미국인들이 추구하는 가치를 담고 있다고 생각하는 이유다. 모든 것을 서열화하는 것이 당연시되는 사회에 살면서 자주 숨이 막혔던 20대의 아선생에게, 이런 재즈의 정신은 삶을 모두 걸고 싶을 만큼 충분히 매혹적이었다. 남의 결혼식에 축하해 주러 가서까지도 신랑, 신부의 스펙에 서열을 매기고 그들의 외모에 우열을 가리는 사람들을 40대가 된 지금도 아선생은 이해할 수 없으니 말이다. 이렇게 어떤 식으로든 모든 인간에게 등수를 매기려는 사람들에게 아선생은 재즈를 들려주고 싶다.

재즈를 흑인 음악으로 만드는 것이 "필드 홀러 정신"이라고 하는 강헌 씨의 책을 읽고, 실제로 미국인들은 이를 어떻게 생각하는지 궁금해졌다. 그래서 흑인 재즈 가수인 친구 에이비스에게 물어봤다. 그런데 에이비스의 대답을 듣고 좀 놀란 것은, 에이비스가 필드 홀러를 어떤 정신이나 정서의 개념으로 이해하고 있다기보다는, 재즈에 영향을 준 일종의 음악적인 형식으로 받아들이고 있다는 점이었다. 즉, 에이비스에게 필드 홀러는 "정신"이라기보다는 흑인 노예들이 서아프리카에서 가지고 온 음악 전통이었다. 그러면서 필드 홀러와 미국 재즈가 가진 구체적인 음악적 공통점을 몇 가지 알려 주었다.

첫째, 들판에서 노예들이 일을 하면서 서로 주거니 받거니 하면서 노래하던 필드 홀러 스타일이 재즈에서 그대로 재현된다는 것이다. 예를 들어, 재즈를 들으면 합주할 때 악기가 서로 주거니 받거니하는 패턴을 자주 볼 수 있다. 즉, 피아노가 한 소절 치면 거기에 화답하듯이 색소폰이 한 소절 부르는 식이다. 그렇게 악기들이 서로 주거니 받거니 하는 스타일이 필드 홀러의 형식과 매우 흡사하다고 한다.

둘째, 필드 홀러에서 악보 없이 자기 마음대로 노래 불렀던 노예들이 있었던 것처럼, 재즈에는 악보 없이 연주자 마음대로 연주하는 즉흥연주Improvisation가 있다. 많은 재즈 전문가들은 재즈를 자유로운 음악 the music of freedom으로 만드는 주요 요소가 바로 이 즉흥 연주라고 말한다. 게다가, 재즈를 듣다 보면 가끔 모든 악기가 한꺼번에 즉흥 연주를 할 때가 있는데, 그것은 마치 한꺼번에 울분을 쏟아내는 듯한 느낌을 주기도 한다. 에이비스는 이것이 노예들이 들판에서 동시에 소리 지르며 자신들의 북받치는 감정을 한꺼번에 마구 쏟아내는 것과 굉장히 비슷한 형태로 느껴진다고 했다. 물론 이는 클래식 음악에서는 결코 볼 수 없는 형태의 연주다.

필드 홀러와 현대 재즈의 형식적 공통점에 초점을 둔 에이비스의 설명이 굉장히 설득력 있고 흥미롭긴 했다. 하지만 필드 홀러를 음악적인 형식보다는 어떤 정서나 정신의 개념으로 들어가 더 깊이 알고 싶었던 아선생은 다소 아쉬운 감이 들었다. 하긴, 대학 교육까지 받은 교사 어머니 아래서 자란 에이비스가 자신이 태어나기 100년도 더 전의 흑인 노예들이 가지고 있던 정서를 온전히 이해하는 것은 무리일 것이다. 그것은 마치 한국이 막 부강해지기 시작할 때부터 성장기를 보내서 햄버거와 피자를 먹고 백화점에서 쇼핑하며 자란 세대인 아선생이 할머니 세대가 해마다 겪었다던 "보릿고개 정서"를 온전히 이해하는 데 한계가 있는 것과 마찬가지가 아닐까 싶다. 그럼에도 불구하고, 에이비스 또한 미국의 흑인 노예 역사가 재즈라는 음악 장르가 탄생하는 데 깊이 관여했다는 사실만큼은 상식처럼 받아들이고 있었다. 그 후 우연히 보게 된 재즈의 정신에 관한 어느 기사에서도 이 사실을 뒷받침하는 내용을 볼 수 있었다. 다음은 그 기사의 일부다.

Essentially, the history of slavery, oppression and of the African-American struggle led to the beautiful utterances of "Sorrow Songs" and the blues that led to jazz music. Blacks gained access to instruments and were able to take the same passion expressed in field hollers and the vocal blues tradition to another level with jazz.*

본질적으로, 노예 제도와 억압, 그리고 아프리카계 미국인들이 겪은 고난의 역사가 아름다운 "슬픈 노래"의 표현과 블루스로 이어졌는데, 이것이 재즈로까지 이어지게 됐다. 흑인들이 악기를 확보할 수 있게 되자 그들은 필드 홀러와 보컬 블루스 전통에서 보여줬던 것과 똑같은 열정으로 재즈를 한 차원 높은 음악으로 끌어올릴 수 있었다.

이렇게 대부분의 음악 전문가들은 재즈와 흑인들이 탄압받았던 미국의 역사를 떼려야 뗄 수 없는 관계로 본다. 바로 이런 이유로 많은 이들이 재즈를 미국 흑인의 음악으로 규정하는 것이다. 그럼에도 불구하고, 아선생은 재즈가 지향하는 가치만큼은 인종에 관계없이 현대 미국인들 모두가 지향하는 그것과 똑같다고 생각한다. 자유와 평등. 그리고 이것이 바로 아선생이 재즈를 사랑하는 이유이며, 20대의 아선생에게 재즈 그 자체가 아메리칸 드림이었던 이유이기도 하다.

---

* Jazz: Revolutionary 'music of the spirit' (https://www. workers.org/2006/us/jazz-0223/)

나를 한국인이게 하는 것
(언어와 정체성에 관한 고찰)

미국에 오래 살다 보면 내가 하는 어떤 행동이나 생각이 내가 한국인이라서 그런 건지, 아니면 그냥 나라서 그런 건지 헷갈릴 때가 있다. 몇 해 전에 어떤 사안에 관한 토론을 하던 중 내 친구 미셸이 "아영, 좀 바보같은 질문일 수 있는데, 그건 그냥 네 의견이니, 아니면 한국 사람들 대다수가 너처럼 생각하니?"라고 물었다. 나는 이 질문에 쉽게 대답할 수가 없었다. 그리고 나는 여전히 이 질문에 대한 답을 모른다. 이런 일이 있을 때마다 그게 그저 내 생각일 뿐인지, 아니면 내가 "한국 사람이라서" 그렇게 생각하는지를 알아내는 일이 내겐 그렇게 간단한 문제가 아니었다. 이런 식으로 내 생각과 행동을 이루는 어떤 부분이 한국 문화에서 왔고, 또 어떤 부분이 나라는 사람이 가진 고유한 특성에서 왔는지를 하나하나 따지고 들었을 때, 내 경우 확실히 대답할 수 있는 부분보다는 애매모호한 영역이 더 많았기 때문이다. 그렇다면 나를 한국인이게 하는 것은 대체 무엇일까? 내가 하루에 한 끼는 꼭 한식을 먹어서? 내 친구 올리비아는 나보다 더 한국 음식을 좋아하고 더 많이 먹지만, 그 사실이 그녀를 한국 사람으로 만들지는 않는다. 아니면 내가 한국 영화나 드라마를 볼 때 젖어드는 그 편안한 느낌 때문에? 내게 한국어를 배우는 드니스 씨는 하루 중 한국 드라마를 보면서 쉴 때가 유일하게 마음의 위안을 얻는 때라고 말하지만, 그런 이유로 그녀를 한국인이라고 규정지을 수는 없을 것이다. 혹은, 하루 중 대부분의 시간을 영어로 말하면서 보내는 내가 미국인이라고 말할 수 없듯이, 한국에 살면서 하루 중 대부분의 시간을 한국어로 말하면서 일상생활을 하고 있다는 외국인들 또한 같은 이유로 한국인이라고 볼 수는 없을 것이다. 게다가 내 경우, 한국 사회가 가지지 못한 미국 사회의 어떤 부분들은 오히려 더 잘 맞아서, 미국이 한국보다 편안하게 느껴질 때가 더 많은 게 솔직한 심정이다. 그렇지만 내가 한국 사회가 가진 어떤 부분을 싫어하는 것과는 별개로 여전히 내가 한국인이라는 사실을 부정할 수는 없을 것이다. 이렇게 내게는 어렵기만 했던 이 질문에 『나는 빠리의 택시 운전사』로 유명한 홍세화 작가가 자신의 에세이집 『생각의 좌표』에서 다음과 같이 명쾌하게 정리해 주었다.

"사람은 생각하는 동물인데, 나는 한국어로 생각하고 추론하고 소통

한다. 내가 한국 사회 구성원인 것은 한국 땅에 태어났기 때문이 아니라, 한국어로 생각하고 추론하고 소통한다는 점에 있음을 내 아이들이 일깨워 준다."

— 홍세화 『생각의 좌표』

같은 이유에서 그는 자신과는 달리 그의 아이들은 프랑스 사회의 구성원으로 정체성이 규정돼 있다고 한다. 내 경우는 한국을 방문할 때를 제외하고는 일상의 대부분을 학교에서 미국인 학생들, 미국인 동료들, 그리고 미국인 친구들과 영어로 소통하며 보내기 때문에 소통 부분은 살짝 빼더라도, 나라는 사람이 한국어로 생각하고 추론한다는 것만은 100% 사실이다. 바로 이런 이유 때문에, 내가 아무리 오랜 기간 미국 사회에 동화되어 살더라도, 또 아무리 하루 중 영어를 쓰는 시간이 한국어를 쓰는 시간보다 더 많더라도, 그리고 내가 한국인 친구들보다 미국인 친구들이 더 많더라도 나는 여전히 한국 사람인 것이다. 왜냐하면 내가 한국어로 생각하고 추론한다는 것은 나의 세계관과 내가 고유하게 가지고 있는 작은 우주를 모두 한국어가 지배하고 있다는 것을 의미하기 때문이다. 또한 내가 한국어로 사유한다는 것은 나의 모든 이성 작용이 한국어로 이루어진다는 말이기도 하다. 그리고 김영하 작가의 산문집 『랄랄라 하우스』에 나오는 글 〈파리〉를 읽으면서 우리가 사용하는 언어가 우리의 이성 작용을 지배한다는 내 생각은 더욱더 확고한 신념으로 변했다.

"(중략)…파리는 소매점 영업의 지표로도 기능한다. 파리는 의외로 번잡한 곳, 사람이 많이 드나들고 거래가 활발한 가게를 싫어하고 주인 혼자 부채질하며 앉아 있는 고즈넉한 가게를 좋아한다. 따라서 파리채를 사야겠다는 생각이 들기 시작하면 업종 변경을 고려해야 한다고 창업 전문가들은 충고하고 있다. 창업은 만만치 않고 파리는 잡아야겠으나 파리채나 끈끈이가 가게의 품위를 해친다고 생각하는 분들에게 최근에 한 유명 제과점의 파리 퇴치법을 권한다. 시중에서 파는 위생 장갑에 물을 가득 채워서 매달아 놓는다. 그럼 파리가 위생 장갑에 비친 제 모습을 보고 놀라 달아난다는 것이다. 정말 그런가 싶어 한번 쳐다보았는데 파리의 심정이 금세 이해되었다. 투명 물 장갑 속에 과연 괴물이 들어 있었다."

— 김영하 『랄랄라 하우스』

가족들이 모두 잠든 밤, 혼자 책을 읽던 나를 한참 동안 잠 못 이루고 킥킥거리게 한 이 유쾌한 에세이는 우리말에 "영업이나 사업 따위가 잘 안되어 한가하다"라는 의미를 가진 "파리 날리다"라는 관용구_{idiom}가 있기 때문에 성립되는 유머를 내포하고 있다. 다시 말해, 이 글은 바로 이 한국어 관용구 하나에서 시작된 김영하 작가의 사유 속에서 탄생했다는 말이다. 만약 김영하 작가의 모국어가 한국어가 아니라 영어였다면 "파리"라는 주제로 결코 이런 흐름의 글이 나올 수가 없었을 것이다. 왜냐하면 영어에는 이런 문맥에서 쓰는 "파리 날리다"라는 표현 자체가 없기 때문이다. 나는 바로 이 지점이 우리가 쓰는 언어가 우리의 사유를 지배한다는 사실을 명백하게 보여준다고 생각한다. 그리고 바로 그런 이유 때문에 내가 축구 경기를 보면서 "대~한민국"을 외치지 않더라도, 혹은 대다수의 한국인들이 가지고 있는 어떤 문화적 패턴들이 내 몸에 잘 맞지 않는 옷처럼 느껴질 때가 있음에도 불구하고, 내 정체성은 여전히 온전한 한국인인 것이다. 우리가 사유하는 언어는 이렇게 우리의 정체성을 규정한다.

이 책은 이렇게 한국어로 사유하며 한국인이라는 정체성을 가진 나라는 사람이 미국 사회 속에서 동화되어 살면서 느낀 미국 문화와 미국 언어에 관한 이야기를 담고 있다. 그러니, 부디 한국의 독자들이 이 책을 읽으면서 영어와 미국 문화뿐만 아니라 우리말과 우리 문화, 그리고 우리의 정체성에 대해서도 한번쯤 성찰해 보는 계기가 되었으면 한다.

플로리다에서

저자 김아영

아는 만큼 볼 수 있다. 이는 언어에도 해당되며, '언어를 공부할 때 그 나라 문화를 함께 배워야 하는 이유'이기도 하다. 영어 또한 하나의 언어로서, 미국 문화와 함께 배운다면 훨씬 더 깊이 있는 실력을 쌓을 수 있다.

호기심을 자극하면서도 생동감 넘치는 저자 특유의 문체로 구성된 『미국 영어 문화 수업』을 읽다 보면 어느 순간 영어와 미국 문화에 대해 좀 더 많은 것을 알고 있는, 그래서 더 많은 것이 보이는 자신의 모습을 발견하게 될 것이다.

— 〈KBS 굿모닝 팝스〉, 김지수 기자

Ms. Ah-young Kim is an amazing teacher who brings a wealth

of knowledge and experience to her classroom. Her approach to teaching English grammar and American culture captures her students' interest and keeps them motivated to learn more. Ms. Kim's own instruction models the best practices that the TEFL Certificate program espouse. We are very fortunate to have her here at CIES!

— Dr. Patrick Kennell (Director at Center for Intensive English Studies, Florida State University)

김아영 선생님은 자신의 풍부한 지식과 경험을 수업에 그대로 녹여내는 뛰어난 교육자입니다. 그녀가 영문법 교수법과 미국 문화에 접근하는 방식은 학생들의 흥미를 끌면서 그들이 더 배우고 싶도록 계속적으로 동기 부여를 하게 만듭니다. 김 선생님의 강의 방식은 외국어로서의 영어 교사 자격증 과정의 가장 뛰어난 모범 사례입니다. 우리는 플로리다 주립대 CIES에서 그녀와 함께 일한다는 것을 실로 행운으로 생각합니다.

— 패트릭 케널 박사(플로리다 주립대 CIES 센터장)

I can honestly say that Prof. Kim has taught me more English in the last three weeks than I've learned in the last four years of college.

— FSU student, Ebo Entsuah

정말로 솔직하게 말씀드리자면, 저는 김 교수님께 영어에 대해서 지난

3주 동안 대학 4년을 통틀어 배운 것보다도 더 많은 것을 배웠습니다.

— 플로리다 주립대 재학생, 에보 엔추아

I think Prof. Kim does a really good job of helping us look critically at our own cultural biases and figuring out how to not be horrible people when we go abroad teaching.

— FSU student, Ross Shubrick

제 생각에 김 교수님은 우리가 가지고 있는 문화적인 선입견을 비판적인 시각으로 바라볼 수 있도록 해 주시며, 그래서 우리가 외국으로 가서 영어를 가르칠 때 형편없는 사람이 되지 않게끔 하는 일을 매우 훌륭하게 해내시는 것 같습니다.

— 플로리다 주립대 재학생, 로스 슈브릭

Prof. Kim is a sweet teacher, and I really love her class. It's never boring, and I never knew I would learn so much about my own language, and I did.

— FSU student, Thomas Jeng

김 교수님께서는 다정한 선생님이시며, 저는 교수님의 수업을 정말로 좋아합니다. 그 수업은 절대로 지루한 적이 없으며, 제가 제 모국어에 대해서 이렇게 많은 것을 배울 수 있다는 사실을 결코 몰랐는데, 수업을 들으면서 정말로 많이 배웠습니다.

— 플로리다 주립대 재학생, 토마스 젱

김아영

현) 플로리다 주립대학교 영어 교사 자격증 과정(TEFL Certificate Course)과
영어 교생 실습 과정(TEFL Internship Course) 강의
플로리다 주립대학교 PHILLIP R. FORDYCE AWARD 수상
플로리다 주립대학교 〈Center for Intensive English Studies〉 문법 커리큘럼 개발,
문법 교재 시리즈 집필, 영어 ESL 강의
플로리다 주립대학교(Florida State University) 외국어 교육학 석사

저서 〈미국인 사용·빈도 다반사 영어회화 구동사 1, 2〉,
〈미국적인 너무나 미국적인 영어회화 이디엄 1, 2, 3〉,
〈미국 영어 회화 문법 1, 2〉, 〈미국 영어 회화 1, 2〉

미국 영어 문화 수업 합하고 더한 책

초판 1쇄 발행 2022년 1월 20일
초판 3쇄 발행 2023년 12월 11일

지은이 김아영
발행인 박효상
편집장 김현
기획·편집 장경희, 김효정
표지·본문 디자인 엄혜리
디자인 임정현
마케팅 이태호 이진희
관리 김태옥

종이 월드페이퍼 **인쇄·제본** 예림인쇄·바인딩 | **출판등록** 제10-1835호
펴낸 곳 사람in | **주소** 04034 서울시 마포구 양화로11길 14-10(서교동) 3F
전화 02) 338-3555(代) **팩스** 02) 338-3545 | **E-mail** saramin@netsgo.com
Website www.saramin.com

책값은 뒤표지에 있습니다.
파본은 바꾸어 드립니다.

ⓒ 김아영 2022

ISBN 978-89-6049-932-4 13740